도시의 보이지 않는 99%

메트로폴리스를 움직이는 사소한 것들에 관한 마이크로 인문학

도시의
보이지 않는
99%

로먼 마스·커트 콜스테트 지음
강동혁 옮김

차례

일러두기

1. 옮긴이의 주는 괄호 안에 글자 크기를 줄여 표시했습니다.
2. 인명과 기관명 등의 고유명사는 외래어 표기법을 따르되 국내에 이미 널리
   사용되는 표현이 있는 경우 그에 따랐습니다.
3. 독음 표기해야 할 필요성이 없는 경우, 스트리트street는 가街로, 애비뉴avenue
   는 대로大路로 옮겼습니다.

서문

도시의 일상 여행가를 위한 안내서

세상은 놀라운 일들로 가득합니다. 어느 대도시를 걸어보아도 감탄을 자아내는 고층건물과 공학적 기적이라고 할 만한 다리, 콘크리트 세상 속에서 쉴 틈을 주는 푸른 공원이 있죠. 그리고 그것들을 소개하는 관광안내서가 있습니다. 하지만 이 책은 그처럼 눈에 보이는 것들이 아닌, 일상 속에 감춰진 도시의 모습을 안내합니다. 으레 거기 있는 것들을요. 우리가 눈치채지 못하고 지나치는 것들이나 발에 채는 것들은 사실 높디높은 빌딩과 기나긴 다리, 아주 잘 꾸며진 공원 못지않게 천재적이고 혁신적입니다. 사람들은 디자인을 이야기할 때 아름다움에 대해 주로 말하지만, 우리가 만들어낸 세상에서 더욱 흥미로운 부분은 우리가 어떻게 문제를 해결하고 역사적으로 어떤 제약과 드라마를 겪었는지에 관한 것입니다.

팟캐스트 〈보이지 않는 99% 99% Invisible 〉는 내내 이런 생각에 따라 진행됐습니다. 우리는 2010년부터 사람들이 좀처럼 인식하지 못하는 사물 속에 담긴 아이디어들을 소개해왔습니다. '보이지 않는 99%'라는 프로그램명은 일상에 파묻혀 눈에 띄지 않는 사물을 의미하기도 하지만, 눈에 잘 띄는 사물 중에서 보이지 않는 부분들을 일컫기도 합니다. 뉴욕의 크라이슬러빌딩이라는 거대한 아르데코 양식 탑에 관한 이야기에서 미학이나 건축 관련 지식은 이 건물이 지닌 이야기의 1퍼센트도 되지 않습니다. 나머지 숨겨진 이야기를 끄집어내는 것이 우리의 임무입니다. 빠른 건축 기간, 수많은 맨해튼 고층 건물들 가운데 이 건물이 특별히 중요한 이유, 과감하게 관습을 탈피했던 이 건물의 건축가와 마지막 순간에 경쟁에서 승리할 수 있었던 그의 대담하고 비밀스러운 전략 같은 것들 말이죠. 크라이슬러빌딩이 아름다운 건 사실이지만, 가장 멋진 부분은 이 건물의 드러나지 않은 99퍼센트입니다.

팟캐스트에선 보여드릴 수 없었지만, 이 책에는 패트릭 베일이 그린 멋진 삽화들도 있습니다. 이런 삽화들은 디자인에 숨겨진 역사와 변천 과정을 이해하는 데 도움이 될 것입니다. 그렇긴 하지만, 이 안내서는 디자인을 처음으로 생각해낸 사람과 디자인의 기원을 백과사전처럼 간략하게 소개하려고 쓴 것이 아닙니다. 그런 것들은 위키피디아를 검색하면 얼마든지 찾아볼 수 있습니다. 이 책에서는 도시 풍경을 구성하는 사물들을 그보다 더 재미있는 하위 구성요소들로 쪼개고자 합니다. 우리는 세계 최초의 신호등이 아니라 세상에서 가장 흥미로운 신호등을 이야기합니다. 아일랜드 후손의 자부심을 강조하기 위해 만들었다는, 녹색불이 빨간불 위에 있는 뉴욕주 시러큐스의 한 신호등처럼 말입니다. 입을 다물지 못할 정도로 웅장한 브루클린 다리의 건설 과정을 설명하기보다는, 미학적으로는 보잘것없지만 다리 밑을 지나가려던 높은 트럭들의 윗부분을 잘라버렸다는 괴이한 역사를 가진 노스캐롤라이나주 더럼의 '깡통따개 다리Can Opener bridge'를 소개합니다. 브루클린 다리는 눈부신 공학 발전을 표상합니다. 이에 비해 더럼의 노픽서던-그레그슨 거리의 이 다리는 근대 관료주의의 고질적 폐단을 잘 보여줍니다.

좋은 의도를 가진 도시계획가가 그러듯 우리도 여러분을 도시의 골목골목으로 안내할 것입니다. 비록 온전한 안내가 될 순 없겠지만 말입니다. 우리는 여러분이 전혀 의식하지 못했거나 의식했더라도 함의를 알아채지 못했던 사물들로 안내할 것입니다. 정식 수련을 받은 도시계획가들이 책상에서 설계한 하향식 대규모 도시 기반시설부터 도시활동가들이 만들어낸 상향식 시민 개입의 결과물까지 말이죠.

이 책을 읽으면서 반드시 우리가 정해둔 순서를 따를 이유는 없습니다. 여러분만의 길을 만들어내세요. 이런 길이야말로 〈보이지 않는 99%〉의 세상이 가장 좋아하는 주제입니다. 이런 길은 어딘가 가고 싶은 곳이 있는데 도시계획가들이 도로를 닦아놓지 않았을 때, 사람들이 풀을 밟고 다니면서 생겨납니다. 저절로 생겨난 이 길들은 사실상 시민들이 발걸음으로 투표를 해 만들어낸 길이라고 할 수 있지요. 도시 곳곳에 생겨나는 이런 길들은 대부분 질러가는 최단 거리인 것이 많습니다만, 어떤 길은 붐비는 곳을 피하고 싶은 사람들이 만들어내기도 합니다. 이렇게 생겨난 길은 보통 시간이 갈수록 더 발달합니다. 그 길을 따라 다른 길들이 생겨나기 시작하고, 그러면 그 길이 눈에 더 잘 띄게 되며 그 쓰임도 영구적인 것으로 변하지요.

그러니 여러분이 살고 있거나 방문한 도시에서 나만의 길을 만들어내고 싶다면 이 책을 가져가 들춰 보고, 이야기를 찾으며 머물러보세요. 이 책에서는 런던이나 오사카, 캘리포니아주 오클랜드 등의 아름다운 도심에서 볼 수 있는 사례들을 다루지만, 아마 그와 똑같지는 않더라도 비슷한 점을 찾을 수 있을 것입니다.

이 책은 여러분이 머무는 모든 도시 환경의 비밀을 풀어내는 비법서입니다. 책에서 소개하는 디자인을 알게 되면 세상이 완전히 달라 보일 겁니다. 보도 경사로에 감탄하고, 벤치의 팔걸이를 보면서 화를 내고, 도로 위에 오렌지색으로 칠한 표시가 보이면 함께 걷는 사람에게 땅속에 통신선이 매설돼 있는 거라고 말할 수 있게 될 것입니다.

이젠 세상 어디를 가도 이야깃거리가 보일 겁니다,

매력적인 괴짜 여러분.

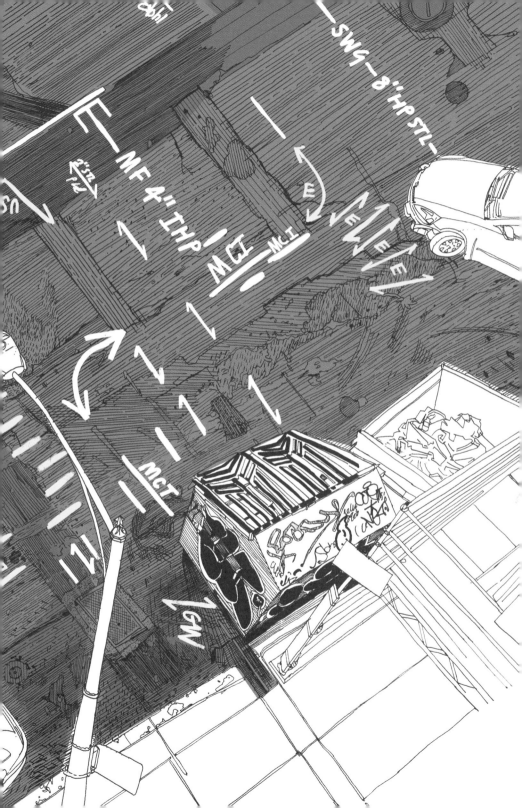

1부

지금껏 봐왔으나
보지 못한 세계

주의 깊게 살펴보면 우리 주변에 드러나지 않는 디자인 세상이 있다는 걸 알 수 있다. 그러나 시각적 불협화음 때문에 핵심적인 세부 사항은 놓치기가 쉽다. 길 가는 사람들이 사고를 당하지 않도록 하기 위한 도로표지들, 불이 난 건물에서 사람들을 구조하는 데 도움이 되는 작은 안전장치들, 겉보기와 달리 벽돌로 지은 건물 전체를 튼튼하게 붙잡고 있는 각종 장식물들이 그런 것들이다. 이 중에는 사람들이 필요에 따라 계속 고쳐온 것들이 쌓여서 이루어진 수많은 잡동사니도 있다. 도시 풍경 속, 이처럼 좀 더 미묘한 측면들에 담긴 비밀을 풀어낼 수 있다면 그 도시 안에서 살아온 대다수 사람들과, 타인의 목숨을 구하려고 적극적으로 일했던 소수가 함께 만들어낸 도시의 현재 모습을 이해하는 데 도움이 된다.

오클랜드시 지하에 매설된 시설물의 위치를 나타낸 스프레이 페인트 표지들

1장

어디에나 있는 것들

일단 알게 되면 전에는 왜 이런 것을 몰랐을까 싶을 것이다. 모든 도시에는 경계선을 표시하거나 일상적인 위험 혹은 비상상황에서 당신을 지켜주는 세부적인 디자인 요소들이 거리 곳곳에 널려 있다. 전문가들이 만들어낸 모호한 표시 안에도 해독하는 방법만 알면 누구나 읽을 수 있는 정보들이 겹겹이 담겨 있다.

◀

보도 명판, 표지판, 신속진입상자

국가 공인 낙서

지 하 시 설 물 표 지

지하에 매설된 케이블과 파이프의 위치를 알지 못한 채 주변을 파헤치다 보면 주요 시설 단수나 가스 유출 같은 큰 사고가 날 수 있다. 1976년, 캘리포니아에서 도시 한 블록의 절반을 날려버린 대폭발도 그래서 일어났다. 그해 6월의 어느 운명적인 날, 작업자들이 로스앤젤레스 베니스대로를 굴착하다가 누군가 실수로 지하에 매설된 송유관을 건드렸다. 송유관이 파열되는 순간 고압 휘발유가 폭발하면서 주변을 지나는 자동차들과 인근의 사무용 건물들을 날려버렸다. 이 실수로 스물네 명 이상이 숨지거나 부상했다. 이런 사고는 처음도 마지막도 아니었지만, 피해가 컸던 이 폭발사고를 계기로 색상으로 지하시설물을 표시하는 방법이 도입돼 오늘날 모든 도로에 사용되고 있다. 미국의 도시라면 어느 곳에서든 도로 위에 여러 색으로 표시된 공식 낙서를 볼 수 있다. 이것들은 지하에 복잡하게 매설돼 있는 파이프와 전선을 표시하기 위한 것이다.

로스앤젤레스 폭발사고를 계기로 디그얼러트DigAlert라는 비영리 기관이 만들어졌다. 캘리포니아주 남부에서 그 같은 사고를 방지하는 일을 하는 곳이다. 이 지역에서는 도로를 굴착하는 모든 사업자가 사전에 작업 구간을 흰색 페인트나 분필, 깃발로 표시하고 디그얼러트에 신고해야 한다. 그러면 디그얼러트가 작업 구간에 설치된 모든 시설의 회사에 연락하고 기술자가 나와서 공사 현장에 위험 구간을 표시할 수 있노록 조치한다. 기술자들은 케이블 추적

기를 사용해 사고 없이 굴착할 수 있는 위치와 깊이를 지정한다. 또한 금속이나 자기장을 감지하는 지표 투과 레이더와 같은 도구들을 이용해 콘크리트관이나 플라스틱관, 금속케이블을 찾아낸 뒤 지하시설물 종류별로 지정된 색상의 표지들을 도로에 그려준다.

지난 수십 년 사이 미국 모든 주에 디그얼러트와 같은 기관들이 만들어졌다. 그러자 연방통신위원회는 2005년에 보다 간편한 업무 처리를 위해 미국 어디에서든 811번으로 전화하면 굴착자들이 이 기관들과 연결되도록 했다. 현재 공공지역을 굴착하려는 사람은 반드시 사전에 해당 기관에 신고해야 하며 개인 토지를 굴착하려는 사람도 사전에 신고하도록 권장되고 있다. 굴착 정보 공지 사이트Damage Information Reporting Tool 의 최근 보고서에 따르면, 땅을 파거나 구멍을 뚫거나 폭파하거나 물길을 내면서 사전에 이들 기관에 신고하지 않아서 발생한 사고가 연간 수만 건에 이른다.

미국 유틸리티회사들은 분명하고 일관적인 의미를 전달하기 위해 지하시설물을 표시할 때 표준화된 색상 표지를 사용한다. 오늘날 미국 도시의 모든 도로에서는 미국표준협회가 수십 년에 걸쳐 고안하고 미국공공공사협회가 도입한 다음과 같은 공식 안전표지 색상 표시를 볼 수 있다.

- **빨간색** 전력선, 케이블, 전선관
- **오렌지색** 통신선 및 경보와 신호등선
- **노란색** 천연가스, 석유, 증기 등과 같이 가스화되는 인화물질
- **녹색** 하수관 및 배수관

- **파란색** 식수
- **자주색** 재생수, 관개수 및 슬러리
- **분홍색** 임시 표시, 미확인 시설물, 기타 미확인 물체
- **흰색** 굴착 예정 지역의 경계선 및 경로

이처럼 지정된 색상을 사용함으로써 지하에 매설된 시설물의 종류가 무엇인지 알 수 있다. 한편 선, 화살표, 숫자 같은 표시는 시설물의 위치, 넓이, 깊이 등 세부 내용을 안내한다. 이 역시 표준화하면 도움이 되고, 전담해서 표준을 만들고 보급하는 기관들이 있다. 그중 공공지중협회 Common Ground Alliance 라는 비영리단체는 다른 여러 가지 역할에 더해 "지하 안전 및 피해 예방"을 위한 상세한 지침서 발행도 하고 있다. 이런 지침서는 도로표지에 관심 있는 도시인들에게도 도표로 가득한 훌륭한 해설서 역할을 한다.

일부 마니아들은 한 걸음 더 나아가 보다 상세한 안내서를 만들기도 한다. 화가 잉그리드 버링턴 Ingrid Burrington 이 쓴 《뉴욕의 네트워크 Networks of New York 》라는 책에는 뉴욕의 네트워크 인프라를 표시한 오렌지색 한 가지에 대해서만 100페이지가 넘는 설명이 실려 있다. 버링턴의 책에는 여러 통신회사가 경쟁해온 역사도 담겨 있지만, 양옆으로 F와 O가 쓰인 화살표 같은 현장 사례들도 보여준다. 이 표시는 포장도로 바로 밑에 매설된 광통신선 fiber optic line 의 경로를 나타낸다. 현장에는 시설물의 매설 깊이를 나타내는 숫자, 매설 회사의 이름, 플라스틱관을 의미하는 PLA 등 시설물의 재료가 무엇인지를 표시하는 약어들도 함께 적혀 있는 경우가 많다.

도시의 보이지 않는 99%

각 나라와 지역에는 고유의 관례를 따르는 공식 표지들이 있다. 〈BBC 뉴스〉의 로런스 콜리Laurence Cawley 기자는 지하시설물 위치를 표시하는 런던만의 고유한 표지를 소개하는 기사를 썼다. 이 기사에 나온 표지들 중에는 직관적으로 이해되는 것들도 있다. 예컨대 D 문자 옆의 숫자는 깊이Depth 를 표시한다. 전선의 경우 H/V는 고압선High Voltage 을, L/V는 저압선Low Voltage 을, S/L은 가로등선Street Light 을 뜻한다. 가스관의 경우 HP는 고압관High Pressure 을, MP는 중압관Medium Pressure 을, LP는 저압관Low Pressure 을 뜻한다. 일부 표지는 금방 이해하기 힘들다. 무한대 표시(∞)는 특정 시설물 구간의 시작 또는 끝 지점을 표시한다. 무한대 표시가 일반적으로 시작과 끝이 없는 것에 쓰이는 것과는 정반대다.

전문가들은 도로나 보도에 다양한 색깔의 글자와 표시를 그릴 때 생분해성 페인트를 주로 사용한다. 그러면 굴착공사를 하면서 이 독특한 문자들이 지워지거나, 시간이 지나면서 지워져 다음번 공사 때 새롭고 더욱 생생한 표시를 그릴 수 있다. 지워지지 않고 남아 있는 동안에는 이런 표시들이 굴착공사에 필요한 필수 정보를 제공하고, 일반인들에게도 발밑에 깔려 있는 복잡한 시스템을 가늠하게 하는 임시적인 창이 돼준다.

길바닥에 쓴 역사

보 도 명 판

    미국의 원래 수도이자 미국 역사상 수많은 중요한 사건이 벌어진 현장인 필라델피아에는 한 시대를 대표하는 기념비와 명판이 곳곳에 널려 있다. 눈에 잘 띄는 이 기념물들 때문에 아리송하면서도 극적이지 않은 표지들은 놓치기가 쉽다. 예컨대 광장의 조각상과 건물에 붙은 명판 외에도 수수께끼 같은 명판들이 보도에 박혀 있다. 금속제 명판에 음각 또는 양각으로 "빌딩 라인 안쪽 공간은 기부채납되지 않았음Space within building lines not dedicated", "이 명판 뒤의 부동산은 기부채납되지 않았음Property behind this plaque not dedicated" 등 선문

답이나 도시적 시구절 같은 문구가 적혀 있는 것이다.

물권법에서 기부채납이란 소유권을 공공과 같은 제3자에게 넘겨주는 행위를 말한다. 문구들은 각양각색이지만, 이런 지역권 표시는 기본적으로 같은 뜻이다. 지금은 보행자들이 얼마든지 이곳을 걸어도 되지만, 실제로는 이곳이 사유지라는 사실을 알리고 싶은 것이다. 소유권을 표시하기 위해 길고 가는 사각형 명판을 점선처럼 이어놓는 경우도 많다. 모퉁이에서는 직각으로 꺾인 형태의 명판으로 표시한다.

2016년, 필라델피아 지역지 〈플랜필리〉에 실린 기사에서 짐 삭사Jim Saksa 기자는 "이 명판들은 건물이나 조경지역, 울타리, 증개축한 부분의 실제 위치와 소유권 경계가 일치하지 않는 경우에 공용

토지와 개인 토지 사이의 경계선을 표시하는 용도로 사용된다"라고 설명했다. 다시 말해, 보행자들은 토지소유권이 울타리나 건물 가장자리까지만 적용된다고 생각할 수 있지만, 실제로는 특정 개인의 소유권이 보도까지 이어진다는 것을 밝혀둔 것이다.

지역권법은 사람들이 일정한 조건 아래 타인 소유의 토지를 통행하는 것을 허용하는 한편 불법 점유를 인정하기도 한다. 삭사 기자의 설명에 따르면, 누구나 타인 소유의 토지를 "법이 정한 기간(펜실베이니아주의 경우 21년) 이상 무단으로 계속해서 독점 사용하면, 그 토지에 대한 소유권을 주장할 수 있게" 된다. 이런 관행적 지역권법에 따르면, 토지 소유자가 명시적으로 소유권을 주장하지 않는 경우 누구라도 조건만 충족되면 소유권을 주장하고 나설 수 있다. 그렇기 때문에 보도에 소유권이 기부채납되지 않았다고 쓴 명판이 박혀 있는 것이다. 토지의 소유자는 지금은 공공에게 그 땅을 지나다니도록 해줄지라도 보도의 특정한 부분이 사유지임을 공개적으로 밝히기 위해서 명판을 설치한다.

도시의 풍경을 이루는 보도 표면의 표시 중에서 이런 명판이 차지하는 비율은 아주 낮다. 그 외에도 일반인들이 법률과 상관없이 해놓은 표시들도 있다. 보도의 콘크리트가 마르기 전에 이름을 쓰고 하트 모양으로 테두리를 두른 경우처럼 말이다. 또 소유권을 주장하지는 않지만 공식적인 표지들도 있다. 반영구적인 사랑 고백들을 살펴보다 보면 그 사이에서 보도를 시공한 건설회사가 남긴 우아한 서명과 같은 것들을 볼 수 있다.

캘리포니아주 오클랜드의 보도에는 포장재로 보도블록이나

넓은 돌판 대신 싸고 튼튼한 콘크리트가 널리 사용되기 시작한 1900년대 초에 만든 음각 표지나 명판이 많다. 이 중 많은 수가 1차 세계대전 이후 도시가 급속하게 성장하던 1920년대까지 거슬러 올라간다. 시멘트 위에는 장식 선으로 둘러싼 모양 안에 시공 날짜, 주소, 전화번호, 심지어 조합원 번호까지도 새겨져 있다. 궁금하다면 조합사무소에 가서 번호를 조회해 50년 전 보도 마감작업을 한 사람이 누구였는지 알아낼 수도 있다.

시카고에는 이런 표지가 더 많다. 내용도 더 상세하다. "콘크리트 보도를 완공하기 전에 보도를 시공한 업자나 개인은 시공 보도에 식각 또는 명판으로 자신의 이름과 주소 및 시공연도를 명확히 밝혀야 한다"는 지역 법규가 있기 때문이다. 결국 이런 표지들은 도시의 역사와 도시건축사업, 지역개발과 확장에 대한 개요를 밝히고 있기에 도시개발 과정을 보여주는 사료로 활용되게 됐다.

캘리포니아주 버클리의 보도에는 수십 년에 걸쳐 가족기업이 변화해온 역사를 추적하게 해주는 표시도 있다. 1908년의 보도표지에는 시공자가 '폴 슈누어Paul Schnoor'라고 돼 있는데 한참 뒤에 만들어진 표지에는 '슈누어와 아들들Schnoor & Sons'로 돼 있다. 자녀들이 아버지 사업에 참여하면서 회사 이름이 바뀌었음을 보여주는 것이다. 더 최근의 건설 현장에는 '슈누어 형제들Schnoor Bros'이라는 표지가 있다. 아버지가 은퇴하고 자식들이 회사를 물려받았음을 보여준다.

보도표지를 도로표지판으로 사용한 경우도 있다. 교차로 보도에 거리 이름을 새겨놓음으로써 길 찾기 기능을 하는 것이다. 그런데 철자를 틀린 경우도 없지 않다. 1909년, 〈캘거리 헤럴드〉에는 'Linclon'이나 'Secound Avenue'처럼 철자가 틀린 지명이 보도에 새겨져 있는 것을 개탄하는 "캘거리의 철자 오류"라는 기사가 실렸다. 기사는 "곧 사라질 변방 마을에서나 통할 만한 직업윤리가 캘거리에서 허용되도록 해선 안 된다"면서 "보도 석판에 거리명이 영구적으로 잘못 표기되는 부끄러운 일이 재발하지 않도록 해야 한다"고 촉구했다. 그러자 캐나다 앨버타주의 자부심 강한 당국은 도시가 그 이상의 창피를 당하지 않도록 보도표지를 깨트렸다. 반면 샌디에이고나 다른 도시에선 옛 보도표지들(적어도 철자가 맞는 것들)을 적극적으로 보존한다. 오래된 표지가 있는 보도를 깨트리거나 교체하는 공사를 하는 건설업자는 도시 역사가 보존될 수 있도록 표지를 우회해 공사해야 한다는 작업 지침에 따른다.

지금은 새로 만드는 보도에 표시를 새기도록 요구하는 도시가 많지 않다. 요즘 건설사들은 예전보다 일하는 맛이 덜하지 않을까 싶다. 시 당국은 건설사가 보도에 시공자 이름을 남기려는 경우, 반드시 사전에 허가를 받도록 하는 한편 허가를 내주더라도 아주 작게 만들도록 규제한다. 이런 보도가 수십 년 넘게 사용되는 공짜 광고판이 된다는 이유로 말이다. 하지만 우리에게는 우리가 살고 있는 환경을 건설한 사람이 누구인지, 세대가 여러 번 바뀌어도 사람들이 편안하게 걸어 다닐 수 있도록 무릎을 꿇고 표면을 매끄럽게 마감한 사람이 누구인지 등 풍성한 역사를 아는 것이 더 중요한 일일 것이다. 보도표지를 읽어보면 알 수 있는 일들이 아주 많다. 철자가 틀리지 않는 내용이라면 더욱 그렇다.

의도된 실패

표 지 판 기 둥

도로표지판, 가로등, 전기선 등이 달린 기둥은 바람과 폭풍, 쓰나미, 지진을 이겨낼 만큼 튼튼할 필요가 있다. 그러나 실제로는 그 기둥들이 이런 기본적 기능과 상반되는 중요한 기능도 감당해야 하는 경우가 자주 있다. 충격을 받으면 쉽게 부러져야 하는 것이다. 빠르게 달리는 자동차가 부딪쳤을 때 즉각 부러져야 인명피해를 최소화할 수 있기 때문이다. 서로 모순되는 이런 요구 조건을 충족하기 위해 기술자들은 오랫동안 골머리를 썩었다.

튼튼한 기둥이 쉽게 부러지도록 하는 방법으로 슬립 베이스Slip Base라는 방식이 있다. 기둥을 하나로 만드는 것이 아니라 두 개의 기둥을 이어 붙이는 방식인데, 지표면에 가까운 연결 지점이 쉽게 부러지도록 하는 것이다. 작동 원리는 이렇다. 기둥 하나를 땅에 묻고 그 위에 다른 기둥을 전단볼트breakaway bolt로 고정한다. 전단볼트는 기둥이 일정 정도 이상 충격을 받으면 쉽게 부러지거나 빠지도록 만들어져 있다. 그래서 차가 부딪쳤을 때 윗기둥은 쓰러지고 짧은 아랫기둥은 차 밑으로 들어가게 된다. 설계에 맞게만 설치된다면 이런 기둥들은 자동차의 속도를 늦춰줌으로써 피해를 줄일 수 있다. 또 부러진 기둥을 다시 세우는 것도 쉽다. 새 기둥을 망가지지 않은 아랫기둥에 볼트로 다시 고정만 하면 되기 때문이다. 그러면 수리에 필요한 자재와 작업량이 줄어든다. 슬립 베이스 방식의 핵심인 철판 대 철판 연결부는 노출할 수도 있고 감싸서 보이지 않게 만들 수도 있다.

경사형 슬립 베이스 철판 연결부는 이런 기본적인 디자인을 조금 더 개선한 형태다. 충격이 올 수 있는 방향에 맞서는 힘이 약해지도록 사선으로 위아래를 연결하는 방식이다. 기둥이 충격을 받으면 옆으로 쓰러지는 것이 아니라 공중으로 튀어 오르게 돼 있는데, 이상적인 경우라면 이렇게 튀어 오른 기둥이 부닥친 차량 뒤쪽에 떨어진다. 슬로모션 충돌시험 비디오를 보면 표지판이 솟구쳐 차량 위로 공중제비를 한 뒤 차량이 지나간 도로에 떨어진다. 다만 이 방식은 차량이 예상된 방향이 아닌 곳에서 충돌하는 경우, 부러지지 않을 수도 있다는 문제점이 있다.

수평 또는 경사형 슬립 베이스는 그 자체로 충분히 기능을 발휘하지만, 윗부분에 경첩을 붙여서 시설과 인명을 더 잘 보호하도록 만든 것도 있다. 전봇대 위에 걸린 전화선이 기둥이 자동차에 부딪

도시의 보이지 않는 99%

혀 부러질 때 붙잡아주는 역할을 하는 것처럼 말이다. 이런 경우에는 전봇대가 쓰러지지는 않고(전봇대가 쓰러지면 충돌한 자동차나 도로 위 다른 자동차를 깔아뭉갤 수도 있다) 아랫부분이 부러진 다음, 주위의 다른 전봇대와 연결된 전화선에 걸려 잠깐 흔들리다가 멈추게 된다.

슬립 베이스와 경첩 방식 말고도 건설 환경 곳곳에서는 여러 가지 전단 기둥들을 찾아볼 수 있다. 금속 기둥에 달린 정지표지판이 대표적이다. 이 기둥은 슬립 베이스 방식과 다르게 작동하지만, 기둥의 두 부분이 분리되기 쉬운 형태로 연결된다는 원리는 동일하다. 바닥에 고정된 짧은 기둥 속에 긴 기둥을 끼워 넣는데, 긴 기둥은 충격을 받으면 쉽게 부러지거나 구부러지도록 돼 있다. 일단 이런 사실을 알고 나면, 표지판에 차량이 충돌하는 끊임없는 문제에 대한 이토록 흔한 해결책이 저절로 눈에 들어올 것이다.

사람들은 더 안전한 자동차를 만들면 차 안의 사람들을 잘 보호할 수 있을 것이라고 생각한다. 어느 정도는 맞는 말이다. 고성능 바퀴로 차선 이탈을 막고, 견고한 프레임으로 손상을 줄이고, 안전벨트와 에어백이 충격을 흡수해 완화하고, 안전유리는 깨진 파편으로 인한 피해를 줄인다. 그렇지만 결국 자동차를 디자인하고 만드는 것은 보다 큰 범위에 속하는 안전 방정식의 변수일 뿐이다. 눈에 잘 보이지는 않지만 사람들이 부닥치는 사물을 다루는 공학도 안전을 지키는 데에 핵심적인 역할을 한다.

도시의 안전 금고

신 속 진 입 상 자

녹스박스Knox Box는 출입구 바로 옆 벽 눈높이에 설치돼 있고 반짝거리는 빨간 사각 스티커가 붙어 있는데도 크게 주목을 끌지 않는 물건이다. 크리넥스가 티슈의 대명사이고 덤스터가 쓰레기통을 대표하며 한때는 에스컬레이터라는 이름 자체에 상표권이 설정돼 있었듯, 녹스박스는 일반적인 물건에 붙는 흔한 상표명이다. 이는 거의 모든 도시 건물에 설치된 신속진입상자를 말한다. 도시의 금고라고 할 수 있는 녹스박스는 재난이 발생하는 순간 기능적으로 감춰진 존재에서 대단히 중요한 존재로 탈바꿈한다.

응급상황에서는 1분 1초가 중요하다. 건물에 최대한 빠르고 안전하게 진입할 수 있어야만 한다. 녹스박스는 이 문제를 간단히 해결해준다. 응급요원들은 현장에 도착하자마자 마스터키나 마스터비밀번호로 신속진입상자부터 열어 안에 있는 물건을 꺼낸다. 상자 안에는 건물 열쇠나 비밀번호가 들어 있다. 따라서 소방대원은 기본적으로 자기 관할지역의 모든 건물에 있는 신속진입상자를 여는 마스터키를 가지고 있는 셈이다. 그 열쇠 하나로 소방대원들은 자기 담당 구역의 아파트, 상점, 사무실, 박물관 등등 모든 건물에 들어갈 수 있다.

녹스박스는 형태가 다양하다. 열쇠 하나 또는 열쇠 더미가 든 작은 금고 형태도 있고 복잡한 기능의 제어판이 설치된 첨단 형태도 있다. 전기나 가스를 차단하거나 경보 오작동 시 스프링클러를 차단할 수 있는 스위치가 들어 있기도 하다.

어떤 형태든 신속진입상자가 없으면 소방대원과 응급구조사들은 건물이 열릴 때까지 기다리거나 건물을 부술 수밖에 없고, 이 때문에 인명과 재산 피해가 커진다. 문이 부서지고 창문이 깨지고 건물이 불탄 경우를 생각해보면, 건물 바깥에 작은 상자를 설치하는 것은 현명한 선택으로 보인다.

보안 측면에서는 신속진입상자가 도둑을 들끓게 만드는 최악의 장치처럼 보일지 모른다. 하지만 건물주나 열쇠 사용자는 이런 위험을 잘 알고 있으며 미리 주의를 기울인다. 상자를 경보시스템에 연결해둠으로써 열리는 동시에 경보가 울리도록 하기도 하며, 마스터키는 일부 소방서에서 추적 시스템을 활용해 열쇠가 분실되거나 엉뚱한 사람 손에 들어가지 않도록 하기도 한다. 녹스박스 사용을 꺼리는 도시나 건물주도 있지만, 실보다 득이 훨씬 크다고 생각하는 사람들이 많다. 이 때문에 도시 곳곳에 작은 상자가 설치된 것을 쉽게 찾아볼 수 있다.

2장

도시기반시설의 위장술

세상에는 마음을 풍요롭게 해주는 멋진 도시기반시설이 많다. 화려하게 장식된 고대 수로교나 구조적으로 아름다운 현대 교량들처럼 말이다. 그렇지만 대부분의 기반시설들은 제대로 존중되는 일이 드물다. 우리는 배기구나 변전소를 현대 공학을 대담하게 과시하는 기회로 활용하기보다는 드러나지 않게 감춘다. 채유탑이나 통신사 중계탑과 같은 것들은 너무 교묘하게 위장돼 있어서 가끔은 어떤 것이 진짜인지 알아채기가 힘들 정도다.

◀

런던의 지하철 배기구 앞을 가린 가짜 겉모습

손턴의 향수병

하 수 로 배 기 구

시드니 하이드파크 Hyde Park 는 환경친화적 성향과 어울리게 이름까지 프랜시스 '그린'웨이 Francis Greenway 인 한 건축가가 설계한 공공시설로, 호주에서 가장 오래된 공원이다. 1700년대 후반에 이 탁 트인 공간은 주로 주민들이 가축에게 풀을 뜯기고 땔감을 줍는 장소였다. 시간이 흐르면서 이곳에서 아이들이 뛰어놀고 크리켓 경기가 열렸다. 1850년대 시드니와 그 주변 지역이 점차로 진화하면서 하이드파크에는 잔디와 나무가 식재되었고 수도시설과 기념비도 설치됐다. 이 공원은 갈수록 형태가 갖추어지고 웅장해졌다. 정치 행사가 열리고 영국 왕실 인사를 환영하는 공식 장소가 된 것이다. 이 시기에 만들어진 높은 오벨리스크가 이 공원을 상징하는 건축물로 꼽힌다.

현재 런던, 파리, 뉴욕에 있는 '클레오파트라의 바늘'이라고 부르는 고대 이집트 유물을 본뜬 하이드파크의 오벨리스크는 1857년 시드니 조지 손턴 George Thornton 시장 재임기에 설치됐다. 대략 15미터 높이의 석탑이 6미터 높이의 사암 기단 위에 선 모습이다. 위로 갈수록 가늘어지는 탑을 스핑크스와 뱀이 둘러싸고 있다. 주민들은 새로 단장된 공원과 이국적인 장식물에 열광했다. 개막식 연설을 마친 손턴 시장을 "지지자들이 목말을 태워 공원 옆 호텔까지 행진했다"는 보도까지 있을 정도였다.

그렇지만 얼마 지나지 않아 사람들은 이 멋진 탑에서 불쾌한 냄새가 강하게 난다는 걸 알게 됐다. 그 바람에 이 오벨리스크에는 손턴의 향수병Thornton's Scent Bottle이라는 별명이 붙었다. 이 탑에서 악취가 나게 된 건 사고가 아니라 설계 때문이었다. 세계 곳곳의 전혀 해롭지 않아 보이는 수많은 조각상들이 그렇듯, 이 오벨리스크는 미적 목적과 기능적 목적 두 가지를 함께 갖도록 설계됐다. 멋들어진 이국적 장식물인 동시에 시드니 하수로 가스를 배출하는 기능도 갖추고 있었던 것이다.

대형 기념물을 하수로 배기구로 사용하다니 이상한 생각처럼 들릴지도 모르겠다. 그렇지만 시드니의 하수로체계는 당시 호주에서 첨단기술로 만든 것이었다. 기능적인 측면에서, 기술자들은 하수 악취 처리 방식으로 두 가지 기본적인 환기 방법을 개발했다. 하나는 배출 방식이고 하나는 흡입 방식이었다. 흡입 방식에서는 공기를 흡수하고, 배출 방식에서는 비교적 가벼운 기체를 다시 밖으로 내보낸다. 이런 시스템에서는 기체의 압력과 악취, 질병을 모두 처리해야 했고 기술자들은 이런 문제를 다루면서 멋까지 부렸다. 그 시초가 하이드파크 오벨리스크의 배출 설계였다. 그렇게 세워진 오벨리스크는 시드니의 기반시설 겸 명물이 되었다. 세워진 이후 몇 차례 보수를 거쳤지만, 대체로 원래의 형태를 유지하고 있다.

하이드파크의 오벨리스크라는 전례가 생기자 시드니 곳곳에 벽돌로 멋지게 지은 배기구들이 만들어졌다. 다른 큰 도시들의 하수로 배기구는 이런저런 형태가 섞인 모습이다. 소위 악취관이라고 하는 런던의 배기구는 좀 더 실용적이다. 기념비나 가로등 기둥처럼 보이게 치장한 것들도 있지만, 대부분은 녹슨 깃대처럼 보인다. 한편 시드니의 오벨리스크는 여전히 사용되고 있다. 용도만은 냄새가 고약한 하수로 배기구에서 빗물 유수관으로 살짝 바뀌었지만 말이다. 지금은 제대로 된 기념물 대접을 받고 있고 2002년에는 뉴사우스웨일스주 유적으로 등록되기도 했다. 결국 클레오파트라의 바늘 모조품은 현대 도시와 도시가 새로운 기간시설에 적응하는 방식을 보여주는 진짜 기념물로 거듭났다.

3차원 트롱프뢰유

지 하 철   배 기 구

결혼 생활의 애환을 잘 보여주는, 실물보다 큰 조각상들이 얕은 분수대 안에 배치된 독일 뉘른베르크의 에카루셀Ehekarussell 조각은 뜨거운 논란의 대상이다. 젊은 시절의 사랑에서 배우자의 죽음까지, 이 "결혼 회전목마"의 생생한 장면들은 기쁨과 슬픔, 정열과 고통으로 가득한 일생을 너무도 노골적인 방식으로 보여주기에 많은 주민들은 유서 깊은 이 도시를 한가롭게 산책하는 동안 이 조각상을 보는 것을 즐거운 일로만 생각하지는 않는다. 하지만 이 극적인 조각품은 미적 기능 이외에 다른 기능으로도 유명하다. 뉘른베르크의 U-반u·Bahn 지하철 배기구를 가리기 위해 전략적으로 설치한 것이기 때문이다. 1980년에 완공된 이 조각품은 지하철 배기구를 위장하는 오랜 전통 가운데 비교적 새로운 형태다. 지하철 배기구를 위장하는 방법은 작은 조각상에서부터 큰 건축 구조물에 이르기까지 다양하다.

1863년, 런던에 세계 최초의 지하철이 개통됐을 때 영국의 토목기사들은 지하터널에 배기구를 만드는 것이 승객들의 건강과 안녕, 나아가 생존에 필수적임을 알고 있었다. 당시 기차에 증기 배출량을 줄이는 냉각기가 달려 있었지만 배기가스를 대기로 배출하는 야외 배기구가 필요했다. 이 때문에 나중에 런던 지하철이 되는 메트로폴리탄 레일웨이는 개착공법으로 공사했다. 구간별로 흙을 파내고 철로를 깐 뒤 환기공간을 남겨놓고 다시 덮는 방식이다. 그런데 지하철 노선을 계획하면서 이미 건물이 있는 지역을 굴착해야하는 경우가 발생했다. 그중에는 상류층 거주지의 옛 건물들이 줄지어 있는 린스터가든스 23번지, 24번지가 대표적이다. 하지만 시공사가 이 지역에 맞는 방법을 찾아냈다.

그들은 상류층 거주지에 어울리지 않는 커다란 배기 구간을 린스터가든스의 빅토리아 중기 양식 주택들과 어울리는 건물 정면 모습을 세워 가렸다. 건물의 웅장한 정문 양옆에 세로로 홈이 새겨진 코린트식 기둥이 있고 그 위에 발코니들이 돌출된 모습은 주변 건물과 구분하기 쉽지 않다. 주택처럼 보이는 이 구조물 두께는 30센티미터 정도밖에 안 된다. 그 뒷면은 배기 구간으로 뻥 뚫려 있고 철골 구조물이 이 구간을 정비하는 한편 건물 정면 구조물을 받치고 있다. 좀 떨어져서 보면 잘 모를 정도로 대체로 잘 만들었지만, 가짜라는 것을 알 만한 부분도 있다. 장난 전화 때문에 그곳에 간 피자배달원들은 알겠지만 문을 두드려도 응답하는 사람이 없다. 창문 유리가 있어야 할 자리에 회색 페인트가 칠해져 있는 것이 이 구조물이 가짜임을 알려주는 가장 큰 단서다. 이런 식의 흠결 때문에 정체가 탄로 나는 구조물은 전 세계 곳곳에 있다.

뉴욕 브루클린의 조럴레먼가 58번지를 지나가다 보면 그리스 복고 양식의 주택들이 줄지어 있는 사이에 자리한 3층짜리 건물이 가짜라는 걸 알아채기가 쉽지 않다. 이 구조물에는 주변 건물들과 비슷한 모습이 전체적으로 반영돼 있다. 구조물 높이와 각 층별 비율, 틀림없는 문틀을 갖춘 현관으로 올라가는 건물 앞 계단 같은 것들이 그렇다. 하지만 건물 정면을 보면 볼수록 평범한 건물이 아니라는 점이 분명해진다. 창문은 물론 창살과 창틀, 상인방 모두가 짙은 검은색이다. 이 건물은 사실 그 밑을 지나가는 지하철의 배기구이자 지하철 사고 시 승객들이 활용할 비상 탈출구다. 실제 건물이기는 하지만 건물 내부를 비워서 다른 용도로 사용하고 있는 것이다. 처음부터 그렇게 지은 것이는, 아니면 원래 있던 건물을 개조한 것이든 3차

도시의 보이지 않는 99%

원 트롱프뢰유trompe l'oeil (실물로 착각할 만큼 사실적인 그림) 같은 재미있는 지역 특화 퍼즐인 셈이다.

자동차 시대를 이끌다

수 저 터 널   환 기 시 스 템

뉴욕과 저지시티를 연결하기 위해 1920년에 건설한 홀랜드터널Holland Tunnel은 최초의 수저터널은 아니지만 당시로선 대단히 야심적인 공사였다. 강의 진흙과 암반을 굴착하는 것도 큰일이었지만 터널을 지나는 수많은 자동차와 트럭이 내뿜는 유독한 배기가스를 처리하는 것이 훨씬 더 힘든 일이었다. 그렇게까지 긴 터널을 환기하는 것이 불가능하다고 생각한 회의론자들은 이 터널이 운전자들에게 치명적인 것까지는 아니더라도 위험한 환경이 될 것이라고 우려했다.

현장 엔지니어들은 정부 기관 및 대학교와 협력해 이 거대한 공학적 난제를 해결하고 대중에게 터널이 안전하다는 것을 증명했다. 폐광된 갱도 내부에서 수십 미터 길이의 터널을 활용해 환기 방법을 시험했다. 또 예일대학교 학생들이 공기가 희박한 밀실에 일산화탄소를 주입하면 얼마나 견딜 수 있는지, 어떤 부작용이 있는지 알아보는 실험에 자원했다(대단한 학생들이다). 연구자들의 결론은 운전자와 승객이 질식하지 않으려면 초당 2만 8300리터의 공기를 터널에 주입해야 한다는 것이었다. 신중한 엔지니어링을 거듭한 끝에 터널 안의 공기는 뉴욕의 많은 거리보다 더 맑을 것으로 계산됐다(이게 딱히 높은 기준이라고 할 수는 없지만 말이다).

이 수저터널 환기시스템의 핵심은 터널 자체보다도 터널을 둘러싸고 수면 위로 높이 솟아나도록 지어 지금도 운영되고 있는 건물들이다. 콘크리트로 만든 수직 환기관 구조물 두 곳이 허드슨 강변을 따라 설치됐고, 강 복판에도 수면 위 90미터 높이로 환기관 두 곳이 더 설치됐다. 이 네 개의 구조물에 달린 수십 개의 커다란 흡기 및 배기 팬을 가동해 터널 내부를 매 1분 30초마다 완전히 환기할 수 있다.

이 공사에 공헌한 사람 중에 가장 유명한 사람은 터널에 붙은 이름의 주인인 엔지니어 클리퍼드 홀랜드Clifford Holland일지 모르겠다.

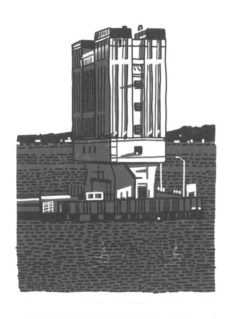

그렇지만 이 중요한 환기 구조물을 설계한 사람은 노르웨이의 건축가 엘링 오브레Erling Owre다. 그가 설계한 것이 미화된 배기관이었다는 점을 생각해 보면, 그는 분명 기능주의적 필요를 훨씬 뛰어넘는 멋진 최첨단 건축을 설계한 사람이었다. 저지시티 사적관리단 설립자인 존 고메즈John Gomez는 "오브레는 제도판에 미니멀리즘과 장인정신, 형태와 같은 스칸디

나비아 감성을 도입했다"면서 "그가 전통적인 로마네스크, 비잔틴, 고딕 양식은 물론 독일에서 새롭게 확립된 바우하우스와 러시아의 구성주의, 그리고 르코르뷔지에와 프랭크 로이드 라이트Frank Lloyd Wright의 건축도 계승한 셈이다"라고 강조했다.

이런 건축 전통들을 모두 종합한 오브레가 홀랜드터널 설계에 접근한 방법은 혁신적이었다. 고메즈의 설명에 따르면, 그는 "커다란 철골보와 거대한 콘크리트 기둥, 대성당에 쓰이는 노란 벽돌을 사용했는데" 이것이 "길쭉한 아치와 벽돌 내쌓기, 유리 미늘 판자, 작은 가고일 형태의 홈통 머리와 놀라운 외팔보 기단과 함께 드러난다". 프랭크 로이드 라이트의 라킨Larkin 본사 건물이나 도서관, 또는 시민회관만큼이나 대담한 현대적 건축물은 그렇게 탄생했다. 이 건축물들은 건축과 기간시설이 융합된 것으로서 모더니즘으로의 우아한 전환과 함께 뉴욕에서 뉴저지로의 이동이 실현된 자동차 시대를 상징한다.

동네 트랜스포머

변 전 소

소박한 단층집에서 높은 맨션 건물에 이르기까지, 토론토 에너지 기간시설을 안에 감추고 있는 건물들이 공유하는 미적 공통점 같은 것은 없다. 담벼락, 지붕, 문, 창문과 조경으로 일반 건물처럼 보이도록 만들었지만, 이런 건물들에는 범상치 않음을 알 수 있는 명백한 특징들이 존재한다.

토론토수력Toronto Hydro은 1911년에 설립됐다. 나이아가라 폭포에 설치된 대형 발전기에서 나오는 전기가 도시 중심가를 훤하게 밝힌 바로 그해였다. 당시 발전소 전기를 가정에 공급하고 가공되지 않은 에너지를 소비자들이 사용할 수 있는 형태의 전력으로 바꿔주는 새 변전소가 필요했다. 하지만 주민들로 하여금 볼썽사나운 철과 전선 뭉치가 동네에 들어서는 것을 받아들이게 하기란 어려운 과제였으므로, 이를 해결하기 위해 많은 건축가가 동원됐다.

대공황 이전 초창기에는 변전소를 아름다우면서도 거대하게 지었다. 박물관이나 시청 등 도시의 공공건물처럼 돌과 벽돌로 웅장하게 짓고 화려한 장식을 붙였다. 그러다가 2차 대전 뒤 주택 건설 붐이 일면서 소형 변전소가 다수 건설됐고, 이것들은 작은 주택처럼 보이게 만들어 주변 풍경과 자연스럽게 어울리도록 했다.

이런 변전소들은 대부분 여섯 가지 기본 모델 중 하나를 동네 분위기에 맞춰 변형한 것이다. 그런 식으로 20세기 내내 토론토에는 기둥과 보로 비대칭 지붕을 떠받치는 단층 주택에서부터 박공지붕을 갖추고 현관문 위에 삼각형 주추가 있는 조지 왕조 시대풍 저택 형태에 이르기까지 변전소 수백 곳이 건설됐다.

현지 언론인 크리스 베이트먼Chris Bateman의 설명에 따르면 "건물의 중앙에는 차단기와 전압표시기가 설치되고, 고압전기를 가정용 전기로 감압하는 흉물스러운 중장비는 건물 뒤쪽의 벽돌 건물에 설치됐다". 안에 들어가보면 이런 건물의 기능이 명백하게 드러난다. 건물 내부에는 기술자들이 사용하는 장비들과 의자 몇 개가 들어차 있기 때문이다. 하지만 건물 외부에도 겉보기와는 다른 용도로 쓰임을 암시하는 흔적이 보인다.

이런 주택 모습의 변전소 중 일부는 현관문과 창문이 엉뚱한 곳에 달려 있거나 공장에 어울릴 법한 생김새다. 또 일부는 정원이 너무 완벽하게 조경, 관리된 모습이다. 어떤 곳은 동네가 변하면서 주변 건물들이 커지는 바람에 작고 아늑해 보이는 목조 또는 벽돌 변전소 건물이 두드러져 보이기도 한다. 주위에 감시카메라가 여럿 설치돼 있는 것도 유별나게 보이고 시청이나 전기회사 차량이 주차된 것도 눈에 띈다. 곳곳에서 이와 비슷하게 생긴 가짜 주택들을 보는 경험이 쌓이다 보면 묘한 기시감을 느끼게 되기도 한다.

토론토수력은 더 이상 주택 모양의 변전소를 짓지 않는다. 신기술이 도입되면서 그런 변전소가 쓸모없고 위험해진 경우도 많기에 일부를 허물기도 했다. 2008년에는 실제로 한 변전소에서 폭발이 일어나 화재가 발생하고 동네에 전기가 끊어졌다. 당연히 그와 비슷한 변전소 주변에 사는 주민들은 불안감이 커졌다. 갈수록 이런 변전소는 보기 힘들어질 가능성이 크다. 최소한 안에 실제 변전시

설이 들어 있는 경우는 적어질 것이다. 사실, 일부 변전소는 모방하려던 모습의 실제 주택으로 개조되기도 했다.

핸드폰의 세포생물학

휴 대 전 화 중 계 탑

벨연구소Bell Labs의 엔지니어들은 1940년에 최초로 현대적인 무선통신망을 설계하면서, 사람들의 이동에 따라 중계탑에서 중계탑으로 통화를 전달하여 전화가 끊기지 않게 하는 방식을 구상했다. 1970년대에 상업용 휴대전화 중계탑이 만들어졌을 때, 각 중계탑이 담당하는 구역을 표시하는 지도는 서로 바싹 붙은, 동글동글한 식물 잎사귀나 동물 세포처럼 보였다. 핸드폰을 뜻하는 '셀폰cell phone'은 문자 그대로 해석하면 세포 전화를 의미하는데, 그 이름이 바로 여기서 유래한 것이다. 이 시스템을 개발하고 이런 그림들을 그리던 엔지니어들도 나중에 중계탑들이 자연물 형태로 디자인될 줄은 몰랐을 것이다. 중계탑들은 눈에 띄지 않도록 다양한 종의 나무 모습으로 위장되었다.

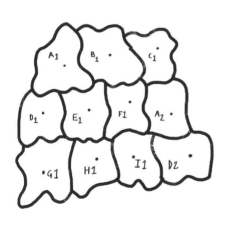

Qi: Q로 설정된 채널을 사용하는 i번째 구역
● : 전송기 위치

1980년, 휴대전화 보급이 늘자

더 많은 중계탑을 설치해야 했고, 대부분 실용적인 산업장비 모양으로 디자인됐다. 그러자 예상대로 님비현상이 나타나면서 주민들이 새로 설치된 이런 시설이 눈에 거슬린다고 불평하기 시작했다. 이에 따라 일련의 위장기술이 휴대전화 통신기술의 팽창과 함께 출현했다. 애리조나주 투손에 위치한 라슨캐머플라지Larson Camouflage 같은 회사는 위장기술 분야의 선구자였고, 새로운 산업 분야에 잘 맞았다. 디즈니 테마파크의 인공 바위와 가짜 나무, 나아가 박물관과 동물원의 야외시설을 만드는 등 인공 자연경관을 수년간 제작해온 회사였기 때문이다. 라슨은 1992년, 나무 모양의 위장 중계탑을 처음 선보였다. 그로부터 몇 년 지나지 않아 중계탑을 규제하는 법률이 크게 변화했다.

1996년, 통신법이 지역사회가 중계탑 설치를 제각기 규제하는 것을 금지하자 지역 당국은 무척 답답한 상황에 놓이게 됐다. 중계탑 설치를 완전히 통제하거나 노골적으로 금지할 수 없게 되자 일부 지역에선 새로 설치되는 중계탑은 반드시 위장해야 한다는 조례를 만드는 식으로 대응했다. 갑자기 구조물을 아름답게 꾸미는 것이 권장 사항이 아니라 의무 사항이 된 것이다. 이에 따라 중계탑을 교회 첨탑처럼 높은 구조물 안에 지어 철저히 감추거나, 급수탑과 깃대처럼 이미 존재하거나 바로 이런 위장 목적으로 건설된 구조물에 설치하기도 했다. 그렇지만 이런 종류의 인공물들 역시 눈에 잘 띄는 경우가 많았기에 나무 모양의 중계탑을 제작해야 한다는 생각이 본격적으로 자리를 잡기 시작했다.

그 뒤 수십 년 동안 휴대전화 사용이 많이 늘어나면서 이런 위장

물을 제작하는 회사들도 번창했다. 라슨은 나무의 종류를 다양화해 여러 지역 환경에 어울리는 제품을 제작했다. 기둥 하나짜리 중계탑을 보통 '모노폴monopole'이라고 불렀으므로, 라슨이 처음 소나무pine tree 형태로 위장한 중계탑에는 '모노파인Mono-Pine'이라는 이름이 붙었다. 이어 모노팜(모노-야자수), 모노엘름(모노-느릅나무)이란 제품도 나왔고, 사와로 선인장처럼 생긴 제품까지 제작됐다. 현재 미국 전역에 수십만 개의 중계탑이 있는데, 그중 많은 수가 라슨과 같은 회사들이 만든 위장 제품이다.

위장 중계탑 중에는 비용 등의 문제로 엉성하게 만든 것도 있다. 위장 비용이 하나당 10만 달러에 이르는 경우도 있어서, 비용 절감을 원하는 고객들은 나뭇가지 개수를 줄여달라고 요구하기도 한다. 가지 수 추가 자체로도 많은 비용이 들지만, 전체 무게가 무거워지면 몸통을 더 튼튼하게 만들 필요가 있어서 비용이 더 커지기 때문이다. 중계탑은 높게 만들어야 제 기능을 할 수 있기에, 주변 나무들보다 훌쩍 커서 어우러지지 않는 경우도 있다. 라스베이거스처럼 광활한 평지로 된 지형에서는 모조 야자수 중계탑을 몇 킬로미터 떨어진 곳에서도 알아볼 수 있다. 또 계절 변화에 따라 위장 중계탑이 더욱 두드러져 보이는 경우도 많다. 소나무야 가짜 소나무처럼 영원히 푸르겠지만, 위장 낙엽수들은 주변의 진짜 나무들이 낙엽을 떨어트리고 나면 기괴하고 특이한 존재가 되고 만다.

결국은 덜 위장된 중계탑이 위장하지 않은 기능주의적 강철 중계탑보다 더 두드러져 보이는 공교로운 상황이 발생하고, 실제 나무와 중계탑 사이의 불쾌한 골짜기에 빠지게 되기도 한다. 중계탑

을 나무로 위장하는 건 기발한 생각이지만 기능에만 충실한 중계
탑 디자인에는 분명 단순하고 직설적이며 명확한 면이 있다. 꼭 자
연을 닮아야만 아름다워지는 건 아니다. 하지만 기능에 충실한 산
업적 미와 볼품없는 가짜 나무에 대한 미적 판단을 보류하고 보면,
모조품을 살펴보는 일 자체가 흥미로울 수도 있다.

잘 보이게 감추기

석 유 채 굴

베벌리힐스고등학교 교정에 있는 46미터 높이의 소위 '희망의 탑Tower of Hope'은 콘크리트로 만든 뾰족탑이다. 아무런 채색이나 장식도 없던 건물에 수십 년 전에 화려한 색채의 벽화를 그리기도 했지만, 위압적인 건물을 미화하려는 이런 노력에도 불구하고 이 탑은 여전히 괴상할 정도로 높아 보였고 주위 풍경과 어울리지 않았다. 그런데 이 탑 안에는 매일 수백 배럴에 달하는 석유와 대량의 천연가스를 생산하는 기계장치들이 설치돼 있다. 몇 년 동안 이 석유와 천연가스로 학교 예산을 충당했다. 하지만 탑을 학교 교정에 두어야 하느냐에 대한 논란은 갈수록 커졌다.

로스앤젤레스 시가지에서 석유 자원을 채취하는 것은 새로운 일도 아니고 상류층 지역에서만 벌어지는 일도 아니다. 인구가 5만 명에 불과한 작은 도시였던 로스앤젤레스는 1890년대 에너지 붐의 중심지가 됐다. 1930년에는 캘리포니아에서 생산되는 석유량이 전 세계 생산량의 4분의 1에 달했다. 철로 만든 다리 부분이 서로 겹쳐질 정도로 유정탑이 빽빽하게 들어선 곳도 있었다. 로스앤젤레스의 많은 지역에 유정탑이 가득 들어차면서 헐벗은 나무들로 이루어진 인공 숲 같은 풍경이 만들어졌다. 과학소설의 한 장면처럼 높은 유정탑이 들어찬 기묘한 장소가 해변 휴가의 배경이 되었고, 산업 시대의 기계와 태평한 오락활동이 함께 어우러지는 묘한 장면이 만들어졌다. 멋있으면서도 신중하게 연출된 할리우드의 황금 시대에 대한 향수병을 앓다 보면 쉽게 잊게 되지만, 사실 이 도시에는 지표면 아래에서 검은 황금을 캐내려는 노골적으로 산업적이고 광포한 열풍이 몰아쳤던 것이다.

시간이 흘러 석유가 고갈되면서 많은 유정탑과 대형 펌프가 사라지고 시추작업을 멈췄다. 남은 시설들은 패스트푸드 식당 주차장, 주택이나 고속도로 옆 울타리 친 곳, 공원 주변 나무로 가려진 곳, 멋진 골프장의 모래 벙커 같은 곳에 있다. 베벌리힐스의 유정탑과 같은 높은 시설들은 굴뚝이나 단조로운 사무실 건물로 위장됐다. 채굴 소리를 감추기 위해 흡음재를 사용해 청각적으로 위장한 곳도 많다.

좀 더 최근의 시추시설들은 시추선이나 인공 섬 등 바닷가에서 멀리 떨어진 쪽으로 옮겨졌다. 이 중에서 유독 두드러지는 것이 롱비치 해안을 따라 길게 늘어선 시설이다. THUMS제도는 미국에서 유일하게 잘 가꾸어진 시추 섬들로, 위장의 규모가 엄청나게 커졌음을 보여준다. 열대림처럼 조성된 이 가짜 낙원은 야자수와 펌프의 굉음을 감추는 조경에 둘러싸인 독특하고 화려한 건물들로 가득하다. THUMS라는 이름은 텍사코Texaco, 험블Humble(현재의 엑슨Exxon), 유니언오일Union Oil, 모빌Mobile, 셸Shell의 앞 글자를 모은 것이다. 하지만 이 시설에는 나중에 '우주비행사섬'이라는 새로운 이름이 붙었다. 건축물이 우주 시대다운 모습을 하고 있다는 걸 생각해 보면 잘 어울리는 이름이다.

이 섬은 1960년대에 인근의 자연 섬에서 가져온 수백 톤의 바위와 샌피드로만에서 퍼올린 수백만 세제곱미터의 흙으로 만든 것이다. 이른바 "미적 포장"에 1000만 달러가 쓰였다. 이 프로젝트를 총괄한 테마파크 건축가 조지프 리네시Joseph Linesch 는 캘리포니아 디즈니랜드의 인공 조경과 플로리다 에프콧센터EPCOT Center (디즈니월드 안에 있는 미래도시)를 정교하게 만들어낸 사람이다. "디즈니와 시트콤 〈젯슨 가족〉, 영화 〈로빈슨 가족〉을 섞어놓은 듯하다"는 평을 들을 정도로 뒤죽박죽으로 만든 이 위장 구조물들은 멀리서 바라보면 그럴싸해 보인다. 얼핏 해안가 호텔 단지나 호화 리조트 건물처럼 보이기도 한다. 지난 반세기 동안 석유업자들이 바다 건너 잘 보이

도시의 보이지 않는 99%

는 데 감춰놓은 이 유정에서 뽑아낸 원유가 수십억 배럴에 달한다.

반면, 본토에서는 한때 번창했던 로스앤젤레스의 석유산업이 쇠퇴했다. 채굴이 시작된 지 수십 년이 지나면서 희망의 탑에서 생산되는 석유는 최대 생산 시기의 10퍼센트로 줄었다. 몇 년 전에는 이 유정을 운영하던 베노코Venoco사가 파산하면서 탑이 방치되는 일도 있었다. 한편 캘리포니아주가 청정에너지 정책을 강화한 것도 대도시 복판의 화석연료 채굴사업을 쇠락하게 했다. 위장된 물건이 더 이상 공공의 이익에 기여하지 않게 되면서 아무리 위장하더라도 충분치 않은 때가 된 것이다.

3장

진화의 흔적

도시는 그곳에 사는 사람들에게 사용되고 남용되면서 나이 들어간다. 우리는 손상된 부분을 보수하기도 하지만 망가지도록 방치하기도 한다. 이에 따라 많은 도시가 되는대로 수리한 뒤 남은 깔끔하지 못한 흔적들로 가득하다. 그렇지만 그러한 잔재와 나머지도 잘 생각해보면 도시의 일부인 것이 분명하다. 여전히 기능을 하는, 기능적인 사물이다. 그런 불완전한 요소들은 사람들이 만들어낸 가장 멋진 본보기는 아닐지라도, 흠이 많고 복잡한 인간의 속성을 잘 보여준다.

◀

고정판, 사랑의 자물쇠, 재활용된 구조물

그 별은 장식이 아닙니다

벽면 고정판

흰 모르타르를 발라 쌓아 올린 붉은 벽돌 건물 정면에 박힌 금속 별은 얼핏 애국심을 표현하는 것처럼 보인다. 필라델피아 같은 도시에서는 특히 그렇다. 그러나 필라델피아의 오래된 주택들이 늘어선 지역이나 전 세계 여러 도시에 점점이 박혀 있는 이 별들은 엄밀히 말해 장식물이 아니다. 실은 구조적으로 중요한 역할을 하는 물건이다.

일렬로 늘어선 오래된 벽돌 건물들은 장선과 들보도 같은 방향으로 놓여 건물의 하중을 감당하는 좌우 벽과 직각으로 연결돼 있다. 그 결과 장선과 들보와 평행한 주택의 앞뒷면은 건물 중심 지지대와의 연결이 부실해진다. 필라델피아의 건축가 이언 토너Ian Toner는 "정면과 후면의 벽은 건물의 다른 부분과 가장자리만 연결돼 있기 때문에 벽 중간이 휘어져 불룩해지는 문제가 발생한다"고 설명한다. 질이 좋지 않은 석회 모르타르를 쓴 경우 문제가 더 심각해진다. 기초가 흔들리고 중력과 시간이 작용하면 건물 붕괴 위험이 커진다. 커다란 재앙이 발생할 수도 있다.

이미 벽돌이 불거져 나오고 있다면 다시 밀어 넣어야 하지만, 그것만으로는 충분하지 않다. 이럴 때 많이 사용되는 보수 방법이 막대와 고정판을 연결하는 것이다. 벽돌을 꿰뚫고 막대를 집어넣은 뒤, 이 막대를 벽 뒤에 있는 들보와 연결함으로써 정면의 벽과 중심 지지대를 이어줄 수 있다. 이때 겉면에는 널찍한 판을 덧대어 구멍

뚫린 벽돌 옆에 있는 벽돌들이 함께 하중을 받을 수 있게 한다.

이러한 고정판 가운데 별은 꼭짓점이 여러 방향을 향하고 있어서 하중을 분산하기에 좋다. 별 모양은 회전하더라도 여전히 보기 좋은 형태가 유지돼 미적으로도 훌륭하다. 하지만 종종 사각형이나 팔각형, 원형 또는 공들여 만든 장식 모양의 고정판을 쓴 건물들도 볼 수 있다.

이 보수용 기물의 모양을 보면 건물을 당초 어떻게 지었는지, 세월이 지나면서 건물이 어떤 식으로 약화되었는지, 안전기준이 어떻게 변화했는지, 특정 형태의 보수 기물을 써야 했던 지역적 특성이 무엇인지 등등을 알 수 있다. 샌프란시스코 만안灣岸 지역은 지진이 잦아 석조건물을 지을 때 더 강화해야 할 필요가 있다. 고정판은 지진이 났을 때 건물 정면이 떨어져 나가는 것을 막아주는 역할을 한다. 모양새나 쓰임새가 다양한 이 벽 고정판은 벽돌 벽에 잘 어울리는 추가 부품이 될 수 있다. 게다가 무너져 내린 벽돌보다야 훨씬 보기 좋지 않겠는가.

도시의 흉터

삐 딱 하 게 선 건 물 들

도시가 커지면서 자동차, 기차 등이 다니라고 만든 길이 버려져 건축물이 들어서는 일이 종종 있다. 도로나 철로가 없어진 자리에 새 건물들이 꽉 들어찰 경우, 건물 외곽선이 잊힌 길의 형태와 일치하게 된다. 그 결과 건축학적인 흉터 조직이 형성된다. 상처가 난 자리에 남은 흉터처럼 건축물이 들어서는 것이다. 지상에서는 그 영향이 별로 눈에 띄지 않을 수도 있다. 각 건물들이 이곳저곳에 이례적인 각도로 서 있는 정도다. 하지만 위에서 보면 여러 블록 심지어 한 지역 전체에 걸친 패턴이 드러난다. 이 반흔은 격자형으로 계획된 도시에서는 특히 두드러져 보인다.

도시의 보이지 않는 99%

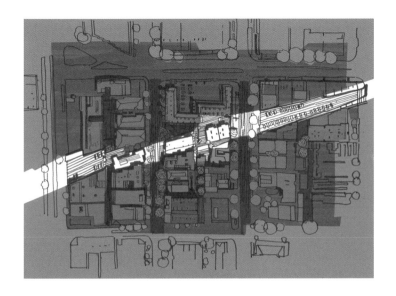

팽창하는 산업도시에서는 철로가 없어진 자리가 특히 선명한 자국을 남긴다. 캘리포니아 버클리의 전 지역에서는 인근 다른 주택들과 달리 도로와 나란하게 자리 잡지 않고, 옛 유니언퍼시픽Union Pacific 철로가 만든 사선을 따라 선 주택들이 다수 보인다. 이 도시를 비롯한 많은 도시에서, 도심 철로를 사용하지 않게 되면서 생긴 공간은 값비싼 부동산으로 재개발될 운명이었다. 그런 공간을 채운 건축물들은 의도치 않게 역사의 흔적을 보존하게 되었다.

건축비평가 제프 매노Geoff Manaugh는 이와 유사한 로스앤젤레스의 "유령 도로들"에 대해 "모든 도시에 이런 깊은 상흔이 있고 무언가를 제거한 자국이 결코 사라지지 않는다고 생각하니 정말 굉장하다"고 썼다. "어떤 것을 들어냈는데, 한 세대 뒤에는 그 자리가 건물이 된다. 거리 하나를 없애버렸는데, 누군가의 거실이 되기도 한다." 도로가 사라진 자리는 주차장이나 산책로, 선형線形 공원과 같은 탁 트인 공간으로 남을 수도 있다. 어떤 형태든 흔적이 남는다. 도시의 일부가 지워지고 그 위에 새로운 건축물이 들어서더라도 원래 그 자리에 무엇이 있었는지 짐작 가는 경우가 많다. 직선형으로 개발된 현대 도시에서는 이 같은 반흔이 더 선명하고 도드라져 보인다. 반면 전 세계 오래된 도시에서는 반흔이 여러 번 생겨나면서 그 상처가 언제, 어떻게 생긴 것인지를 알 수 없을 정도가 되기도 한다. 이 모든 흥미로운 흔적들을 함께 살펴보면, 한때 성벽으로 둘러싸여 있었거나 재앙으로 파괴되었거나 기찻길로 나뉘어 있던 도시들을 둘러싼 사연들을 알 수 있다.

스카이라인 숨은그림찾기

통 신 중 계 설 비

센추리링크Century Link 빌딩은 미니애폴리스의 스카이라인에서 별로 두드러지지 않는다. 이 건물은 전형적인 아르데코 스타일을 따라 세로로 긴 선들이 드러나는, 비교적 정형화된 화강석 외장을 갖추고 있다. 〈스타 트리뷴〉의 제임스 릴렉스James Lileks 기자는 이 건물이 1930년대 건설될 당시에는 "범미네소타 사업"이었다고 회상한다. "화강석은 카소타와 모턴에서, 시멘트는 덜루스에서, 철강은 메사비산맥에서 가져왔기" 때문이다. 꼭대기에 몇 개 층 높이에 달하는 대형 왕관 구조물이 설치된 1960년대에 이 건물은 이미 미니애폴리스의 아이콘이었다. 왕관 구조물은 그로부터 수십 년 동안 이 건물의 기능과 외관을 바꿔놓았다. 건물 꼭대기를 에워싸는 왕관 모양의 극초단파 안테나는 센추리링크빌딩을 당시의 첨단기술 최전선에 놓이게 했다. 이 부가 설치물 덕분에 센추리링크는 미 전역에 걸쳐 전파 송수신을 연결하는, 전례 없이 넓은 중계망의 핵심 중계 노드 역할을 하게 되었던 것이다. 시골 산꼭대기나 도시의 탑 위에는 이런 중계 노드가 오늘날에도 남아 있다.

미니애폴리스에 전화가 개통된 것은 1878년이다. 이 당시 전화는, 후일 센추리링크빌딩이 들어선 자리에서 바로 길 건너편에 있는 시청의 교환대를 통해 작동했다. 처음에는 열한 개에 불과하던 회선이 불과 10년 만에 거의 2000회선으로 늘어났다. 1920년에는

10만 회선이 작동하게 되었고, 새로운 전용공간이 필요해졌다. 센추리링크빌딩의 원래 명칭인 노스웨스턴벨텔레폰빌딩은 전화교환대와 사무실, 기계실, 1000명가량의 직원을 수용할 건물로 지어졌다. 하지만 이후에도 기술은 계속 발전했고 전화서비스도 계속 확대됐다.

1950년대에 장거리전화 수요가 늘어나고 가정에 텔레비전이 보급되면서 AT&T사가 새로운 기술을 선보였다. AT&T의 극초단파 중계탑시스템은 미국 전역 중계탑 사이에 신호를 주고받게 하여, 동해안부터 서해안까지 정보가 전송되도록 했다. 당시 이 시스템은 최대 규모의 네트워크였다. 무선 극초단파를 사용하여 기존 통신선로보다 훨씬 간편하고 빠르게 통신하는 최첨단 기술이기도 했다. 케네디 대통령이 암살된 시대(1963년)부터 닉슨 대통령이 사임한 때(1974년)까지의 시기에는 SUV만큼 큰 덩치의 접시안테나가 전화통화와 텔레비전 신호를 중계했다. 각 주를 잇는 고속도로나 철도가 그렇듯, 극초단파를 이용한 통신에도 멀리까지 연결되는 직선 경로가 필요했다. 도시도 이에 맞춰 형성되었다.

AT&T는 1990년대에 이 네트워크의 대부분을 처분했다. 광섬유와 인공위성과 무선인터넷이 널리 사용되는 오늘날, 과거의 시스템은 더 이상 쓸모가 없어졌고, 이 통신중계탑들은 철거되거나 핸드폰 데이터 전송 기능을 하도록 전환됐다. 도시들을 연결하면서 대륙을 가로지르는 이 네트워크의 중추를 형성하던 건물 중 일부는 개인에게 팔려서 별장이나 대피소 등으로 용도가 바뀌었다. 일부 지방에선 예비용 비상통신 네트워크로 사용되기도 한다.

2019년, 미니애폴리스에서는 센추리링크빌딩을 에워싼 왕관 모양의 극초단파 중계기가 철거될 예정이라는 발표가 나왔다. 한때 "모던한" 디자인으로 칭송되면서 1967년 신문 기사에서 "지붕 모양과 건물의 실루엣, 도시의 스카이라인 전체를" 개선했다고 묘사됐던 시설이 해체돼 없어질 운명을 맞은 것이다. 릴렉스 기자는 "안테나가 없어지면 이 건물이 화려한 모자를 벗은 약간 근엄하고 진지한 모습으로 보이게 될 것"이라고 아쉬워했다.

어떤 도시들에선 건물 옥상의 다른 공조설비나 인공위성 접시안테나 등 잡동사니 속에 뒤섞여서, 철거되지 않은 통신중계설비가 눈에 잘 띄지 않기도 한다. 그렇지만 독특한 모습의 이 장비가 한번 눈에 들어오고 나면 그냥 지나치기는 쉽지 않을 것이다. 몇몇 장치들은 뻔히 보이는 곳에 숨겨져 있다. 독특한 지붕의 시각적 디자인에 너무 완벽하게 통합돼 있기에 그 설비를 떼어내면 스카이라인 자체가 바뀌기 때문이다. 이미 용도 폐기된 중계기를 모양새만을 위해 적극적으로 유지, 관리하는 괴상한 일도 있는 셈이다.

비운의 토머슨

쓸 모 없 는 계 단

일본 작가 아카세가와 겐페이赤瀬川原平는 1972년 어느 날 친구들과 점심을 먹으러 가다가 건물 옆쪽에 묘하게도 쓸모없는 계단이 있는 걸 보았다. 몇 계단 위에 층계참이 있는데, 그곳에 건물로 들어가는 문이 있어야 마땅했지만 실제로는 막힌 벽이었다. 더 이상한 건 아무 곳으로도 이어지지 않는 이 계단의 난간을 최근에 보수했다는 점이었다. 아무런 기능이 없는데도 계단은 분명 정상적으로 관리되고 있었다. 아카세가와는 주변의 다른 건물들을 살펴보고 이 계단처럼 기능이 없는데도 잘 관리되는 부분들이 많다는 걸 알게 됐다. 그로선 이해하기 어려운 일이었다.

　도시는 끊임없이 진화한다. 새로운 건축물이 들어서고 오래된 것들은 철거되거나 재개발되거나 확장된다. 그런 과정에서 남겨지는 작은 부분들, 과거의 흔적들이 적지 않다. 전선이 연결돼 있지 않은 전봇대, 빈 파이프, 쓸모가 없어진 계단과 같은 것들 말이다. 이런 흔적들은 보통 치우거나 부서지도록 방치되는 것이 보통이지만, 그중 일부는 완전히 용도가 폐기됐는데도 깨끗이 청소하고, 광

　　　　　　　　　　　　　　　　도시의 보이지 않는 99%

내고, 수리하고, 다시 페인트칠하기도 한다.

아카세가와는 이처럼 쓸모가 없어졌지만 잘 관리되는 흥미로운 사물들에 관심을 두게 됐다. 그런 것들을 일종의 예술로 받아들여서 반체제적 사진 잡지에 비꼬는 듯한 문투로 관련 칼럼을 연재했다. 그러자 세계 각지의 독자들이 이런 사례가 담긴 사진들을 보내왔고, 아카세가와는 사진의 내용물을 얼마나 쓸모없는지, 얼마나 최근에 정비됐는지에 따라 평가했다. 1985년에 그는 이런 사진과 자신이 쓴 글을 모아 책으로 펴냈다.

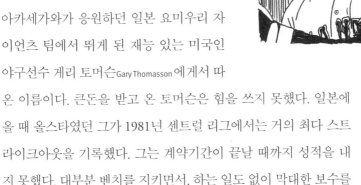

이즈음 아카세가와는 보통 사람들에게는 뜬금없어 보이는 이런 물건들을 가리키는 용어를 만들어냈다. 바로 토머슨Thomasson 이었다. 토머슨은 로스앤젤레스 다저스, 뉴욕 양키스, 샌프란시스코 자이언츠를 거쳐, 아카세가와가 응원하던 일본 요미우리 자이언츠 팀에서 뛰게 된 재능 있는 미국인 야구선수 게리 토머슨Gary Thomasson에게서 따온 이름이다. 큰돈을 받고 온 토머슨은 힘을 쓰지 못했다. 일본에 올 때 올스타였던 그가 1981년 센트럴 리그에서는 거의 최다 스트라이크아웃을 기록했다. 그는 계약기간이 끝날 때까지 성적을 내지 못했다. 대부분 벤치를 지키면서, 하는 일도 없이 막대한 보수를 받는 처지가 됐다. 쓸모가 없어졌는데도 대우를 받은 것이다.

이 용어가 널리 쓰이면서 아카세가와는 쓸모가 없어졌지만 계속 관리되는 것들을 토머슨이라고 부르는 것에 대해 뒤섞인 감정을 갖게 되었다. 아카세가와는 게리 토머슨을 존중했고 그의 팬이나 가족의 기분을 상하게 하고 싶지 않았다. 그러나 토머슨이라는 이름은 사람들의 입에 붙게 되었고, 결국 토머슨은 대명사로서의 특별한 지위를 갖게 됐다. 대명사가 된 야구선수가 얼마나 있겠는가. 토머슨들을 찾는 것은 재미있는 일이었으므로, 이런 식의 연관성이 첫인상과는 달리 그리 부정적인 것만은 아니라고도 할 수 있었다. 토머슨들이란 찾아내 분석할 만한 가치가 있는 보물이다. 예술 작품이든 아니든, 토머슨들은 시간에 따른 변화를 이해하기 위해 들여다볼 흥미로운 렌즈가 된다.

너무 무거운 사랑

사 랑 의   자 물 쇠

사랑의 맹꽁이자물쇠가 인기를 끌게 된 것은 세르비아의 작은 마을 브르냐치카바냐에 살던 나다Nada 라는 교사와 렐랴Relja 라는 장교에 관한 이야기에서 유래한다. 렐랴가 1차 세계대전에 참전하기 위해 마을을 떠나기 전, 두 사람은 마을 다리 위에서 사랑을 약속했다. 그러나 그리스에서 동맹군에 맞서 싸우던 렐랴는 새 여인과 사랑에 빠져 결혼했고 배신감에 비통해하던 나다가 결국 죽게 됐다는 이야기다. 이 비극에서 새로운 전통이 생겨났다. 마을 남녀들이 서로에 대한 사랑을 상징적이고 공개적으로 확인하는 행위로써 맹꽁이자물쇠에 이름을 새겨 다리 난간에 걸어 잠그고 열쇠를 상물

에 던져버리기 시작한 것이다. 시인 데산카 막시모비치Desanka Maksi-
movié가 이 이야기를 듣고 시로 쓰면서 사랑의 자물쇠가 풍습으로
굳어졌다고 한다.

오늘날 브르냐치카바냐 "사랑의 다리" 철제 난간에는 이름과 날
짜, 문구가 새겨진 다양한 모양, 크기, 색깔, 재료의 맹꽁이자물쇠가
잔뜩 매달려 있다. 전 세계 곳곳의 다리, 벽, 울타리, 기념물에는 사
랑의 자물쇠가 걸려 있다. 특히 파리와 로마, 뉴욕처럼 유명한 낭만
적 도시들에서 그렇다.

사람들은 사랑의 자물쇠를 좋아하지만, 도시 당국의 태도는 애
매하다. 호주의 수도 캔버라에서는 다리의 하중이 증가하는 것을
막기 위해 2015년 사랑의 자물쇠를 치워버렸다. 그해 후반, 멜버른
에서는 다리를 지탱하는 케이블이 처지면서 자물쇠 2만 개를 잘라
냈다. 파리에서는 퐁데자르Pont des Art 보행교가 70만 개의 자물쇠 무
게로 위험해지자 당국이 자물쇠가 다닥다닥 걸린 난간 자체를 치
워버렸다. 여러 지역에서 다리 난간 아래 공간을 아크릴이나 유리
로 막아 자물쇠를 더 이상 걸지 못하도록 하고 있다.

간단한 사랑의 표현으로 시작한 이 일은 (종종 논란의 대상이 되
기는 하지만) 세계적인 현상으로 퍼졌다. 어떤 도시에선 사랑의 자
물쇠를 도시 파괴 행위로 간주해 자물쇠를 거는 연인들에게 벌금
을 매긴다. 반면에 자물쇠를 지탱할 수 있는 특수 구조물을 마련해
자물쇠를 걸도록 장려하는 곳도 있다. 예를 들어 중국 만리장성 일
부 구간에는 사랑의 자물쇠를 거는 전용 쇠사슬을 길게 설치해뒀
다. 사실, 어떤 사람들은 사랑의 자물쇠가 근대 세르비아가 아니라

고대 중국에서 유래했다고 생각한다. 한편 모스크바의 유명한 다리에는 쇠로 만든 가짜 나무를 설치해 대신 거기에 자물쇠를 걸 수 있게 한다. 이런 방식은 몇몇 도시에서 벽화를 그릴 수 있는 특별한 벽을 설치해, 불법적 그래피티에 대안을 제시하는 조치와 유사하다. 아일랜드에 있는 블라니 돌Blarney Stone(여기에 키스하면 아첨을 잘하게 된다는 전설이 있다)에 키스를 하거나 시애틀의 시장에 있는 다소 역겨운 껌의 벽(시애틀 파이크플레이스 시장에 있는 다양한 색상의 껌을 붙여놓은 장소)에 껌을 붙이는 것처럼, 자물쇠를 매다는 행위도 소소한 장난이지만 수많은 사람이 줄을 서서 같은 행위를 하게 되면 원래의 낭만적 향취가 사라지게 된다.

전리품 재활용

스 폴 리 아

2차 세계대전 중 영국은 독일의 공습 직후에 60만 개 이상의 철제 들것을 동원했다. 이 들것은 튼튼해서 오래 쓸 수 있었으며 독가스 공격을 받은 뒤 씻어내기도 쉬웠다. 전쟁이 끝난 후 들것이 남아돌자 런던시청은 이것들을 놀라운 방식으로 사용했다. 기념물이 아니라 시내 곳곳의 철책으로 만든 것이다. 이 검은색 들것에는 철망이 달려 있고 양옆으로 두 군데씩 굴곡이 져 철망이 바닥에 닿지 않게끔 하는 다리 역할을 했다. 이 다리 덕분에 새로운 역할을 하는 들것을 쉽게 알아볼 수 있다. 런던의 남부와 동부지역 페컴, 브릭스

도시의 보이지 않는 99%

턴, 데트퍼드, 오벌 등지에는 들것의 폭에 맞춰 기둥을 세우고, 들것을 옆으로 세워 그 기둥 사이에 고정한 긴 울타리가 설치됐다. 하지만 비바람을 맞으면서 이 중 상당수가 부식됐다.

들것철책협회Stretcher Railing Society에 따르면 "일부 지방자치단체에서 최근 망가진 철책을 철거했다"고 한다. 이 단체는 2차 세계대전 때 쓰던 들것으로 만든 철책이 설치된 지역의 목록을 만들고 지자체가 보존하도록 하면서, 다른 사람들도 이 철책에 관심을 가지게끔 촉구한다. 그들은 "이것은 소중한 유산의 일부이며, 1900년대 중반의 주택지역을 구성하는 상징적인 요소로서 보존돼야 한다"고 주장한다.

영국 곳곳에는 이것 말고도 옛 전쟁을 떠올리게 하는 물증이 많다. 옛 벙커나 토치카를 헛간이나 주택으로 쓰는 곳도 있다. 영국의 모든 해안 요새들은 개인 섬 별장이나 무허가 라디오 방송국으로 사용되고 있다. 심지어 시랜드Sealand라는 독립 국가로 선포돼 유명해진 곳도 있다. 들것으로 만든 철책이나 대포를 재활용해 만든 차량 진입 방지용 말뚝 등 작은 재활용품들은 눈에 잘 띄지는 않아도 더 흔하다.

말뚝은 수백 년 동안 배를 정박하거나 도시의 교통을 관리하고 보행자들을 마차로부터, 또 나중에는 자동차로부터 안전하게 보호하는 데 도움을 주도록 활용되었다. 역사적으로 볼 때 대부분 나무로 만들어졌지만, 17세기부터는 낡은 금속 대포들을 땅에 반쯤 묻어 튼튼한 대체물로 활용하기도 했다.

영국 이스트런던 선착장에는 나폴레옹전쟁 때 영국 해군이 노획

한 프랑스 대포들을 가져다가 전리품으로 설치해두었다는 전설이 있다. 하지만 사실 이것들은 승리를 축하하기 위해서라기보다는 경제적 이유로 설치된 것들이다. 철로 만든 이 대포들은 고철 가격이 낮아서 재활용하기가 어려웠다. 더 비싼 재료로 만든 대포 전리품들은 녹여서 비싼 금속들을 추출해 사용했다.

영국 전역의 도로와 보도에서는 지금도 철로 만든 대포 재활용품을 볼 수 있다. 이 대포들은 차량 이동을 막는 기둥으로 쓰이거나 측량 기준점이 되기도 한다. 세계 곳곳에서 사람들은 대포로 만

든 말뚝을 무심코 지나친다. 이런 대포들은 캐나다의 노바스코샤 핼리팩스에선 건물 모퉁이 보호장비로, 쿠바의 아바나에서는 자동차가 보행자를 덮치지 못하도록 막는 방어시설로 쓰인다. 대부분의 대포를 녹이거나 재활용하고 난 한참 뒤에도 여러 도시에서는 대포 모양의 말뚝이 불쑥불쑥 나타나게 됐다. 이 중에는 애초에 무기로 쓸 용도가 아니었던 것도 있다. 대포 모양이 널리 유행하자 어떤 것이 진짜 대포였는지 구분하기가 힘들어졌을 정도다. 아무튼, 이것들은 전부 진짜 말뚝이다.

도시에서 재활용의 역사는 도시의 역사만큼 길다. 인간이 오래도록 살아온 모든 장소에는 스폴리아가 있다. 라틴어 단어 스폴리아spolia 는 전쟁의 약탈품을 의미하는 스포일spoil 의 어원이기도

하다. 역사적으로 스폴리아는 무너트린 건축물에서 가져다 새로운 건축물을 짓는 데 사용한 돌을 뜻한다. 철제 들것이나 대포로 만든 말뚝처럼 이런 재활용은 실용적인 차원에서 벌어진 일일 것이다. 적을 때려눕힌 뒤 전리품을 빼앗아 재활용할 수 있는데 새로 물건을 만들 이유는 없으니까. 스폴리아라는 단어의 뜻은 스산한 느낌을 주지만, 고고학자 피터 소머Peter Sommer는 이 단어에 좀 더 긍정적인 의미를 부여한다. 그는 "시각예술가, 작가, 시인, 음악가, 나아가 학자까지 모두 선대가 남긴 작품들을 바탕으로 창작활동을 한다는 점을 인정한다. 이들은 원재료를 작품의 일부로 쓰거나 '재활용'하기도 한다"며, 스폴리아도 인류 역사에 걸쳐 비슷한 역할을 해왔다고 설명한다.

오늘날 보통 사람들은 물론 대부분의 건축가나 예술사가도 역사적으로 의미가 있는 인공물을 새 건축물에 사용하는 행위에 눈살을 찌푸린다. 판테온을 허물어서 던킨도너츠를 짓는 데 쓰겠다고 할 사람은 아무도 없다. 옛 스타일이나 장식에서 영감을 받아 다양성과 환희를 이끌어내려는 포스트모더니스트조차도 고대의 작품 자체를 직접 사용하지는 않는다. 전 세계 여러 도시에서 볼 수 있는 것들은 대부분 현재의 기능에 맞춰서 비교적 최근에 만들어낸 것들이다. 하지만 이런 새로운 구조물 사이사이로 여러 세대에 걸쳐 도시가 진화하는 과정에서 재활용된, 보기보다 오래된 것들을 여럿 찾아볼 수 있다.

2부

지금껏 알았으나
알지 못한 세계

흔히들 좋은 디자인은 눈에 띄지 않는다고 말한다. 디자인된 물체가 주어진 기능을 제대로 하면 물체 자체는 눈길을 끌지 않는다는 것이다. 그렇지만 어떤 것들은 잘 드러나 보이도록 디자인되기도 한다. 경고표지, 명판, 깃발 등은 '멈추시오! 이쪽으로 가야 안전합니다! 이곳은 시카고입니다!' 같은 중요한 메시지를 전하기 위해 만든 것들이다. 이런 것들은 주목을 끌지 못하면 기능을 제대로 하지 못하는 셈이다. 최고의 시각 신호는 슬쩍 보기만 해도 믿기 어려울 정도로 많은 의미를 전할 수 있다.

깃발과 기념비, 명판, 표지판, 광고

4장

도시의 정체성을 만드는 것들

골목에 새 카페가 문을 열고, 빅토리아 시대 주택이 밝은색으로 새 단장을 하고, 매년 열리는 마을 파티에 이웃들이 모두 모인다. 이렇듯 여러 행위자가 아무런 연관성 없이 개별적으로 취한 일련의 행동들이 한 도시나 지역의 특징을 결정하는 경우가 종종 있다. 그렇지만 시야를 넓히면 당국이 도시의 특정한 정체성을 만들기 위해 폭넓은 차원에서 노력을 한다는 걸 알 수 있다. 멋진 깃발을 살펴보는 데서부터 이야기를 시작하면 좋을 듯하다.

◀

뉴욕시 공공도서관 앞에 있는 미스 맨해튼 석상

깃발의 법칙

지 자 체   깃 발

아이다호주 포커텔로의 시기市旗는 미국에서 가장 형편없다. 적어
도 2004년 북미깃발연구협회North American Vexillological Association 가 150개
시기에 관해 조사한 바에 따르면 그렇다. 위험부담이 없는 분야에
서는 보통 그렇듯, 깃발 연구 관계자들도 주장이 강한 편이다. 그렇
지만 포커텔로 깃발이 왜 혹평을 받는지는 한눈에 알 수 있다. 우리
가 2015년 TED 공개 강연에서 설명한 대로, 포커텔로 깃발은 색상,
모양, 글자체가 뒤죽박죽으로 섞여 어지럽기 짝이 없다. 상표와 저
작권이 표시돼 있어 더욱 산만하다. 물론 깃발 디자인에 대한 평가

는 주관적일 수밖에 없다. 그러
나 깃발연구가 테드 케이Ted Kaye
는《좋은 깃발, 나쁜 깃발: 멋진
깃발 디자인하기Good Flag, Bad Flag:
How to Design a Great Flag》라는 소책자
에서 대략적인 원칙을 제시한다.
　케이에 따르면 좋은 깃발을 디
자인하기 위해서는 다섯 가지 원
칙을 지켜야 한다. 이 원칙은 대부분 모든 디자인에 적용할 수 있는
내용으로, 깃발은 1) 단순해야 하며 2) 뜻이 통하는 상징물을 사용
하고 3) 색상은 두세 가지로 한정하고 4) 글자나 도장은 사용하지
말고 5) 의미가 명확하거나 무언가를 연상시켜야 한다는 것이다.

　　　　　　　　　　　　　　　도시의 보이지 않는 99%

이를 적용하면 좋은 도시 깃발은 단순하면서도 기억하기 쉽고, 여러 크기로 만들어 사용할 수 있어야 한다. 또한 좋은 깃발은 도시의 역사나 개성을 보여주는 요소들을, 의미가 명확하고 선명하게 드러나도록 색상과 형태와 그래픽으로 표현해야 한다.

사람들은 대부분 자기 나라의 국기를 안다. 최소한 자기가 사는 주의 깃발을 기억하는 사람도 많다. 그렇지만 시기는 잘 알려진 것도 있고 그렇지 못한 것도 있다. 시카고의 시기는 시청 건물에 커다랗게 걸려 펄럭이기도 하지만, 두드러진 디자인 덕분에 시민들 머릿속에 뚜렷이 각인돼 있다. 흰색 바탕에 파란색 두 줄이 수평으로 흐르고, 그 사이에 육각 별 네 개가 그려져 있다. 파란색은 미시간 호수와 시카고강의 물을 뜻하며 네 개의 별은 디어본요새 건설, 시카고 대화재, 화이트시티 덕분에 모두가 기억하게 된 콜럼버스 박람회(1893년에 콜럼버스의 신대륙 도착 400주년을 기념해 열린 세계박람회로, 당시 박람회 건물을 모두 하얀색으로 칠해 해당 지역을 화이트시티라고 불렀다), 기억하는 사람이 거의 없는 진보의 세기 세계박람회Century of Progress International Exposition 라는 시카고 역사에서 중요했던 사건들을 상징한다.

시카고 깃발은 "좋은 디자인"의 여러 요소를 충족한다. 단순하고 상징적이며 선명하게 시카고 시를 표현한다. 불량 청소년부터 경찰까지 모든 계층의 시민들이 시기를 사용한다. 시민들이 시에

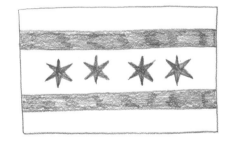

대한 자부심이 크기 때문에 그럴 수도 있다. 그러나 테드 케이에 따르면, 시기 디자인과 시에 대한 자부심은 선순환 관계다. 사람들은 자기 도시가 마음에 들어서 시기를 사랑할 뿐만 아니라, 깃발이 멋져서 도시를 더욱 사랑하기도 한다는 것이다. 시카고 깃발이 이 도시 전체에서 발견되는 이유 중 하나는 디자인이 훌륭해서 여러 가지 크기로 깃발 전체나 부분을 보여줄 수 있다는 것이다. 커피 잔이나 티셔츠, 심지어 문신에도 육각 별이 그려진 것을 볼 수 있다.

시카고 깃발의 힘을 이해한다면 샌프란시스코에서는 시기를 좀처럼 보기 힘든 이유도 가늠이 될 것이다. 샌프란시스코 시기에는 잿더미 위로 날아오르는 불사조가 그려져 있다. 잿더미는 1800년대 대화재로 샌프란시스코가 크게 파괴된 사건을 암시한다. 무엇을 상징하는지는 분명히 알 수 있지만 그다지 개성 있다는 느낌은 들지 않는다. 마찬가지로 대화재를 겪은 애틀랜타도 시기에 불사조를 그려 넣었다. 시기에 불사조를 두드러지게 그려 넣은 미국 도시가 또 있다. 바로 피닉스시다(phoenix가 불사조란 뜻이다). 애틀랜타와 피닉스의 깃발은 샌프란시스코의 깃발보다 낫다.

샌프란시스코 시기는 기억해서 그리기 어려운 복잡한 그림이 들어가 있으므로 깃발은 단순해야 한다는 디자인 제1원칙에 어긋난다. 신화 속 새를 그린 방식이 어쩐지 조잡하면서도

지나치게 복잡하다. 이 깃발에는 조금 떨어져서 보면 알아보기 힘든 작은 글씨로 스페인어 문구를 써넣은 리본도 그려져 있다. 깃발 아랫부분에 파란색 굵은 글씨로 도시 이름을 새긴 건 최악이다. 테드 케이는 "깃발이 무엇을 상징하는지를 써넣어야 한다면 깃발을 잘못 만든 것"이라고 말한다.

국기는 국제적 공인과 주목을 받는 대상인 만큼 일반적으로 잘 디자인돼 있다. 그러나 지역이나 주, 도시 수준에서는 디자인 과정이 덜 공식적이고 마구잡이로 되곤 한다. 참조할 경험이 없거나 적절한 작업 기준을 갖추지 못한 담당자들이 지역을 상징하는 잡동사니들을 디자인에 포함하는 경우가 많다. 파란 바탕에 도시 인장만 덩그러니 그려 넣은 깃발도 흔하다. 깃발연구가들은 이런 깃발을 SOB, 즉 "침대보에 인장 그려 넣기 *seal on a bedsheet*"라고 부른다. 인장은 문서에 찍기 위해 만든 것이어서 자세히 들여다봐야 알 수 있는 세밀한 표현들이 포함돼 있다. 멀리서 보는 경우가 많고 바람에 펄럭이는 깃발에 이런 인장을 사용하는 건 잘못된 선택이다. 이처럼 부적절한 도시 상징물을 만든 대표적인 사례가 산만하기 짝이 없는 포커텔로의 시기이다. 도시를 광고하는 로고를 TM마크까지 포함해 흰 배경에 뜬금없이 찍어놓고 깃발이라고 선언한 꼴이다.

앞에 언급한 TED 강연에서 포커텔로의 시기가 언급되자 포커텔로에서는 부정적 여론을 오히려 새 디자인을 모색할 기회로 활용했다. 2016년 현지 언론은 "전문가들이 미국 최악의 깃발을 가진 도시"로 꼽은 포커텔로가 "지난 몇 년 동안 전국적인 주목을 끌었다"고 쓰면서 "시 지도층과 선출직 공무원들이 특별위원회를 새로 구성해 새 깃발을 만들 예정"이라고 덧붙였다. 포커텔로는 공모전을 거쳐 당선된 미지의 산악Mountains Left을 그려 넣은 깃발을 기존 시기를 대체할 공식 기로 최종 선택했다. 새 깃발에는 파란 들판에 기하학적으로 추상화한 붉은 산들이 그려져 있다. 가장 높은 산봉우리 위에 그려 넣은 황금색 나침반은 이 지역이 가진 교통 요지로서의 역사적 중요성을 상징하고, 산봉우리 밑을 가로지르는 파란 선은 포트네프강을 나타낸다. 이 디자인은 잘 만들어진 것이다. 형태와 색상이 단순하지만, 독창적이고 상징적이다.

　미국의 다른 많은 도시도 깃발을 다시 디자인하고 있다. 이 중에는 관심 많은 시민들의 노력이 힘을 발휘한 도시들도 있다. 이 시민들 상당수가 팟캐스트 〈보이지 않는 99%〉를 듣고 자극을 받았다고 말한다. 포커텔로처럼 나쁜 깃발 디자인으로 이목이 집중되는 걸 원하는 도시는 없을 것이다. 그렇지만 지자체가 깃발 문제로 위원회를 여는 것이 쉬운 일만은 아니다. 시기보다 더 중요한 문제들이 많다고 말하는 도시 지도자들에게 테드 케이는 "훌륭한 시기가 바로 그 중요하다는 일을 달성할 수 있도록 시민들을 단결시키는 기치"라고 반박한다. 시기의 디자인이 나빠서 자주 사용되지 않게 되면 스포츠 팀이나 기업의 상징물이 도시 깃발을 대신하게 된다. 그런 것들은 곧 사라지고 대체되곤 한다. 시기를 잘 만들면 시민들의 참여를 이끌어내는 건 물론 지역에 대한 자부심도 고양할 수 있는, 여러 곳에 쓰이고 유연하며 강력한 영속적 수단이 된다.

단 한 명의 여신

도 시 의   조 각 상 들

수많은 도시에는 스타 메이든(미국 원주민 전설에 등장하는 성녀), 모닝 빅토리(남북전쟁에서 숨진 삼 형제를 기리는 조각상으로 매사추세츠 콩코드의 공동묘지에 있다), 프리스티스 오브 컬처(20세기 초 샌프란시스코 세계박람회 때 제작된 문화의 여사제 조각상) 같은 이름으로 불리는 동상들이 있다. 그런데 이 여인상들은 오드리 먼슨Audrey Munson이라는 단 한 명의 여성을 본뜬 것이다. 특히 뉴욕 전역에서는 옷을 벗거나 걸치고 여러 가지 포즈를 취한 그녀의 조각상을 볼 수 있다. 도서관들 앞에서 백마에 기대어 서 있고, 59번가와 5번대로의 교차로에서는 분수 위에 올라가 있고, 브로드웨이와 107번가가 만나는 곳에서는 침대 위에 비스듬히 누워 있으며, 맨해튼 구청 건물 위에는 금빛으로 빛나는 커다란 입상이 있다. 메트로폴리탄미술관에는 그녀의 모습을 본떠서 만든 조각상이 서른 개 넘게 소장돼 있고, 뉴욕 전역의 기념비, 다리, 건물 등 수십 곳이 그녀의 모습으로 장식돼 있다. 그런데 이처럼 철과 대리석으로 만든 기념비로 영생을 얻은 그녀의 이름을 아는 사람은 많지 않다. 20세기 초만 해도 먼슨은 미국 최초의 슈퍼모델로 불릴 만한 스타였는데 말이다.

그녀 이후 등장한 수많은 슈퍼모델들과 마찬가지로 오드리 먼슨은 뉴욕의 길거리에서 스카우트됐다. 이혼한 지 얼마 안 된 어머니와 함께 새 삶을 찾아서 뉴욕에 온 직후였다. 1907년 봄의 화창한 어느 날, 한 사진가가 먼슨에게 모델이 돼달라고 부탁했다. 첫 사진

촬영은 옷을 입은 채 이뤄졌다. 이 사진이 성공을 거두자 먼슨은 이시도르 콘티Isidore Konti라는 유명한 조각가를 만나게 된다. 콘티도 먼슨을 작품 모델로 쓰는 데 관심이 있었다. 하지만 그는 "온전한 모습으로", 그러니까 완전한 나체로 모델을 해달라고 제의했고, 먼슨과 어머니는 이에 동의했다. 이후 수십 년 동안 먼슨을 모델로 만든 세 여신상이 애스터호텔 로비에 자리 잡았다. 훗날 먼슨은 이 조각상들이 "어머니의 허락을 받은 기념물"이라고 회상했다.

먼슨은 뉴욕의 다른 유명한 예술가들과 작업하면서 명성이 높아졌고 〈뉴욕 선〉으로부터 미스 맨해튼이라는 별명을 얻게 됐다. 그녀는 자세와 표정만으로 분위기를 완벽하게 이끌어낸다는 명성을 떨친 것은 물론이고 오랜 시간 같은 자세를 유지할 수 있는 능력으로도 유명했다. 먼슨은 예술가들과 긴밀히 작업하면서 그들의 기질을 잘 파악하고 작품 의도를 잘 살려냈다. 온갖 장식과 조각을 사용하는 보자르 양식의 건축이 유행한 것도 그녀의 인기가 높아지는 데 일부 기여했다. 서부로 유행이 퍼져나가면서 먼슨을 닮은 모습

도시의 보이지 않는 99%

들이 미 대륙 전국의 의사당과 기념비를 장식했다. 1915년 샌프란 시스코 파나마-태평양 세계박람회에 등장한 조각상 4분의 3이 그녀를 모델로 한 것이었다. 먼슨 조각상이 설치된 장소를 안내하는 지도까지 있을 정도였다.

서부로 진출한 먼슨은 결국 할리우드까지 진출했다. 영화제작자들은 지속적으로 먼슨을 캐스팅해 모델 역할을 맡겼다. 그러나 포즈를 취해 분위기를 띄우고 풍부한 감성을 표현하는 그녀의 능력은 불행하게도 연기 능력으로 이어지지 못했다. 카메라 앞에만 서면 굳어버렸고, 캐릭터가 움직일 때면 종종 일종의 저위험 스턴트를 하는 대역배우를 써야 했기에, 그녀가 영화배우로서 꽃을 피우지 못한 것은 놀라운 일이 아니다.

모더니즘이 유행하면서부터는 복잡한 보자르 양식 장식이 건물에 잘 쓰이지 않게 됐다. 미스 맨해튼의 시대가 끝난 것이다. 먼슨은 결국 뉴욕주 북부로 이사했고, 한차례 자살 시도를 한 끝에 어머니의 집과 정신병원 여러 곳을 오가다가 삶을 마감했다.

대단히 공적인 것이 된 이 모델의 몸은 조각상을 통해 진실, 추억, 도시의 명성, 나아가 별과 우주까지도 그려내는 경지에 올랐다(파나마-태평양 세계박람회 건축물인 '우주의 전당'과 전당을 장식한 여인상 '별의 주랑'을 가리킨다). 커다란 영감을 주었지만 인생의 거의 3분의 2를 은둔해야 했던 그녀의 삶은 비극적으로 끝났다. 그렇지만 생애의 3분의 1을 화려하게 살았던 오드리 먼슨은 여전히 미국 도시 곳곳에 영구적으로 보존돼 있다. 그녀를 알지 못하는 사람들의 추앙을 받으면서 말이다. 먼슨은 실재의 삶이 그들의 몸을 본뜬 조각상보다 오래 살아남지는 못한 전 세계 수많은 인물 중 한 사람일 뿐이다.

철제 스포일러

곳 곳 의   명 판

몇 년 전, 작가 존 마John Marr가 포틀랜드주립대학교 스미스기념학생회관에서 강연하면서 청중들에게 그 건물의 명칭이 어떻게 지어졌는지 아느냐고 물었다. 청중들이 아무 대답도 하지 못하자 작가는 〈칼리지 볼〉(1953년부터 2008년까지 라디오와 텔레비전에서 진행된 퀴즈쇼) 상식 팀의 리더로서 1965년 깜짝 우승을 이끌어냈지만, 졸업 직후 낭포성 섬유종으로 사망한 마이클 스미스Michael Smith의 이야기를 풀어냈다. 어떻게 이 대학의 역사와 관련된 이야기를 잘 알고 있느냐는 질문에 그는 자신이 강연 중인 건물 바로 앞에 눈에 잘 띄도록 붙어 있는 명판에서 읽었다고 답하며 "항상 명판을 읽자"는 것이 자신의 좌우명이라고 강조했다. 이 말은 문자 그대로의 의미이지만, 주변 건축물에 담긴 이야기들을 항상 찾아봐야 한다는 점을 떠올리게도 한다.

명판은 평범한 사물들을 새롭게 바라볼 수 있게 한다. 관찰력 좋은 행인이라면 샌프란시스코 미션 지구의 평범한 길 위에 있는 한 소화전에 멋진 영웅담이 기록된 것을 알아볼 것이다. 1906년, 대지진이 샌프란시스코를 강타한 직후 도시 전체가 대화재에 휩싸였다. 주요 수도관 상당수가 파괴돼 물 공급이 끊어진 가운데 소화전한 곳만 작동했고, 이 소화전 덕분에 미션 지구는 완전히 파괴되지 않을 수 있었다. 현재 이 소화전은 금색으로 칠해져 있고, 그 옆에 이 소화전이 가진 역사적 중요성을 기록한 명판이 붙어 있다. 이 작은 표지판은 이 도시의 정체성을 규정하는 비극과 승리의 사연을 전하며 도시의 형태를 바꾸어놓은 시대의 한 순간을 조명한다.

나라마다 도시마다 공식 명판의 설치 장소와 모양과 크기, 명판으로 기념할 내용을 달리 정하고 있다. 어떤 곳에선 공식 명판에만 쓰는 표준화된 재료와 색상, 글씨체가 있어 시민들과 여행자들이 그 명판이 공식적으로 설치된 것임을 알 수 있게 한다. 예컨대 대런던Greater London 지역의 유적지를 관리하는 잉글리시헤리티지English Heritage는 파란색 명판을 사용한다. 원형으로 된 이 명판은 저명한 역사적 인물과 중요 사건이 발생한 장소를 표시한다. 찰스 디킨스, 앨프리드 히치콕, 존 레넌, 버지니아 울프 같은 문화적 아이콘들이 살았던 집도 장식하고 있다.

명판과 같은 역사적 표지들이 항상 진실을 있는 그대로 전하지는 않는다는 것을 명심해야 한다. 제임스 로웬James Loewen 은《미국의 거짓말Lies Across America》이라는 책에서 역사적 표지들은 특정 시기와 장소와 사람을 기념한다고 여겨지지만, 그 명판이 만들어진 시대에 대해서 더 많은 것을 전해주기도 한다고 말한다. 노예제도를 눈가림하는 미국 남부의 많은 명판은 진보주의적 재건에 대한 반발이 강력히 대두한 20세기 초에 만들어진 것들이다. 서부지역을 비롯해 곳곳의 표지들은 백인 식민지 개척자들의 시각에서 만들어져 미국 원주민들의 입장을 외면하는 경우가 많다.

뮤지션이자 작곡가 존 레넌(1940~1980)이
1968년에 산 곳

명판은 그 명판이 설치된 도시에 관한 수많은 이야기를 직간접적으로 전한다. "항상 명판을 읽자"는 준칙은 주변 건축물들을 관찰하고 건물에 담긴 이야기를 찾아내는 훌륭한 방법이지만, 그렇다고 철판에 새겨진 모든 이야기가 진실만 다루고 있다는 뜻은 아니다. 명판에 관심 있는 사람이라면 명판에 실린 작은 글자들을 비판적으로 읽을 수 있어야 한다.

행운은 어디에나 있다

매 일 보 는 문 양

단순한 형태지만 패스트패션 핸드백에서도, 화려하게 장식된 성당의 창문에서도 볼 수 있는 문양이 있다. 네 잎 클로버가 연상되는 대칭형 문양이다. 단순한 아름다움을 가진 이 문양은 멋과 세련됨을 전달하기 위해 종종 사용된다. 고딕 복고조 건축물(고딕 양식을 채택한 빅토리아 시대의 건축양식) 정면의 복잡한 장식과 옛 빅토리아 시대 또는 미션 스타일(캘리포니아에서 20세기에 유행한 스페인 식민지 시대 건축양식) 주택의 창문은 물론 로드아일랜드 뉴포트의 시골집과 워싱턴내셔널대성당에도 이 문양이 가득하다. 좀 더 꼼꼼하게 살펴보면 철책이나 콘크리트 다리 등 일상에서 쉽게 접하는 구조물에서도 이 문양이 눈에 들어온다.

네 잎 문양이라는 뜻의 단어 쿼터포일quatrefoil은 앵글로-프랑스어(영국 노르만 왕조에서 사용한 프랑스어)의 quatre(넷)이라는 단어와 중세 영어의 foil(잎사귀)에서 유래한 것이다. 두 단어가 합쳐져 하나의 단어가 된 것은 15세기지만 네 잎 문양 자체는 훨씬 전부터 사용됐다. 비잔틴제국의 콘스탄티노플은 물론 고대 메소아메리카(멕시코 중남부와 중미지역을 포괄하는 고대 문화권)에서도 이 문양이 활용된 사례를 볼 수 있다. 메소아메리카에서는 이 문양이 구름, 비, 천상과 지하 세계의 교차로 같은 요소들을 상징적으로 표현하는 데 쓰였다.

토론토대학교 건축사학자 크리스티 앤더슨Christy Anderson은 서구에서 활용하는 이 네 잎 디자인의 뿌리를 이슬람 건축까지 추적할 수 있음을 비교적 최근에 밝혀냈다. 이슬람 건축은 예부터 유기체의 모양을 기하학적 형태로 응축해 건축에 사용했다. 이후 네 잎 문양은 사치품으로 수입되던 카펫, 벨벳, 비단과 함께 실크로드를 통해 유럽에 전해졌다.

유럽에 들어온 뒤, 네 잎 문양은 형태를 유지하면서도 쓰임새와 의미가 달라졌다. 커다란 유리 창문 윗부분의 돌 장식에 사용되면서부터는 부유함을 뜻하게 됐는데, 그 이유 중에는 이런 장식을 새겨 넣는 비용이 많이 들었다는 것도 있다. 교회마다 이 문양을 부조나 창문 윗부분 돌 장식 등을 꾸미는 데 사용하기 시작하자, 이 무늬가 기독교 십자가의 기하학적 대칭성과 닮았다는 점 때문에 종교적 의미까지 갖게 됐다. 시대에 따라 많이 쓰이기도 하고 덜 쓰이기도 하면서 이 문양이 갖는 의미와 맥락도 그때그때 달라졌다. 네 잎 문양은 고딕 및 르네상스 건축물에 많이 사용됐으며 뒤에는 고딕 복고조 건축물에 많이 사용됐다. 후자의 경우 산업혁명에 대한 반발로, 혁명 이전 시기의 유기체적 디자인에 대한 관심이 커지면서 발생한 일이다.

앤더슨은 "19세기 후반기엔 건축가나 석공, 공예가를 비롯한 모두가 사용할 수 있는 디자인 패턴 책자를 펴낸 건축가와 디자이너가 많았다"고 설명한다. 장인들은 중국, 인도, 켈트, 터키, 아랍 등등 전 세계에서 사례를 모은 오윈 존스Owen Jones 의 《세계 문양의 역사The Grammar of Ornament》와 같은 책에 크게 의존했다고 한다. 이런 책들은 추상화된 장식 디자인을 원래의 맥락에서 떼어내 새로운 재료와 장소에 쓸 수 있는 디자인 원형으로서 제시했다. 디자이너들이 저자의 이런 의도를 따라왔다. 그들은 네 잎 문양 등을 건물이나 도시 시설은 물론 모든 종류의 그래픽디자인에 가져다 썼다.

1856년에 출간된 이 책에서, 존스는 탁월한 장식 디자인을 만드는 데 필요한 서른일곱 가지 명제를 제시하는 것으로 글을 시작한다. 이 명제들은 건축과 장식 예술에서 색상과 형태를 사용하는 방법에 관해 그가 제시한 원칙이다. 책 서문에 나오는 이 내용은 본문에 등장하는 휘황한 패턴들에 현혹돼 흘려 읽기가 쉽다. 하지만 그 중 열세 번째 원칙에서 네 잎 문양이 가진 힘에 관한 통찰을 얻을 수 있다. 존스는 "꽃이나 기타 자연의 사물을 장식에 사용하지 말라"고 썼다. 대신 "장식 대상의 통일성을 해치지 않으면서도 사람들에게 전달하고자 하는 이미지를 충분히 표현할 수 있는, 자연의 사물에 근거해 만든 전통적 표현 방식"을 사용하라고 권한다. 한마디로 추상화가 핵심이다. 자연을 수학적으로 가공하면, 혼란스럽고 유기체적인 것이 규칙적이고 이해하기 쉬우며 반복해 사용할 수 있는, 궁극적으로 아름다운 것으로 변화한다. 네 잎 문양이 크게 유행한 것을 보면 존스가 제대로 짚은 셈이다. 이유야 무엇이든 단순화된 네 잎 문양은 화려한 고급 디자인을 대표하는 지속적인 상징으로서 널리 사랑받았다.

5장

우리가 안전할 수 있는 이유

현대인의 안락한 삶은 항생제나 백신과 같은 혁신적 발명품 덕분이다. 하지만 건축의 세상에 촘촘히 박힌 경고등과 교통신호, 도로표지, 안전 표지도 당신을 지키기 위해 제 몫을 다하고 있다. 세상의 속도가 빨라지면서 각종 위험이 새롭게 출현한 만큼 시각디자인도 이를 따라잡기 위해 진화해왔다.

◀

교통신호등, 재귀반사 도로표지병, 밤에 보이는 패턴

교차로에서 일어나는 문화 충돌

교 통 신 호 등

별로 특별한 것 없어 보이는 뉴욕주 시러큐스의 한 교차로에는 위아래가 뒤집힌 교통신호등이 있다. 뒤집힌 신호등은 미국에서 이게 유일한데, 1900년대 초에 설치된 이래로 줄곧 이상할 만큼 예외적인 모습이었다.

오늘날에는 당연하게 여겨지지만 당시에는 빨간불이 녹색불 위에 배치된 교통신호등의 형태가 비교적 새로운 변화였다. 그런 만큼 지명까지도 아일랜드식인 티퍼레리힐의 톰킨스가와 밀턴대로 교차로에 아일랜드의 고유 색상인 녹색 위에 통합론자(북아일랜드와 영국을 통합해야 한다는 사람들)들의 빨간색이 있는 신호등이 설치되자 지역 주민들이 크게 분노했다.

이 교차로를 두고 치열한 공방전이 이어졌다. 그저 신호등이 설치되었을 뿐이건만 분노한 주민들이 빨간색 등을 깨트리려고 돌과 벽돌을 던졌다. 깨진 등을 수리해놓아도 곧 다시 깨졌다. 결국 시의원 존 "허클" 라이언John "Huckle" Ryan이 나서서 청원함으로써 신호등을 뒤집었다. 그런데 주 당국이 이 결정을 무효화하고 다시 한번 일반 신호등을 설치하도록 하자 적대행위가 재개됐다. 결국 싸워봐야 소용없다는 사실을 깨달은 당국자들이 물러서면서 위아래가 뒤집힌 신호등이 영구적으로 남게 됐다.

1994년, 시러큐스시는 이 교차로 한구석에 기념공원을 만들었다. 얼핏 보면 통상적인 시설이 들어선 전형적인 미니 공원이지만,

자세히 살펴면 일명 투석꾼 공원이라 하는 이 티퍼레리힐기념공원Tipperary Hill Memorial Park 이 무엇을 기념하는 곳인지 알 수 있는 단서들이 보인다.

도로 한쪽에 가족을 묘사한 조각상이 서 있다. 아버지가 교차로를 손가락으로 가리키고 옆에 선 아들의 청동 조각상은 뒷주머니에 새총을 꽂은 모습이다. 공원 한쪽에는 지역 후원자들의 이름이 적힌 벽돌이 깔려 있다. 대부분이 척 봐도 아일랜드식 이름이다. 또 녹색 깃대에 걸린 아일랜드 국기가 나부낀다. 그래도 눈치를 채지 못할 것 같았는지 공원 한쪽에 토끼풀 무늬로 장식된 녹색 울타리가 둘러쳐져 있다(토끼풀은 아일랜드 국화이다). 분명 이곳은 지역 주민들에게 대단히 중요한 장소다. 신호등을 뒤집기로 한 것은 작지만 의미 있는 양보로, 문화와 도시설비 사이에 불가분의 관계가 있음을 잘 보여준다.

지구 반대편의 일본에서는 교통신호가 무척 눈에 띄는 방식으로 문화적 요인들에 영향을 받았다. 통행을 뜻하는 신호등이 여기서는 대부분 푸른색이 도는 녹색이다. 앨런 리처즈 Allan Richarz 는 〈아틀라스 옵스큐라〉에 기고한 글에서 "예전부터 일본어에서는 녹색(미도리)과 파란색(아오)이 혼용되는 일이 많았다"고 썼다. "고대 일본어에서 빨간색, 검은색, 흰색에 상응하는 단어와 함께 파란색이라는 의미의 단어가 사용되었는데, 이 단어가 다른 모든 문화권에서 녹색으로 표현하는 것을 가리켰기 때문에" 결과적으로 구분이 모호해졌다. 영어에서 녹색이라고 표현할 만한 사과는 일본어로 파란 사과라고 말한다. 이것이 신호등에도 적용되고 있는 것이다.

일본이 도로표지 및 신호 비엔나협약 조인국이 아니라는 사실은 유명하다. 도로 신호와 표지, 신호등체계를 담은 이 협약에는 수십 개 나라가 참여하고 있다. 대부분의 언어에서 녹색으로 부르는 신호등이 일본 공문서에서는 거의 100년 가까운 세월 동안 파란색으로 표기되어왔다. 일본 운전자들을 대상으로 하는 색맹검사조차 빨강, 노랑, 파랑을 뜻하는 단어를 사용한다. 신호등을 언어 표현과 일치하는 파란색으로 해야 한다는 주장과 국제기준에 맞춰 녹색으로 해야 한다는 주장 사이에 논쟁이 수십 년 동안 이어졌다. 결과는 그 중간이었다.

리처즈는 "마침내 기발한 해결책이 마련됐다. 1973년, 정부가 내각 명령으로 기술적으로는 녹색이지만 '아오'라고 일컬을 수 있을 만큼 파랗게 보이는, 파란색에 가장 가까운 녹색 신호등을 사용하도록 의무화했다"고 썼다. 현대 일본어에선 파란색과 녹색을 명확히 구분하지만, 녹색을 포괄하는 파란색 개념은 지금도 일본 문화와 언어에 깊이 뿌리내린 채 유지되고 있다.

이런 애매한 색깔은 장소와 그곳의 사람들에 대해 말해줄 뿐 아니라 인간의 색 구분은 고정돼 있지 않고 필연적이거나 보편적이지도 않다는 사실을 보여준다. 시러큐스와 일본의 신호등이 빨간색, 노란색, 녹색이라는 개념을 따르지 않는다는 사실이 놀랍게 느껴질지는 몰라도, 관점을 달리해보면 애초에 사람들이 동일한 색 개념에 합의했다는 게 더 놀라운 일이다.

어두운 밤을 지키는 고양이 눈

도 로 표 지 병

영국의 발명가 퍼시 쇼Percy Shaw의 형제인 세실Cecil이 전하는 바에 따르면, 퍼시는 1933년 어느 날 클레이턴 하이츠에 있는 단골 주점 올드돌핀에서 나와 안개 낀 밤길을 운전해 집으로 돌아오는 중에 고양이의 반짝이는 눈빛 덕분에 목숨을 구했다고 한다. 퀸스베리 로드의 갓길을 따라 걷던 고양이를 발견하고 운전대를 돌린 덕분에 도로 밖으로 추락하지 않았다는 이야기다. 당시 쇼를 비롯한 많은 운전자는 도로에 박힌 전차 궤도에서 반사되는 빛을 보며 운전했다. 이 궤도 덕분에 시야가 나빠도 길을 잘 따라갈 수 있었던 것이다. 하지만 쇼가 고양이를 보고 사고를 피한 날은 도로보수를 위해서였는지, 아예 없앤 것이었는지 모르지만 궤도가 제거되어 있었다고 한다. 영국 전역에서 전차가 점점 자동차에 밀려 사라지는 바람에 (원래 용도는 아니지만) 길을 찾는 데 중요한 역할을 했던 수단도 사라져가고 있었다. 평생 땜장이로 일해온 쇼는 사고를 피한 경험을 토대로 도로가 잘 보이도록 하는 방법을 연구하고, 그 장치에 "고양이 눈"이라는 알맞은 이름을 붙였다.

쇼의 발명품은 둥근 주철 덩어리에 박힌 두 개의 반사 유리구슬이 운전자를 바라보게 하는 형태였다. 이 기발한 장

치는 빛을 그냥 반사하는 게 아니라 빛이 들어온 방향인 운전자 쪽으로 곧바로 반사하는 기능을 가지고 있었다. 또 비가 내리거나 그친 직후에는 자동차 바퀴에 장치가 짓눌릴 때마다 장치에 내장된 고무 와이퍼가 자동으로 유리를 닦았다. 도로 위로 볼록 튀어나와 있는 이 장치는 반대차선으로 넘어가는 차를 덜컹거리게 만들어 운전자에게 경고를 보내는 역할도 했다.

쇼는 그리 합법적이지는 않은 방법으로 작품을 시험했다. 도로 포장 경험을 활용해 지역 도로 일부를 파내고 발명품의 원형을 설치한 것이다. 마침내 시 당국이 그의 디자인에 관심을 보였지만, 이 장치가 채택되기까지는 시간이 걸렸다. 갑작스럽게 야간 도로의 시인성을 높여야 하는 문제가 생긴 2차 세계대전 시기에야 채택된 것이다. 영국 정부의 초청을 받은 쇼는 제품을 주당 4만 개를 생산해달라는 주문을 받았고 말 그대로 하룻밤 사이에 부자가 됐다. 쇼가 만든 "고양이 눈"이 영국에서 오랫동안 인기를 끈 이유 중 하나는 이 장치가 안개가 잦은 영국에서 특히 유용하다는 것이었다. 다른 나라에서는 그 지역 특성에 맞춰 다른 모양의 도로장치가 개발됐다.

2차 세계대전 이후 미국에서 자동차가 급격히 늘어나면서 충돌 사고가 잦아지자 캘리포니아교통국이 보츠의 점Bott's dots이라는 장치를 개발했다. 이 장치를 개발한 엘버트 디서트 보츠Elbert Dysart Botts 박사의 이름을 딴 물건이다. 동그라미 모양의 이 장치는 도로의 시인성을 높이기 위한 용도였지만 볼록 튀어나오도록 설치되기 때문에 요철장치의 기능도 했다. 유리로 만든 초기 제품은 도로에 구멍

을 내 못으로 고정했다. 그런데 장치가 쉽게 부서지고 헐거워지면
서 못이 자동차 바퀴를 펑크 내는 일이 자주 일어났다. 이 문제는
강력한 접착제가 개발돼 못을 사용하지 않아도 되는 디자인으로
개선되자 일부 해결됐다. 1966년, 캘리포니아주의회는 눈이 내리
지 않는 지역의 모든 고속도로에 이 장치를 설치하도록 의무화했
다. 이후 수십 년 동안 캘리포니아주의 도로에는 이 장치가 2500만
개 이상 설치됐다.

하지만 최근 캘리포니아는
기조를 바꾸어 이 장치를 떼어
내고 있다. 디자인이 개선된 보
츠의 점 역시 자주 교체해야 했
기 때문이다. 지금은 가소성 플
라스틱 차선을 많이 사용하는
데, 가격이 훨씬 싸고 도로에
쉽게 녹아 들어가 오래 쓸 수
있다. 태양광을 사용하는 LED
등을 부착해, 헤드라이트를 반
사하는 대신 직접 깜빡이는 방
식의 첨단시설을 사용하는 지역도 있다.

　다양한 색깔의 도로표지병을 사용해 다른 표시의 시인성을 높이
는 방식도 많이 사용된다. 예컨대 흰색과 노란색 표시병은 차선 경
계선을 잘 보이게끔 하는 데 사용된다. 더불어 고속도로에서 경찰
차를 세울 수 있는 곳을 표시하는 것처럼 특수한 용도로 사용되기

도 한다. 소화전 위치를 표시하는 용도로 파란색 도로표지병을 사용하는 도시도 있다. 녹색 표지병은 외부인 출입이 제한된 주택단지 같은 곳에서 구급차가 진입로를 식별할 수 있게끔 하거나 유틸리티회사들이 빠르게 접근할 수 있도록 중요 설치 지점을 표시하는 용도 등으로 사용된다. 사다리꼴 육면체의 도로표지병은 방향에 따라 다른 메시지를 보낼 수 있다. 예컨대 한쪽이 빨간색이고 한쪽이 흰색인 도로표지병이 그렇다. 이 표지병의 빨간색은 잘못된 방향으로 운전 중임을 알려주며, 운전자가 차를 돌려 올바른 방향으로 운전하기 시작하면 흰색을 보게 된다.

이 모든 장치의 효시인 고양이 눈을 발명한 퍼시 쇼는 고향인 핼리팩스에서 전설적 인물로 남아 있다. 그의 발명은 전국 규모의 디자인상을 다수 받았고 왕실의 칭찬도 받았다. 그의 집에는 파란색 기념 명판이 붙어 있다. 쇼는 명성과 재산을 과도한 호사로 탕진하지 않았다. 그는 업무상 전 세계를 돌아다녔지만, 집에 머물기를 좋아했으며 주변에 망가진 것들을 고치고 작은 파티를 즐기며 살았다. 그가 부유해졌음을 보여주는 징표 가운데 하나는 고급 자동차를 소유했던 일이다. 운전사가 딸린 롤스로이스 팬텀을 타고 최고의 발명품을 만들 수 있게 한 도로를 따라 단골 주점을 오가는 그를 쉽게 볼 수 있었다고 한다.

영국 경찰의 체크무늬 사랑

인 지 패 턴

미국 경찰차는 문과 지붕은 흰색이고 정면과 뒷면 패널, 펜더, 후드, 트렁크는 검은색으로 뚜렷이 대조되는 모습이다. 댈러스경찰국의 재니스 크라우더Janice Crowther 공보관은 "흑백 대조가 법을 집행하는 경찰을 딱 맞게 상징한다"면서 "이런 모습은 그 자체로 멋있기도 하지만, (경찰과 관련이 없는) 차들이 흰색과 검은색을 사용하는 경우가 드물어서 무척 눈에 띈다"고 설명한다. 많은 지역의 경찰 당국은 지금도 이 방식을 사용하지만, 다른 색상이나 비닐 인쇄 방식으로 다양한 시도를 하는 지역도 있다. 미국은 물론 다른 나라들에서도 경찰차에 체크무늬를 점점 더 많이 쓴다. 이 방식은 경찰이 자동차 순찰을 시작한 초기부터 사용되어왔다.

체크무늬는 영국 북부의 한 혁신적인 경찰서장이 스코틀랜드 전통 문양인 타탄무늬를 경찰차에 활용하면서부터 사용되기 시작했다. 글래스고경찰박물관에 따르면 "1차 세계대전과 그 직후에 검은 중절모를 쓴 스코틀랜드 경찰 중 일부가 비슷한 모자를 쓰는 버스 운전자나 다른 공무원들과 잘 구별될 방법을 찾았다"고 한다. 처음에는 눈에 띄도록 흰색 모자 덮개를 사용했지만, 덮개가 쉽게 더러워졌다. 그래서 1930년대부터는 글래스고 경찰들이 검은색과 흰색 체크무늬 모자 띠를 사용해 다른 공무원들과 구분되게끔 했다. 이후 퍼시 실리토Percy Sillitoe 경이 이 무늬를 경찰 전용으로 만들었다.

글래스고 경찰 책임자였던 실리토는 악명 높은 레이저 갱(면도

날razor을 써서 이렇게 불렸다)들을 소탕하고 무선통신을 도입해 경찰을 현대화한 것으로 유명했다. 뒤에 영국국내정보국인 MI5 국장이 되기도 했다. 하지만 이런 업적 중 현대 경찰에서 사용되는 단순한 타탄무늬를 도입한 일만큼 전 세계에 영향을 미친 것은 없다. 스코틀랜드타탄기록청에 따르면 "엄밀히 말해 그 무늬는 타탄무늬가 아니며 퍼시 실리토가 디자인한 것도 아니다". 사실 "이 무늬는 100년이 넘도록 스코틀랜드 여러 가문의 문장紋章에 사용됐고, 스코틀랜드 산악지대 군인들도 모자에 두른 검은 띠에 흰색 리본을 짜 넣어서 체크무늬로 만들어 사용한 것으로 알려져 있다". 그들이 쓴 '글렌개리'라는 이름의 보트 모양 모자에서 실리토 휘하의 경찰들이 사용한 세 줄 체크무늬 디자인이 유래했다.

영국은 물론 브라질, 남아프리카공화국, 아이슬란드 등 여러 나라에서 소위 실리토의 타탄무늬를 경찰과 응급차에 다양한 방식으로 변형해 사용한다. 흑백 또는 청백의 체크무늬가 가장 많이 사용되지만 다른 색상을 조합한 사례도 많다. 이 무늬는 또 응급상황을 처리하는 요원들의 조끼나 모자 등 공식 복장에 사용되기도 한다. 지역에 따라 이러한 색상들이 다른 정보를 전할 수도 있다. 호주에서는 청백 체크무늬를 주, 준주, 연방정부 경찰 및 군사경찰 차량에 사용한다. 호주연방경찰의 공식 깃발 테두리에도 이 청백 실리토 무늬가 그려져 있다. 한편 빨강, 노랑, 오렌지 조합은 다른 종류의 응급 서비스를 나타낸다. 교통국이나 교정국, 기타 민간구조단체들도 다양한 실리토무늬를 사용한다. 웨스턴오스트레일리아주에서는 최소한 한 곳 이상의 응급기관이 실리토 문양과 유사한 배튼버그무늬라는 새로운 디자인을 사용하고 있다.

배튼버그무늬도 체크무늬 형태지만 세 줄이 아니며 더 큰 크기의 흑백 또는 여러 색상의 무늬를 한 줄 또는 두 줄로 배치한 형태다. 배튼버그 무늬는 1990년대 영국에서 경찰과학기술국Police Scientific Development Branch, PSDB 이 경찰차에 사용할 목적으로 만들었다. 경찰차의 시인성과 식별성을 높여야 할 필요성이 있기 때문이었다. 이 무늬의 명칭은 무늬가 배튼버그 케이크의 단면과 매우 닮았다는 사실에서 유래한 것이다.

실리토무늬(상)와 배튼버그무늬(하)의 차이

당시에는 실리토무늬가 잉글랜드와 웨일스 경찰에서 널리 사용되어 영국 전역에서 잘 알려진 상태였지만, 세 줄로 된 이 전통적인 디자인에는 일부 문제가 있었다. 무늬연구가이자 중환자실 구급대원인 존 킬린John Killeen 은 "실리토는 시인성을 강조하는 무늬일 뿐 식별성이 높지는 않다"라고 말한다. 가까운 거리에 있을 땐 각종 응급차량을 쉽게 구분할 수 있지만, 먼 거리에서는 무늬가 작아서 뭐가

뭔지 구별하기 어렵다는 것이다. 공적 업무 차량은 식별이 쉬워야 할 뿐 아니라 운행 중일 때에도 잘 보이고 일반도로나 고속도로 갓길에 정차해 있을 때에도 충분히 충돌을 막을 수 있을 정도로 잘 보여야 한다.

PSDB는 실험을 거쳐서 밝은 노란색과 파란색의 큰 사각형들로 이루어진 배튼버그 표시를 개발했다. 노란색은 낮에 잘 보이는 색이며, 파란색은 노란색과 선명한 대조를 이루면서도 "어둠이 깔리면서 모든 것이 회색으로 보이는 시간에 가장 마지막까지 잘 보이는 색상"이라는 것이 킬린의 설명이다. 두 색상 모두 야간에 빛을 잘 반사하도록 만들었다. 파란색과 노란색(또는 금색) 모두 영국 전역에서 오래전부터 경찰 복장에 사용해온 덕분에 시민들에게 익숙하기도 했다. 파랑-노랑 체크무늬는 경찰은 물론 일반 대중의 구미에도 잘 맞았고, 그런 만큼 PSDB의 기준도 충족시킬 수 있었다.

PSDB는 영국에서 실험한 결과, 시골 들판에서는 두 줄로 된 배튼버그무늬가 더 잘 보이는 반면 도시에서는 한 줄로 된 배튼버그무늬가 더 잘 보인다고 밝혔다. 한편 어떤 곳에서는 체크무늬를 마구잡이로 사용하기도 했다. 킬린은 디자이너들이 지나친 창의성을 발휘할 때 문제가 생긴다고 했다. 그는 "디자인을 선택할 때 안전성이라는 측면을 극대화하기 위해 시인성 연구를 깊이 파고드는 기관이 극히 드물다"고 말한다. 이런 기관은 종종 해괴한 혼종을 만들어낸다. "실리토와 배튼버그와 형광색이 뒤섞인 무지개 케이크" 같은 것 말이다. 한 줄, 두 줄, 세 줄이 아니라 자동차 옆면 전체를 덮은 극단적으로 혼란스러운 모양에 글씨까지 써넣은 디자인 사례도 있다. 사각무늬가 차지하는 면적이 너무 커지면 자동차를 찾아내기가 오히려 더 어려워진다.

퍼시 실리토 경은 현재 세계 각지에서 사용되는 다양한 선택지들의 기초를 다져주었다. 그래도 각 도시는 지역적 필요에 따라 생각할 필요가 있다. 다른 지역에서 잘 통하고 비용이 저렴하고 베끼기 쉽다는 이유만으로 실리토와 배튼버그 같은 무늬를 그냥 차용하기보다는, 영국의 사례를 참고 삼아 디자인을 만들고 결과를 시험하는 것이 경찰을 비롯한 응급기관들에 도움이 될 것이다. 좀 더 완전한 디자인과 실험 과정이 없이는 댈러스처럼 비교적 전통적이고 익숙한 무늬를 고수하기로 하고 자동차를 검은색과 흰색으로 크게 나누어 칠한 것이 잘한 선택일 것이다.

1만 년 뒤 인류에게 보내는 신호

위 험 기 호

세상에는 접근이나 특정 행위의 금지를 알리는 경고 표시가 가득하다. 이런 표시는 대체로 불 모양 아이콘이나 젖은 바닥에서 미끄러지는 사람을 단순화한 그림처럼 이해하기 쉬운 형태이다. 하지만 시각화하기 어려운 위험에 관해 경고해야 하는 경우도 있다.

생물학적 위험은 대부분 현미경으로만 볼 수 있고 냄새와 맛이 없다. 따라서 추상적으로 표현할 수밖에 없다. 그렇더라도 위험한 미생물이나 바이러스, 독극물이 있는 공간이나 용기에는 잘 보이는 경고를 부착해야 한다. 통일된 디자인이 만들어지기 전까지 위험한 생물학적 물질을 가지고 작업하는 과학자들은 실험실마다 다른 다양한 경고 표시를 마주해야만 했다. 미 육군의 실험실에서는 생물학적 위험을 표시하는 데 파란색 역삼각형을 사용한 반면, 미 해군은 분홍색 사각형을 사용했다. 이처럼 군대 안에서조차 통일된 형태와 색상이 없었다. 또 세계우편조약은 생물학적 물질을 운송할 때 보라색 바탕에 흰색 뱀이 둘러싸고 있는 막대기 그림으로 표시하도록 요구했다.

1960년대 다우케미컬사Dow Chemical Company는 통일된 경고 표시가 없다는 사실이 점점 우려스러웠다. 이 회사에서는 국립보건원과 함께 위험한 생물학적 물질을 보관하는 시스템을 개발하고 있었는데, 통일된 위험표지가 없어서 실험실 요원이 감염되거나 더 큰 재앙으로 이어질 수도 있다고 판단한 것이다. 그리하여 다우사의 찰스 L. 볼드윈Charles L. Baldwin과 국립보건원의 로버트 S. 런클Robert S. Runkle이 1967년 (현재 사용되고 있는) 생물학적 위험표지 채택을 제안하는 논문을 〈사이언스〉에 기고했다.

이들은 먼저 위험 기호를 만들 때 적용할 여섯 가지 기준을 제시했다. 1) 눈에 잘 띄어야 한다 2) 무슨 뜻인지 쉽게 알 수 있고 기억하기 쉬워야 한다 3) 다른 기호들과 혼동되지 않게 독특하고 모호하지 않아야 한다 4) 실용적인 목적에 따라 보관장치에 인쇄할 수 있는 모양이어야 한다 5) 여러 각도에서 보아도 쉽게 인식할 수 있게 대칭적이어야 한다 6) 특정 인종이나 종교에 대해 부정적이거나 문제를 일으킬 만한 관련성이 없고 불쾌감을 일으키지 않는 디자인이어야 한다는 것이었다.

참고할 만한 그래픽 사례가 전혀 없는 상태에서 디자이너들은 기존의 표지들과 혼동될 가능성이 없는 완전히 새로운 기호를 만들고자 노력했다. 볼드윈은 한 인터뷰에서 "기억하기 쉽지만 어떤 것도 연상시키지 않는 기호를 만들어냄으로써 사람들에게 그 기호가 갖는 의미를 새롭게 교육할 수 있어야 했다"고 회상했다. 이를 원칙으로 삼고 위의 여섯 가지 기준을 도구로 삼은 다우의 직원들은 여러 가지 시안을 만들었다. 기억하기 쉽지만 의미는 없는 기호를 선정하기 위해 프로젝트 담당 엔지니어들과 디자이너들은 여섯 가지 기호 후보를 만들어 일반 대중을 상대로 테스트했다.

이들은 스물다섯 개 도시에서 선발된 300명에게 플랜터스사의 마스코트 미스터 피넛, 텍사코 주유소의 별 로고, 셀오일사의 조개 로고 등과 적십자 로고는 물론 나치 기호에 이르기까지 기존에 널리 쓰이는 기호 열여덟 가지와 고안한 기호 여섯 가지를 보여줬다. 참가자들은 기호들을 분별하고 뜻하는 바를 추측해야 했다. 연구자들은 이들의 반응을 집계해 "의미 점수"를 매겼다. 일주일 뒤 이들에게 원래 보여줬던 기호들에 서른 가지 기호를 추가해 보여주고, 지난번에 본 기호들이 무엇인지 물었다. 이렇게 나온 대답을 근거로 "기억성 점수"를 매겼다.

이런 과정을 거쳐 여섯 가지 기호 중 의미 점수와 기억성 점수에서 가장 높은 점수를 받은 기호 디자인을 선정했다. 선정된 기호는 가장 기억하기 쉽지만 특정 의미와 연관시키기가 가장 어려운 것이었다. 이 기호는 다른 내부 기준에도 잘 맞았다. 기호의 형태가 복잡하긴 했지만 보관장치에 인쇄하기도 쉬웠고 직선 자와 컴퍼스만 있으면 그릴 수 있었다. 세 잎사귀 모양도 장점이었다. 세 방향으로 대칭되어 어느 면에도 부착하거나 인쇄하기가 쉬웠고, 이 기호를 붙인 통이나 상자가 옆으로 눕혀지거나 뒤집히더라도 알아보기 쉬웠다. 또한 밝은 오렌지색 위에 기호를 넣은 것도 보관장치의 바탕색과 뚜렷이 대조되게 했다.

사전 테스트 과정에서 다른 기호를 연상시키지 않은 것으로 나타났지만, 생물학적 위험 기호는 몇 년 앞서 만들어진 세 잎사귀 모양의 방사능 기호와 비슷하다는 이점을 가지고 있었던 것도 사실

이다. 더 단순한 형태인 방사능 기호는 캘리포니아대학교 버클리캠퍼스(이하 버클리대학교)에서 만든 것이다. 당시 방사능 실험실의 보건화학그룹을 책임지고 있던 넬스 가든Nels Garden은 "그룹 소속원들이 관심을 가지고 다양한 모티프를 제안했는데, 원자에서 방사능이 발산되는 모습을 표현한 디자인이 가장 큰 주목을 받았다"고 회상했다. 돌이켜보고 하는 말이지만, 이 기호가 세 잎사귀 아이콘과 심각한 위험 사이의 시각적 관련성을 처음으로 이끌어 냈다고 할 수 있겠다.

그러나 1960년대까지만 해도 생물학적 위험 기호는 새롭고 추상적인 것이어서, 다양한 사용 사례를 통해 이 기호에 의미를 부여하는 과정이 필요했다. 볼드윈과 런글은 앞의 1967년 논문에서 "이

도시의 보이지 않는 99%

기호는 실제로 혹은 잠재적으로 생물학적 위험이 존재한다는 것을 표시하고 실질적인 위험 인자가 보관되어 있거나 그것에 오염된 장비, 용기, 실험실, 물질, 실험동물 또는 화합물임을 표시할 수 있다"고 규정했다. 이들은 또 생물학적 위험biohazard 이라는 말이 "직접 감염을 통하거나 간접적으로 환경을 손상함으로써 인간의 건강에 위험 또는 잠재적 위험이 되는 전염성 물질"을 뜻한다고 정의했다. 물론, 이 기호가 정착하려면 사람들이 실제로 광범위하게 사용해야 했다. 다행히 미육군생물전실험실, 농무부, 국립보건원이 여섯 달 동안 새 기호를 시험해보기로 했다. 이 기호는 질병통제예방센터와 직업안전위생관리국에 정식 채택된 뒤부터는 빠르게 미국 표준으로 자리 잡았으며 국제적으로도 널리 사용되게 됐다.

인간의 건축 환경built environment 에서 볼 수 있는 많은 기호는 물리적 현상을 비유적으로 표현한 것들이다. 생물학적 위험 기호는 선명하고 강력하며, 복잡하지만 기억하기가 쉽기 때문에 그 가운데에서도 효과를 발휘할 수 있다. 무엇보다 다른 상징물, 형태, 기호와 뚜렷하게 구별된다는 점이 이 기호가 성공적으로 자리 잡을 수 있었던 요인이다. 그러나 현대에는 이러한 강력한 변별력이 단점이 되기도 한다. 너무 멋있어 보이는 것이다! 이 기호는 셔츠, 머그잔, 선글라스, 헬멧, 스포츠백, 스티커 등 수많은 생활용품에 사용되고 있다.

볼드윈은 생물학적 위험에 관한 세미나 주최측과의 대립을 회상하며 이런 경향에 대한 우려를 표현했다. 그는 "주최측이 참가자들에게 작은 생물학적 위험 기호가 잔뜩 그려진 예쁜 넥타이를 만들어 선물했다. 나는 걱정스러워서 이 기호는 의상에 쓸 목적으로 만든 것이 아니라고 강조하는 편지를 보냈다"고 밝혔다. 볼드윈의 반응이 지나쳤을 수는 있지만, 그의 우려는 정당하고 진중한 것이다. 이 기호가 원래 정해진 용도를 넘어 널리 쓰일수록 생물학적 위험을 경고함으로써 사람들의 생명을 지키는 효과가 줄어들게 되기 때문이다. 죽음, 해적, 독약을 의미하면서 한때 세상에서 가장 섬뜩한 기호였던 졸리 로저 기호가 좋은 예이다. 오늘날 두개골 밑에 뼈가 교차된 형상은 실제의 위험보다 블록버스터 영화나 핼러윈 장식을 의미하게 되었다.

물리학자이자 과학소설가인 그레고리 벤퍼드Gregory Benford는 영구적으로 사용할 수 있는 위험 기호를 만드는 일이 정말 어렵다는 사실을 경험으로 안다. 벤퍼드는 1980년대 미국에너지부가 진행한 특별한 작업에 참여한 적이 있다. 뉴멕시코 남동부 평야에 방사성 폐기물을 대규모로 저장하는 폐기물격리파일럿플랜트Waste Isolation Pilot Plant를 건설하는 일이었다. 그는 대략 1만 년에 달하는 위험 기간이 끝나기 전에 사람 또는 무언가가 폐기물 보관소에 침입할 수 있

는 확률을 계산하는 일을 맡았다. 알고 보니 그렇게 오래 의미를 유지하는 상징이 거의 없었다. 졸리 로저 기호나 생물학적 위험 기호는 통하지 않을 것이다. 사람들이 그 기호를 이해하지 못하거나, 보물처럼 뭔가 값진 것이 묻혀 있다는 뜻으로 오해할 수도 있으니 말이다.

이에 엔지니어, 인류학자, 물리학자, 행동과학자 등이 참여한 인간간섭방지 태스크포스가 향후 1만 년 동안 지각이 있는 존재들에게 경고를 전달하는 어려운 과제에 디자인 해법들을 내놓았다. 이들이 제시한 한 가지 방안은 방사능으로 오염된 이 지역에 접근할 경우 발생하는 위험과 그 결과를 알리는 그림을 신문 만화처럼 여러 컷의 패널에 단계적으로 담아 설치하자는 제안이었다. 그러나 이 방식은 먼 미래의 사람들이 각 컷 사이의 인과관계를 이해하고 내용을 왼쪽에서 오른쪽으로 읽어나갈 것인지가 확실하지 않다는 문제점이 지적됐다. 왼쪽부터 읽어나가는 방식이 지금도 보편적인 방식이 아니라는 것이다. 구조물 전체를 위험을 표시하는 형태로 짓자는 의견도 있었다. 인간의 본능적 공포와 불안감을 자극하기 위해 뾰족한 물체로 지역 전체를 덮거나 거대한 피라미드를 세우자는 생각이었다. 하지만 이 방법에 대해서도 그런 구조물이 먼 미래에도 공포감을 줄지, 아니면 오히려 매력을 뿜을지 불분명하다는 문제가 지적됐다.

1984년, 독일의 〈기호학 저널Journal of Semiotics〉에 여러 학자가 제시한 방안들이 실렸다. 언어학자 토머스 세벅Thomas Sebeok은 일종의 원자 사제직을 제안했다. 종교 집단처럼 의식과 신화를 통해 방사능 지역에 대한 지식을 여러 세대에 걸쳐 보존하는 역할을 하는 정치 집단을 만들자는 제안이었다. 프랑스 작가인 프랑수아즈 바스티드Francoise Bastide와 이탈리아 기호학자 파올로 파브리Paolo Fabbri는 유전자를 조작해 방사능이 있는 곳에서 빛을 뿜는 고양이들을 만들자고 제안했다. 이 고양이들의 위험성을 알리는 노래와 전설을 만들어 퍼트리면, 이론적으로는 인류 문명의 가장 오래된 유물, 즉 문화를 통해 경고가 이어질 수 있다는 주장이었다.

결국 먼 미래의 후손들에게 위험을 경고하는 문제를 결정적으로 해결할 수 있는 확실한 방안은 찾을 수 없었다. 그렇더라도 당대의 사람들을 안전하게 지키는 데 있어서 명확하고 대다수에게 의미가 통하는 기호를 디자인하는 일이 기본적으로 중요하다는 건 여전한 사실이다. 문화는 변화한다. 사람들이 시각적으로 소통하는 방식도 바뀐다. 따라서 경고 기호도 우리의 변화에 따라 바뀌어야 한다. 넥타이, 라이터, 티셔츠, 자전거 헬멧, 커피 잔에 생물학적 위험 기호가 그려지는 것도 이런 변화의 한 부분이다.

냉전 시대의 산물

피 난 처   표 지

냉전이 한창일 당시 뉴멕시코주 아티저에 한 전통적 용도의 건물이 기존 관행을 크게 벗어난 모습으로 지어졌다. 지하에 초등학교를 지은 것이다. 아보학교Abo school라는 이곳의 "지붕"은 지표면 높이였고 아스팔트로 포장해 놀이터로 사용했다. 지상에는 작고 눈에 띄지 않는 건물만 있고, 그 안은 학생들이 지하로 내려가는 계단실이었다. 아이들은 책상과 칠판이 가득한 지하 교실에서 하루를 보냈다. 그런데 더 아래로 내려가면 평범해 보이는 복도에 시체 안치소, 방사능 오염제거 샤워시설이 있고 식품과 의약품이 보관돼 있었다. 이 학교는 핵 공격을 당했을 경우, 지역 주민 2000명 이상이 대피하는 벙커로 사용하게끔 지어졌다. 수용 인원이 모두 차면 철문이 닫히게 되어 있었다. 이 학교의 마스코트도 초현실적인 지하시설을 표현하는 데 걸맞은 땅다람쥐gopher였다.

이 프로젝트는 당시로서는 야심 찬 것이었다. 공포로 가득한 냉전 시기의 국가에서 전면전이 발생할 수도 있다는 예측에 따라 지어진 것이기도 했다. 1961년 여름, 케네디 대통령은 "미사일 시대에 핵전쟁 가능성을 알면서도 시민들을 폭탄이 떨어지기 시작할 때 어디서 무엇을 해야 하는지를 모르는 채로 방치하는 것은 책임을 다하지 못하는 일"이라고 열변을 토했다. 당시는 소련과 전쟁 가능성이 커지며 긴장감이 고조된 시기였다. 케네디는 "핵 공격에 대비해 방사능 낙진 지하대피소로 사용할 수 있는 공공 및 민간 장소와 구조물을 지정하는 프로젝트"를 위한 예산을 의회에 요청했다. 사실상 아보학교 같은 시설을 다수 짓겠다는 계획이었다. 그러한 대피소들에는 "식량, 물, 응급구호품, 기타 생존을 위한 최소한의 필수품들을 비축할" 예정이었다.

케네디 대통령의 지시에 따라 육군공병단이 대피소 후보지를 찾기 위해 전국을 뒤졌다. 공병단의 하급 관리자인 로버트 블레이클리Robert Blakely가 새로 설치될 국가시설을 표시하는 기호를 만들게 됐다. 전쟁에 두 번 참전한 뒤 재향군인관리국 직원으로 일하던 그는 1950년대 버클리대학교에서 조경건축을 전공한 인물이었다.

이 프로젝트를 맡은 블레이클리는 실용적이고 손쉬운 방법을 택했다. 표지판은 금속판을 사용해 튼튼하게 만들어야 했고, 단순하고 눈에 잘 띄는 색상을 사용함으로써 핵 공격 위협을 받는 대도시에서 공포에 질려 허둥대는 사람들을 대피소로 쉽게 안내할 수 있어야 했다. 그래서 그는 자기 집 지하실에서 여러 가지 기호와 여러 색상의 발광 페인트를 시험했다. 최종적으로 검은색 원 안에 노란색 삼각형 세 개가 들어 있는 기호를 고안했다. 세 잎사귀 무늬가 있고 종종 같은 색깔이 사용되는 방사능 경고 기호와 많이 닮은 형

태였다. 굵은 글씨로 방사능 낙진 지하대피소FALLOUT SHELTER 라고 써넣어 기호의 뜻을 분명히 밝혔다. 표지판의 여백에는 대피소 수용 능력을 표시하게끔 했다. 그런데 이 기호는 글자와 숫자가 사용된다는 점을 차치하더라도 문제의 소지가 컸다. 방사능 경고 표시를 닮은 기호가 실제로는 정반대 의미인 방사능 낙진 지하대피소를 뜻하기 때문이었다. 이는 유사시 혼동을 유발해 오히려 심

각한 위험을 불러일으킬 수도 있었다. 그렇지만 당시 이런 의구심을 표현하는 의견은 무시됐다.

육군공병단은 100만 개 이상의 표지판을 만들어 학교와 교회, 사무실, 아파트 단지, 관공서 등 전국 건물에 설치할 계획이었다. 한편 일반 시민 중에도 뒷마당과 지하실에 대피소를 설치하겠다는 사람이 많아져서 이집 저집 방문하며 지하대피소 건설을 권유하는 영업사원들이 활개를 칠 정도였다. 수영장 등을 지은 경험이 있던 건설업자들이 이를 좋은 기회로 생각해 지하대피소 건설전문업체

로 사업 방향을 대거 전환했다. 블레이클리가 고안한 낙진 대피소 플래카드는 겁에 질린 미국 시민들을 집단적으로 수용할 수 있는 비상대피처로 사용될 기존 건물들과 이런 목적에 맞춰 새로 건설된 구조물을 표시하기에 충분할 정도로 광범위하게 설치됐다.

핵전쟁이 임박한 것으로 예상했던 시기에 곳곳에서 흔하게 보였던 선명한 지하대피소 표지판을 사람들은 각자의 관점에 따라 희망 또는 절망의 기호로 받아들였다. 여러 건물에 이 표지판이 붙게 되면서 이 기호 디자인에 대한 해석에 변화가 생기기 시작했다. 어떤 사람들에게는 이 기호가 재난이 발생했을 때 인명을 구하는 필수적인 대책의 일환이었다. 이들은 상황이 엄중할 때 이런 표지판들이 사람들에게 은신처와 기초적인 필수품을 제공하는 장소를 안내해줄 거라고 생각했다.

반면에 반전시위대는 이 표시를 반문화적 아이콘으로 사용하기 시작했다. 이들에게 지하대피소 기호는 보다 군국주의적인 미국을 의미했다. 핵 공격을 피해 살아남은 사람들조차 황무지 여기저기에 널린, 콘크리트로 만든 축사 같은 시설에서 살아가야 하는 디스토피아 말이다. 평화의 상징으로 널리 알려진 비핵화 기호와 마찬가지로 지하대피소 표지판은 시대의 산물이었다.

아보학교처럼 극단적이고 특이한 형태의 대피소는 냉전 격화를 우려하는 사람들로부터 집중적 비난을 받았다. 소련도 비난에 가담했다. 모스크바의 한 신문은 이 마을이 주민들에게 전쟁이 반드시 일어날 것이라고 생각하게 만든다고 공격했다. 아티저로선 단지 실용적인 계산을 했던 것이었다. 이 마을은 새로 학교를 지어야 했는데, 민간국방본부에서 지하대피소로도 쓰일 수 있는 학교를 지으면 추가비용을 대준다고 해서 그렇게 했을 뿐이었다. 어린이들은 대체로 학교가 얼마나 특이하게 지어졌는지를 의식하지 않고 지냈다. 대피소 표지판을 만든 일은 로버트 블레이클리의 인생에서도 크게 중요한 일이 아니었다. 이 표지는 군인이나 공무원으로 근무한 긴 시간 중 맡았던 여러 프로젝트 가운데 하나일 뿐으로, 다행히도 상징적 제스처 이상의 의미를 가진 적은 한 번도 없었다.

도시의 보이지 않는 99%

6장

광고, 도시의 고고학

우리가 가장 쉽게 마주치는 그래픽디자인은 광고물이다. 아마 그냥 무시해도 상관없는 것들이 대부분일 것이다. 이 책에서 보통 취하는 시각과는 조금 다를지 모르지만, 대량생산되는 이런 것들에 시선을 빼앗긴다면 도시에 특징과 생동감을 부여하는 색다른 상업디자인의 진정한 세계를 보지 못하게 될 수도 있다.

◄

수작업 그래픽, 네온 불빛, 영화사 플래카드

곳곳에 남은 20세기의 흔적

수 작 업 간 판

거의 20세기 내내 각 도시의 모습과 느낌은 사실상 간판제작자들의 손에서 만들어졌다. 이발소 창문부터 샌드위치 보드, 도로표지판까지 건물마다, 간판마다 이들의 손길이 닿지 않는 곳이 없었다. 이들은 예술가가 아니라 기능인 대우를 받았다. 예술적이라기보다는 기능적인 표지를 만드는 일을 했기 때문이다. 작업물이 아름답고 멋져야 하는 경우도 있었지만, 속도제한 표시나 정지선처럼 수많은 일상 속 상황에서는 쉽고 선명하고 단순한 것이 우선이었다.

전문가와 애호가는 간판을 그린 사람의 기술 수준을 밝혀주는 단서를 찾아낼 수 있다. 레터링 장인은 다람쥐 털 붓을 사용해 몇 번 칠하지 않고도 O자 같은 굴곡진 글자를 그려냈지만, 초보자들은 수십 번 붓질하며 훨씬 더 많은 양의 페인트를 써야만 작업을 끝낼 수 있었다. 작업 속도 역시 중요했다. 간판 도색처럼 하는 일의 양에 따라 돈을 버는 기능공은 일을 빨리 끝내야만 생활이 가능했다. 궂은 날씨 속에서 건물 외벽에 매달려 도색을 하는 경우도 왕왕 있었다. 고된 일이었다. 육체적으로나 미적으로만 그런 게 아니었다. 간판 제작 일은 일감을 따내기 위해 많은 품을 들여야 하는 직업이었다. 어떤 기능공들은 이곳저곳을 돌아다니며 즉석에서 자신을 고용하도록 지역 기업들을 설득했다. 웬만한 대도시마다 구체적인 스타일과 붓질 훈련을 받은 전문가 수십 명이 있었다. 이들은 작게 그린 그림을 큰 면적으로 확대해 옮기는 기술도 가지고 있었다.

간판 그리는 일은 일러스트레이션 프로그램과 같은 새로운 기술이 널리 쓰이게 된 뒤에도 완전히 사라지지 않았다. 그러나 비닐 플로터와 같은 기계는 판도를 크게 바꾸어놓았다. 대형 프린터 도입으로 간판을 만드는 작업이 쉬워졌다. 글자를 입력하기만 하면 원하는 글씨체를 크고 정확하게 인쇄할 수 있게 됐다. 비닐 플로터로 만든 글씨는 관리하기도 쉬웠다. 여러 번 유리창 청소를 해도 손으로 그려 넣은 글씨와는 달리 쉽게 바래지 않았다. 1980년대 중반에 이르러 기계로 간판을 제작하는 방식이 대세가 됐고, 누구라도 간판 디자인과 제작에 쉽게 뛰어들 수 있게 됐다. 그들이 정말 아름다운 간판을 만들어낼 수 있는지는 다른 문제였지만 말이다. 좋은 쪽이든 나쁜 쪽이든 도시의 외관은 달라졌다. 이런 패러다임 전환이 일어나기 전과 후, 또 전환이 일어나던 도중의 영화들을 살펴보면 그 영향의 흔적을 찾을 수 있다.

그러나 복고풍 수작업 간판 제작은 오늘날에도 계속되고 있다. 〈크래프트맨십 쿼털리〉에 실린 기사에서 로라 프레이저Laura Fraser는 "옛 간판들에는 유독 존재감이 있다"면서 이 간판들이 "도시와 풍경의 미적 성격을 규정하는 데 큰 역할을 하고, 우리가 사는 곳에 관한 시각적 고고학을 만들어낸다"고 했다. 이 간판들은 상업적 기능이 소진된 뒤에도 지나간 시대의 이야기들을 전한다는 것이다. 프레이저의 기사는 "시기마다, 지역마다 나름의 모습과 분위기가 있다"면서 "장식체, 검은 에나멜을 입힌 볼드체, 만화풍의 윙크하는 캐릭터들, 멋들어지게 타공해 만든 간판, 물방울과 별 모양, 소용돌이꼴 장식과 덩굴 꽃 장식, 미끈하고 간소한 디자인 등"을 예로 들었다.

모든 신기술에는 반발이 생기기 마련이고 모든 유행에는 결국 반反유행이 뒤따른다. 오늘날 화려한 부티크 상점, 안락한 카페, 힙한 푸드트럭, 첨단 잡화점 등에서 손글씨 간판을 늘리고 있다. 이 간판들은 향수를 자극하면서 호소력을 갖는다. 하지만 이런 형태가 새롭게 유행하는 이유는 따로 있을지도 모른다. 완전하지 않음, 붓질 자국, 개성 있는 표현과 같은 것들이 보는 사람으로 하여금 무의식적으로, 작업자가 애정을 가지고 기능과 아름다움을 충족시키기 위해 노력했음을 느낄 수 있게 하는 것이다.

도시 밤 풍경의 상징

네 온 사 인

캘리포니아 오클랜드 도심지의 아름다운 스카이라인은 낮에는 다양한 건물들에 의해 그려지지만, 밤에는 유독 환히 빛나는 한 건물에 의해 그려진다. 뾰족하고 높은 트리뷴타워Tribune Tower는 구리를 입힌 2단 경사지붕과 모랫빛 벽돌 외장재가 특징이다. 그렇지만 이 건물을 정말로 도드라져 보이게 하는 건 바로 번쩍이는 네온 불빛이다. 건물 외벽의 네 개 면에 TRIBUNE이라는 글자가 선명한 빨간색으로 쓰여 있다. 각 면의 글자들은 네온 숫자와 시곗바늘로 시간을 알려주는 네 개의 시계와 짝을 이룬다. 눈에 잘 띄는 데다가 잘 관리되는 이 네온 장식은 밝게 빛난다는 점 말고도 현대 건축물에선 쉽게 보기 어려운 디자인 요소라는 점에서 독특하다. 하지만 한때는 네온이 크게 유행했었다. 명멸하는 네온등이 전 세계 도시를 장식했고 그 흔적은 지금도 많이 남아 있다.

네온가스는 1898년에 과학자 윌리엄 램지William Ramsay 경과 모리스 트래버스Morris Travers 가 발견했다. 이들은 "새롭다"는 뜻의 그리스 단어 네오스neos 를 따서 이름을 지었다. 네온가스가 신기술에 불을 붙이기까지는 그리 오랜 시간이 걸리지 않았다. 1900년대 초에 네온을 간판에 사용해보자는 생각을 처음 한 것은 프랑스인 조르주 클로드Georges Claude 로, 그의 첫 상업 작품은 파리의 이발소 간판이었다. 1920년대에는 그가 설립한 클로드네온이라는 회사가 미국에 네온 간판을 도입했다. 1930년대에는 네온이 전 세계로 퍼졌다. 맨해튼과 브루클린에만 20만 개의 네온 간판이 생겼는데, 대부분이 클로드네온에서 제작한 것이었다.

네온 간판의 재료는 간단하다. 유리와 전기, 그리고 우리가 숨을 쉬는 공기에서 추출한 가스 등이다. 네온 간판에 사용되는 색깔로 빨간색이 오래도록 인기를 끌었다. 빨간색이 네온을 연소할 때 자연스럽게 나오는 색깔이었다는 점이 일부 이유였다. 파란색도 많이 사용됐다. 파란색은 수은을 일부 섞은 아르곤가스를 사용해 만드는 만큼 엄격히 말하면 "네온"이 아니지만 말이다. 이처럼 여러 가스와 물질을 혼합하거나 유리관 속에 형광물질 분말을 코팅해 여러 가지 색상을 만들어냈다.

초기엔 네온등이 고급스러운 장소나 멋들어진 레스토랑을 장식하는 데 사용됐지만, 네온 간판이 널리 확산되면서 문화적 관념에 변화가 생겼다. 수십 년에 걸쳐 교외지역이 확장되고 도심지가 쇠락하자 깜박이는 네온등이 지저분한 건물의 상징이자 도심지 외로움의 표상이 됐다. 불법 나이트클럽 위에서 번쩍이거나 식당 옆에 일부가 망가진 채로 반짝이는 네온사인의 모습은 악덕과 부패를 연상시켰다. 1950년대 사진 속 샌프란시스코 마켓가는 라스베이거스 스트립 못지않게 밝고 화려했다. 그러나 60년대 들어 거리를 정비하는 과정에서 네온 간판 대부분이 철거됐다. 한때 네온의 대도시였던 뉴욕을 비롯한 다른 도시에서도 비슷한 일이 진행됐다. 홍콩 같은 곳에선 규제 법령을 만들어 네온 간판을 단계적으로 없애거나 다른 간판으로 교체했다.

그렇지만 많은 역사가, 사적보존운동가, 예술가, 기타 창작인은 여전히 네온등을 미적 이유에서만이 아니라 역사적 근거에서도 옹호한다. 오클랜드 트리뷴타워의 네온 시계탑을 비롯한 수많은 네온 설치물을 오래 관리해온 네온업자 존 빈센트 로John Vincent Law 는 "네온만큼 좋은 건 없다. 다른 불빛들로는 네온처럼 아련하고 다른 세상에서 온 듯한 모습을 연출할 수 없다"고 단언한다. 그 역시 네온에 대한 비판적 시각을 이해하기는 한다. 어떤 사람들은 "네온 불빛을 천박하고 지저분하며, 사라져가는 기분 나쁜 상업주의를 대표하는 것으로 생각"하기도 한다는 사실을 아는 것이다.

LED등 시대인 오늘날에도 네온등은 새롭게 등장하고 있다. 직선으로 된 유리관을 가열해 구부리면서 글자나 여러 모양을 만들어내는 "유리관 제작자" 장인들이 할 만한 작업들이 여전히 존재한다. 이들은 제조업체로부터 120미터 길이의 직선 유리관을 받아 온 다음, 표현하고 싶은 글자와 형태를 만든다. 보통은 글자나 도형의 중앙부에서부터 시작한다. 유리관을 가열해 구부리고 속을 진공으로 만든 뒤 가스를 채우고 전기를 연결한다. 비용이 많이 들고 힘든 작업이다. 이런 점도 망가진 네온 간판이 LED등으로 교체되는 한 가지 이유이다.

도시 거리에서 보이는 커다란 네온등은 주로 그 지역 네온제작자들이 한 글자 한 글자 공들여 만든 것들이다. 중국에서 대량생산되는 네온등조차 대부분 유리관을 손으로 구부려서 제작한다. 깨졌을 때 수리하거나 교체하는 비용이 많이 들기 때문에 고장이 난 채로 방치되는 네온등도 많다. 트리뷴타워의 유명한 네온 시계도 몇 년 동안 꺼져 있었다. 하지만 건물을 새로 사들인 주인이 시계 표면을 새로 칠하고 수리한 뒤 존 로에게 의뢰해 네온등을 관리하도록 함으로써, 트리뷴타워는 오클랜드 중심지를 표상하는 건물로 남을 수 있었다.

매일 만나는 카리브해의 리듬

풍 선 인 형

자동차 판매점이나 주유소, 쇼핑몰, 길거리나 인도 위에서 미친 듯이 춤추며 파격 세일이나 신장개업을 알리는 풍선이 있다. 일어섰다가 내려앉고 주저앉았다가 팔을 휘두르는 모습을 쳐다보지 않고 지나가기란 불가능한 일이다. 여러 가지 형태와 이름이 있긴 하지만, 가느다란 팔과 색색으로 칠한 얼굴 모습을 한 이 인형들은 대부분 송풍기 위에 비닐 풍선을 붙여놓은 형태다. 보는 사람의 취향에 따라 활기 넘치는 모습으로 비치기도 하고 조잡한 모습으로 비치기도 한다. 춤추는 풍선이 많은 도시도 있지만 휴스턴처럼 금지하는 도시도 있다. 2008년에 제정된 휴스턴시 조례는 춤추는 풍선이 "도시의 풍경을 어수선하게 함으로써 미적 환경에 해를 끼친다"고 규정한다.

어느 중고차 딜러가 광고를 위해 비닐봉지에 낙엽 청소용 송풍기를 연결해 사용하면서 풍선 인형이 탄생했다고 알고 있는 사람들이 많다. 그러나 춤추는 풍선의 역사는 훨씬 더 오래됐으며 풍성하고 괴상한 뒷이야기가 많다. 이야기는 1941년생 카리브지역 예술가 피터 민셜Peter Minshall로부터 시작한다. 민셜은 쇠북 소리에 맞춰 춤을 추며 거리를 돌아다니는, 큰 인형을 만들어 유명해진 사람이다. 그의 작품이 《카리브의 축제 예술Caribbean Festivals Arts》에 소개됐고 올림픽조직위원회에서 일하는 사람이 이 책을 보게 됐다.

민셜은 1992년 바르셀로나 올림픽 개막식에서 갖가지 모양의 이런 거대 인형들을 사용해 드라마틱한 장면을 펼쳤다. 그 뒤 1996년 미국 애틀랜타 올림픽 개막식에서도 다른 예술가들과 협업하여 디자인에 참여했다. 바람을 불어넣는 방식은 이때 처음 구상했다. 아래에서 송풍기로 바람을 불어넣으면 부풀어 올라 그의 고향 트리니다드 토바고의 사람들처럼 춤을 추는, 사람 형상을 만들자는 것이었다. 민셜은 키 큰 소년Tall Boy이라고 이름 지은 이 풍선을 만들면서 다른 사람의 도움을 받아야 했다.

피터 민셜은 올림픽 디자인 경험이 있는 이스라엘 예술가 도론 가지트Doron Gazit에게 전화를 걸었다. 가지트는 예루살렘 거리에서 풍선 동물을 만들어 파는 것부터 시작해, 부푸는 물체들을 가지고 작업한 경험이 많은 사람이었다. 두 사람은 두 발이 달리고 크기가 훨씬 크다는 점을 제외하면 오늘날 흔히 볼 수 있는 모습의 풍선 인형을 만들었다. 1996년 올림픽 개막식이 끝난 뒤에도 그 인형들은 계속 활용됐다.

올림픽이 끝난 뒤 도론 가지트는 휘날리는 녀석들Flying Guys이라는 상표로 특허를 내고, 이 인형을 다양한 상업적 용도로 제작하고 판매할 권리를 여러 회사에 판매했다. 지금은 키 큰 소년이나 휘날리는 녀석들 외에도 종류가 다양하다. 에어 댄서Air Dancers와 에어 레인저Air Rangers도 있는데, 에어 레인저는 동물이 농장에 침입해 작물을 먹어치우는 걸 막기 위한 허수아비로 쓰인다. 이 녀석들은 웃는 표정 대신 이빨을 드러낸 화난 표정을 짓고 있다. 룩아워웨이LookOurWay사는 이 인형들이 "반복적이지 않은 동작으로 춤을 추기 때문에 계속해서 새들을 쫓아낸다"고 강조한다. 그렇지만 이런 상품화에는 논쟁의 여지가 있다.

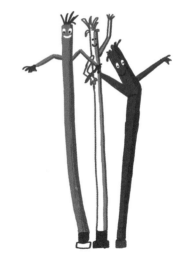

피터 민셜에 따르면, 그는 동료 예술가로부터 도론 가지트가 함께 디자인한 인

형을 여러 형태로 만들어서 민셜에게 알리지 않고 판매하고 있다는 제보를 받았다고 한다. 그렇지만 가지트는 법률적으로 민셜이 발명권자가 아니기 때문에 특허를 내고 파생상품을 판매하는 일은 잘못이 아니라는 변호사들의 조언을 받았다고 말한다. 두 사람 모두 바람으로 인형을 춤추게 만들게 한 건 민셜의 아이디어이며 그 아이디어를 실현한 건 가지트였다는 사실에 동의한다. 그러나 가지트가 민셜에게 알리지도 않고 특허를 딴 행위에 도덕적 문제가 있는지에 관해서는 의견을 달리한다. 아무튼, 민셜은 트리니다드 토바고 전통춤을 추는 풍선 인형을 전 세계 도시에서 보게 됐다는 사실에 전반적으로 만족해한다. 세일을 한다고 광고하는 싸구려 풍선 인간의 불규칙한 춤 이면에는 한 나라의 리듬을 기념하는 문화적 인공물이 깔려 있다.

캡틴 아메리카가 길을 찾는 방법

촬 영 장   표 지 판

　로스앤젤레스에서 울타리나 가로등에 줄로 매달려 있거나 원뿔 도로표지에 붙은 밝은색의 표지판은 현지인들에게는 익숙하지만 외지인들에게는 낯설다. 노란색으로 된 이 표지는 엔터테인먼트산업에 종사하는 로스앤젤레스 시민들에게 큰 도움이 된다. 배우와 스태프에게 각종 영화사의 촬영 현장을 알려주는 용도이기 때문이다. 우회로 표시와 마찬가지로 띄엄띄엄 놓인 이 표지만 따라가면 누구나 쉽게 목적지를 찾아갈 수 있다. 연간 1만 개 이상 만들어지는 이 표지판은 로스앤젤레스 곳곳에서 너무나 흔하게 보이기 때문에 이것을 시 당국이 공식 허가한 표지판으로 오해하는 외지인들도 있다. 엄밀히 말하면 맞지도, 맞지 않기도 하다. 이 표지판이 지역경제를 선도하는 영화제작에 사용되는 것이기에 시 당국이 묵인하는 것이다.

이 표지판들은 시간이 지나면서 점점 진화하고 정형화되었다. 수십 년 전에는 영화사 직원들이 글자와 화살표를 아무렇게나 써넣었다. 오늘날에는 밝은 노란색 바탕 위에 방향을 가리키는 검은 화살표가 있고 화살표 위아래에 암호  같은 단어나 문장, 약자 등을 써넣는 방식으로 정형화되었다. 그런데 한쪽 글자들은 정상적으로 화살표 방향을 따라 쓰이지만 다른 쪽 글자들은 거꾸로 돼 있고 화살표와 반대 방향으로 쓰인다. 이런 디자인은 충분히 이해할 수 있을 만큼 합리적이다. 뒤집으면 반대 방향을 가리키게끔 표지판이 모듈화돼 있는 것이다. 세로와 가로가 각각 46센티, 61센티인 이 플래카드는 바로 놓든 뒤집어 놓든 한쪽 글자들은 읽기가 편하다.

플래카드에 담긴 내용은 관계자가 아니면 의미를 알 수 없는 코드명이다. 촬영하는 영화의 제목을 쓰면 비밀 촬영 장소를 팬이나 언론에 노출할 수 있기 때문이다. 그렇지만 솜씨 좋은 영화광들이 이 코드명의 의미를 알아내기도 한다. 영화 〈스타 트렉 리부트〉 시리즈 촬영 현장은 본부CORPORATE HEADQUARTERS로 표시하다가 팬들이 알아챈 뒤에는 월터 레이스WALTER LACE라는 명칭으로 바꾸었다. 프로그램이나 영화의 내부관계자만 알 수 있고 외부인은 알아내기 힘든 힌트를 담은 말을 사용하는 경우도 있다. 캡틴 아메리카라는 고전 만화책의 주인공을 잘 아는 사람이라면 프리저 번FREEZER BURN(장시간의 동결로 식품이 건조해져 갈색으로 변하는 현상을 나타내는 말)이 수십 년 동안 얼음 속에 있다가 현대에 다시 나타난 2차 세계대전의 영웅을 가리킨다는 것을 알아차릴 것이다. 가짜 이름은 관계자들이 무슨 뜻인지 구분할 수 있을 만큼 분명해야 하지만 지나치게 우스꽝스러운 건 피해야 한다. 너무 괴상하거나 재미있는 표지판은 도둑맞기 십상이기 때문이다. 이런 플래카드는 로스앤젤레스만의 문화적 요소가 됐고 뮤직비디오의 주인공이 되기도 했다. YACHT의 〈L.A. 플레이 잇셀프L.A. Plays Itself〉 뮤직비디오는 차에 탄 시선에서 로스앤젤레스 전역에 깔린 이런 표지판들을 계속 보여주는데, 표지판에 적힌 내용이 가사의 나열이다.

디지털 지도로 어디든 쉽게 찾아가는 오늘날엔 이것들이 필요하지 않을 수도 있다. 그러나 그 주요 생산자인 JCL트래픽서비스JCL Traffic Service의 공동소유자 짐 모리스Jim Morris는 표지판이 갈수록 더 많이 사용된다고 말한다. 이런 표지판이 빠르게 발전하는 영화 세계에서 본질적으로 중요한 기능을 담당하고 있다는 것이다. 영화업계 종사자들은 장소와 시간이 적힌 촬영 일정표를 보통 전날 밤에 받는다. 그런데 촬영 장소가 늘 모바일 GPS시스템에 등록돼 있는 것이 아니고, 인쇄된 지도나 도로표지판을 따라가면서 운전하는 것은 그리 안전하지 않다. 특정되지 않은 장소, 지명이 없는 장소, 넓은 지역에 걸친 현장 등의 경우 문제가 더 심각하다. 결국 노란색 표지판은 사람들이 목적지까지 도착하도록 해주는 필수적인 장치다. 특히 하루에 여러 장소를 찾아가야 하는 경우는 더욱 그렇다.

일반인에게 촬영장을 드러내지 않으면서 관계자들이 평화롭게 작업하게끔 해준다는 목적을 생각해보면, 표지판을 눈에 잘 띄게 만든 건 모순적일 수 있다. 그러나 모리스가 지적하듯, 로스앤젤레스에서는 워낙 촬영되는 영화가 많아서 이 점이 큰 문제가 되지 않는다. 어디에서도 촬영 현장을 볼 수 있는데 무슨 촬영을 하는지 분명히 알기도 어려운 현장을 굳이 암호화된 경로를 따라 찾아가려는 사람이 거의 없다는 것이다. 그는 광적인 팬이라면 수단과 방법을 가리지 않고 보고 싶은 촬영 현장을 찾아내기 때문에 표지판이 없어도 이들을 막을 수는 없다고 덧붙였다.

표지판을 만드는 규칙은 정해져 있지 않다. 그렇지만 표준화된 노란색 표지판을 사용하지 않으면 늘 천사의 도시(로스앤젤레스의 별명)를 이리저리 돌아다니는 배우와 스태프가 곤란해질 수 있다. 모리스는 파란색 바탕에 하얀 글씨로 표지판을 제작해달라던 고객이 있었다고 회상했다. 한 번에 300장을 만들었는데 사흘 만에 모두 반품됐다. 그 고객은 새로 주문하면서 "이걸 보면 누구라도 찾을 수 있는데 알아보는 사람이 없네요. 전부 노란색 표지판만 찾고 있어서 말입니다"라고 했다고 한다.

광고 없는 도시의 명암

상 파 울 루 깨 끗 한 도 시 법

상파울루도 다른 도시들처럼 한때 광고판으로 뒤덮인 적이 있었다. 그렇지만 다른 도시들과 달리 상파울루에는 이 문제를 어떻게든 해결해보겠다는 야심에 찬 시장이 있었다. 2006년, 지우베르투 카자브Gilberto Kassab 시장이 시각적 공해를 줄이고 모든 종류의 과도한 상업 그래픽을 제거하는 것을 목적으로 하는 전면적도시정화법을 발의했다. 깨끗한 도시법Lei Cidade Limpa 은 경쟁적으로 눈길을 끌기 위해 행인들의 머리 위로 뻗어 나오게 설치된 1만 개 이상의 간판과 수십만 개의 화려한 옥외광고판을 대상으로 삼았다. 이 법은 택시와 버스 광고를 금지했고 길거리에서 광고전단을 배포하는 것도 불법으로 규정했다. 결국, 이 법안의 통과는 상파울루의 시각 경험을 완전히 변화시키는 것 이상의 결과로 이어졌다. 상파울루의 화려한 외양 뒤에 가려져 있던 어두운 현실도 드러나게 되었던 것이다.

법안이 발표되자 민간기업이 공공장소를 침범해 마구잡이로 광고판을 설치하는 데 반대하는 시민들이 큰 지지를 보냈다. 당연히 광고 영역에서 수익을 보는 비즈니스 리더들은 극구 반대했다. 이들이 고용한 로비스트들은 광고판 설치를 금지하면 경제가 어려워지고 부동산 가치가 하락할 것이라고 주장했다. 광고판을 떼어내고 남은 기둥을 제거하는 데 세금을 쓰게 될 것이라고 시민들에게 직접 읍소하기도 했다. 전광판 광고가 밤거리를 환하게 밝혀서 시민들이 안전하게 돌아다니는 데 노움을 준다는 주상도 폈다. 세계 최대의 옥외광고 제작사 중 한 곳인 클리어채널아웃도어Clear Channel Outdoor는 시를 상대로 광고판 금지가 위헌이라며 소송을 제기하기도 했다.

결국은 광고 옹호자들이 패배했고 법안이 통과됐다. 90일 이내에 광고판을 철거하지 않는 업체는 막대한 벌금을 피할 수 없게 됐다. 광고판이 사라지자 도시의 전체 모습이 달라졌다. 덕분에 아름다운 옛 건물과 건축물의 아름다운 장식물이 드러났다. 현지 언론인 비니시우스 가우바우Vinicius Galvao는 뉴욕 공영 라디오 WNYC의 〈온 더 미디어〉에 출연해 상파울루가 "매우 수직적인 도시"이지만, "법률 제정 전까지는 모든 건물에 광고판과 상표, 선전물이 가득 덮여 있어서 원래 건물은 전혀 볼 수 없었다"고 말했다. 갑작스럽게 커다란 광고판도 없이 고객을 끌어들여야 했던 상점 주인들이 건물을 밝은 색으로 칠했다. 한때 빛바랜 건물 외벽에 돌출 간판이 가득 붙어 있었던 거리 모습이 완전히 바뀌었다.

상파울루는 안 그래도 벽화와 그래피티로 유명했는데, 건물 측면에 붙은 광고가 사라지자 거리의 예술가들이 벽화와 낙서를 그릴 수 있는 캔버스가 넘쳐나게 됐다. 그러나 가끔은 깨끗한 도시법을 집행하는 지자체 공무원들이 과한 열정을 발휘했다. 정식으로 허가를 받은 공공벽화마저 지워버린 것이다. 특히 600미터 길이에 달하는 유명 벽화의 일부가 지워지자 시민들이 분노했고, 전 세계 언론이 이 사실을 보도했다. 결국, 시 당국은 그 어느 때보다 눈에 잘 띄게 된 주요 거리 예술작품 목록을 만들어 보존하기로 했다.

도시 미관과 예술 보존 문제 외에도 이 법은 의도하지 않았던 심각한 영향을 끼쳤다. 광고판들이 말 그대로 도시 부조리를 덮고 있었다는 사실이 드러난 것이다. 주요 도로에 설치됐던 대형 광고판이 사라지자 가난에 찌든 빈민촌이 적나라하게 노출됐다. 그 설치물들이 마을 일부를 시각적으로 가리고 있었기에 사람들은 늘 자동차를 타고 판자촌을 지나치면서도 그 모습을 별로 의식하지 않았다. 광고판을 제거하자 사람들은 극단적인 빈부격차를 목격하지 않을 수 없었다. 한때 광고판에 가려졌던 공장의 창문들도 노출되면서 수많은 노동자가 매우 열악한 조건에서 일하면서 집이 없어 공장 안에서 거주하고 있다는 사실도 드러났다. 화려한 광고판이 사라지자 새로운 문제가 노출된 것이다. 낙관적으로 표현하자면 새로운 도시 발전의 계기가 마련됐다고 할 수 있었다.

공적공간에서 광고판을 줄이려는 노력이 상파울루에서만 있었던 건 아니다. 그러나 상파울루처럼 강력하게 규제한 도시는 많지 않다. 광고의 형태와 내용을 규제한 도시도 있다. 알래스카, 하와이, 메인, 버몬트 등 몇몇 미국 주에선 옥외 광고판을 전면적으로 금지한다. 베이징 시장은 이기적이고 방종한 생활방식을 조장하는 호화 아파트 등의 광고를 금지했다. 파리시도 대형 광고판을 단속한다. 몇 년 전에는 테헤란시가 여러 다른 도시에서 오래전부터 공식, 비공식으로 실행해온 방식에 따라 일시적으로 광고판 일부를 미술작품으로 바꾸기도 했다.

시간이 흘러 상파울루에 광고가 부분적으로 다시 도입됐다. 그렇지만 시 당국은 매우 신중하고 느리게 광고판 부활을 진행하고 있다. 버스 정류장에는 대화형 검색엔진 광고를 도입해 사람들이 목적지 일기예보를 찾아볼 수 있도록 했다. 광고 게시자가 유용한 공익서비스를 함께 제공해야 한다는 생각에 따른 것이다. 또 광고주들이 정류장을 관리하도록 했다. 비슷한 발상에서 만든 대규모 광고판 설치 사례도 있다. 서른두 개의 LED 광고판 설치를 허가하는 대신 광고주들이 각 광고판이 걸린 상파울루의 주요 교량을 보수하도록 한 것이다. 지나치게 단순하며 섣부른 낙관론일 수 있겠지만, 한때 도시의 문제를 은폐했던 광고판을 새롭게 재편함으로써 도시의 문제를 해결하도록 한 방식은 신선하게 느껴진다. 물론 이런 식으로 공공시설을 단계적으로 민영화하는 것이 새로운 문제를 일으킬 수도 있겠지만 말이다.

3부

도시 해부도

도로, 교량, 댐과 같은 사회기반시설은 물리적 측면에서 모든 문명의 가장 중요한 부분이다. (정장을 차려입은 사람들이 커다란 가위로 리본을 자르는) 준공식을 거치는 거대 구조물들은 모든 사람의 눈길을 끈다. 깨끗한 물을 공급하고 쓰레기를 치우는 시스템처럼 덜 화려한 사회기반시설도 충분히 살펴볼 가치가 있다. 이처럼 복잡하지만 중요한 프로젝트를 실행하려면 수많은 조율과 계획을 거쳐야 하고 대규모 예산이 필요하다. 이런 일을 처리하는 것은 사실상 정부의 존재 이유이며, 모든 정치세력이 정부가 담당할 만한 일이라고 동의하는 몇 안 되는 과업 중 한 가지이기도 하다. 사회기반시설이 잘 작동한다는 것은 여러 사람이 협력해야만 이뤄낼 수 있는 멋진 일이 제대로 실현된다는 것을 뜻한다. 반면에 사회기반시설의 고장은 시스템상의 균열을 드러내고 그것을 개선할 기회를 제공한다.

오수 관리를 위해 물길을 역류시킨 시카고강

7장   도시는 어떻게 기능하는가

도시가 언제나 우리가 기대한 만큼 제대로 기능하는 건 아니다. 그러나 도시가 제대로 기능하기 위해 수많은 사람이 나름의 역할을 다한다는 것을 생각해보면, 도시가 조금이나마 작동한다는 것 자체가 정말 대단한 일이다.

◀

관련 기관들이 서로 책임을 떠넘기는 탓에 생기는 일들

시스템 오작동의 증거

깡 통 따 개   다 리

노스캐롤라이나 더럼에 있는 철교는 다리 아래를 지나가는 트럭 지붕을 긁어버리는 것으로 유명하다. 깡통따개 또는 11피트 8인 치라는 별명이 붙은 이 다리는 노픽서던-그레그슨 고가교다. 약 3.6미터 높이의 차량까지 통과할 수 있도록 설계된 이 고가교는 1940년 건설 당시에는 높이가 충분해 보였을 것이다. 그런데 세월이 지나 트럭 높이가 높아지면서 트럭이 교량에 부딪치는 일이 갈수록 잦아졌다. 교량표지판이나 경고등 같은 온갖 수단을 동원해 트럭운전사들에게 트럭의 목이 요란한 소리와 함께 잘려나갈 수 있다는 사실을 적극적으로 알렸지만, 계속해서 사고가 발생했다.

다리 근처 빌딩에서 일하는 지역 주민 위르겐 헨Jürgen Henn은 충돌사고가 자주 발생한다는 사실을 알게 됐고, 2008년 카메라를 설치해 사고를 기록했다. 그 이후로 그가 촬영해 공개한 사고 장면이 100건 이상에 달했다. 다양한 사고 현장이 담긴 짤막한 동영상들이 큰 주목을 받았다. 다른 사람은 몰라도 사회기반시설에 대한 부정적 감정을 가진 사람들에게는 호소력이 컸다. 다리에 부딪치면, 유난히 높은 트럭들은 부엌 싱크대에 머리를 부딪친 사람처럼 뒤로 튕겨 나왔다. 그보다 낮은 차량들은 듣기 괴롭게 끼익 하는 소리를 내며 다리 아래를 지나갔다. 트럭 높이가 딱 다리 높이이거나 약간 높은 경우엔 지붕이 정어리 통조림 뚜껑처럼 벗겨졌다. 깡통따개라는 별명이 붙은 이유다. 이런 사고를 수십 건이나 목격한 사람이라면 누구라도 어떻게 이런 문제가 해결되지 않고 오래도록 계속 되는지 의아해할 수밖에 없다.

철도회사, 시청, 주 정부 모두 사고를 줄이기 위해 수년간 노력했 지만 성공하지 못했다. 철도회사는 트럭들이 교량에 직접 부딪치 는 일을 막기 위해 철제 빔을 설치했다. 이 방법은 교량과 화물이나 여객을 보호할 수 있었지만, 트럭이 입는 피해를 줄이지는 못했다. 더럼시 당국도 교량으로 이어지는 교차로 세 곳에 고도제한 표지 판을 설치하는 등 경고를 강화했다. 도로 양옆에 11피트 8인치까지 만 통과가 허용된다는 작은 표지판도 설치했다. 충돌 방지를 위해 실제 통과할 수 있는 높이보다 몇

인치 줄여서 표시한 것이었다. 노스 캐롤라이나주 정부는 다리 정면에 '경고등이 켜지면 높이가 초과한 것 임OVERHEIGHT WHEN FLASHING '이라는 오렌 지색 점멸 경고 표시를 설치하기도 했다. 그런데도 트럭들이 계속 빔에 부딪치자 2016년 경고등을 없애고 첨단기술을 도입해, 높은 트럭이 다

리에 접근할 때마다 "높이 초과, 회차하시오"라는 LED등이 켜지도 록 했다. 여기에 교통신호를 연계함으로써 센서가 작동하면 빨간 정지신호가 켜지도록 했다. 트럭운전사가 전진하기 전에 알아챌 수 있게 하는 장치였다. 이처럼 신중한 예방조치가 취해졌지만, 다 리에 트럭 지붕이 잘리는 일은 계속됐다.

아무리 경고를 강화해도 소용없자 교량을 높이거나 도로를 낮추거나, 트럭의 진로를 다른 길로 유도하는 등 각종 방안이 오랜 세월에 걸쳐 검토됐다. 철도회사는 교량을 높이면 양옆으로 경사 철로를 설치해야 하기에 수백만 달러가 들 것이라고 주장했다. 도로를 낮추는 방법도 도로 아래 하수관 때문에 불가능했다. 다리 앞에 높이를 제한하는 빔을 설치하는 등의 방법으로 높이 초과 차량을 아예 다른 곳으로 우회시키는 방안에도 어려움이 많았다. 근처 식당들에 물품을 배달하는 트럭들이 교량 바로 앞까지 접근했다가 회차해야 했기 때문이다. 그 트럭들을 우회시키는 건 불가능했다.

관계 당국 사이의 책임 전가로 몇 년이 지체된 끝에 2019년 10월, 마침내 다리를 높이는 어려운 작업을 처리하기 위해 사람들이 현장에 모였다. 새로 설치된 도로 옆 표지판에 따르면, 한때 높이가 11피트 8인치였던 이 교량은 현재 12피트 4인치(약 3.8미터)가 되었다. 위르겐 헨이 측정한 실제 높이는 12피트 8인치였다고 한다. 노스캐롤라이나 철도회사가 50만 달러에 달하는 꽤 큰돈을 들여, 깡통따개 다리 양옆의 철로를 기차가 통과하는 데 지장이 없는 한도에서 최대로 높였다. 그렇지만 이 정도 높이로도 모든 트럭이 통과할 수는 없다. 주에서 허용하는 차량 높이는 13피트 6인치이기 때문이다. 역시나 교량을 높인 몇 주 뒤, 헨은 트럭 쇳덩어리가 빔에 부딪쳐 튕겨 나가 도로에 떨어지는 모습을 촬영해 공개했다.

수십 년 동안 깡통따개 다리는 재정 부족과 물리적 한계, 관료주의로 인해 완전하고 영구적인 해법을 마련하지 못하는 사례의 전형으로 꼽혀왔다. 고도를 높인 지금도 이 다리는 잘못된 사회기반시설의 표상이자 해결되지 않는 골칫거리로 꼽힌다. 모든 도시에는 이런 문제가 있다. 상충하는 우선순위 때문에 생겨난 부작용들이 시민들의 다리를 걸어 넘어트리고 (아니면 자동차를 긁고) 있다. 그렇지만 깡통따개 다리처럼 커다란 문제를 일으키면서 인터넷에 공유된 사례는 찾기 힘들다.

시스템 작동의 증거

노 새 배 달 부

일주일에 엿새는 편지와 소포를 가득 실은 노새들이 두 시간 반 동안 그랜드캐니언 산길을 지나간다. 이 영웅적인 동물들은 협곡을 600미터 넘게 내려가야 나오는 수파이의 우체국으로 우편물을 배달한다. 이 우편 길은 1896년 하바수파이 보호구역 거주민들을 위해 개척된 것이며, 수파이 우체국은 미국 내 3만 곳에 달하는 우체국 가운데 가장 오지에 있는 지점 중 하나다. 미국에는 도시 전체를 담당하는 대규모 우체국도 있고 시골 마을 잡화점(또는 계곡) 한구석을 차지하는 작은 우체국도 있다. 오지 우체국들은 미국우정공사가 사람들이 당연시하는 전국 네트워크를 구성하기 위해 얼마나 큰 노력을 기울였는지를 잘 보여준다. 기본적인 서비스만으로 시작했던 우편서비스는 현대에서 매우 중요한, 각종 사회기반시설을 구축하는 추진력으로 작용했다.

여러 세대에 걸쳐 정부와 부유한 권력자들이 원격통신수단을 생각해냈다. 하지만 오래도록 이런 시스템은 오직 소수의 엘리트만이 사용했다. 식민지 시대 미국의 우편제도도 다르지 않았다. 영국 왕실이 만든 왕실우편은 기본적으로 각 식민지와 영국 사이의 커뮤니케이션이 주목적이었다. 처음에 식민지들은 다른 식민지와의 연락에 별 관심이 없었다. 징징거리는 자식들이 그렇듯 기본적으로 모국의 관심을 끌려고만 했다. 일반인들이 누군가에게 소식을 전하길 원할 때는 여행자에게 편지를 전해달라고 부탁하는 것이 보통이었다. 공식적이고 믿을 만한 소식 전달 방법이 마련되지 않은 상태에서 이와 같은 사적 방법이 점차 확대됐다.

벤저민 프랭클린은 영국 왕실 최초 우체국장 중 한 사람이다. 처음에 그는 기존의 제한된 시스템 안에서 일했다. 그러다 북부 식민지 전체를 돌아다니면서 우편제도 개선 방안을 모색했고, 그 과정에서 식민지들이 서로 분리된 지역이 아니라 하나의 나라를 구성한다는 생각을 품게 됐다. 1754년, 뉴욕주 올버니에서 열린 식민지 대표자 모임에서 프랭클린은 왕실에서 파견한 사람의 통치를 받는 대신 각 지역 대표들을 선출하고 식민지를 통일하자고 제안했다. 당시엔 그런 생각이 잘 받아들여지지 않았다. 그러나 20년 정도 지나면서 미국 자치에 대한 논의가 활발해졌고, 식민지 혁명가들은 자신들의 급진적 사상을 주고받기 위해 왕실우편을 대신할 새로운 제도가 필요하다고 생각하게 됐다.

1774년, 2차 대륙회의에서 정부가 (언론의 자유를 포함해) 통신의 자유에 간섭하지 말아야 한다는 생각에 근거한 우편제도가 창설됐다. 미국 독립전쟁이 벌어지는 동안 우편 네트워크가 독립운

도시의 보이지 않는 99%

동가들 사이의 소통을 도왔으며 일반 대중에게 상황을 알리는 수단으로 활용됐다. 헌법이 제정되기도 전에, 또 독립선언문이 작성되기도 전부터 미국인들은 통신의 자유를 보장하는 우편제도를 보유한 것이다. 이런 사실은 위니프리드 갤러거Winifred Gallagher 가 쓴《우체국은 어떻게 미국을 탄생시켰나How the Post Office Created America》라는 책의 제목이 시사하는 내용을 뒷받침한다. 갤러거는 미국 건국 과정은 물론 그 이후 상황에서도 우편제도가 필수적이었다고 강조했다.

미국이 영국으로부터 독립한 뒤에는 우체국을 통해 신문을 배달하는 움직임이 생겨났다. 건국의 아버지들이 글을 읽을 줄 아는 시민들이 민주주의가 건강하게 잘 돌아가도록 하는 데 큰 역할을 한다고 생각해 신문을 우편으로 배달하고자 했다. 1792년, 의회에서 우편배달로를 확대하고 신문 배달료를 인하하는 내용의 우편법이 제정됐고, 조지 워싱턴 대통령이 법안에 서명했다. 각종 정치세력의 신규 간행물들이 이 저렴한 배달시스템의 혜택을 입었다.

우편제도가 확대되면서 도로를 비롯한 다른 사회기반시설들도 발달했다. 새 공동체에 정착한 사람들이 통신 확대는 물론 새로운 교통로를 확보해주는 우체국을 설치해달라고 청원했다. 우체국이 들어서면 정착지가 마을로 커지고 다시 도시로 커질 수 있었다. 우체국은 사람들이 모이는 장소가 되기도 했다. 가정배달이 이뤄지지 않았던 만큼 사람들이 항상 우체국에 들러야 했기 때문이다.

우체국은 미국의 핵심적 제도로 자리 잡았다. 이 과정에서 선불우표제도가 큰 역할을 했다. 후불제는 비용 때문에 수신을 거부한 우편물이 쌓이는 문제가 있었고, 이에 따라 발신자가 먼저 비용을 부담하는 방식으로 큰 변화가 일어났다. 거리와 무관하게 미국 전역에 동일 요금으로 편지를 보낼 수 있는 표준화가 이뤄졌다. 저렴한 비용과 단순한 요금체계 덕분에, 특히 여성들 사이에 편지 쓰기가 붐을 이뤘고 이것이 다시 우체국을 변화시켰다.

우체국은 전통적으로 남성들이 모이는 장소였고 술이나 매음, 소매치기의 소굴이었다. 마침내 여성전용창구를 개설하자, 여성들이 꼴사나운 모습을 보지 않고도 우편물을 찾을 수 있게 됐다. 이것이 계기가 돼 우체국은 서서히 점잖은 장소로 변화했다. 1800년대 중반이 되면서 수만 개의 우체국이 미국 전체에 설립됐고, 정치 소식을 담은 신문들과 더불어 새로운 발명품인 "안부 엽서"를 배달했다. 이 안부 엽서는 나오자마자 큰 인기를 끌었다.

우편제도가 확대되면서 급진적 사상도 쉽게 확산되었다. 노예제도 폐지론자들이 우체국을 통해 발송되는 신문을 기반 삼아 세력 확대를 꾀했다. 그런 와중에 1860년대 들어 노예제도 때문에 남북전쟁이 발발하자 미국 북부와 남부 우체국 사이에 편지 배달이 중단됐다. 남북전쟁에서 수많은 사망자가 발생한 것은 미국우정공사가 새로운 대혁신을 하는 데 원인이 되기도 했다. 가정배달이 시작된 것이다. 전사자의 부인이나 어머니가 여러 사람이 모이는 우체국에서 사랑하는 사람이 죽었다는 소식을 듣는 건 너무 고통스러운 일이었다. 그래서 집이라는 사적인 공간에서 나쁜 소식을 받아볼 수 있도록 우체부가 직접 편지를 배달하기 시작했다.

우편배달망 확장이 느리게 진행됐던 서부에선 조랑말 속달우편이 일시적으로 운영되었으나 곧 전보나 철도 배달로 빠르게 대체됐다. 기차의 객실은 기차가 움직이는 동안 직원들이 우편을 분류하고 처리하는 이동식 우체국이 됐다. 철도가 우편제도를 크게 발전시킨 것 못지않게 우편제도도 철도를 크게 발전시켰다. 1800년대 중반부터 우체국이 편지 배송을 위한 공간을 기차 안에 설치하는 비용을 지불했고, 이것이 철도회사들의 고정 수입이 되면서 철도가 빠르게 확대되는 데 도움이 됐다. 마찬가지로 1차 세계대전 뒤 우체국이 항공기를 정기적으로 이용하면서 항공산업이 발전할 수 있었다. 여객 수요가 많지 않았던 항공산업 초기에 우체국이 큰 고객이 되면서 공항들과 항공사들이 크게 혜택을 입었다.

지난 수십 년 동안 의회에서 제정한 재정 규칙들이 우체국에 상당한 부담을 지우고 있다. 또 민간 경쟁자들이 전통적으로 우체국이 수행해온 택배 등의 업무를 대체했다. 여건이 이처럼 어려워졌음에도 우체국은 여전히 미국에서 중요한 역할을 담당한다. 페덱스나 UPS 같은 민간회사와 달리 우정공사는 이익만을 위해 배달 가능한 지역과 불가능한 지역을 정할 수 없다. "모든 이용자가 합리적 가격으로 최소한의 우편서비스를 받을 수 있도록 보장해야 한다"는 보편적 의무를 지고 있기 때문이다. 이 말은, 우정공사가 미국의 모든 지역에서 매일 우편물을 수집하고 배달해야만 한다는 뜻이다. 그랜드캐니언의 밑바닥에 있는 마을이라도 말이다.

도시의 건강과 성장은 물과 불가분의 관계다. 깨끗한 물이 반드시 있어야 하며 더러운 물은 없애야 한다. 아무리 강조해도 지나치지 않은 이 사실을 사람들은 잘 인식하지 못한다. 많은 경우 물은 도시의 위치를 정하는 숨겨진 힘이기도 하지만, 도시의 형태를 결정하고 물리적 경계선을 설정하기도 한다. 기후변화에 따라 앞으로는 물과 도시 사이의 관계가 도시 거주자들의 삶에 더 큰 영향을 미칠 것이며 갈수록 이런 사실을 외면하기가 힘들어질 것이다.

◀

오사카성 장식이 있는 맨홀 뚜껑

과학의 은근한 집대성

맨 홀 뚜 껑

일본 오사카의 도로 곳곳에서는 아름답고 멋지게 생긴 맨홀 뚜껑을 볼 수 있다. 이 맨홀 뚜껑들은 실용적인 지자체의 원판 구조물이 아니라 화려하게 장식된 목판화처럼 생겼다. 맨홀 뚜껑에는 파란 파도와 하얀 매화꽃에 뒤덮인 오사카성 모습이 양각돼 있다. 오사카가 자치도시가 된 지 100주년을 기념하는 디자인이다. 일본에서 이런 예술적 맨홀 뚜껑이 오사카에만 있는 것은 아니다. 알록달록하게 그린 꽃이나 동물, 건물, 다리, 배, 신화적 영웅, 날아오르는 불사조 그림이 일본 전역의 맨홀 뚜껑에 새겨져 있다.

일본의 도시에 하수와 빗물을 처리하는 다양한 기반시설이 처음 만들어진 건 2000년도 더 됐다. 그렇지만 표준화된 통로를 통해 접근하는 지하시스템을 만든 건 비교적 현대다. 표준화에 공을 들이는 시기가 지나자 창의성에 대한 관심이 높아졌다. 도쿄에 있는 맨홀뚜껑제조업자협회에 따르면 맨홀 뚜껑에 예술적 표현을 하기 시작한 것은 가메다 야스타케亀田泰武라는 사람이 건설성 고위직에 있었던 1980년대부터다. 당시 하수도와 연결된 일본 가정은 전체의 절반을 조금 넘는 수준에 불과했다. 가메다는 지역 주민들이 필수적인 지하시설을 더 잘 인식하기를 원했다. 지역 주민들이 하수도 건설을 지지하도록 하려는 의도에서였다. 눈에 보이지도 않고 필요성도 크게 느끼지 않으니, 하수시스템을 개선하고 확장할 재원을 마련하기 위해 세금을 인상하기가 어려웠던 것이다.

가메다는 맨홀 뚜껑이 시인성 높이기 캠페인에 가장 적당한 물체라고 생각했다. 지상에 대부분 드러나지 않는 하수시설을 지상에서 알아볼 수 있게 하는 거의 유일한 장치였기 때문이다. 그는 각 도시와 마을에 지역 특징을 담은 맨홀 뚜껑을 만들도록 권했다. 머잖아 각 지자체에서는 경쟁적으로 멋진 뚜껑을 만들었다. 자연, 민속, 현대 문화(헬로키티 같은 대중적 아이콘 등)에서 따온 문양을 적용했다. 그러자 (영단어 '맨홀'의 일본어 표현인) 만호루 마니아들이 생겨났고, 일본 각지의 맨홀 뚜껑 문양을 소재로 한 사진, 탁본, 머리핀, 스티커, 심지어 자수 문양 책자까지 만들어졌다.

이 맨홀 뚜껑 디자인 대부분이 다른 일본 예술품에서 따온 것이지만, 단지 미적 기능만 하도록 만들어진 것은 아니다. 사선 평행선을 대각선으로 교차시킨 무늬나 여러 방향으로 그어진 직선과 곡선의 무늬는 비가 오거나 눈이 내릴 때 차량이 미끄러지지 않게 해준다. 이런 기능은 멋진 디자인이 적용되지 않은 다른 나라들의 맨홀 뚜껑도 지니고 있다.

일본에도 안전과 품질만을 생각하며 미적으로 멋지게 만들지 않은 맨홀 뚜껑이 많이 존재한다. (유리병의 코르크나 병마개처럼) 위는 넓고 아래는 좁게 만든 디자인은 자동차가 밟고 지나갈 때 기존 뚜껑에 비해 덜 덜컹거리기 때문에 소음 공해를 줄일 수 있다. 홍수가 잦은 지역에서는 아래에서 물이 치솟으면 뚜껑이 열리고 수압이 줄면 다시 닫히도록 경첩을 달아놓기도 한다. 경첩 방식은 뚜껑이 튀어 나가서 큰 위험을 일으키거나 물이 빠진 뒤 뚜껑이 열려 있기 때문에 발생하는 사고를 막을 수 있다.

이 같은 신기술이 적용된 맨홀 뚜껑은 일부 지역에서만 보인다. 보통의 맨홀 뚜껑들은 대부분 디자인이 비슷하다. 예를 들어 대부분의 맨홀 뚜껑이 원형이다. 원은 놀라운 도형이다! 원형 뚜껑은 하수구 안으로 떨어지지 않는다. 이에 비해 사각형이나 타원형 뚜껑은 열어서 방향을 돌리면 아래로 빠질 수 있다. 맨홀 입구를 원기둥 모양으로 만들면 토압이 균일하게 작용하기 때문에 튼튼하며, 이 형태가 대량생산하기도 쉽다. 원형 뚜껑은 무거워도 세워서 굴리는 식으로 편하게 옮길 수 있다. 이러니 모두가 원을 원한다!

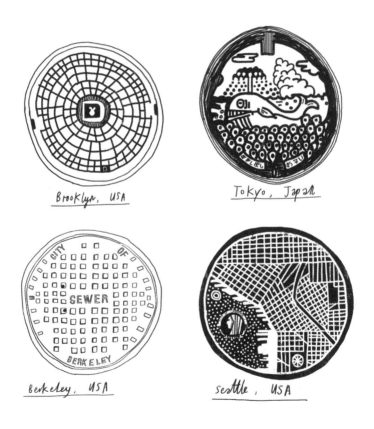

Brooklyn, USA

Tokyo, Japan

Berkeley, USA

seattle, USA

도시의 보이지 않는 99%

일본이 아름답게 만든 맨홀 뚜껑으로 유명하다면 지역적 특성이나 기발한 편의성을 가진 두드러진 디자인의 맨홀 뚜껑을 사용하는 지역도 많다. 뉴햄프셔 내슈아의 삼각형 뚜껑은 하수가 흘러가는 방향을 가리킨다. 시애틀에는 도시 지도가 새겨진 맨홀 뚜껑들이 있다. 격자 모양의 도시 지도가 돋을새김돼 있는 이 뚜껑들은 여러 방향에서 차량이 미끄러지는 걸 막는 역할도 한다. 베를린에는 원형으로 그린 도시 풍경이나 기타 예술적으로 도시 특성을 담은 맨홀 뚜껑이 있다. 어떤 예술가는 뚜껑의 양각 문양에 페인트를 칠해 본을 뜨는 방식으로 핸드프린트 티셔츠를 만들기도 했다. 이처럼 눈에 띄는 디자인은 아니더라도 지역의 역사를 담은 맨홀 뚜껑도 있다. T. 크래퍼 T. CRAPPER 라는 이름이 양각된 런던의 맨홀 뚜껑이 대표적이다. 이 이름의 주인인 토머스는 현대 수세식 변기를 만든 것으로 유명한 사람이다. 맨홀 뚜껑이 도시에서 대량으로 사용되는 건 실용성 때문이지만 그것을 예술작품의 캔버스나 명패로 쓰지 말라는 법은 없다.

깨끗한 물이 필요했던 두 가지 이유

음 수 대

1859년 어느 봄날, 수천 명의 런던 주민이 잔뜩 차려입고 런던에 새로운 충격을 준 문물을 보려고 모였다. 바로 최초의 공공음수대였다. 대대적으로 축하하기엔 좀 이상한 물건처럼 보일지도 모르지만, 시로선 음수대 준공식이 매우 중요한 일이었다. 당시 런던 노동자계급 시민들이 악몽 같은 삶을 살아야 했던 이유 가운데 하나가 깨끗한 물이 부족하다는 점이었다. 시민들 상당수가 인간 배설물, 죽은 동물, 고약한 화학약품 등으로 오염돼 악취가 나는 템스강 물을 식수로 사용해야 했다. 음수대가 완공되기 바로 1년 전, (언론 표현에 따르면) 대악취Great Stink가 런던을 뒤덮었다. 배를 타고 강을 지나던 빅토리아 여왕이 냄새 때문에 배를 돌리라고 명령한 적도 있었다. 한 영국 언론인은 자신의 조국이 "지구에서 가장 먼 곳까지 식민지로 만들었지만 템스강은 정화하지 못하는 나라"라며 경악하기도 했다.

당시의 주된 걱정거리는 더러운 강물에서 나는 악취보다도 그 냄새와 관련된 치명적인 질병이었다. 몇 해 전에 콜레라가 창궐해 수만 명이 숨졌을 때, 고약한 냄새가 나는 공기 때문에 전염병이 퍼졌다는 주장이 일었다. 그런데 이런 주장에 반대하는 사람들도 있었다. 존 스노John Snow라는 과학자도 그중 한 사람이었다. 그는 병균에 오염된 식수가 원인이라고 생각했고 이를 입증하려 노력했다.

콜레라가 크게 창궐했을 때 스노는 집집마다 찾아다니며 아픈 사람이 있는지 물었고, 이를 토대로 전염병 지도를 만들었다. 그는 이 지도를 가지고 콜레라를 확산시킨 원인으로 추정되는 전염병 지역 한가운데 우물을 찾아낸 다음, 펌프 손잡이를 떼어내 사람들이 물을 쓰지 못하도록 했다. 그러자 곧바로 콜레라 발병이 줄어들었고 스노의 주장은 힘을 얻게 됐다. 데이터를 근거로 삼는 스노의 해결 방식은 완전히 새로운 것이었으며, 그는 현대 전염병학의 아버지가 됐다.

스노의 발견이 있은 뒤 대도시무료음수대및동물음수대협회(동물들도 당연히 깨끗한 식수가 필요하다)가 결성돼 런던 전역에 음수대를 설치하기 시작했다. 1879년까지 이 단체가 수백 개의 음수대를 만들었다. 그런데 깨끗한 물을 제공하는 일이 중요했던 또 다른 이유가 있었다. 어린이를 포함한 많은 사람이 술을 너무 마셨던 것이다. 물이 깨끗하지 않았고 커피나 차처럼 끓인 음료는 비쌌기 때문에 많은 사람이 갈증 해소를 위해 알코올음료를 마실 수밖에 없었다. 이른바 절주節酒 음수대가 공원이나 교회 근처, 술집 밖에 들어서자 시민들은 술을 마시지 않고도 갈증을 덜 수 있게 되었다. 절주 음수대에는 금주 경문이나 성경 구절을 적고 아름다운 문양으로 장식한 명판을 설치했다. 음수대는 기대한 만큼 알코올중독 문제를 해결하진 못했다. 그러나 모든 시민에게 깨끗한 물을 공급하는 출발점이 된 건 분명했다.

초기의 음수대는 필수시설이 되긴 했어도 디자인에 문제가 있었다. 20세기에 접어들 무렵에는 쇠줄로 연결해놓은 공용 컵과 수도꼭지가 설치되어 있었다. 세균에 의해 병이 전염된다는 사실을 공중보건 당국자가 완전히 받아들이고 다른 사람이 사용한 컵을 사용하지 않도록 사람들을 교육하게 되기까지는 상당한 시간이 필요했다. 예를 들어 1912년에는 오리건주 포틀랜드의 기업인이자 자선가인 사이먼 벤슨Simon Benson이 건축가에게 의뢰해 새로운 디자인의 음수대를 여러 개 만들었다. 나중에 이 음수대에 벤슨 버블러Benson Bubbler라는 이름이 붙었다. 오늘날 표본이 된 음수대의 원형이라고 할 수 있는 것으로, 수도꼭지에 입을 대지 않고도 마실 수 있도록 물이 몽글몽글 솟아 나오는 수도꼭지가 여러 개 달린 형태였다.

이처럼 갖가지 혁신이 이뤄졌지만 해결되지 않은 문제가 남아 있었다. 입속에 들어갔던 물이 다시 꼭지 위로 떨어지는 구조가 위생 음수대라는 이름에 걸맞지 않았다. 꼭지에 입을 대고 먹는 사람도 있었다. 이를 막기 위해 꼭지 위에 철망을 설치하자는 의견도 있었지만 최종적으로 도입된 해결책은 물줄기가 곡선을 그리게끔 쏘아 올리는 방법이었다. 현재 가장 흔한 음수대 형태다. 음수대만으로 런던과 같은 곳에서 급격하게 악화하는 도시의 위생과 악취 문제를 모두 해결할 순 없었지만, 최소한 공해로 찌든 산업화 시대의 도시 주민들이 술을 마시지 않아도 갈증을 해소할 수 있는 길은 마련되었다.

시카고의 물길 역류 프로젝트
하 수 처 리 시 설

사람들은 50년 넘게 성 패트릭의 날을 기념해 시카고강의 강물을 녹색으로 물들여왔다. 이유를 모르는 사람들 눈에는 기념행사가 아니라 독극물이 유출돼 강물이 끔찍하게 오염된 것으로 보일 수도 있겠지만, 실은 주민들이 즐기는 오랜 전통일 뿐이다. 일설에 따르면 시카고배관공조합의 스티븐 베일리Stephen Bailey라는 관리자가 1961년 흰색 배관공 작업복에 초록색 얼룩이 생긴 것을 보고 강물을 물들이는 전통을 시작했다고 한다. 배관공이 폐수 방출을 추적하기 위해 염료를 사용했는데, 여기서 베일리가 멋진 아이디어를 떠올린 것이다. 1세대 아일랜드계 미국인이던 베일리는 친구인 리처드 J. 데일리Richard J. Daley 시장에게 성 패트릭의 날을 맞아 도시 한복판의 강을 녹색으로 물들이자고 제안했고, 이것이 매년 이어지는 행사로 정착됐다. 만화의 색상으로 물든 강물을 자세히 들여다보면 뭔가 이상한 것을 발견하게 된다. 보통 강물은 큰 물줄기를 향해 흘러가지만, 녹색 물줄기는 미시간호에서 멀어지는 방향으로 흐르는 것이다.

이 기묘한 현상은 모든 대도시가 직면한 문제점, 즉 배설물 처리를 위해 시카고시가 100년 전부터 노력해온 결과이다. 시카고는 굴곡이 거의 없는 평탄한 도시다. 이 때문에 중력을 활용한 하수처리가 어렵다. 도시 인구가 늘어남에 따라 하수 정체 문제가 갈수록 커졌다. 1854년, 콜레라가 퍼져 시카고 인구의 5퍼센트가 목숨을 잃는 일이 발생하자 공무원들은 더 이상 문제를 방치할 수 없었다. 이에 공무원들은 전형적인 19세기 방식으로, 커다란 문제를 해결하기 위해 더 크고 대담하고 전례 없는 공학적 해결책을 시도했다.

시카고로 이주하기 전까지 보스턴에서 수도체계 관련 업무를 했던 엔지니어 엘리스 S. 체스브러Ellis S. Chesbrough 가 1850년대에 시카고 하수국장에 임명됐다. 그는 도시의 표고를 높여 하수를 흐르게 하겠다는 야심 찬 계획을 세웠다. 이후 몇 년에 걸쳐 수많은 건물 아래에 잭을 설치해 기계적으로 3미터씩 높였다. 작업자들이 손발을 맞춰가며 건물을 하나하나 차례로 들어 올리는 매우 거창한 작업이었다. 여러 층 높이의 거대한 건물을 조금씩 들어 올릴 때마다 석공들이 아래에 기초를 채우는 식으로 진행된 작업은 당시 큰 볼거리였다. 작업을 구경하는 사람들이 거리를 메웠고 들어 올려지는 건물 발코니에 나와 구경하는 사람들도 많았다. 하지만 이와 함께 해결해야 할 다른 큰 문제도 있었다. 바로 식수 문제였다. 건물을 들어 올려 하수가 호수로 흘러들어가게 되면 호수에서 식수를 취수할 수 없기 때문이었다.

체스브러는 거창하고 전례 없는 현대적 공학 기법을 다시 한번 제안했다. 미시간호 아래로 3킬로미터 남짓 터널을 뚫어 연안에서 멀리 떨어진 곳의 깨끗한 물을 취수할 수 있게 한 것이다. 양쪽 끝에서 약 지하 20미터 깊이로 동시에 터널을 굴착하기 시작해 중간에서 만나게 함으로써 공사 기간을 단축했다. 한시도 쉬지 않고 작업이 진행됐다. 낮에는 굴착을 하고 밤에는 석공들이 터널 벽을 쌓았다.

이 놀라운 공사가 진행되는 동안에도 시카고는 더 확대됐고 하수 배출이 크게 증가했다. 사람들의 배설물과 함께 새로 들어선 도축장들에서도 오물을 시카고강에 쏟아냈다. 시카고강은 단일한 물줄기가 아니라, 자연적으로 형성된 강과 인공 강, 운하가 결합된 거대한 수로 네트워크다. 그중 버블리 크리크Bubbly Creek(거품 개울)라는 수로 교차지역은 사실 가축 폐기물이 물속에서 썩으면서 메탄가스가 생겨 거품이 부글부글 솟아나기 때문에 그런 재미있는 이름이 붙은 것이다. 메탄가스로 인해 화재가 발생하기도 했다. 또 하수가

도시의 보이지 않는 99%

미시간호 연안에서 3킬로미터 넘게 흘러가면서 취수터널로 빨려 들어가는 사건도 일어났다. 취수구를 더 먼 곳으로 연장하자는 아이디어가 나왔지만, 매번 터널을 연장한다 해도 도시의 성장 속도를 따라잡을 수는 없었다.

보다 과감한 대책이 필요했다. 더욱 야심 찬 계획이 제시됐다. 시카고강 전체를 역류시키자는 아이디어였다. 하수를 미시간호로 흘러들게 하지 않고 미시간호의 깨끗한 물이 시카고강에 흘러들게 하는 방법이었다. 그러면 하수가 일리노이강과 미시시피강을 거쳐 멕시코만으로 흘러가 오염 문제를 영구적으로 해결할 수 있었다. 이들 강 주변의 다른 도시들은 당황스럽겠지만 말이다. 수천 명의 노동자와 수많은 발파작업, 최신 굴착장치를 투입해 1년 내내 심부 운하를 파는 공사가 진행됐다. 1900년 1월, 마지막 댐 수문이 열리면서 하수로 가득한 물길이 역류하기 시작했다. 이를 두고 〈뉴욕타임스〉는 다음과 같이 보도했다. "시카고강, 비로소 강물다워지다."

이 프로젝트가 진행되는 동안 강 하류의 도시들은 시카고의 끔찍한 하수가 자기 지역으로 쏟아지는 걸 막으려고 필사적으로 노력했다. 세인트루이스에서 역류에 반대해 제기한 소송이 대법원까지 올라갔다. 대법관 올리버 웬들 홈스Oliver Wendell Holmes가 양측의 주장을 따져본 끝에 "커다란 강은 과연 강 주변 도시들의 하수구가 될 수밖에 없느냐"라는 유명한 질문을 던졌다. 법원의 답은 사실상 그렇다는 것이었다. 세인트루이스는 시카고의 대규모 역류 프로젝트를 중단시킬 수 없었다. 당시 도시가 강이나 운하로 하수를 내보내는 것이 대체로 일반적인 현상이었기 때문이다. 법원의 판단은 이러한 선례에 따른 것이었다. 결국 각 도시들은 하수처리장을 건설해 상류 도시에서 흘러오는 하수를 정화하는 방식으로 대응할 수밖에 없었다.

시카고강 물을 역류시키는 공사는 수십 년에 걸쳐 진행된 거대한 프로젝트였다. 미국토목기사협회가 20세기 기념비적 사업으로 선정할 정도로 거창하고 인상적인 공사였다. 물길을 돌리고 1세기 이상 지난 현재, 강물이 다시 미시간호로 재역류할지 모른다는 우려가 나오고 있다. 미시간호의 수위가 기록적으로 낮아지면서 생긴 현상이다. 이 문제를 해결하지 않고 방치한다면 미국 최대의 청정 수원이 망가질 것이다. 이런 현상에서 자연에 대한 인간의 오만을 경계하라는 교훈을 얻을 수도 있다. 이 문제를 해결하려면 지난번보다 더 거대하고 혁신적인 공학 프로젝트를 동원해야 할지도 모른다.

재앙이 만든 시스템

지 하 수 조

샌프란시스코 도로엔 벽돌로 만든 대형 원이 200개 가까이 설치돼 있으며 그중 큰 것은 직경이 도로 폭과 같다. 모든 벽돌 원의 중심에 맨홀처럼 생긴 원형 철판이 있기 때문에 이곳이 하수구로 연결된다고 생각하기 쉽다. 그렇지만 철판 아래에 있는 물은 하수가 아니다. 도로에 박힌 원형 벽돌 구조물은 저수장, 펌프장, 소방선들과 함께 샌프란시스코 예비 물 공급시스템을 구성하는 거대한 지하 수조의 테두리다. 1차 물 공급이 차단됐던 과거 대화재 사건과 같은 상황에 대비해 만든 것이다.

1906년에 지진이 나면서 샌프란시스코 곳곳에서 화재가 발생했다. 수천 명이 숨졌고 지진과 그 여파로 며칠 동안이나 화재가 계속돼 도시 대부분이 파괴됐다. 그 와중에 샌프란시스코 전역의 주요 물 공급시스템이 붕괴했고 도로 위에 쌓인 돌무더기 때문에 소방차들도 이동할 수 없었다.

이런 비극을 겪은 뒤 샌프란시스코는 비슷한 일이 혹시라도 다시 일어날 경우에 대비해 물을 쉽게 공급할 수 있도록 지하 수조망을 대폭 확대했다. 지역의 수원에 연결된 수도관이 끊어지더라도 지하 수조에서 물을 끌어와 불을 끌 수 있게끔 한 것이다. (지진에도 파괴되지 않도록) 콘크리트와 강철로 튼튼하게 만든 수조는 수만에서 수십만 갤런의 물을 저장할 수 있는 크기다. 수조의 위치는 누구나 쉽게 알아볼 수 있다. 벽돌로 된 원형이 위치를 가리키는 데다, 가운데 놓인 철판에는 체크무늬 미끄럼방지 문양과 함께 수조CISTERN라는 글자가 선명하게 새겨져 있으니 말이다.

이 수조들 말고도 상단을 파랑, 빨강, 검정으로 칠한 소화전들도 설치돼 있다. 각각이 다른 수원지로 연결되는데, 그 목적 역시 지하 수조와 비슷하다. 주요 물 공급시스템이 망가질 경우에 존스가, 애시버리가, 트윈피크스 언덕의 수원지에서 물을 끌어올 수 있게 하는 시스템이다. 이 모든 시스템을 쓸 수 없게 될 경우도 대비되어

있다. 샌프란시스코만의 바닷물을 직접 끌어오는 것이다. 바닷가에
설치된 펌프장 두 곳에서 분당 1만 갤런의 물을 공급할 수 있으며
두 척의 소방선이 이를 돕는다. 모든 재앙에 완벽한 대비책을 마련
하는 건 불가능하지만, 여러 겹의 대책을 마련해놓음으로써 위험을
최소화할 수 있다. 샌프란시스코의 물 공급시스템은 모든 것이 불
타버렸던 경험과 바닷물이 풍부하다는 이점을 살려 도시의 미래를
지켜내려는 의지의 표상이다. 한 번은 불탔어도 다시는 불타지 않
겠다는 대도시의 비장한 결의를 직접 눈으로 확인할 수 있다.

BRICK CIRCLE, SAN FRANCISCO

도시의 보이지 않는 99%

굴 방파제의 귀환

홍 수 조 절

2012년, 허리케인 샌디가 닥쳐 뉴욕의 빌딩, 도로, 터널이 물에 잠겼다. 미국 최대의 도시가 기후변화로 인한 해수면 상승에 매우 취약할 수 있음을 보여주는 재난이었다. 정치인들과 엔지니어들은 갈수록 악화하는 환경 변화가 초래할 재난에 맞서기 위해 방조문이나 대규모 방조제 같은 현대적 대책이 필요하다고 강조했다. 그러나 도시의 역사를 연구해온 사람들은 과거 사례에 근거한 해법을 제안했다. 맨해튼 주변에 거대 굴 환초가 형성돼 있던 시대에서 아이디어를 얻은 것이다.

뉴욕시는 빅애플(큰 사과라는 뜻의 뉴욕시의 별명)이 되기 전에 빅오이스터(큰 굴이라는 뜻의 별명)였다. 허드슨강 하구의 비옥한 땅에 자리한 뉴욕은 해양생물로 가득한 곳이었다. 과학자들과 역사가들이 기록하길 한때 맨해튼 주변에 굴이 수없이 많았고, 이런 굴은 물속 박테리아를 걸러내는 한편 사람들의 먹거리가 됐다. 파도 아래에서 굴 환초는 눈에 보이지 않는 역할도 했다. 폭풍으로 생기는 높은 파도를 약화시켜 해안의 침식을 막은 것이다. 여느 연체동물들과 달리 굴은 군집을 이루며 물속에 수 미터 높이의 환초를 형성한다. 이런 환초가 허드슨강 어귀를 따라 수십만 에이커에 걸쳐 펼쳐졌다. 삐죽삐죽하게 생긴 이 구조물이 커다란 파도가 해안까지 닿지 못하도록 막아주는 자연 방파제 역할을 한 것이다.

뉴욕의 도시적 풍경과 굴은 거리가 멀어 보인다. 하지만 1700년대 뉴욕에는 굴이 없는 곳이 없었다. 확대되는 도시 속에서 부자나 가난한 사람 모두가 굴을 즐겼다. 굴 음식점 주변에는 커다란 굴 껍데기가 무더기로 쌓였다. 굴 껍데기를 갈아서 건축재로 사용하기도 했다. 가열해 석회로 만들고 갈아서 시멘트로 쓴 것이다. 펄가Pearl Street (진주의 거리라는 뜻)는 이 재료로 포장된 것으로 알려져 있다.

굴 양식업자들은 수요를 감당하기 위해 항구 얕은 곳에서 매년 수억 톤의 굴을 생산했다. 그러나 도시가 커지면서 하수가 증가했고, 아무리 굴이 폐기물을 걸러내는 데 효율적이라고 해도 증가하는 인구가 쏟아내는 부산물을 전부 처리하진 못했다. 1900년대 초에 공중보건 당국자들이 굴 양식장에서 치명적 질병들이 발생한다는 것을 확인한 뒤부터 양식장들이 폐쇄됐다. 수질이 악화하면서 남아 있는 굴도 갈수록 줄었다. 1972년, 청정수질법을 도입하면서 환경오염 위기에 대처하려 했지만 굴은 이미 모두 사라졌고, 생물다양성과 자연이 주는 보호 혜택도 함께 사라졌다.

최근 굴을 복원하려는 노력이 진행되고 있지만 과도한 준설로 평지가 된 해저면에 굴 생태계를 되살리기가 쉽지 않은 상황이다. 굴은 진흙 바닥이 아닌 달라붙을 수 있는 뭔가가 필요하다. 2010년, 맨해튼 조경건축가 케이트 오르프Kate Orff가 바로 그런 해법을 제시했다. 당초 시범 프로젝트로 제시된 오르프의 "굴-건축" 설계안은 단순했다. 거친 선박용 밧줄로 된 초대형 그물망을 해저면 가까이 설치하고 굴 유생을 뿌림으로써 환초로 성장하게 만들어 도시를 보호하려는 것이었다. 이 프로젝트를 제안한 직후 오르프가 설립한 SCAPE사가 정부 지원을 받아 생물 방파제 설치를 시도했다. 당

도시의 보이지 않는 99%

초 오르프의 제안과 달리 그물망 대신 바위가 사용됐다. 굴 환초가 형성되면 해안침식을 줄이고 모래사장을 늘리며 폭풍을 막는 데 도움이 될 것이다. SCAPE사는 빌리언오이스터프로젝트Billion Oyster Project와 협업하여 시내 식당에서 조개껍질을 수거해 바다에 뿌림으로써 굴이 자랄 수 있는 환경을 계속 만들고 있다.

이 프로젝트가 성공하더라도 커다란 파도를 완전히 차단할 수는 없다. 뉴욕시를 비롯한 해안 도시들은 방파제 설치를 고려했지만, 이런 방파제는 사람들의 해안 접근을 막기도 하고 최대 수위를 미리 정해둬야 하는 문제점도 있다. 육지를 바다로부터 분리하기보다 굴 환초를 다시 키워내려는 계획은 인간이 만든 세계와 자연환경이 타협할 기회가 되고 있다. 굴 환초는 해안을 정화하고 파도를 줄이는 역할을 하는 보다 용의주도한 방법인 동시에 새로운 동식물 서식지로 발달할 수도 있다. 완전히 유기적이지도, 완전히 인공적이지도 않은 이런 혼종 설계는 생태계와 사회기반시설을 함께 구축하는 새로운 접근 방식이다. 동시에 도시와 도시를 둘러싼 수자원 사이의 관계를 개선하는 방법이기도 하다.

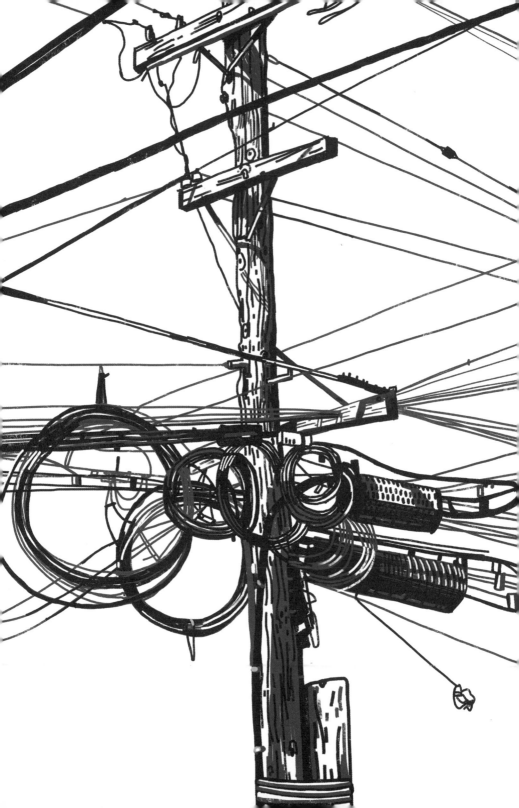

9장

네트워크

전선과 통신선 등은 사람들을 연결한다. 20세기 도시에는 사람을 전기, 빛, 정보, 그리고 다른 사람들과 연결해주는 이 선들이 겹겹이 마구잡이로 깔렸다. 21세기 들어 그 상당수가 사라졌다. 적어도 지상에서는 말이다. 그렇지만 연결 네트워크는 언제까지라도 남아 있을 것이다.

◀

전력망과 인터넷 케이블을 받치고 있는 전신주

현재 진행형의 혁명

전 봇 대

시인 존 업다이크John Updike는 시 〈전신주〉에서 "이 거인들이 푸른 나무보다 오래갈 것"이라고 썼다. 나무 전봇대가 광활한 네트워크를 형성한 미국에 대한 헌사다. 그는 "전신주는 우리 주위에 오래도록 있어왔으며, 느릅나무보다도 오래갈 것"이라고 노래한다. 실제로 이 충직한 말뚝들은 지금도 남아 있다. 이 말뚝들은 새뮤얼 모스가 최신 전보기계를 최초로 시험한 이래 계속해서 통신시스템의 일부로 사용돼왔다.

완전히 새로운 통신 방식을 만들기 전까지 모스는 생애 대부분을 화가로 보냈고 전임 대통령과 기타 유명한 인사의 초상화를 그리는 것으로 정가에서 유명세를 얻었다. 1825년 한 위원회에서 일하던 그가 부인이 아프다는 소식이 담긴 편지를 받았다. 마차 편으로 워싱턴 D.C.에 배달된 편지는 너무 늦게 도착했다. 모스가 소식을 들었을 때는 부인이 세상을 떠난 후였다. 이 비극 때문에 그가 붓을 내려놓고 원격통신 개발에 매달리게 됐다는 이야기는 유명하다.

10여 년이 지난 뒤 모스는 최초의 전보기계를 공식 선보였다. 그러나 전보를 받을 사람이 없어서 당시엔 별로 쓸모가 없는 발명이었다. 이에 모스는 정치적 영향력을 발휘했고 정부를 설득한 끝에 전보망 설치비용을 확보했다. 1843년, 의회가 모스에게 3만 달러 예산을 배정하고 도시 간 전보통신을 구현하도록 했다. 그의 작업 팀이 워싱턴 D.C.의 의사당 건물에서 볼티모어 기차역까지 전봇줄을 지하에 매설하기 시작했지만, 선이 자꾸 끊어졌다. 시간과 돈이 부족해지자 이들은 지하에 묻은 전봇줄을 파내서 나무와 기둥에 걸기로 했다. 이 새로운 방법이 효과를 거뒀고, 목재가 풍부한 환경 덕분에 미국 전역의 지상에 전봇줄이 깔릴 수 있게 됐다.

1850년경까지 수천 킬로미터에 달하는 전봇줄이 주로 동해안 지역에 깔렸다. 몇 년 뒤에는 대서양 해저에 처음으로 전봇줄이 설치됐다. 1861년에는 대평원을 가로질러 동서 해안에 깔린 전봇줄이 연결됨으로써 미국 전 지역을 망라하는 통신망이 설치됐다. 이 통신망 덕분에 커다란 변혁이 일어날 수 있었다. 1860년에는 링컨 대통령 당선 소식이 서해안에 전해지는 데 8일이 걸렸으나 5년 뒤 발생한 그의 암살 소식은 거의 실시간으로 전해졌다.

전보는 원거리 통신수단이 되었지만, 지역 내에서도 활용됐다. 워싱턴 D.C.를 비롯한 미국 내 500여 도시에서는 비상시 전보 기반의 응급통신상자를 통해 경찰서와 소방서에 연락할 수 있었다. 송수신 겸용 무전기가 발명되기 전까지는 경찰관들도 순찰 중 본부와 연락을 주고받기 위해 이 상자들을 활용했다.

모스는 시간이 걸리긴 했지만 업적에 어울리는 부유한 유명 인사가 됐다. 전보교환원들이 사용하는 부호에 그의 이름이 영원히 새겨졌다. 1871년 웨스턴유니언Western Union사의 노동자들이 새뮤얼 모스의 날을 제정하고 축하 행사를 마련했는데, 우연히도 이날 센트럴파크에 새로운 모스 동상이 세워졌다. 모스는 여든 살이 되면서 외부활동을 줄였지만 이날 저녁만큼은 피로연에 참석해, 전보교환원에게 평화를 기원하고 감사를 전하는 전보를 받아쓰게 한 뒤 전 세계 전보교환원에게 이 메시지를 보냈다. 그로부터 1년이 못 돼 숨을 거둔 모스는 자신이 그토록 많은 전봇대를 남기게 될 것이라고는 꿈에도 생각하지 못했을 것이다.

1900년대 초에 이르자 기둥과 십자형 받침대 위에 전봇줄 몇 가닥을 걸어놓는 식의 단순한 장치가 거대해지고 마구 얽혔다. 수평 받침대에 전화선과 송전선이 무겁게 걸리게 됐고, 어떤 전봇대들은 하늘을 찌를 만큼 높아졌다. 연결망 최말단에 있는 일부 지역에선 철조망을 전봇줄로 사용하기도 했다. 그러는 동안 도시에는 더 많은 선이 촘촘히 들어찼다. 수천 가닥의 줄을 지탱할 수 있는 철탑도 등장했다.

오늘날 통신망은 훨씬 간결해졌다. 줄들을 깔끔하게 묶고 목조 구조물이 아닌 철제 구조물로 지지하거나 지중에 매설한다. 그러나 우리가 전봇대라 부르는 존재는 지금도 사회기반시설로서 엄청난 무게를 떠받치고 있다. 지금 우리는 무선 시대에 사는 것 같지만 실제로는 도시 안팎에서 목소리와 문자, 전기를 연결해주는 전봇대가 계속 진화해가며 여전히 사람들을 연결하고 있다.

시계 48만 개 고치기
전 력 주 파 수

1800년대 후반 로스앤젤레스 지역에 발전소들이 대거 들어섰다. 이 지역 주요 생산품인 오렌지를 냉상하기 위한 전기 수요가 컸기 때문이다. 덕분에 로스앤젤레스에는 전기 가로등이 일찍 도입되기도 했다. 발전산업이 새로운 산업이어서 주파수 표준을 비롯한 수많은 영역에서 최선의 방법이 무엇인지 아직 결정되지 않았던 이 시절, 로스앤젤레스는 선구적 도시였다.

전력공급은 대부분 교류로 이뤄지며, 이때 초당 진동수가 교류의 주파수다. 초기에는 전력을 송출할 때 적용하는 주파수 표준이 정해져 있지 않아 50헤르츠와 60헤르츠를 함께 사용했다. 둘 다 일반적인 가정용 또는 기업용 전기로 사용하는 데 문제가 없는 주파수였다. 전구의 경우 (30헤르츠 정도의) 낮은 주파수로는 깜박임이 심하게 느껴지지만 50헤르츠와 60헤르츠의 주파수에서는 차이를 거의 느낄 수 없다. 캘리포니아 남부의 한 대형 발전소 엔지니어가 미국 대부분 지역에서 60헤르츠를 사용하는 걸 무시하고 50헤르츠를 선택했다. 모든 면에서 독자 노선을 고수해온 캘리포니아답게 주파수마저 독자적으로 정한 것이다.

시간이 지나면서 주파수 불일치로 인한 문제가 발생했다. 예를 들어 가전제품을 지역에 따라 달리 만들어야 했다. 시계의 경우, 특히 눈에 띄는 (그리고 짜증스러운) 문제가 있었다. 주파수를 사용해 시간을 측정하는 전기시계는 1초의 길이를 초당 60번의 일정한 진동수로 파악했다. 이 말은 뉴욕에서 만든 전기시계에 캘리포니아의 50헤르츠 전기가 공급될 경우, 매 시간당 10분씩 늦어진다는 뜻이었다. 60헤르츠로 전기를 생산하는 후버댐Hoover Dam 같은 곳에서 캘리포니아에 공급하는 전력량이 많아지면서 주파수 변환비용이 갈수록 커지고 관리도 힘들어지는 등 상황이 악화했다.

그러자 로스앤젤레스 시 당국이 1936년 전력주파수를 60헤르츠로 변경했고, 남부캘리포니아에디슨사the Southern California Edison company가 1946년 로스앤젤레스 주변 지역 모든 수용자(대략 100만에 달하는 고객)에게 공급하는 전력주파수를 60헤르츠로 바꾸었다. 이는 모든 전문전기장비와 가전기기를 고쳐야 하는 엄청난 작업이었다. 주파수 전환 팀이 가정집은 물론 대형 상업/산업 고객에게 일일이 파견되었다. 시계의 경우는 소유자가 개별적으로 "시계수리소"에 맡겨서 60헤르츠에 맞춰 작동할 수 있게 고치도록 했다.

1948년에 이르러 남부 캘리포니아에서 주파수 전환작업이 모두 마무리됐다. 이 과정에서 시계 47만 5000개와 조명기구 38만 개, 냉장고 6만 대를 새 시스템에 맞게 작동하도록 개조했다. 당시로선 엄청난 작업이었지만 먼 미래를 내다본 결단이었다. 그 뒤 수십 년 동안 로스앤젤레스가 빠르게 확대됐기 때문에 나중에 문제를 해결하려 했다면 훨씬 더 힘들었을 것이다.

오늘날에도 주파수는 전 세계적으로 통일돼 있지 않다. 유럽 대부분의 나라는 50헤르츠를 사용한다. 두 가지 주파수를 함께 사용하는 나라도 있는데, 이로 인한 문제가 생길 수 있다. 일본은 서로 맞지 않는 주파수 때문에 도시 간 전력 교환에 어려움을 겪는다. 응급상황에서 주파수변환장치에 과부하가 생길 수도 있다. 후쿠시마 제1원전 재난이 발생한 직후 정전사태가 발생한 것도 이 때문이었다. 이런 단점에도 불구하고 이중 주파수 문제가 조만간 해결될 기미는 없다. 이제 와서 전환하기엔 너무 엄청난 일이기 때문이다. 좋든 싫든 권력이든 전력이든 힘에는 관성이 크게 작용한다.

달빛 탑 밑에서 파티를

가 로 등

인류 역사 대부분의 기간 동안 해가 저문 뒤에 가장 밝은 빛의 원천은 달이었다. 이런 상황은 텍사스주 오스틴시가 1894년 서른한 개의 "달빛 탑moonlight tower"을 설치해 도심지 거리를 밝히면서 바뀌게 되었다. 이 탑의 불빛은 부드러운 달빛과 달리 매우 강력했다. 탑마다 설치된 여섯 개의 조명이 인근 블록들을 사방으로 비출 수 있을 정도였다. 아크등을 처음 사용한 곳은 인디애나주의 워배시였지만 오스틴도 비교적 초기에 적극적으로 이 기술을 도입했다. 현대적 발전소들이 가동되기 시작하면서 등장하고 각광받기 시작한 아크등시스템은 곧 뉴욕, 볼티모어, 디트로이트 등 다른 대도시 지역에도 도입됐다.

오스틴 달빛 탑은 높이 쌓아 올린 철탑을 당김줄로 고정한 형태다. 다른 지역에는 에펠탑처럼 기단은 한 블록 전체를 차지할 만큼 크고 위로 갈수록 좁아지는 형태도 있었다. 형태는 달라도 작동 방식은 비슷했다. 탑 꼭대기에 설치한 아크등의 두 전극 사이에서 계속 스파크가 일어나게 하는 방식이었다. 가스등보다 대략 천 배는 밝았다. 너무 불빛이 강해서 등을 지표면 가까이 설치하지 못하고 높은 탑 위에 설치해 불빛이 넓게 퍼지도록 했다. 그래도 여전히 너무 밝아서 사람들은 근처를 지날 때면 불빛을 피하기 위해 야밤에도 우산을 쓰고 지나야 할 정도였다.

이 새 불빛 때문에 오스틴에 변화가 일어났다. 도시의 밤이 낮으로 바뀌면서 24시간 내내 활동이 가능해졌다. 지나치게 밝아서 거슬리는 데다가 온갖 흉터가 도드라져 보인다며 이 불빛을 싫어하는 사람도 있었다. 시끄러운 소리가 나고 지저분하기도 했다. 스파크가 일면서 윙윙 소리가 났고 잿가루가 도로에 떨어졌던 것이다. 야간 조명이 인간의 수면과 작물 성장, 동물 행동에 미치는 영향을 우려하는 사람들도 있었다. 가장 큰 문제점은 관리가 어렵다는 점이었다. 매일 전극을 갈아야 했기 때문에 작업자가 자주 탑을 오르내렸다.

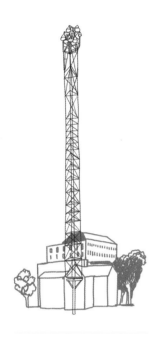

1920년대 아크등 탑이 거의 모든 도시에서 철거되고 관리가 쉬운 백열전구 가로등으로 바뀌었지만 오스틴은 예외였다. 20세기 들어 극심한 경기침체에 빠져 철거비용을 마련할 수 없었기에 시 당국은 새로운 가로등이 도시 전역에 설치된 이후에도 달빛 탑을 방치했다.

1950~60년대에 이르러서야 달빛 탑을 철거하자는 논의가 나왔지만, 이번에는 이 탑이 보존할 가치가 있는 기념비라는 의견이 대두됐다. 결국 달빛 탑은 1976년에 국가사적지로 지정되었다. 그리고 명예와 권리와 더불어 성가심이 뒤따랐다. 오스틴에 남아 있는 10여 곳의 탑을 유적으로 관리하려면 과거에 사용하던 부품들, 볼트와 너트까지도 정확한 고증에 따라 수리해야 한다. 비용도 많이 들고 힘도 드는 작업이다.

도시의 보이지 않는 99%

그렇지만 아직도 주민들은 기꺼이 탑 관리비용을 부담하고 있다. 달빛 탑은 촛불에서 가스등을 거쳐 백열전구와 LED 조명으로 이어지는 조명기술의 역사에서 진화의 막다른 길에 이른 형태라고 할 수 있다. 하지만 오스틴 시민들에게는 문화유산이다. 동명의 지역 밴드와 칵테일 바는 이 탑에 영원성을 부여했다. 리처드 링클레이터의 영화 〈멍하고 혼돈스러운〉에 등장하기도 했다. 이 구조물들은 단지 옛 기간시설이 아니다. "달빛 탑 밑에서 파티"(〈멍하고 혼돈스러운〉에 나오는 대사다)를 여는 것이 오스틴 문화의 하나로 자리 잡았기 때문이다.

우연히 시작된 절약

잉 여 전 기

1970년대 중반 어느 날, 스티븐 스트롱Steven Strong이 뉴잉글랜드 지방의 한 아파트에 온수용 태양열판을 설치하는 일거리를 수주했다. 스트롱은 이 일을 처리하면서 지붕에 전기를 생산하는 태양광패널도 함께 설치했다. 당시로선 대단히 앞서가는 신기술이어서 스트롱은 직접 설치 방법을 고민하고 남는 전기를 어떻게 사용할지도 스스로 알아내야 했다. 결국 그는 전기를 발전소로 돌려보내기로 했는데, 그렇게 하면 놀랍게도 계량기가 거꾸로 돈다는 것을 발견했다.

토머스 에디슨이 최초로 발전소를 지었을 당시에 가정집에는 계량기라는 것이 없었다. 그래서 에디슨은 전기를 공급받는 집에 있는 전구 수를 기준으로 매월 비용을 청구했다. 이 방법은 정밀하지 않았기 때문에 곧 계량기가 발명돼 사용되기 시작했다. 가정에서 전기를 사용하는 양만큼 작은 계기판이 돌아가면서 사용량을 표시하는 오늘날의 계량기와 크게 다르지 않은 형태였다. 그런데 집에서 전기가 밖으로 나가는 경우에 계기판이 거꾸로 돈다는 것을 발견한 것이다. 이는 모든 사람에게 놀라운 일이었다. 그런 일이 일어나리라고는 전혀 예상하지 못한 계기판 제작자들에게도 마찬가지였다.

대부분의 사람들에게 전기는 한쪽 방향으로만 흐른다. 그러나 예외가 있다. 태양광패널을 이용해 스스로 전기를 생산하는 사람들의 경우가 그렇다. 태양광패널에서 생산된 잉여 전기는 전력망으로 흘러가 다른 곳에 공급되도록 돼 있다. 대부분의 주에서는 전기를 내보낸 사람들이 추가 발전량에 대해 요금 차감을 받기도 한다. 순수 사용량(사용 에너지 총량을 말함)이라는 이름의 이 방식은 도입 당시 비교적 논란이 적었지만 현재는 이를 둘러싼 정치적 투쟁이 격렬하게 진행되고 있다.

스트롱의 선택은 (우연히도) 계량기가 작동하는 방식과 맞물려 사람들이 태양광으로 생산한 여분의 전력을 인정하는 요금제도의 선례를 남겼다. 이 방식에는 태양광으로 생산한 전자와 전력망에서 공급되는 전자가 동등한 가치를 갖는다는 생각이 깔려 있다. 직관적으로 당연한 일 같지만 뒤에 논란의 대상이 된 생각이다. 지난 수십 년에 걸쳐 몇몇 주에서 법을 개정해 이 개념을 공식화했다. 이에 따라 주택 소유자들이 집에서 생산한 전력량을 소매가로 계산해 돈을 받을 수 있게 됐지만, 이 가격은 전기회사가 대형 발전회사로부터 사들이는 전기 가격보다 높았다.

전기회사들은 처음엔 이것을 문제라고 생각하지 않았다. 태양광패널을 구입하고 설치하는 데 비용이 많이 들어서 설치하는 사람이 드물었기 때문이다. 그러나 2000년대 들어 태양광 전기기술이 발전하자 패널의 성능도 좋아지고 값도 싸졌다. 이에 따라 전기회사들이 자신들이 사들이는 도매가보다 높은 소매가로 전기를 되사게 된 걸 걱정하게 됐다. 전기회사들은 이런 식으로 자신들의 이윤이 줄면 소비자들에게 전기를 공급하기 위한 시설을 관리하기가 어려워질 것이라고 주장했다.

정치인, 엔지니어, 경제학자가 이런저런 해결 방안을 검토하고 있다. 그 가운데 특정 시점에서 전자가 지닌 가치를 정확하게 측정할 수 있도록 계량기를 다시 만들자는 방안도 있었다. 이 사안은 결국 소비자와 생산자 사이에 합리적인 합의가 이뤄져야 해결될 수 있다. 소비자로선 적절한 인센티브가 있어야 환경친화적 태양광패널을 설치할 것이고, 전기회사로선 이익이 있어야 기존 전력망을 유지하려 할 것이다. 현재로선 태양에너지가 초점이 되고 있지만 미래 전력공급 방식은 풍력이나 지열을 비롯한 여타 지속 가능한 에너지 생산 방법들의 영향을 받아 달라질 수 있다.

바닷속에서 만드는 구름

해 저 케 이 블

인터넷, 무선기기, 그리고 온갖 이야기가 무성한 "클라우드"의 세상이지만 이런 기술을 뒷받침하는 물리적 기반시설에 대해선 생각조차 해보지 않는 경우가 많다. 지상과 지하의 통신선은 물론 위성도 있지만, 국제 데이터 트래픽의 99퍼센트를 감당하는 해저케이블이 가장 중요한 (그리고 보이지 않는) 인터넷 통신선일 것이다. 최저 7600미터 깊이에 깔린 광케이블이 전 세계 인터넷의 근간이다. 총 수십만 킬로미터에 달하는 이런 광케이블이 전 세계에 깔려 있다.

해저케이블을 설치할 최선의 경로를 찾는 일은 정말 힘든 일이다. 조사자들은 안정적이고 평탄한 지형을 찾아야 하는데, 이 과정에서 산호초나 난파선 때문에 어려움을 겪는 일도 종종 있다. 수심이 얕은 곳에서는 케이블을 땅속에 묻어야 손상을 줄이는 데 도움이 된다. 선박에 연결된 굴착기를 해저까지 내려 끌고 다니면서 도랑을 만들고 케이블을 가설하면, 모래와 흙이 저절로 덮인다. 이때 가설 장소와 예상되는 위험에 맞춰 케이블 포장을 달리해야 한다. 뾰족한 바위산, 호기심 많은 상어, 어부들, 선박의 닻 등 고려할 일들이 수도 없이 많다.

이처럼 모든 변수를 고려해 계획하고 대비책을 마련해도 통신선이 장애를 일으키는 일이 종종 있다. 상어가 케이블을 물어뜯었다는 소식이 화제가 되곤 하지만 실제 가장 흔한 장애 원인은 사람이다. 전 세계적으로 평균 매주 몇 차례 케이블 장애가 발생한다. 보통은 통신이 완전히 차단되는 정도는 아니며 잠시 다른 경로로 우회하는 방법으로 해결할 수 있다. 문제가 벌어지면, 해당 케이블을 교체하기 위해 특수 선박을 현장에 파견한다. 이 선박에는 파손된 케이블을 해저에서 들어 올리는 원격조정장치와 수천 킬로미터 길이의 케이블이 탑재돼 있다. 역설적이게도 이 선박의 작업자들은 전 세계 누구보다도 해저케이블과 직접적으로 연결돼 있지만, 통신을 하려면 위성을 이용할 수밖에 없다. 이는 협업 공간이 제한되지 않는 오늘날의 의미로서가 아니라 말 그대로의 원격작업이다.

비용이나 난이도, 위험성을 감안하면 위성을 활용하는 편이 낫다고 생각할 수 있다. 하지만 간단히 말하면, 지금도 해저케이블 방식이 비용도 덜 들고 속도도 훨씬 빠르다. 풍선을 띄우는 등 공중 방식을 실험하는 회사들도 있지만, 현재로선 "클라우드"가 여전히 하늘 위가 아닌 바닷속에서 만들어지고 있다.

10장

도로

로마인들이 제국을 운영하면서 깨달은 중요한 사실이 있다. 하나의 정부가 산재된 공동체를 묶어 통제할 수 있으려면 도로를 건설해야 한다는 것이다. 도로 건설에는 놀라운 기술이 적용된다. 교통공학자들은 갈수록 빨라지는 도로 위 물체들의 속도를 따라잡아야 한다. 경우에 따라 속도를 늦추기 위한 장애물을 만들기도 한다. 겉보기에는 무척 단순한 형태인 데다가 어디에서나 볼 수 있는 만큼, 도로의 디자인과 기능이 오랜 기간에 걸쳐 개선돼왔다는 사실을 아는 사람은 많지 않다.

◀

중앙선이 있는 주택가 도로 위의 다양한 사용자들

도로 안전의 기본

중 앙 선

에드워드 N. 하인스Edward N. Hines는 도로에 열정을 가진 사람이었다. 자전거를 많이 타던 그는 미시간주가 도로 관련 법령을 제정하도록 설득했다. 여기에는 도로 예산을 늘릴 수 있도록 주 헌법을 수정하는 작업도 포함됐다. 1906년, 웨인카운티도로위원회가 설립될 당시 헨리 포드와 함께 위원이 된 그는 1911년, 미국 도로에 지워질 수 없는 흔적을 남겼다. 정설에 따르면 우유 트럭 뒤를 따라 달리다 문득 아이디어가 떠올랐다고 한다. 트럭이 우유를 흘리며 달리는 통에 도로에 남은 선을 보고 차로를 구분하는 선을 발명했다는 것이다. 좀 과장된 듯하지만 하인스가 처음 중앙선을 만든 사람이라는 점은 널리 인정되고 있다. 디트로이트를 포함한 웨인 카운티가 중앙선을 처음 도입했다. 휘어지는 길 등 위험 구간에 그려지기 시작한 선은 카운티의 모든 도로로, 이어서 미시간주의 모든 도로로 확대됐다. 현재는 미국 동해안에서 서해안까지 전국 수백만 킬로미터의 도로에 차선이 그려져 있다. 중앙선은 우리가 매일 사용하는 교통기간시설의 필수적인 부분이지만, 그 모습이 구체적으로 어떤지 정확히 떠올릴 수 있는 사람은 별로 없다.

심리학자 데니스 셰퍼Dennis Shaffer는 몇 년에 걸쳐 오하이오주립대학교 학생들에게 점선형 차선에서 한 점선의 길이가 얼마나 될지 추측해보도록 하는 실험을 했다. 연방정부 지침이 30피트 간격을 두고 10피트짜리 점선을 그리라고 돼 있는데, 학생들 답변의 중간

값은 2피트 정도에 불과했다. 정부 지침보다 짧은 점선 차선도 물론 있지만 대부분의 차선은, 특히 주요 고속도로에선 2피트보다 한참 더 길다. 다시 말해, 차선 길이에 대한 사람들의 인식은 실제 길이와는 터무니없이 차이가 있는 셈이다.

이 같은 인지 오차가 생기는 한 가지 이유는 차 안에 있는 사람들이 도로 위 먼 곳을 보기 때문에 차선 길이를 짧게 생각할 수 있다는 점이다. 또 차의 속도도 인지 오차가 일어나는 이유다. 빠르게 이동하면서 사물을 인식하는 경우, 실제와 다르게 인식하게 되는 것이다. 고속도로를 달리는 운전자들은 긴 차선, 넓은 차로, 선명한 시야로 인해 자신들이 적당한 속도로 움직이고 있다는 착각을 한다. 역사적으로 인간이 움직여왔던 속도에 비하면 믿을 수 없이 빠른 속도로 이동하고 있으면서도 말이다. 이러한 시각적 요소들은 빠른 속도를 정상적 속도라고 인식하게 만드는 데서 나아가 속도를 높이도록 재촉하기도 한다.

차선만 착각을 일으키는 것이 아니다. 도로 옆에 사물이 있고 없고에 따라 운전자는 시간과 거리를 다르게 인식하고 속도감에도 영향을 받는다. 인도와 가로수를 예로 들어보자. 2차 세계대전 이전 시기 많은 교외지역에서 차도와 인도 사이에 가로수를 심었다. 전쟁 이후 도시계획가들이 가로수에 부딪치는 교통사고 발생 위험을 우려해 가로수를 인도 안쪽에 심는 실험을 했다. 충돌 원인이 되는 물체를 제거한다는 생각은 합리적인 것처럼 보였지만 의도와 달리 부작용이 발생했다. 운전자가 차도가 넓어졌다고 생각하게 만든 것이다. 주변 물체와 부딪칠 위험성이 줄었다고 생각해 과속하는 일도 늘어났다. 장애물이 줄어들면서 과속 차량이 인도로 뛰어들 때 발생하는 보행자 위험도 커졌다.

이 모든 상황은 교통공학의 더 큰 문제로 귀결된다. 사람들은 주어진 것을 활용하는 경향이 있다는 문제 말이다. 넓은 공간에서 운전자들은 더 빨리 달린다. 가로수를 심는 등의 조경 방식으로 공간을 좁게 만들면 운전자들이 불안감을 느끼겠지만 더 조심하게 된다. 그러면 도로가 모든 사람에게 더 안전한 곳이 될 수 있다.

자동차 시대가 만들어낸 개념
무 단 횡 단

1900년대 초 미국 도로는 주로 느긋하게 걷는 보행자들이 차지했다. 그런데 갈수록 차량이 늘어나면서 충돌사고가 심각한 문제가 됐다. 매년 수천 명이 사망했고 그중에는 어린이가 많았다. 역사학자 피터 노턴Peter Norton 은 《교통과 싸우기Fighting Traffic》라는 책에서 자동차가 죽음의 사자로 인식되기 시작했다고 썼다. 그 시대 한 신문 만평은 자동차를 이빨 가진 괴물, 제물을 요구하는 현대판 악마로 그리기도 했다. 어린이를 제물로 바치도록 한 고대 성서 속의 신이 자동차 시대에 부활했다는 것이었다.

당시는 교통사고로 인한 사망을 예외적인 참극으로 다뤘다. 추모 행진이 열리고 추모비가 세워졌다. 과속 차량은 목숨을 위협하는 재앙이라고 비난을 받았고 첨단 전쟁무기로 불리기도 했다. 〈뉴욕 타임스〉는 이를 전쟁에 비유했다. "평화 시의 공포가 전쟁의 공포보다도 끔찍하게 보인다. 자동차가 기관총보다 더 파괴적인 기계로 대두하고 있다. 조심성 없는 자동차 운전자들이 죽이는 사람이 포병이 죽이는 사람보다 많다. 도로에 있는 사람이 참호에 있는 사람보다 안전하지 않은 것 같다. 가장 치명적인 것이 자동차다." 결국 신시내티는 1923년 주민투표를 통해 자동차에 속도를 시속 25마일(약 시속 40킬로미터) 이상 높일 수 없게 하는 기계장치를 설치하도록 규제하기도 했다.

1920년대 들어 자동차산업의 빠른 성장에 따라 자동차회사와 판매회사, 자동차동호회가 크게 증가했다. (통틀어서 자동차계界라고 할 수 있는) 다양한 이익집단이 단결하여 자동차 친화적인 주장들을 내세웠다. 자동차가 아닌 부주의한 사람들이 책임을 지도록 해야 한다면서 말이다. 여기에는 운전자만이 아니라 보행자도 포함됐다. 아무튼 자동차가 사람을 죽이는 것이 아니라 사람이 사람을 죽인다는 것이 그들의 논리였다. 지금도 미국의 여러 로비단체가 자주 반복하는 논리이기도 하다(전미총기협회를 생각해보라).

자동차계는 무단횡단jaywalking이라는 새로운 용어까지 만들어냈다. 당시 제이jay는 시골에서 올라와 얼이 빠진 채로 다른 보행자나 차량을 의식하지 못한 채 시내를 돌아다니는 사람을 가리키는 말이었다. 무단횡단이라는 개념은 여기서 생겨났다. 자동차보다 보행자를 비난하고, 때와 장소를 가리지 않고 도로를 건너는 사람들을 지적하는 한 방법이었다. 이 방식이 효과를 거뒀다. 사람들이 도로를 달리 생각하기 시작한 것이다. 도로는 갈수록 자동차의 영역이 됐고 보행자들에 대한 배려는 뒷전으로 밀려났다.

이후 수십 년 동안 도시 안에서 자동차가 우선권을 갖는 것뿐만 아니라 도시 간 이동할 때 더 빨리 달릴 수 있도록 하는 데 갈수록 많은 노력이 들어갔다. 돌이켜보면 뭐가 먼저였는지 구분하기가 힘들 정도다. 미국이 자동차를 사랑해서 도로시설이 마련된 건지, 도로가 늘어남에 따라 필연적으로 자동차가 도로를 차지하게 된 건지 말이다. 어쨌거나 자동차계의 열정 탓에 미국이 길고 위험한 일방통행을 선택했다는 사실은 달라지지 않는다.

지금은 당연하고 그때는 아니었던 것
안 전 기 술

초기 자동차 광고들은 안전보다는 멋지거나 호화롭거나 자유를 준다는 점을 강조했다. 크라이슬러Chrysler사의 안전책임자 한 사람은 자동차를 여성의 모자에 비유하면서 "특별한 매력이 있어야 하기에 기능을 무시하기도 한다"고 말했다. 20세기 초에 자동차제조업자들이 충돌사고의 책임을 보행자들에게 돌렸듯, 교통사고로 발생한 부상에 대해서도 박살 나면 승객에게 상처를 입힐 수 있는 유리창이나 충돌 시 운전자의 몸을 찌를 수 있는 핸들보다는 운전자를 탓하고자 하는 압력이 생겨났다.

제조사가 내놓은 주장의 핵심은 "안전한" 자동차는 가능하지 않나는 것이었다. 미국에서 사동차 사고가 주된 사망원인이 됐는데도 그랬다. 당국은 사람들에게 나쁜 운전자들을 조심하라고 경고하며 그들을 "운전대를 잡은 미친놈"이라고 비난하고 조롱했다. 이런 상황에서는 안전한 자동차 설계가 필요했을 뿐만 아니라 그런 일이 가능하다는 것을 깨달을 필요도 있었다. 바로 이때 휴 데헤이븐Hugh DeHaven이라는 엔지니어가 등장했다.

데헤이븐은 1차 세계대전 때 캐나다왕립비행단에서 훈련을 받은 조종사였으나 추락으로 장기가 크게 훼손되는 부상을 입었다. 회복하는 동안 그는 자신이 매고 있던 안전벨트의 튀어나온 부분 때문에 더 심하게 부상을 입었다는 사실을 알게 됐다. 그래서 더 나은 안전벨트를 만들기 시작했다. 데헤이븐은 달걀처럼 깨지기 쉬운 물건으로 충돌시험을 하는 한편, 추락한 비행기에서 사람이 살아났다는 뉴스를 살펴보면서 안전한 비행기 설계를 위한 단서를 찾았다. 그는 실험과 관찰을 통해 충격을 시공간에 분산하는 것이 핵심이라는 사실을 알게 됐다. 다시 말해, 충격을 분산시키기 위해 사람을 "감싸는" 것이 가장 중요했다.

그 뒤 데헤이븐은 지상의 자동차 충돌에 관심을 가졌다. 비행기보다는 자동차가 더 널리 사용되고 있어서였다. 그는 가능한 한 모든 자료를 모았다. 자동차 사고에 대한 정보를 얻기 위해 병원과 영안실에 연락하기도 했지만, 혁신적인 돌파구가 마련된 것은 그가 인디애나주 경찰 당국과 팀을 이뤄 1년 동안 연구한 다음이었다. 이때에야 그는 비로소 충돌이 발생했을 때 자동차의 어떤 부분이 가장 위험한지를 알아낼 수 있었다. 그는 단단한 손잡이와 날카로운 모서리로 인한 부상이 가장 많이 발생한다는 것을 알게 됐다. 운전자에 충격을 그대로 전달하는 운전대로 인한 부상도 마찬가지였다. 그 뒤 도입된 충돌 시 접히도록 만든 운전대가 수십 년 동안 수많은 사람의 생명을 구했다는 것이 정부 연구 결과 밝혀졌다.

그렇지만 자동차회사들은 데헤이븐의 주장에 반발했다. 새로운 자동차에서 접히는 운전대와 같은 것들을 표준으로 삼기까지 몇 년이 걸렸다. 자동차 판매에 부정적 영향을 미칠 것을 우려한 업계는 공개적으로 안전을 논의하길 원치 않았다. 소비자운동가 조앤 클레이브룩Joan Claybrook과 랠프 네이더Ralph Nader 같은 사람들이 나서서 자동차 안전과 관련된 문제를 공개적으로 제기하고, 안전을 옹호해야만 했다. 마침내 린든 존슨 대통령이 1966년 로즈가든 연설에서 자동차 안전 문제를 공중보건 위협으로 규정했다. 전쟁보다 더 치명적인 전염병이라고 말이다. 그 뒤 여러 새로운 법안이 마련됐다. 연방정부가 충돌사고 데이터베이스를 만들도록 한 법안이 대표적이다.

당시 의무화된 기본 안전기술이 지금까지도 사용되며 사람들 목숨을 구하고 있다. 데이터가 늘어나면서 수많은 혁신이 추가로 도입됐다. 자동차 사고로 인한 사망률은 지난 50년 사이 크게 줄었다. 사고 원인에 대한 경찰의 상세한 현장조사도 도움이 되었다. 이 데이터는 설계자들이 더욱 안전한 도로는 물론 더욱 안전한 자동차를 만드는 데에도 큰 도움을 주었다.

콘크리트 덩어리 그 이상

중 앙 분 리 대

'죽음의 커브'로 알려진 캘리포니아 레베크 근처 고속도로 위험 구간은 이름 그대로 1930~40년대에 수많은 사고가 발생한 곳이다. 중앙선을 페인트로 그어놓은 것만으로는 크게 부족해 정면충돌 방지를 위한 가드레일을 추가로 설치했다. 그렇지만 고저차가 1.2킬로미터가 넘는 급경사가 있는 이 산마루 구간은 여전히 위험했다. 트럭운전사들이 급격한 하강 경사에서 속도를 줄이기 위한 마찰력을 얻고자 가드레일에 의도적으로 부딪치기도 했다. 이 때문에 가드레일이 빈번하게 손상되었다. 결국 1946년, 가드레일을 제거하고 더 단단한 포물선 모양의 콘크리트 분리대를 설치했다.

이 방법은 효과가 있는 듯했지만 캘리포니아에 널리 보급되기까지는 시간이 걸렸다. 그런데 몇 년 뒤 뉴저지가 이를 도입하고 반복적으로 활용했다. 뉴저지는 아래쪽이 넓고 평평하고, 위쪽으로 올라갈수록 가늘어지는 형태로 분리대를 발전시켰다. 이 형태는 현재 저지 분리대Jergey barrier라는 이름으로 알려져 있다. 오랜 시간에 걸쳐 어떤 높이와 폭, 각도가 사고 상황에서 가장 잘 작동하는지 살피는 실험이 이어졌다. 단순하고 투박한(브루탈리즘적이기도 한) 도로 분리대였지만 보이는 것만이 전부는 아니었다.

엔지니어 켈리 A. 기블린Kelly A. Giblin은 〈발명과 기술Invention and Technology〉이라는 잡지에 "운전자들은 이 분리대가 얼마나 잘 만든 물건인지 잘 모른다. 그 기본적인 기능이 마주 오는 교통 흐름을 분리하는 것임은 분명하다. 하지만 쐐기 모양 디자인은 자동차가 충돌했을 때 운전 능력 상실을 줄여서 사고의 강도를 최소화하기도 한다"라고 설명했다. "이 분리대에 스치듯 충돌할 경우 아랫면에 앞바퀴가 들려서 반대 방향으로 돌아가기 때문에 자동차가 도로로 되돌아갈 수 있고 차량 손상도 최소화된다." 다시 말해, 정면충돌을 막아줄 뿐 아니라 분리대 양면의 자동차들이 계속 정방향을 향할 수 있도록 유도함으로써 충돌(그리고 충돌 강도)을 줄이는 것이다.

결국 이 분리대가 서부로 다시 진출했다. 1960년대 후반, 캘리포니아고속도로국은 원격조종 자동차를 다양한 각도와 속도로 분리대에 충돌시키는 자체 실험을 거쳤다. 이들은 연구 결과 "뉴저지 콘크리트 중앙분리대가 효과가 크고 관리하기도 쉽다"고 결론 내렸고, 주 내 고속도로에 분리대 설치를 확대했다. 1975년엔 10여 개

주의 위험 곡선 구간에 저지 분리대가 수천 킬로미터 이상 설치됐다.

그 뒤에도 중앙분리대는 형태가 개선되고 모듈화됐으며 여러 상황에 맞는 다양한 디자인이 등장했다. 뉴저지고속도로국에서 도입한 초기 형태는 대부분 정해진 위치에 영구적으로 설치하는 식이었다. 오늘날 도로 건설 현장에서는 콘크리트나 물을 채운 플라스틱 형태의 이동식 분리대를 임시로 사용한다. 윗부분에 고리를 달아서 기중기로 들어 올릴 수 있도록 하거나 아랫부분에 틈새를 만들어 지게차가 들어 올려 싣고 다닐 수 있는 모양이

도시의 보이지 않는 99%

많다. 샌프란시스코 금문교처럼 도로 폭이 필요한 만큼 넓지 못한 곳에서는 특수트럭을 사용해 연속해서 매끄럽게 끼워 맞추는 "지퍼" 형태도 사용된다. 이 트럭이 매일 천천히 다리 위를 통과하면서 통행량이 많은 쪽 차선을 늘리고 반대차선을 줄인다.

저지 분리대를 보고 평범한 형태의 콘크리트 덩어리 이상이라고 생각하기는 어렵지만, 사실 여기에는 첨단 공학이 적용돼 있다. 분리대를 현재의 모습처럼 만들어낸 건 한 사람이 한 일이 아니다. 오랫동안 이루어진 디자인 개선은 지금도 진행 중이다. 이 분리대는 여러 가지 측면에서 도로 발전을 많이 반영한다. 돌이켜보면 당연하게만 보이는 이런 해결책을 생각해내기까지 우리는 직관에서 출발하여 멀고도 험한 길을 지나왔다.

좌회전 없이 도로를 달리는 방법

변 형 교 차 로

1970년대부터 유나이티드파슬서비스 United Parcel Service, UPS 의 물류 부서에서는 회사 배달원들에게 좌회전을 금지했다. 처음엔 지나친 조치로 여겨졌지만 철저한 기술적 연구를 통해 내린 조치였다. 조사 결과 UPS는 좌회전을 많이 할수록 더 많은 거리를 돌게 돼 연료비가 증가할 뿐 아니라 충돌 위험도 커진다고 판단했다. 많은 경우 좌회전을 하면 차량이 마주 오는 차선과 횡단보도를 맞닥트리게 되기 때문이다. UPS의 조사 결과만 그런 것이 아니다. 연방 조사 결과도 교차로 사고의 50퍼센트는 좌회전 시 발생하며 우회전 시 발생하는 사고는 5퍼센트밖에 없음을 보여준다.

다른 운전자들도 UPS 규정을 모방해 우회전만 할 수는 있겠지만, 교통공학자들은 보다 근본적인 구조적 해결책을 제시했다. 미시간 좌회전Michigan Left이라는 방식이 그중 한 가지다. 미시간 아비새Michigan loon (위에서 봤을 때 아비새를 닮았다 하여 붙은 별명이다), 큰길 우회 방식, 스루 유턴Thru-trun (유턴하기 전에 교차로를 그냥 지나오기(through) 때문에 이렇게 칭한다)이라고도 불린다. 이 방법은 길을 따라 좀 더 나아갔다가 유턴을 하고, 교차로에서 우회전을 하는 식으로 기존의 십자로에서 좌회전을 없앴다. 운전자들이 교차로를 지나갔다가 차를 돌려 돌아와서, 또 한 번 회전을 하는 것이다. 사실 이 방식은 좌회전 방식보다 복잡하지만 연구 결과 충돌사고를 줄이는 것으로 밝혀졌다. 또 좌회전을 생략함으로써 신호 단계 축소에 따른 시간 단축으로 통행속도도 빨라진다.

나비넥타이bowtie 방식도 있다. 이 역시 교차로를 지나 유턴해 돌아오는 방식이지만 교차로 양측에 유턴을 원활하게 할 수 있는 로터리가 있다. (저지 좌회전이라고도 부르는) 물병 손잡이jughandle 방

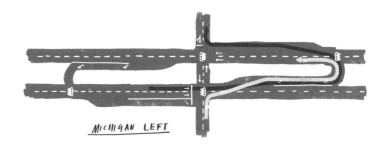

MICHIGAN LEFT

도시의 보이지 않는 99%

식도 있다. 직관적으로는 왜 이 방식이 좋은지 인식하기 힘들 수도 있지만, 좌회전 차선을 교차로 오른쪽으로 옮기는 방법이다. 이때는 좌회전하는 운전자들이 일반 좌회전과 마찬가지로 차선을 가로질러야 한다. 하지만 덜 복잡한 도로에서 좌회전하기 때문에 주교차로의 횡단보도를 건너는 보행자들의 안전에 도움이 된다.

운전자들이 보통의 교차로에서 녹색불이 켜지는 것을 보자마자 성급하게 좌회전하다가 마주 오는 자동차에 부딪치게 되는 위험한 운전 방식도 저지 좌회전이라고 불린다는 점을 알아둘 필요가 있다. 이 위험한 방식은 뉴저지 운전자들만 쓰는 것이 아니다. 사람들은 (보통 불법인) 이런 행위를 자신의 출신 지역에 따라 보스턴 좌회전, 피츠버그 좌회전, 로드아일랜드 좌회전과 같이 부르기도 한다. 미시간 좌회전이나 나비넥타이 방식, 물병 손잡이 방식에는 더 많은 공간이 필요하고 외지인들에게는 혼란을 일으키기 쉽지만, 적어도 서둘러 좌회전을 하다가 마주 오는 차량 앞에 뛰어들게 되는 상황보다는 덜 위험하다.

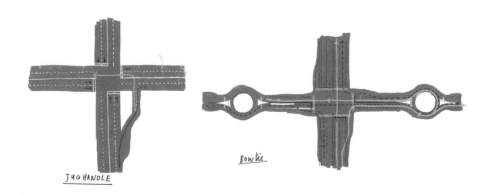

JUG HANDLE

BOWTIE

신호등 없이 좌회전하는 방법

로 터 리

인디애나주 카멜시 시청 웹사이트는 독특한 자랑을 내세운다. "카멜은 현재 미국 내 최다 수준인 125곳 이상의 로터리를 보유하고 있다." 시 자료에 따르면 신호등이 있던 교차로를 로터리로 교체함으로써 시 예산을 절약하고 충돌사고를 40퍼센트, 충돌로 인한 부상을 80퍼센트 줄였다고 한다. 운전자들도 기름값을 아낄 수 있

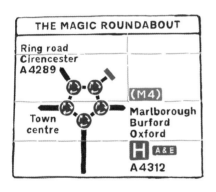

다. 로터리를 처음 맞닥트리는 사람은 혼란스러울 수 있지만, 자료에 따르면 로터리는 십자로를 비롯한 여러 교차로에 비해 안전하고 효율적인 교통 방식이다. 로터리를 싫어하는 사람들도 있지만 지지하는 사람도 많다.

대서양을 건너면 로터리가 더 많다. 특히 거리낄 것 없이 말하곤 하는 영국로터리감상협회UK Roundabout Appreciation Society는 로터리의 여러 가지 장점을 강조한다. 이들은 "로터리가 아스팔트 바다의 진정한 오아시스"라면서 "사람들에게 서고 갈 때를 명령하는 전체주의적 로봇 같은 교통신호"보다 월등히 우월하다고 주장한다.

특히 영국의 로터리에 대해 언급할 때는 마법의 로터리Magic Roundabout라는 신기한 장소를 빠트릴 수 없다. 영국 스윈던에 있는 기묘

한 모양의 원형 교차로를 설계한 사람은 1970년대 영국교통및도
로연구소에 근무하던 프랭크 블랙모어Frank Blackmore 라는 엔지니어였
다. 그는 한 개짜리 로터리를 시험한 뒤 두 개짜리, 세 개짜리, 네 개
짜리 변형 로터리를 시험했다. 마지막으로 스윈던에 만든 다섯 개
짜리 로터리는 당초 카운티 아일랜드County Islands 로 명명했지만 뒤에
마법의 로터리라는 별명이 붙었고 이 이름이 공식 명칭으로 정착
됐다. 마법의 로터리는 시계 반대 방향으로 회전하는 큰 로터리를
시계 방향으로 회전하는 다섯 개의 작은 로터리가 둘러싸고 있다.
얼핏 보면 작동 불가능할 것 같지만 이 방식이 실제로는 매우 효율
적이어서 이후 영국 곳곳에 적용됐다.

작동 방식은 다음과 같다. 자동차들은 작은 로터리를 통해 여러
도로로부터 큰 로터리에 진입할 수 있다. 그런 다음 큰 로터리를 돌
다가 원하는 방향으로 빠져나간다. 익숙한 운전자들은 빠르게 빠
져나갈 수 있고, 익숙하지 않은 운전자들도 교통 흐름에 맞춰 돌다

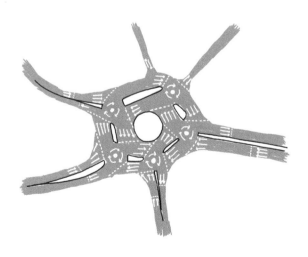

가 길 바깥쪽으로 붙어서 원하는 방향으로 어렵지 않게 빠져나갈 수 있다. 초기에는 운전자들이 교통 흐름을 이해하는지 보려고 교통경찰을 배치해야 했지만, 사람들은 곧 익숙해졌다.

이 방식이 혼란스럽고 복잡하다고 느껴진다면, 운전자가 길을 따라가면서 내려야 하는 각각의 선택이 비교적 단순하다는 사실을 생각해볼 필요가 있다. 운전자들은 그냥 차선과 화살표를 따라서 진행하고, 이미 회전 차선에 들어와 있는 차에게 양보하면서 조금씩 원하는 방향을 향해 나아가기만 하면 된다. 전체적으로 볼 때는 혼란스러운 것 같지만 각 과정은 매우 직관적이다. 또 복잡한 것이 도움이 되기도 한다. 운전자들이 더 조심하도록 만들어 신호등과 교통표지에만 의지하지 않고 도로와 주변을 잘 살피도록 만들기 때문이다.

여전히 마법의 로터리를 반대하는 사람들이 있다. 이 교차로는 한 영국 보험회사의 조사에서 최악의 로터리로 꼽혔고 어떤 자동차 잡지에서는 세계 최악의 교차로로 선정됐으며 운전자를 대상으로 한 조사에서는 가장 겁나는 교차로 열 곳 중 한 곳으로 뽑혔다. 이런 굴욕적인 의견들이 많다는 점이 로터리가 미국을 비롯한 다른 나라에서 인기가 적은 이유가 될 수 있다.

미국 도시들 가운데 카멀처럼 열정적으로 이런 대안적 형태의 교차로들을 도입한 곳은 거의 없다. 카멀도 역사적으로는 대체로 기존의 교차로에 의지해왔다. 변화의 계기가 마련된 것은 불과 수십 년 사이다. 로터리가 하나둘 생겨나면서 이것이 더 친환경적이고 빠르고 안전하며 비용도 덜 든다는 것이 입증된 것이다. 〈인디애나폴리스 스타〉가 보도한 바에 따르면 네이선 토머스라는 지역 주민은 로터리의 장점을 칭찬하면서 "이리저리 끼어들면서 운전하면 자동차 경주를 하는 기분이 들어서" 로터리를 좋아한다는 농담도 덧붙였다. 안전하게 운전하라고 만든 디자인인데 그렇게 말하는 것이 좀 이상하지만 말이다.

과속을 막으려는 꾀의 총집합
과 속 방 지 턱

운전자들이 과속방지턱을 보면 속도를 줄인다는 점을 활용한 속임수 과속방지장치가 런던에서 시범적으로 도입됐다. 평평한 바닥에 페인트로 그려놓은 과속방지턱이 실제 과속방지턱이라는 착시를 일으키는 점을 이용한 것이다. 측면에서 보면 착시가 생기지 않지만 정면에서 보면 평면에 그려놓은 모습이 불룩한 과속방지턱처럼 보인다.

여러 형태의 과속방지턱에는 딱히 정해진 이름이 없다. 대부분 사람들은 스피드범프speed bump 가 가장 먼저 떠오를 텐데, 과속방지턱 중에서 비교적 높이가 높고 큰 충격을 주도록 만든 것이다. 그러나 전국도시교통당국협회는 "수직 속도조절장치들"에 관해서 설명할 때 스피드범프라는 말을 사용하지 않는다. 이 기관이 소개하는 장치들 가운데 눈에 띄는 기발한 장치가 있다. 바로 "스피드쿠션speed cushion"이다. 보통은 스피드럼프speed lump 라고 불리는 이 장치는 앰뷸런스같이 바퀴 간격이 넓은 응급 차량은 속도를 줄이지 않고 지나갈 수 있도록 두 개로 나누어놓은 과속방지턱을 말한다. 일반 차량은 당연히 속도를 줄이고 둔덕 위로 지나가야 한다. 과속방지장치는 종류가 다양하다. 도로 폭 좁히기, 이중급커브길, 게이트웨이(마을 입구(gateway)에 마을 이름 표지판과 함께 앞의 여러 장치 중 몇 가지를 설치하여 속도를 늦추게 하는 방법)와 더불어 다양한 형태로 도로를 높이거나 연석 범위를 넓히는 등의 방법이 있다. 여기서는 도시설계자들이 과속방지를 위해 갖가지 꾀를 냈다고만 해두겠다.

이처럼 다양한 물리적 과속방지장치들은 도움이 되기도 하지만 문제점도 있다. 탑승자들이 불편한 것은 물론 자동차가 덜컹거릴 때 대기오염과 소음 공해가 발생한다. 이론적으로는 시각에만 의존한 장치가 그런 문제들을 해결할 수 있다. 착시를 이용하는 것이 한 방법이지만 다른 속임수도 있다. 2016년 영국 케임브리지에 출현한, 도로 폭보다 큰 이상한 벽돌 원이 한 예다. 이 경우에는 원을 어색하게 느낀 운전자들이 속도를 줄이게 된다. 이 원에는 "UFO 착륙장"이나 "도시 미스터리 서클", "공짜 도넛 구역"이라는 장난스러운 별명이 붙기도 했다.

도로안전분석가 리처드 오언Richard Owen 은 〈BBC 뉴스〉에 출연해 "이 원의 토대가 되는 행동과학은 꽤 효과가 좋다"고 주장했다. "이

원은 운전자들이 도로 환경을 훨씬 불안하게 느끼도록 만들어 수직 둔덕이 없어도 속도를 늦추게 한다"는 것이다. 그렇지만 이런 해결 방식에는 또 다른 문제가 명백하게 드러난다. 시간이 지나 익숙해진 운전자들이 그냥 이 원을 무시하게 되면서 장치의 효과가 없어진다는 점이다. 밟고 지나가도 차가 덜컹거리지 않는 모든 가짜 과속방지턱도 마찬가지다. 일부 예외적인 효과가 있다고 할지라도 그런 착시는 운전자들이 실제의 과속방지턱을 경험하기 때문에 가능하다. 달리 말하면 모든 과속방지턱을 가짜로 교체하면 결국 실패할 것이 자명하다.

스웨덴이 반대로 돌던 날

통 행 방 향 전 환

1967년 9월 3일, 우측통행법Högertrafikomläggningen이 발효하면서 좌측통행을 하던 스웨덴 국민들은 우측통행을 하게 되었다. 줄임말인 Dagen H나 H Day로 널리 알려진 이 조치는 전 세계에서 유례가 없었던 거대하고도 효율적인 운전기반시설 전환이라고 할 수 있다. 우측통행이든 좌측통행이든 어느 것이 옳다는 법칙은 없지만 스웨덴 국민들이 경험한 것처럼 호환성 문제는 있다.

역사적으로 사람들이 길에서 걷고 운전하고 말을 타는 방향은 지역마다 달랐고 변화도 많았다. 말이 주요 통행수단이던 시절, 사람들은 주로 좌측통행을 했다. 그래야 마주 오는 사람에게 상황에 따라 오른손으로 인사를 하거나 공격할 수 있었기 때문이다. 마차가 늘어나면서 관습이 바뀌었다. 대체로 오른손잡이였던 마부들이 왼쪽 뒤편의 말에 앉아야 앞쪽과 오른쪽까지 말들을 잘 부릴 수 있었다. 마부들이 생각하기에는 길의 오른편을 따라 운전하는 것이 합리적이었다. 그러면 길 가운데 쪽에 위치하게 돼 주변 환경을 더 쉽게 살필 수 있기 때문이었다. 그렇다고는 해도 보편적인 관행은 존재하지 않았다. 자동차가 마차를 대신하게 된 다음에도 사람들은 각 지역의 전통을 따랐다.

우측통행법이 실행되기 전까지 스웨덴 사람들은 좌측통행을 했지만 덴마크, 핀란드, 노르웨이 등 주변국들은 모두 우측통행을 하고 있었다. 스웨덴을 들고 나는 여행자들이 좌측통행에 익숙하지 않아 충돌사고가 자주 발생했다. 이에 더해 많은 스웨덴 사람이 미국 등지에서 수입된 차량을 몰고 있었다. 스웨덴 자동차회사들도 우측통행용 차량을 만들어 수출했고, 이 중 일부가 스웨덴에서 사용되었다. 그런데 도로 바깥쪽에 가깝게 앉아서 운전하면 보는 것도, 운전도 더 어려웠다. 이 문제를 해결하기 위해 스웨덴 정부가 좌측통행을 우측통행으로 바꾸는 방법을 국민투표에 부쳤다.

통행 방향을 바꾸자는 생각에 국민들은 압도적으로 반대했다. 투표자의 82.9퍼센트가 기존 관행을 유지하기를 원했다. 그런데도 정부는 분노한 시민들의 반발을 무시하고 변화를 강행한다고 선언했다. 당국은 기간시설과 사람들의 의식을 변화시키기 위해 예정된 전환을 준비하는 부서들을 만들기 시작했다. 안내문을 배포하고 홍보를 강화했으며 오른쪽이라는 의미의 스웨덴어 höger를 뜻하는 H 로고가 담긴 도로표지와 스티커를 만들었다. 한 스웨덴 TV 방송국은 사람들에게 통행 방향 전환이 임박했음을 알리는 노래 경연대회를 열기도 했다. 우승곡은 텔스타스Telstars라는 밴드가 부른 〈Håll Dej Till Höger, Svensson(오른쪽으로 가세요, 스벤손)〉이라는 곡이었다. 이 제목은 이중적인 의미를 가지고 있다. 스웨덴 말로 "오른쪽으로 간다"는 말은 배우자에게 충실하다는 의미로 쓰이고 "왼쪽으로 간다"는 말은 바람을 피운다는 뜻이다.

전환을 몇 시간 앞두고 도로 건설 관계자들이 도로표지를 바꾸는 등 최종 전환을 준비하는 동안 차량 통행이 금지됐다. 새벽 4시 50분 경적이 울렸고 전환을 알리는 가두방송이 시작됐다. 놀랍게도 우측통행이 매우 순조롭게 진행됐다. 운전자들이 전환에 겁을 먹고 극도로 조심했기 때문에 평소보다 사고가 오히려 줄었다.

이처럼 전환이 쉽게 이뤄지자 다른 나라에서도 관심을 가졌다. 스웨덴이 통행 방식을 바꾼 지 1년 뒤에 아이슬란드도 우측통행으로 바꾸었다. 이어서 1970년대 영국의 식민지였던 가나와 나이지리아가 서아프리카 지역 이웃 국가들에 맞춰 우측통행으로 바꾸었다. 현재는 전 세계 다수 국가들이 차량 우측통행을 채택하고 있다. 영국과 같은 나라에서는 여전히 좌측통행을 고수하지만, 우측통행으로 전환해야 한다는 비판이 자주 제기되고 있다. 그렇지만 이런 추세에도 눈에 띄는 예외는 있다.

2009년 사모아공화국이 스웨덴을 비롯한 수많은 나라와 반대로 통행 방식을 바꾸었다. 지구상 대부분의 나라처럼 우측통행을 하다가 좌측통행으로 바꾼 것이다. 사모아와 밀접한 경제권(호주, 뉴질랜드, 일본) 국가들에 맞추기 위한 전략적인 선택이었다. 무엇보다도 사모아는 통행 방향을 전환함으로써 저렴한 중고차 시장이 있는 일본에서 중고차를 수입할 수 있었다. 우측에서 좌측으로의 전환은 순조롭게 이뤄졌다. 사모아에 큰 도로가 많지 않다는 점을 생각하면 그리 놀랄 일은 아니었다.

이 사례들은 극적으로 교통 방식을 바꾼 나라에서도 운전자들이 어렵지 않게 새로운 환경에 적응할 수 있다는 것을 보여준다. 따라서 도로와의 관계를 변화시킴으로써 도시에서의 삶을 개선하는 대담한 결정을 해야 한다는 주장에 힘을 실어준다. 이미 보았듯이 운전자의 습관을 완전히 뒤집은 전환도 안전하다는 것이 밝혀졌다. 투표권을 가진 82.9퍼센트가 반대한 전환이라도 말이다.

산업화 이후 엔진 달린 강철 운송수단에 올라타지 않은 인류는 도로에서 쫓겨났고, 남은 공간에서 차지할 만한 새로운 장소들을 찾아내야 했다. 그게 늘 쉬운 일은 아니었다. 수십 년 동안 보행자와 자전거 이용자는 찬 밥 신세가 돼 도로 한구석을 간신히 비집고 다닐 수밖에 없었다. 하지만 최근 이들이 반격에 나서면서 도로를 지배하는 자동차와 다른 교통수단 사이의 팽팽한 갈등을 조정하는 작업이 한층 공개적으로 진행되고 있다.

◀

차도와 인도 사이의 잔디와 나무가 있는 공간

빈 공간의 존재 이유

도 로 변

차도와 인도 사이에 가는 선이 그어져 있는 경우가 많다. 가끔은 이 가느다란 선을 좀 더 넓은 땅이 대신하기도 한다. 도로변의 이 땅은 형태도 다양하고 명칭도 지역에 따라 다르다. 뉴질랜드와 미국 일부 지역에서는 갓길berm이라고 부른다. 캐나다 일부 지역과 미국 중서북부지역에서는 가로수길boulevard이라고 한다. 미국 동서 해안지역에서는 연석 길curb strip이라고도 한다. 미국 남부지역에선 인도 잔디밭sidewalk lawn이나 인도 소구획지sidewalk plot라고 하고, 플로리다 남부에서는 습지swale, 오하이오 북동부에서는 악마의 띠devil strip라고도 한다. 그 밖에도 다양한 표현이 있다. 옆길besidewalk, 풀밭grassplot, 공원지대park strip, 지옥의 띠hellstrip, 나무지대tree belt, 화단구역planter zone(이렇게 부르는 이유야 뻔하다), 기물구역furniture zone(벤치나 기둥, 소화전 등 "도로 기물"을 설치하는 곳이기 때문이다) 등등.

도로변에 이렇게 여러 이름이 붙는 것은 그만큼 다양한 기능을 할 수 있기 때문이다. 이 구역은 녹지, 도로 조명, 버스 정류장 등이 들어설 공간을 제공하는 것은 물론 인도를 걷는 보행자들을 보호하는 역할도 한다. 보행자들이 차량에 부딪히는 것은 물론 웅덩이에서 물이 튀는 것도 막아주기 때문이다. 유수 처리에 쓰이거나 수질오염을 줄이고 동식물의 서식지가 되어주는 등 친환경적 역할도 있다.

이처럼 많은 역할을 하지만 가장자리에 공간을 두는 데는 대가가 따른다. 과밀한 도시지역에서는 땅을 효율적으로 이용하지 못한다는 비판을 받기도 한다. 길이 좁은 고풍스럽고 오래된 도시에는 그런 공간이 아예 없는 것이 보통이고, 이 사실이 그런 도시에서의 경험에서 중요한 요소가 된다. 자갈 포장도로에 경계석이나 갓길 등 인도와 차도를 구분하는 구역이 아예 없는 도시를 생각해보라. 길 양옆으로 늘어선 유서 깊은 건축물이 아늑한 풍경을 자아낸다. 독일 바이로이트의 좁은 길, 중국 베이징의 꼬불꼬불한 후통 거리 등 세계의 수많은 거리가 이런 식이다.

가장자리에 공간을 두는 방식은 녹지, 건물, 보행자, 자전거 이용자, 자동차에 어떻게 토지를 배분할지는 물론 배분된 영역들을 어떻게 잘 연결하고 분리하고 구별하고 공유할지에 관한 지역의 우선순위에 따라서 달라진다. 공간이 넓을수록 녹지가 많아진다고 할 수 있겠다. 녹지가 많은 건 자체로 좋은 일이지만, 정말 멋들어진 어떤 도시들에선 이런 공간을 없앰으로써 사람들이 북적대고 걷기 좋은 길을 만드는 등 무형의 이익을 추구하기도 한다.

동독이 남긴 것

보 행 신 호

독일이 통일된 직후 구동독과 구서독은 힘을 합쳐 두 지역 사이에 경계가 있었음을 보여주는 시각적 요소를 지워나갔다. 통일을 축하하면서 이 작업이 한창 진행되는 와중에는 양측 의견이 갈리는 대목들도 있었다. 암펠멘헨Ampelmännchen처럼 사소하게만 보이던 문제들이었다. 단어 뜻 그대로 이 "신호등 속 작은 사람"은 구동독에선 수십 년 동안 도로를 건널지 말지 알려주는 신호였다. 그런데 베를린 장벽이 무너질 즈음엔 역할이 훨씬 커졌다. 그 신호를 만든 사람의 의도와 달리 지역 주민들에게 더 큰 의미를 갖게 된 것이다.

이 작은 사람은 1961년 교통심리학자 카를 페글라우Karl Peglau에 의해 탄생했다. 그는 색상만이 아니라 모양에도 의미를 주어 시력이 손상되거나 색맹인 사람도 알아볼 수 있는 신호를 만들어야겠다고 생각했다.

그가 제시한 해결책 중에는 멈춤과 보행 신호에 확연히 구분되는 캐릭터를 쓰는 것이 포함돼 있었다. 한 가지 공통점이 있다면 걷는 캐릭터와 서 있는 캐릭터 모두 특이하게 생긴 밀짚모자를 썼다는 것이었다. 이 모자를 쓴 암펠멘헨은 스타가 됐고 길 건너기와 관련된 공공안전정책을 발표할 때마다 핵심적 역할을 했다. 이 때문에 동독과 서독의 신호등을 통일하기로 발표한 직후 이 상징적 인물이 사라질 것으로 예상한 일부 시민들이 항의했다. 그 결과 암펠멘헨이 구동독 지역 일부에서 보존된 것은 물론 서독 곳곳에도 새롭게 등장하기 시작했다.

지금은 이 인물이 예전보다 훨씬 더 인기가 좋다. 매년 수백만 유

도시의 보이지 않는 99%

로어치의 암펠멘헨 기념품이 팔린다. 걷는 모습의 녹색 인물은 특히 일종의 오스탈기ostalgie, 즉 구동독에 대한 "향수"를 불러일으킨다. 방송사 도이체벨레Deutsche Welle 가 보도한 대로 이 인물은 "철의 장막이 무너진 뒤에도 인기를 잃지 않고 살아남은 몇 안 되는 공산 동독의 존재로서 특권을 누리고 있다".

동독에서 유래한 이 인물이 특히 유명하고 인기가 높긴 하지만, 다른 지역에도 독특한 보행자 표시가 있다. 일반적으로 '보행'에는 녹색에 움직이는 사람, '멈춤'에는 빨간색에 가만히 있는 사람을 사용한다는 공통점이 있다. 그렇지만 그 인물들을 나란히 놓고 비교하면 모양이 크게 다르다. 활보하는 모습, 천천히 걷는 모습, 달리는 모습, 심지어 교통신호음에 맞춰 춤추는 모습도 있다. 따로 보면 알기 어렵지만, 함께 놓고 본 이런 아이콘들은 사람들이 길을 건너도록 도와주는 한편 각각의 도시를 특별하고 알아보기 쉽고 기억에 잘 남는 곳으로 만드는 데 한몫을 하고 있다.

약간 부족한 공유

자 전 거 겸 용 차 도

우리가 새로sharrow 라고 부르는 것으로 진화한 도로 공유 표시는 처음부터 타협의 산물이었다. 1993년, 도로 공유 표시를 처음 만든 사람은 제임스 매케이James Mackay 라는 덴버의 교통공학자였다. 당시 덴버시는 자전거전용도로 등 자전거 친화적인 설계 해법에 돈이나 공간을 투자하길 꺼렸다. 그래서 매케이는 도로에 간단한 표시를 함으로써 자전거 탑승자에게는 교통 방향을 알리는 한편 자동차 운전자들에게는 도로를 공유해야 한다는 점을 인식시키는 값싸고 단순한 해법을 제시했다. 매케이의 도안은 화살표 안에 추상화한 자전거 탑승자 모습을 그려 넣은 형태였다. 그래서 자전거 공유 도로 표시에는 비공식적으로 "집 안의 자전거"라는 별명이 붙었다.

현재 사용되는 이중 화살표 모양에 새로(share(공유)와 arrow(화살)를 합성한 단어)라는 말을 처음 사용한 사람은 샌프란시스코시 및 카운티 자전거 프로그램 담당자 올리버 가이다Oliver Gajda 였다. 기억하기 쉬운 이름도 한몫을 하며 캘리포니아에서 성공을 거둔 새로 기호는 지금은 전국적으로 사용된다. 대부분 주택가나 도심지에서 많이 쓰이지만, 주행속도가 빠른 고속도로에 쓰이는 경우도 있다. 이 기호를 사용하는

도시의 보이지 않는 99%

걸 반대하는 사람도 없지 않지만 찬성하는 사람이 많다.

연방고속도로국이 의뢰한 연구에 따르면 새로 기호에는 좋은 점이 많다. 자전거 탑승자가 도로변에 주차된 차의 문이 열리면 침범하는 영역을 피할 수 있고 역방향으로 주행하는 위험도 줄어든다. 또 적어도 이론적으로는 자동차 운전자들에게 자전거가 공유하는 도로라는 인식을 갖게 한다. 그렇지만 실생활에서 이 표시의 효과는 그리 분명하지 않으며, 심지어 부정적이라는 연구도 있다. 그래서인지 전국도시교통당국협회가 펴낸 《도시 자전거도로 설계 지침 Urban Bikeway Design Guide》에는 "자전거도로 등 도로 분리용 조치가 보장되거나 여유공간이 있는 곳에서는 공유로 표시를 그와 같은 시설의 대체물로 간주하여서는 안 된다"라고 규정돼 있다.

완벽한 세상에서는 자전거전용도로가 있어야 하지만 그런 일이 항상 가능한 건 아니기 때문에 공간과 예산이 부족한 많은 지역에서 새로 기호를 잠정적인 해결책으로 계속 사용한다. 어떤 도시에선 비교적 이 혁신을 계속해서 발전시키고 있다. 예를 들어 보스턴은 어느 기자가 "강화된 새로"라고 부른 표시를 실험적으로 사용하고 있다. 이는 새로 기호 양옆으로 점선을 그려 넣은 것이다. 오클랜드에선 공유 차로를 진녹색으로 칠함으로써 띄엄띄엄 그려진 새로보다 시인성을 높였다. 이처럼 개선된 방식의 새로 표시는 좀 더 효과가 있을 것이다. 자전거를 위한 공간을 만들기가 특히 어려운 도시에서는 적어도 임시방편이 될 수 있다. 그렇지만 새로는 여전히 도시 자전거족에 대한 면피용으로 사용되는 경우가 더 많다.

도심을 다시 시민에게로

교 통 체 증   페 널 티

몇 년 전 프랑스 파리는 "차 없는 날"을 실험하면서 시 중심부의 차량 통행을 금지했다. 도시 공간을 재검토해 보행자와 자전거 탑승자를 우대한다는 프로젝트의 일환이었다. 프랑스만 이런 정책을 추진하는 것은 아니다. 런던도 주중 교통량이 많은 시간대에 높은 혼잡세를 부과함으로써 지나친 중심가 차량 통행을 막았다. 바르셀로나는 블록을 아홉 개씩 묶어 차량 통행을 금지하는 슈퍼블록으로 지정하고, 차량을 슈퍼블록 외부로만 통행하도록 하여 사실상 차량이 없는 구역을 만들어냈다. 대규모 도시 프로젝트가 다수 진행 중인 중국에선 애당초 차량 통행을 금지하는 완전히 새로운 도시도 고려하고 있다.

자동차를 축출하려는 이런 움직임들이 가속화되고 있긴 하지만 완전히 새로운 움직임은 아니다. 1970년대부터 맨해튼 같은 곳에선 많은 사람이 자동차가 없는 미래를 지지했다. 당시 뉴욕시는 수십 년에 걸쳐 자동차에 점령되었다. 각 구를 잇는 다리 통행료가 인하되고 전차 레일을 걷어내 더 많은 차가 다닐 수 있게 했다. 그리드록gridlock이라는 말을 만들면서 그리드록 샘Gridlock Sam이라는 별명으로 유명해진 샘 슈워츠Sam Schwartz는 그 시절 도시 차량을 줄이려 했던 젊은 교통 당국 근로자였다. 그와 동료들은 주중 오전 10시부터 오후 4시까지 맨해튼 중심가에서 민간 차량 통행을 완전히 금지하는 야심 찬 계획을 추진했다. 결국 이 방안은 공식 폐기됐지만 시 당국이 도로표지를 인쇄할 정도로 시행 직전까지 갔었다. 그 뒤 슈 워츠를 비롯한 활동가들이 두 명 이상 탑승한 차량만 맨해튼을 지 날 수 있도록 하는 방안 등 거리를 비우는 데 도움을 줄 만한 여러 가지 방안을 제시했다.

으레 그렇듯 정치인들과 기업인들은 차량 통행을 줄이려는 노력 에 반발했고, 도로를 자전거길과 광장으로 만들어야 한다는 주장 에 화를 냈다. 어떤 사람들은 공공공간이 많아질수록 이미 높은 수 준의 도시 범죄율이 더 높아질 것이라는 주장을 폈다. 기업 로비스 트들은 차량을 줄이면 쇼핑과 호텔도 위축될 것이라고 주장했다. 이런 논란 끝에 그리드록이라는 단어는 차량 통행의 정체만을 뜻 하지 않고 도시 정치는 물론 정치 일반에서 볼 수 있는 관료주의로 인한 정체를 가리키는 단어가 됐다.

최근 몇 년 새 뉴욕시는 그리드록 샘이 수십 년 전에 꿈꿨던 교통 량감소정책을 서서히 강화하고 있다. 보행만 허용되는 광장, 자전 거전용도로, 혼잡세 부과, 통행료 징수 등이 다시 논의 중이다. 타 임스스퀘어에서도 자동차 통행이 금지되었다. 도시 내 다른 곳에 서도 차가 없는 구역을 시험적으로 운영하고 있다. 이런 일들은 급 진적인 미래상처럼 보일지도 모르겠지만, 실은 차량이 사람들을 몰아내기 전으로 돌아가고 있음을 보여준다.

아무것도 없는 도로 운동

공 유 공 간

일부 도시계획가들과 연구자들, 분석가들이 신호, 표지, 연석, 분리대 등 사람을 안전하게 지키기 위해 설치한 시설물이 실제로 안전을 보장하는지에 대해 의구심을 표하기 시작했다. 유럽 곳곳의 도시에서 자동차, 버스, 자전거, 보행자가 한 공간에서 자유롭게 돌아다니는 도로 공간 실험을 시작한 것이다. 현대 도시설계 패러다임을 뒤집는 일이다. 이런 움직임을 "아무것도 없는 도로naked street" 운동이라고 한다. 영국의 교통국은 이런 "공유공간"을 "자동차의 비중을 줄임으로써 보행자 활동과 편의를 개선하는", 즉 이용자들을 분리함으로써 자동차에 더 많은 공간을 제공하는 기존 방식을 따르지 않고 모든 이용자가 공간을 공유할 수 있게 하는 것이라고 규정한다. 네덜란드에선 이런 흐름을 지지하는 한 운동가가 이 공유공간이 얼마나 안전한지 보여주기 위해 눈을 감고 도로를 뒷걸음으로 건너는 퍼포먼스를 하기도 했다.

예전의 영국 포인턴에는 좁은 인도에 보행자 보호를 위한 신호등과 표지판, 마구잡이로 설치한 가드레일이 어지럽게 깔려 있었다. 그런데 몇 년 전 이것들을 모두 없앴다. 시에서 400만 파운드를 들여 인도를 확장하고 도심의 기존 표지들을 제거했다. 지금은 '포인턴은 공간 공유 마을입니다POYNTON SHARED SPACE VILLAGE'라는 작은 표지들만 남아 있다.

명확하게 구분된 공간이 없다면 모든 사람이 조심할 것이라는 생각이 이런 흐름에 깔려 있다. 통행자들이 속도를 줄이고 눈을 마주치며 서로 시각적 협상을 할 것이라는 얘기다. 차량도 교통신호를 기다릴 필요가 없어서 더 빠르게 교차로를 통과할 수 있다. 이론적으로 공유공간은 보행자들에게도 유리하다. 자유롭게 어디로든 갈 수 있기 때문이다. 그러나 실제로 사람들은 여전히 횡단보도가 있을 법한 곳을 걸어 다니고 있다. 많은 여론조사에서 옛날 방식이 좋았다는 의견이 많은 것으로 나타났다.

한편 이런 실험이 성공을 거두고 있다는 수치 증거가 있다. 공유공간을 설치한 뒤 충돌사고와 가까스로 사고를 면한 사례가 줄었다는 것이다. 어떤 측정치에 따르면 공유공간이 통행시간과 지연을 50퍼센트 줄일 수 있다고 한다. 그렇다고 해서 이런 디자인이 모든 사람에게 통하는 것은 아니다. 당초 공유공간정책은 장애인 보행자, 특히 맹인을 제대로 보호하지 않는다는 비판을 받았다. 영국에서는 공유공간을 유지할지 폐지할지, 아니면 확대하기 전에 연구가 더 필요한지 등을 두고 정치적 논란이 이어지고 있다.

덴마크건축연구소와 같은 단체가 만든 디자인 초안은 어느 한 극단을 선택하기보다 양측을 모두 고려하는 접근 방법을 시도한다. 이들의 청사진에는 공유공간의 혼합 통행 방식과 장애인을 위해 점자블록을 설치하고, 버튼을 누르면 횡단보도 신호가 바뀌는 기존의 방식이 모두 들어 있다. 어떤 정책이든 더 많은 연구와 실험, 대중 교육, 설득, 피드백의 과정이 필요하다. 이런 흐름이 궁극적으로 패러다임 전환으로 이어진다면 도시가 어떤 모습을 갖출 수 있는지, 또 어떤 모습이어야 하는지 새롭게 규정하게 될 것이다.

4부

건물의 뒷모습

사람들은 도시를 생각하면 커다란 건물부터 떠올린다. 당연한 일이다. 거대하고 위압적인 구조물들을 인류가 성취한 최고의 성과로 삼는 일은 흔하기 때문이다. 보통 그 건물을 지은 공로는 한 건축가에게 돌아가지만, 한 사람만의 머릿속에서 처음부터 끝까지 솟아난 건물이란 없다. 건물에는 한계와 규제, 실수, 유행, 역사, 타협, 조잡한 차선책이 놀라울 정도로 뒤엉켜 있다. 그렇지만 그런 사실 자체가 건물을 더 아름답게 만들고 호기심을 자극한다. 건물이 죽 늘어선 도시 거리를 걷는다면 위도 쳐다보되 더 깊이 볼 줄도 알아야 한다. 문이 어떻게 움직이는지를 유심히 살펴보라. 건축에 사용된 재료를 생각해보라. 어디가 오래된 부분일까? 어느 부분이 교체되었을까? 이런 사항들에는 공식적인 설명보다 더 흥미로운 뒷이야기들이 있는 경우가 많다.

미니애폴리스 미시시피 강변에 방치된 폐허

12장

안과 밖의 경계

공공공간에서 사적공간으로 바뀌는 지점은 사람들이 건물과 최초로 그리고 마지막으로 상호작용하는 곳이다. 우리는 그곳을 민다. 당긴다. 당겨야 할 곳을 밀기도 하고, 자물쇠를 못 열어서 더듬거리기도 한다. 운이 좋은 경우라면 이 모든 상호작용이 1층에서 매끄럽게 이뤄진다. 운이 나쁜데 비상상황이기까지 하다면, 창문이 열리는지, 얇은 금속으로 이루어진 화재대피공간이 과연 내 체중을 버틸지 시험해봐야 할 수도 있다. 이같은 연결 지점에서 실패한다면 건물은 역할을 못 하게 된다.

◀

사람들이 드나들고 비상시에 탈출할 수 있는 회전문과 여닫이문

아무도 열지 못하는 자물쇠

브 라 마 의　자 물 쇠

　문과 자물쇠의 오랜 역사에서 사람이 온전히 안전하다고 느꼈던 시기는 길지 않다. 누구도 열 수 없을 정도로 매우 안전하게 만든 기계식 자물쇠가 나온 1700년대부터 70여 년 정도가 그런 시기였다. 이전까지 자물쇠는 쉽게 딸 수 있는 물건이었다. 자물쇠공들은 도둑이나 침입자를 떨쳐내겠답시고 가짜 열쇠 구멍처럼 예측 가능하고 부수기 쉬운 속임수가 적용된 자물쇠를 만들었다. 무언가를 안전하게 보관하려는 사람은 사회규범을 준수하려는 선의에 의존해야 했다. 그런데 조지프 브라마Joseph Bramah 라는 영국인 발명가가 안전한 자물쇠를 만들어내면서 상황이 크게 달라졌다.

　브라마가 만든 자물쇠는 최초의 고도 보안 자물쇠라고 알려져 있다. 쉽게 설명하면, 여러 단계의 복잡한 과정을 만들어 자물쇠 따기를 어렵게 만든 장치다. 놀랍게도 이 자물쇠발명가는 내부가 어떻게 작동하는지를 감추려 하지 않았다. 심지어 설계도를 공개하고 자물쇠를 따보겠다는 사람들을 불러 시도해보라고 했다. 발명품에 대해 자신감이 컸던 그는 런던의 자기 상점 진열창에 맹꽁이자물쇠를 덜렁 걸어놓고, 그 옆에 금색으로 다음과 같은 문구를 적어두었다. "이 자물쇠를 따거나 열 수 있는 예술가에게 즉시 200기니를 준다." 이 금액은 오늘날로 치면 수만 달러에 해당한다. 수십 년 동안 수많은 사람이 도전했지만 실패했다.

　브라마의 자물쇠가 나올 즈음에 제러마이어 첩Jeremiah Chubb 의 "탐지 자물쇠detector lock"와 같이 보안이 강화된 정교한 자물쇠도 나왔다. 자물쇠 내부의 회전원통을 너무 많이 돌리면 자물쇠가 완전히 잠기도록 하는 조절장치가 달린 형태였다. 이 자물쇠는 침입을 막기도 하지만 누군가 침입하다가 실패했음을 알리는 기능도 겸했다. 이 자물쇠의 호기로운 광고문에는 "이 자물쇠 특허를 가진 첩이라고 한다. 도둑놈들아, 이걸 보고 포기해"라고 적혀 있었다. 일반인은 물론 정부도 이 자물쇠에 관심을 보였다. 정말 열 수 없는지 알아보기 위해 국가가 수감 중인 어느 도둑에게 이 장치를 풀 수 있다면 공식 사면해주겠다고 제안하기도 했다. 첩이 추가로 100파운드를 걸어서 한층 구미가 당기도록 했다. 죄수는 자물쇠 따는 도사였지만, 몇 달이나 시도했는데도 결국 실패하고 말았다.

열기가 힘든 이런저런 자물쇠 덕분에 시작된 뚫리지 않는 황금보안의 시대는 1800년대까지 한참 동안 이어졌다. 이즈음 미국 열쇠공 앨프리드 찰스 홉스Alfred Charles Hobbs가 1851년 런던대박람회를 구경하기 위해 대서양을 건넜다. 미래 고층건물의 원형을 보여주는 쇠와 유리로 만든 박람회 건물, 이른바 수정궁을 보려는 사람들이 많았지만, 홉스는 다른 데 관심이 있었다. 보안산업계에 종사하면서 자물쇠 여는 기술을 연마해온 그는 열기가 불가능하다는 자물쇠 전시장에서 자기 실력을 테스트했다. 홉스는 미국 전역의 은행을 돌아다니면서 보안시스템을 깨트린 뒤 새로운 시스템을 제안함으로써 큰돈을 번 터였다.

홉스도 전시된 자물쇠들을 쉽게 열지는 못했지만 결국은 성공했다. 그는 자물쇠 작동 원리를 역이용해 첩의 탐지 자물쇠를 열었다. 그는 자물쇠 각 단계마다 의도적으로 과한 접근을 해 언제 안전장치가 작동하는지 알아내고 정상 잠금 상태로 되돌리는 과정을 통해 퍼즐을 풀어냈다. 탐지 자물쇠를 여러 번 여는 데 성공한 뒤 50년도 더 전에 만들었지만 여전히 열리지 않은 브라마의 "안전 자물쇠"에 도전했다. 홉스는 2주 동안 50시간 이상을 써가며 누구도 따지 못한다는 이 장치를 서서히 여는 데 성공했다. 그가 쓴 방법이 정교하지는 않았다. 시간도 오래 걸렸고 같은 방법으로 자물쇠를 다시 열 수도 없었다. 하지만 열리지 않는 자물쇠라는 생각만큼은 깨트릴 수 있었다.

이런 과정을 거치면서 자물쇠공들이 계속 정교한 자물쇠를 새로 만들어냈다. 그렇지만 완벽한 보안에 대한 일관된 개념이 없었기에 갖가지 형태의 자물쇠가 만들어졌다. 장치들의 보안 수준이 점점 높아지면서 고도 보안에 관한 욕구는 충족되었지만, 대부분의 가정과 사무실은 브라마 자물쇠를 달아두었을 때보다 침입하기가 쉬워지고 말았다. 실린더형 자물쇠는 완전해서가 아니라 값싸고 만들기 쉬워서 널리 사용되고 있다. 문 안전고리나 빗장쇠, 경보장치도 있지만 이런 기술들 역시 완전하지 않다. 오늘날 자물쇠 열기 경쟁에서는 자물쇠를 열 수 있는지보다는 얼마나 빨리 여는지가 관건이다. 기본적으로 출입문 보안에 대한 현대인들의 믿음은 과거에 그랬듯이 자물쇠 자체보다는 공공장소와 사적장소의 구분을 존중하는 넓은 의미의 사회적 질서에 더 많이 의지하고 있다.

출입문의 심리학

회 전 문

1800년대 말 테오필루스 판 칸넬Theophilus Van Kannel이 뉴욕에 독일식 새로운 혁신을 도입했다. 타임스스퀘어의 한 식당 출입문에 회전문을 설치한 것이다. 그의 회사는 자사 제품이 "열려 있거나, 바람 때문에 열리거나, 쾅 닫히는 일이 없다. 항상 닫힌 상태에서 사람들이 지나갈 수 있다"라고 광고했다. 허풍을 좀 덜어내고 말하자면, 열린 동시에 닫힌 문이었다. 천 년 동안 사람들이 여닫이문 또는 미닫이문을 여닫고 살아온 끝에 등장한 회전문은 전환점이 됐다. 이 새로운 형태의 문은 문이 닫히지 않도록 붙잡아주어야 하는 어색한 사회적 상호작용을 피하게 해주었고, 먼지, 소음, 비, 눈도 막아주었다. 이런 열린 것의 "항상 닫혀 있다"는 특성에는 또 다른 기능도 있었다. MIT 대학생들이 2006년에 이를 수치화했다.

문 선택이 끼치는 영향에 관한 연구를 진행하던 MIT 학생들은 회전문이 통과시키는 공기가 여닫이문의 8분의 1에 불과해 건물의 냉난방 부담이 줄어든다는 사실을 밝혀냈다. 여닫이문은 한 번 열 때마다 공기가 딸려 들어오거나 빠져나가 냉난방기를 작동하게 만든다. 출입이 빈번한 건물의 경우, 오랫동안 누적된 공기 출입으로 에너지가 낭비되고 이로 인한 환경비용이 연간 수천 달러에 달한다. 상당수 사람들이 회전문을 피하고 옆에 있는 여닫이문을 이용하려는 경우 상황은 더 악화된다. 어떤 사람들에게는 회전문 공간이 비좁고 어색하게 느껴진다. 장애가 있거나 유모차를 끌거나 큰 가방을 든 사람들은 회전문을 사용하기가 물리적으로 힘들다.

사람들이 회전문을 더 많이 사용하도록 안내하는 표지판을 설치하기도 하지만, 사람들을 특정 출입구로 안내하는 다른 방법들도 있다. 회전문의 칸막이가 널찍해 안전하게 지나갈 수 있다는 느낌을 주면 이용자가 늘어난다. 회전문이 두드러지는 호텔에서는 호텔 직원이 고객이 다가올 때 여닫이문을 열어주는 식으로 여닫이문을 선택하도록 하지 않는 것이 도움이 된다. 어디로 가야 할지가 분명하고 방해물이 없다면, 힘을 쓸 일이 적은 경로를 따라가는 것이 인지상정이기 때문이다.

회전문은 고장이 나면 재앙이 될 수도 있다. 1942년 보스턴 코코넛그로브나이트클럽 화재 사건처럼 말이다. 화마로 죽은 사람이 492명이었는데, 이 중 다수는 주 출입문인 회전문에 몰리고 갇힌 사람들이었다. 다른 출입문들은 판자를 덧대고 빗장을 지르거나 앞에 물건이 쌓여 있었다. 이론상 열릴 수 있어야 했던 여닫이문도 문이 안으로 열리게 돼 있었기 때문에 기능하지 못했다. 이 같은 설계상의 문제점들이 혼란을 증폭시키면서 사람들이 탈출하기 힘들게 만들었다. 이듬해 매사추세츠주에서 안전에 관한 새 법률들이 제정됐다. 그중 하나가 회전문 옆에 패닉바(비상시 문을 쉽게 밀어 열 수 있도록 설치된 쇠막대형 열림장치)가 달린 바깥으로 열리는 여닫이문을 설치함으로써 비상시 안전하고 빠르게 빠져나갈 수 있게 해야 한다는 것이었다. 이 비극적 사건에는 정신이 번쩍 들게 하는 디자인 관련 교훈이 담겨 있다. 바로 출입문은 사람들이 들어가는 것 이상으로 나가게 하는 것이 중요하다는 점이다.

오직 나가기 위한 문

비 상 구

화재는 오랫동안 건물과 건물 안 사람들의 생존에 가장 큰 위험이었지만, 설계에 화재위험이 늘 그만큼 반영된 것은 아니다. 1700년대의 비상구는 오늘날 우리가 상상하는 것처럼 건물 안에 있는 것이 아니라, 소방관이 수레에 담아 끌고 와 불길 속에 대어놓는 이동식 사다리였다. 1800년대 중반, 뉴욕과 같은 대도시에서는 인구가 급증하면서 이런 방식으로는 화재에 대처할 수가 없게 됐다. 돈을 아끼려고 계단을 좁게 만든, 화재에 취약한 공동주택들이 높게 들어서자 시 당국은 건물에 비상구를 설치하도록 규제했다. 짐작했겠지만 건물주들은 사람들이 타고 내릴 수 있는 로프와 바구니를 건물 옆면에 설치하는 식으로 가장 저렴한 해결책을 선택했다. 낙하산 모자와 같이 우스워 보일 뿐 실행하기 힘든 엉터리 아이디어를 낸 사람도 있었다. 궁수가 로프가 달린 화살을 높이 쏘아 올려 사람들이 그 로프를 타고 내려올 수 있게 하자고 제안한 엔지니어도 있었다.

당국은 현명하게도 이런 제안들을 모두 거부했고, 건물마다 철제 비상구를 설치하도록 했다. 이런 비상구를 타고 내려오는 건 겁나는 일이었지만, 안정적이고 영구적인 것을 건물에 설치하는 이 방식은 적어도 궁수를 동원하는 어설픈 방식보다는 몇 걸음 진전된 것이었다. 그렇지만 건물주들은 이처럼 비교적 안전한 방법에 드는 추가비용을 그리 달갑지 않게 생각했다. 많은 건물주가 법의 허점을 최대한 이용해 가능한 한 최소한도의 비상구를 설치하려 노력했다.

뉴욕에 있는 10층짜리 아시빌딩Asch Building은 당초 세 곳의 계단을 설치할 예정이었지만, 설계자가 건물 외벽에 설치된 화재 비상용 사다리가 비상시 세 번째 탈출로를 제공하는 만큼 계단은 두 개만 설치해도 충분하다고 생각했다. 1911년, 이 건물 꼭대기 세 개 층에 세든 트라이앵글셔츠웨이스트Triangle Shirtwaist사에서 약 600명의 근로자가 빼곡히 들어차 일하던 중 화재가 발생했다. 불길이 빠르게 번지면서 근로자들이 비상구를 찾아 앞다투어 달렸다. 10층에서 일하던 직원 일부는 오래된 채광창을 열고 지붕으로 탈출했고, 8층 노동자 대부분은 건물 내 계단을 내려가 빠져나올 수 있었다. 그런데 9층 근로자들 대부분은 문이 잠겨 있고 계단에 사람이 몰리는 바람에 철제 화재 탈출로를 사용할 수밖에 없었다. 이 사다리는 너무 많은 사람이 동시에 매달리면서 무게를 이기지 못해 떨어졌다. 모두 146명이 사망했다.

이 끔찍한 사고는 노동자 권리 강화를 요구하는 시위를 촉발하고 언론의 관심을 끌어냈으며 활동가들을 행동하게 만들어 개혁이 이뤄지는 계기가 됐다. 그런데 이상하게도 건물 손상은 적었다. 큰 화재가 발생해도 건물 자체는 잘 견딜 수 있게 지어졌지만 비상시 사람들이 탈출하는 문제는 고려하지 않았던 것이다. 이 사건은 건물의 방화처리만이 아니라 비상탈출 대비책을 제대로 갖추는 것도 중요하다는 사실을 잘 보여준 사례다.

트라이앵글셔츠웨이스트 공장 화재 사건 이후에 전미방화협회National Fire Protection Association가 자료를 수집하고 효과적인 탈출 방법을 연구하기 시작했다. 협회는 건물 외벽에 설치한 철 사다리는 평소엔 이용하지 않기 때문에 제때 보수하지 않게 된다고 판단했다. 비바람에 노출돼 부식되기도 쉬웠다. 또 어린이나 장애인, 당시의 복장 규범 때문에 긴 치마를 입은 여성이 탈출하기 힘들었다. 협회는 사람들이 겁에 질렸을 때 비상구로 달려가지 않게 된다는 점에도 주목했다. 사람들은 평상시 사용하는 주 계단과 같이 익숙한 경로를 따라 내려가려 한다는 것이다. 이 모든 관찰과 결론이 탈출로에 대한 새로운 접근법을 만드는 데 도움을 주었다.

오늘날 많은 사람이 머무는 건물은 설계 단계에서부터 사람들의 비상시 움직임을 최우선적으로 반영해야 한다. 통상의 탈출시스템에는 연기 탐지기와 비상구 안내 표시뿐만 아니라 계단과 복도, 탈출로 등 건축물 자체에 구조적으로 통합되어 있는 특징들도 포함된다. 대부분의 화재 탈출용 시설은 건물 안으로 들어갔고, 강화된 비상계단으로 진화했다. 요즘 건물에서는 비상계단이 일상적으로 쓰이는 평범한 계단 역할을 겸하는 경우도 많다. 차이점은, 다른 면에서 모두 평범한 이 계단에 화재, 지진, 기타 재난 상황에서 사용할 수 있는 비교적 안전한 탈출로로서의 보호책과 특징이 적용돼 있다는 사실이다. 몇몇 철제 사다리는 신규 규제 적용의 예외로 인정되었지만, 대부분의 경우는 그저 화재에 대한 오래되고 정당한 공포심이 도시 환경을 만드는 데 얼마나 큰 영향을 주었는지 떠올리게 하는 흔적일 뿐이다.

13장

건축재료 발달사

스코틀랜드 건물은 주로 돌을 사용해 짓고 중국 건물에는 대나무를 많이 쓰는 것처럼, 지역마다 현지의 재료와 필요, 전통이 건물에 드러난다. 건물을 더 크고 안전하게 만들면서 건축재료들이 받는 하중도 점점 더 커졌다. 화재로 인해 한 구역이나 도시 전체가 파괴되는 일이 있었던 지역에선 나무 대신 벽돌을 많이 사용하게 됐다. 그러다가 콘크리트를 쓰면 비용도 줄이고 더 빨리 지을 수 있다는 것을 깨달았다. 물론 단점이 없는 건 아니었지만 말이다. 목재를 튼튼하고 더 견고하며 화재에도 잘 견디게 하는 방법이 개발되면서 고대부터 애용돼온 목재를 미래 건축의 기본 건축재료로 사용하자는 사람이 많아지고 있다. 그렇지만 변하지 않는 것도 있다. 어떤 재료도 영원히 인기를 끌 수는 없다는 점이다.

◄

벽돌을 도난당해 여기저기 부서진 세인트루이스의 주택

세인트루이스의 집들이 자꾸 무너진 이유

벽 돌

건축의 역사에서 대부분의 기간 동안 벽돌은 공기 중에서 말린 벽돌뿐이었다. 북아프리카와 남아시아의 큰 강줄기 계곡에 있던 초창기 도시에서 진흙과 물을 쉽게 구할 수 있었던 덕분에 이런 벽돌이 널리 사용됐다. 만들기 쉬웠던 이 벽돌은 특히 더운 기후에 잘 견뎠다. 불로 구워낸 벽돌이 더 단단하고 사용하기 편하다는 것을 알게 된 것은 수천 년이 지난 뒤였다. 로마제국은 여러 기후대에 걸쳐 팽창하는 과정에서 자연스럽게 구운 벽돌을 사용하게 되었다. 제국이 쇠퇴한 뒤 많은 곳에서 벽돌 굽는 기술이 내리막을 걸었지만, 산업혁명과 함께 구운 벽돌이 대량생산되면서 값싸고 경제적인 건축재료로 다시 등장했다. 현대에는 이런 벽돌을 어디에서나 볼 수 있으므로, 오늘날에는 "벽돌"이라고 하면 누구나 구운 벽돌을 떠올린다.

구운 벽돌은 무거운 데다 값도 저렴해 암시장이 있을 법하지 않지만 일부 지역에서는 어느 순간부턴가 건물에 쓰였던 벽돌이 건물 자체보다 더 비싸게 팔리기도 한다. 도시 대부분 지역에서 벽돌을 만들고 사용해온 오랜 역사를 지닌 세인트루이스가 20세기 말에 그런 분기점에 접어들었다.

1849년, 세인트루이스에서 화재가 발생해 수백 채의 목조건물들이 타버리는 사건이 발생한 뒤 새로운 건물은 화재에 잘 견디는 재료로 지어야 한다는 법률이 생겼다. 큰 화재를 겪은 다른 도시들에서도 목재를 기본 건축재료로 사용하는 걸 재검토하긴 했지만, 세인트루이스에는 쉽게 바꿀 수 있는 이유가 있었다. 이 중서부 도시에 양질의 붉은 진흙이 많았던 것이다. 또 벽돌을 굽는 데 필요한 석탄도 풍부했다. 세인트루이스사적지협회의 앤드루 와일Andrew Weil에 따르면 "재료와 노동력, 산업혁명이 완벽하게 맞아떨어진 덕분에 세인트루이스가 벽돌 주 생산지가 될 수 있었다"고 한다.

1890년대에 세인트루이스는 세계 최대의 벽돌 공장을 보유하고 있었으며, 다른 도시들은 모든 기후에 유난히 잘 견디는 이곳 벽돌의 가치를 인정했다. 미국 전역으로 수백만 장의 벽돌이 팔려나갔다. 세인트루이스에선 벽돌이 하도 풍부하고 저렴해서 노동자계급의 사람들도 집 정면에 복잡하고 정교한 자신만의 벽돌 장식을 할 수 있었다.

한편 벽돌산업이 붐을 이루는 와중에 백인들이 교외로 이주하는 바탕이 마련됐다(1950~60년대 미국에서는 백인들이 인종적으로 다양해지는 도심을 벗어나 대거 교외로 이주하기 시작했다). 2차 세계대전이 끝나자 제대군인원호법GI Bill 덕분에 제대군인들은 주택담보대출을 받아서 교외 주택으로 이주하게 됐다. 많은 사람이 도시를 빠져나가면서 수백 년 동안 버틸 수 있는 좋은 벽돌집을 포함한 수많은 도시의 집이 빈집이 됐다. 그러자 궁핍한 동네에서는 사람들이 벽돌을 가져가려고 빈집을 헐기 시작했다. 수많은 세인트루이스 벽돌이 합법적 또는 불법적으로 재활용되어, 다른 지역으로 퍼져나갔다. 특히 남부로 많이 팔렸는데, 남부는 날씨가 따뜻해 온도 변화에 깨지기 쉬운 내장용 벽돌도 외장재로 사용할 수 있었기 때문이다.

2000년대 초반 들어 북세인트루이스에서 벽돌 도둑질이 성행하면서 매달 주택 수십 채가 반파 또는 전파됐다. 벽면 창문 한 곳에 쇠줄을 넣고 다른 창문으로 빼낸 뒤 잡아당겨 벽 전체를 무너트리기도 했다. 한술 더 떠 건물에 불을 질러 벽돌만 남기고 다른 것들은 모두 태워버리는 일도 있었다. 소방관들이 강한 압력으로 물줄기를 쏘아대면 벽이 무너져 내리고 그 과정에서 편리하게도 벽돌에 붙은 시멘트가 떨어져 나갔던 것이다. 연기가 모두 사라지고 나면 방화범은 하나씩 떨어져 있는 벽돌을 주워서 판매상에게 넘겼다. 공기 중에서 말린 고대 벽돌과 달리 불에 구운 양질의 벽돌은 옮기기도 쉽고, 중고시장에서도 비싼 값을 받았다.

세인트루이스에서는 지금도 정면이 벽돌로 된 새 건물을 쉽게 볼 수 있지만, 그냥 정면만 벽돌로 지어진 경우도 많다. 시간이 지나면서 벽면은 점점 더 얇아지게 됐다. 벽돌만이 아니라 나무와 철, 콘크리트로 지탱하게 된 것이다. 옛날처럼 벽체 전부를 무거운 벽돌로 지으려면 품도 많이 들고 비용도 많이 든다. 한때 하중을 잘 지탱하기 때문에 사용된 벽돌이 이제는 주로 장식용으로 쓰인다. 현대 들어 지역에 따른 건축재료들 사이의 차이가 사라지고 획일화되었다. 하지만 표준화되고 저렴한 대량생산 재료는 주택을 더 쉽게 보유할 수 있도록 만들어준다. 덕분에 도시는 사람들이 더 공평하게, 잘 살 수 있는 곳이 된다.

기적이었다가 재앙이었다가

콘 크 리 트

보스턴의 새 시청 건물은 1968년에 완공되었지만, 그 전부터도 이 건물을 허물어야 한다는 비판이 있었다. 1900년대 중반의 도시인들은 모더니즘과 브루탈리즘 양식의 우람하고 각진 건물에 익숙해졌지만, 시청 건물만은 여전히 금빛 돔과 그리스 스타일 기둥이 있는 전통적 모습이어야 한다는 사람들이 많았다. 보스턴시청은 일부러 대담하게 설계한 것으로, 위층으로 올라갈수록 바닥 면적이 넓어져 인근 광장 위로 뻗어나갔고 두꺼운 콘크리트 기둥들이 어둡고 작은 창문을 둘러쌌다. 덩치가 크고 위압감을 줄 정도로 돌출된 형태는 건축재료로서 콘크리트가 가진 잠재력을 과시하려는 의도에 따른 것이다. 이 새로운 방식이 도시재생의 새 시대를 열 것이라는 기대를 가지고 말이다.

보스턴시청은 여러 건축상을 받고 건축가들의 칭송을 받는 한편, 건축된 이후로 최악의 건물에 여러 번 선정되기도 했다. 건축비평가 에이더 루이스 헉스터블Ada Louise Huxtable의 표현대로 어떤 사람들에게 "이 20세기 건물은 설계한 사람과 사용하는 사람 사이에 건축 격차 혹은 심연이 존재하는" 건물이었다. 이 지자체 건축물이 차갑고 소외를 불러일으킨다는 비판이 지역 정쟁에 끼어들었다. 시장과 시의원들은 선거 때마다 건물을 해체하겠다고 약속함으로써 대중의 지지를 얻었다. 그렇지만 사랑을 받든 미움을 사든 이 건물은 웅장하게 보이도록 지은 것일 뿐만 아니라, 로마제국이 한때 사용했던 탁월한 건축재료가 현대의 건축 환경을 다시 만들어낼 수 있음을 보여주는 사례이기도 하다.

고대 로마인들은 멋진 송수교, 수명이 긴 포장도로, 정교한 하수 체계 등 놀라운 건축작품들을 남겼다. 당시 건물 가운데 판테온은 지금까지도 지지대 없이 지은 세계 최대 콘크리트 돔 건물이라는 기록을 가지고 있다. 현대 콘크리트 건물과 달리 금속 보강재를 대거 사용하지 않으면서도 높고 넓게 지었다. 콘크리트의 우수성은 1천여 년 동안 잊혔다가 최근 몇백 년 사이에 공학자들이 재발견해 다시 발휘되고 있다. 1900년대 초에 콘크리트는 도시건축에 다시 사용되면서 미래의 건축재료로 각광받기 시작했다. 콘크리트에 쓰이는 물과 시멘트, 골재(주로 모래와 자갈)는 값이 싸고 쉽게 구할 수 있으며, 콘크리트와 강철 보강재를 함께 사용하면 기둥 간격을 길게 만들 수 있다. 덕분에 콘크리트는 도로, 교량, 터널, 인도는 물론 건물의 필수 건축재료가 됐다. 다만 실제 건축에 사용되는 과정에서 평가는 여러 갈래였다.

콘크리트 정글이라는 표현은 가끔 인공적이고 유쾌하지 못한 도시 풍경을 묘사할 때 쓰인다. 도시 전반에 나타나는 어떤 단조롭고 획일적인 이미지를 떠올리게 한다. 그러나 사실 콘크리트는 생산되는 지역과 환경에 따라 혼합 방식이 다양하다. 즉, 콘크리트는 보편성과 지역성을 함께 지니고 있다. 로마 시대의 콘크리트가 오래 지속될 수 있었던 이유 중 한 가지가 화산진처럼 지역 고유 재료를 섞어 단단하게 만들었다는 점이다. 현대 콘크리트 건물 역시 지역의 토양, 돌, 구조적 필요성, 건축 전통 등의 영향을 받아 색상과 질감이 다양하다.

그렇지만 현대의 콘크리트는 생각만큼 기적의 재료는 아니다. 오늘날에는 콘크리트로 지은 구조물들이 수십 년도 안 돼 부식되는 경우가 많다. 질 나쁜 재료를 사용해 그런 경우도 있지만 질 좋은 재료를 사용하더라도 인장강도 보강을 위해 사용하는 철근 때문에 구조물 수명이 짧아지기도 한다. 철근이 부식하면 구조물을 해친다. 철이 팽창하면서 콘크리트에 금이 가는 것이다. 대개 겉으로는 표가 나지 않으나 이런 손상은 구조적 통합성을 약화하기 때문에 건물이 완전히 무너지지는 않는다고 하더라도 막대한 비용을 들여 보수해야 한다.

일부 엔지니어들은 고대 로마의 오래가는 콘크리트 구조물 사례를 살펴 시간이 지나도 안정적이거나 오히려 더 튼튼해지는 혼합물을 개발하고자 한다. 또 물이나 습기가 닿으면 변이하면서 틈새를 메우는 재료가 섞인 자기회복 콘크리트 연구도 진행되고 있다.

이런 방법들이 실현된다고 하더라도 콘크리트 사용에는 다른 부담이 따른다. 그중에는 콘크리트가 인기를 얻을수록 심각해진 엄청난 환경 영향이 있다.

콘크리트는 전 세계에서 물 다음으로 많이 사용되는 제품이다. 불행하게도 콘크리트를 만들려면 엄청난 에너지와 풍부한 것처럼 보이지만 실제로는 넉넉하지 않은 재료들이 필요하다. 최근에는 모래 수요가 폭증하고 있다. 특히 콘크리트 골재로 쓰기 좋은 굵은 모래가 그렇다. 건축 용도로만 매년 수십억 톤의 모래가 채취된다. 갈수록 모래를 구하기 힘들어지고 기후변화에 콘크리트가 미치는 악영향에 대한 인식이 커지면서 건축가들은 예전에 쓰던 재료나 새로운 재료를 더 많이 찾고 있다.

과거에서 온 미래의 재료

목 재

캐나다 밴쿠버에서 2017년 완공된 브록코먼스톨우드하우스Brock Commons Tallwood House는 세계에서 가장 높은 목조건물로 높이가 51미터를 넘는다. 정면에 나무판자가 가득 붙어 있어 기본 구조재가 목재임을 보여준다. 내부에도 나무를 끼워 맞추는 방법을 사용해 금속 재료를 줄이고, 철근 콘크리트는 거의 기초와 엘리베이터 골격에만 사용했다. 놀라운 일처럼 보일 수 있지만, 콘크리트, 유리, 철강이 도시건축을 지배했던 한 세기가 지난 지금, 목재구조물기술과 화재안전기술이 새로 개발되고 친환경 설계에 대한 관심이 커지면서 목재가 다시 인기를 끌고 있다.

건축재료로서 목재는 인류의 건축 역사만큼 오래 사용되었다 할 법하다. 먼 조상들이 임시 주거지를 지을 때부터 사용했기 때문이다. 막대기들을 모아 쌓던 것이 텐트를 치거나 판자를 덧대거나 간단한 목조주택을 짓는 데까지 이어졌다. 하지만 최근 몇 년 사이에 목재의 쓰임새가 크게 늘어났다. 브록코먼스톨우드하우스는 목리 방향이 교차하도록 여러 겹의 판재를 덧붙여 만든 직교적층 목재를 바닥재로 쓰고, 목리 방향과 평행하게 쌓은 판재들을 접착제로 붙여 만든 집성재 기둥으로 건물을 지탱하고 있다. 집성재 기둥은 일반 목재 기둥보다 훨씬 튼튼하고 대형 구조체로 만들 수 있어서 수령이 긴 거대목을 벌목할 필요가 없다. 목재가 가진 다른 장점도 있다. 콘크리트나 강철보다 훨씬 가벼워 옮기는 데 드는 에너지가 적어서 환경비용이 크게 절약된다. 주요 재료도 재활용이 가능하고 전 세계에서 구할 수 있다. 나무는 많은 지역에서 자체적으로 심고 채취하고 벌목할 수 있는 데다 과일이나 채소처럼 조직적으로 기르기도 한다.

저널리스트 베키 퀸틀Becky Quintal 은 〈아치데일리〉에서 "나무는 자연에서 얻을 수 있는 가장 혁신적인 건축재료"라고 썼다. "나무는 폐기물이 나오지 않으며 이산화탄소를 흡수한다"면서 "또한 무게가 가벼운데도 커다란 하중을 견디는 구조를 만들 수 있다"고 덧붙였다. 화재는 지금도 문제가 되지만 생각보다 큰 문제는 아니다. 목재도 실제로 열에 강하기 때문이다. 퀸틀은 "강철이나 콘크리트보다 더 화재에 잘 견딘다"고까지 했다. 목재에 함유된 수분이 증발하면서 불이 붙는 시간이 지연되기 때문이다. 화재가 나면 목재는 겉면이 숯이 되면서 내부가 타는 것을 막는다. 강철은 금방 녹아 휘어지지만 목재는 먼저 수분이 증발된 뒤에 밖에서 안으로 서서히 탄다. 전 세계 많은 지방 정부가 이런 장점을 살려서 목재의 내화 성능 및 건축기술과 관련한 규정을 새로 만들고 있다. 대규모 화재로 파괴된 역사가 있는 수많은 도시에서 사용이 중단됐던 목재가 앞으로 도시 재건에 중심 역할을 하게 될 전망이다.

14장

무형의 건축재료

사용할 수 있는 재료, 기후, 건축기술은 건물의 모양에 영향을 끼치지만, 이런 요인들은 겉으로 드러나 보이는 것들일 뿐이다. 사실은 법령, 규제, 세금이 건물 형태를 결정짓는 데 (종종 놀라울 정도로) 더 큰 역할을 한다. 벽돌의 크기에서 전체 외형까지 말이다.

◀

암스테르담의 세금정책을 반영하는 운하 주택 모양

암스테르담 건물의 숨은 건축가

세 금

정권이 바뀌면 세금정책도 바뀌지만 건축물에 미묘하게 반영된 옛 세금제도의 영향은 수백 년 지난 뒤까지 남아 있는 경우도 많다. 미국 독립전쟁 초기, 과도한 군비 때문에 엄청난 빚을 졌던 조지 3세 영국 국왕은 1784년 벽돌세를 도입해 세수 증대를 꾀했다. 이 법은 초기에 매우 단순했고, 그만큼 세금을 회피하는 방법도 간단했다. 벽돌 한 장마다 세금을 매기자 벽돌제조업자들이 벽돌을 크게 만들었다. 그러자 국왕은 벽돌 한 장당 세금을 올리는 한편 특정 크기를 넘는 벽돌에 대해선 세금을 두 배로 매겼다. 그러자 무거운 세금을 내지 않고는 재고로 남은 큰 벽돌을 팔 수 없게 된 벽돌제조업자 일부가 파산했다. 한편 일부 건축업자들은 목재를 비롯한 다른 건축재료를 사용해 집을 지음으로써 이런 분쟁을 아예 피해버렸다. 그래도 새로 만든 큰 크기의 벽돌로 지은 건물이 여전히 많았기에 역사학자들은 그 건축 연대를 쉽게 알아볼 수 있다.

영국 역사에서 세금이 건축에 영향을 미친 사례는 이뿐만이 아니다. 1684년에는 어느 제빵업자가 가족 단위로 세금을 매기는 대신 도입한 벽난로세를 피하기 위해 집에 벽난로를 설치하지 않고 이웃의 굴뚝을 몰래 사용했다. 그런데 이 꼼수로 인해 화재가 발생하여 20채의 주택이 파괴되고 주민 여럿이 목숨을 잃었다. 1696년, 윌리엄 3세 국왕이 창문세를 도입한 데에는 이 사건으로 인해 벽난로세에 대한 비판이 높아졌다는 이유도 있었을 것이다. 창문세의 배경이 되는 논리는 단순했다. 건물에 창문이 많을수록 세금을 더 많이 내도록 한 것이다. 그러자 시민들은 덜 중요하다고 생각되는 방의 창문을 판자나 벽돌로 막아버렸다. 결국 이 세금은 폐지됐지만 그대로 창문을 막아둔 건물들이 꽤 남아 있다.

영국에서는 이런 세금이 건물 외형만이 아니라 내장에도 영향을 미쳤다. 1712년에 무늬를 인쇄하거나 색을 입힌 벽지에 세금을 매기자 민무늬 종이를 사서 그 위에 스텐실 무늬를 직접 새기는 일이 유행했다. 1746년에는 유리 무게에 따라 세금을 매기자 유리업자들이 크기가 작고 얇으면서 속이 빈 "절세 유리" 제품들을 만들기도 했다.

세금 때문에 설계가 달라진 건 영국만의 일이 아니다. 네덜란드 운하 주택은 오늘날 암스테르담을 대표하는 건물이지만, 아름답게 보이려고 그렇게 지은 것이 아니다. 건물의 높이나 깊이보다는 정면 벽의 면적에 비례해 세금을 매긴 탓에 조세 부담을 줄이고자 좁고 높고 길게 지은 것이다. 이 때문에 계단이 좁아지면서 가구나 물건을 위층으로 옮기는 기중기를 건물 외부에 설치하게 되었다. 옛날에 만든 고리와 도르래가 지금도 많은 건물 외벽에 달려 있다. 자갈 포장도로를 따라 좁게 지은 건물들이 다닥다닥 붙어 있는 그림 같은 모습은 현대 관광객들에게 안락한 도시 체험을 제공하려는 비전에 따라 탄생한 것이 아니라 세금을 줄이기 위한 창의적인 노력의 산물이다.

벽돌 크기, 창문 크기, 유리 무게, 정면 면적 등은 미관에나 영향을 미치는 사소한 사항으로 보일지 모른다. 그러나 세금을 비롯한 당국의 규제는 층층이 쌓여 큰 결과로 이어진다. 시간이 지나면서 이런 요소들이 더해져 우리가 역사적인 지역이나 도시의 특징에서 필수적인 부분이라고 보는 건축양식이 형성됐다.

규제를 피하는 우아한 꼼수

건 축 제 한 선

파리 건물의 망사르드지붕(프랑스식 지붕이라고도 한다)은 조르주-외젠 오스만Georges-Eugène Haussmann의 웅대하고도 전면적인 파리 시에 대한 비전을 보여주는 사례로 종종 손꼽힌다. 1800년대 중반, 나폴레옹 3세 황제에게 위임받아 진행된 오스만의 악명 높았던 도시 재건은 파리의 풍경을 크게 바꾸었다. 폭이 넓은 거리와 모조리 두꺼운 돌벽으로 지어진 다목적 건축물들, 비슷한 세부 장식, 정렬된 높이 등 오늘날에는 고전적으로 보이는 이 도시의 외관과 느낌은 모두 이 재건으로 인한 것이다. 이런 건물들은 외벽에 크림색 석회석을 붙였고, 경사가 완만하다가 급하게 꺾이는 어두운색 지붕

도시의 보이지 않는 99%

에 창이 나 있는 것이 또한 특징이다. 이런 지붕을 망사르드지붕이라고 하는데, 이는 사실 오스만 이전에 만들어진 것이다. 이 지붕이 많아진 건 한 선각자의 거대한 마스터플랜이 아닌 평범한 이유 때문이었다. 당국의 일률적인 고도제한이 그것이다.

1783년, 파리는 건물 높이를 20미터로 제한했다. 이때 중요한 규정이 뒤따랐다. 높이에 제한을 둘 때 지붕이 아닌 처마 선을 기준으로 한 것이다. 이전까지 파리 건물들은 높고 좁고 깊었으며 1층에 상점이 있고, 위층에 상점 주인이 거주하고, 식구들은 더 위층에 거주하는 형태가 일반적이었다. 꼭대기 층은 창고로 사용하는 것이 보통이었는데, 인구가 늘어나면서 주택가격이 폭등하자 그렇게 쓰기에

는 너무 비싼 공간이 되었다. 주거공간을 최적화할 방법을 찾던 건물주들은 망사르드지붕을 설치함으로써 사실상 임대 가능한 층을 하나 더 만들어냈다. 뒤에 창문세가 도입되면서 이런 설계에 따르는 금전적 이익이 줄었지만 망사르드지붕이 없어지진 않았다.

파리 이외의 지역에서도 비슷한 규제로 인해 망사르드지붕이 늘어났다. 1916년, 뉴욕시에서는 지구계획에 따라 고층건물 건축제한선이 만들어졌다. 망사르드지붕은 우아하게 이 규제를 따르는 대표적인 방법이 됐다. 몇몇 개발업자들은 높이제한 규정에 따르

기 위해 건물을 계단형으로 만들었지만, 일부는 커다란 다층 망사
르드지붕을 만들어 건물 꼭대기가 거리에서 멀어지게 했다(고층건
물들이 무분별하게 들어서자 1916년 뉴욕은 1층 면적에 비례해 높이를 규제하
는 법안을 도입한다. 이때 인접한 도로에서 물러서면 규제를 풀어주었는데, 때
문에 상부로 갈수록 계단식으로 좁아지는 형태의 건축물이 등장하게 되었다).
현재는 전 세계 곳곳에서 망사르드지붕을 볼 수 있지만, 그중에는
법령에 맞춰(또는 규제를 회피하기 위해) 지은 것도 있고 모양을
위해 지은 것도 있다.

천국에서 지옥까지
부 동 산 소 유 권

　부동산소유권에 강력한 원칙이 도입된 시기는 13세기까지 거슬
러 올라간다. 라틴어 문장인 "Cuius est solum, eius est usque ad coe-
lum et ad inferos"는 풀이하면, 토지를 소유한 사람은 토지 위와 아
래, 천국에서 지옥까지 모든 것을 소유한다는 뜻이다. 이 원칙은 직
관적이면서도 강력하다. 토지 소유자가 땅만이 아니라 그 위와 아
래, 수직으로 무한대의 공간을 소유한다는 뜻이기 때문이다. 지하
철과 항공 여행, 고층건물이 생겨나기 전에는 이 원칙이 잘 지켜질
수 있었지만 도시와 새로운 기술이 발달하면서 문제가 생겼다. 천
국에서 지옥까지라는 원칙(아드 코엘룸ad coelum으로 줄여 쓰기도 한
다)은 처음 확립된 뒤 수백 년이 지나면서 조금씩 약화됐다.

1783년 열기구가 처음 하늘로 떠올랐을 때, 사람들은 아드 코엘룸 원칙에 근거한 법률 때문에 누군가의 토지 위 하늘을 지나는 사람들이 가벼운 무단침입죄를 범하게 된다는 사실을 알게 됐다. 미국에서 비행기 여행이 시작되자 정부가 나서서 1925년 항공우편법과 1926년 항공상법을 제정함으로써 아드 코엘룸 원칙의 적용을 제한하고 항공기의 권리를 확립했다.

이후 수십 년에 걸쳐 공중은 공공항로라는 개념이 자리 잡기 시작했다. 그러다가 1946년, 미국 정부 대 코즈비 판례로 무한대의 공중소유권 개념이 완전히 종식되었다. 농부 토머스 리 코즈비Thomas Lee Causby에게는 고민이 있었다. 저공비행하는 군용기 때문에 키우는 닭들이 겁에 질려, 말 그대로 죽어나갔기 때문이다. 결국 그는 정부를 상대로 소송을 제기했다. 대법원은 특정 고도 이하의 공중에 대해선 공공항로 권리 주장이 인정되지 않는다고 판결했지만, 판결문에서 아드 코엘룸 원칙은 "현대사회에 더 이상 적용될 수 없다"고 명백히 밝혔다. 코즈비는 농장 위 365피트 고도 밑으로 공중을 지나는 비행에 따른 보상을 받았다.

지하의 문제, 즉 아드 코엘룸 원칙 중 '지옥까지'에 해당하는 부분의 권리를 인정하지 않는 움직임도 있었다. 깊이 들어갈수록 이 원칙의 영향력은 줄어들었다. 충분히 깊은 지하에 있는 하수구, 지하철, 배수터널, 입자충돌기 등은 토지 소유자의 권리를 침해하지 않는다는 각종 법률과 판례가 있다. 그렇지만 광물과 지하수 때문에 지하권 개념은 복잡해진다.

- **채굴권** 화석연료(석탄, 가스, 석유), 보석 및 산업 금속(금, 은, 구리, 철), 기타 자원(소금, 석회석, 자갈 등)에 적용된다. 많은 지역에서 이런 광물들을 지상권과 무관하게 거래할 수 있다.
- **연안권**沿岸權 해양, 만, 삼각주, 바다, 호수와 같은 수역의 인접 지역에 대한 권리를 말한다. 대부분 지역에서 사적 이용 대상과 공적 이용 대상을 구분하는 수심의 상하한선을 지정하고 있다.
- **하안권**河岸權 강이나 개천처럼 토지를 가로지르며 흐르는 물에 대한 권리를 말한다. 소규모 토지 소유자는 일반적으로 "합리적 이용" 권리를 가지며 (분수령 보호 등과 같은 사유로) 여러 가지 예외와 제한이 적용된다. 대규모 토지 소유자의 하안권은 고속도로와 상당히 유사하게 처리된다. 자세한 내용은 복잡하다. 물길에는 토지 소유자 말고도 도시, 국가, 기타 권리를 보유한 소유자 등 매우 많은 관계자의 이해가 걸려 있기 때문이다. 심지어 개인 토지에 내리는 빗물이 문제가 되는 경우도 있다. 일부 지방자치단체들은 하류에 사는 사람들의 물 사용 권리를 해친다는 이유로 빗물을 받아 사용하는 것을 제한하기도 한다.

토지, 공중, 물, 지하에 대한 권리를 주장하는 경우는 많지 않지만 그 권리를 둘러싼 제한은 도시 환경을 대단히 눈에 띄게 근본적인 방식으로 형성해왔다. 고층건물을 도로에서 물러나게 하는 뉴욕 같은 도시는 그런 권리에 특히 민감하다.

특정 상황에서, 뉴욕은 공중권을 허가 가능 높이보다 더 높은 건물을 짓고 싶어 하는 개발업자들에게 판매하도록 용인해주기도 한다. 이 절차는 비교적 작은 역사적 건물을 소유한 사람들이 건물을 부순 다음 더 크고 화려하게 다시 짓기보다 보존 노력에 힘을 기울이고, 그에 들어가는 비용을 충당할 수 있도록 한 것이다. 예컨대 10층짜리 유서 깊은 극장 건물을 소유한 사람이 50층짜리 건물을 지을 수 있는 허가를 받은 경우, 40층 높이에 대한 공중권을 인접 고층건물 건축업자에게 팔 수 있다. 건축업자는 40층에 대한 공중권을 사들임으로써 50층 고도제한을 넘어 90층까지 건물을 지을 수 있다. 구체적 과정은 더 복잡하지만 이 같은 권리 양도로 수많은 옛 뉴욕 극장들이 보존되었다. 오늘날 고층건물 스카이라인이 없는 맨해튼을 상상할 수 없듯이 옛날에 지은 저층건물이 이어진 브로드웨이가 없는 맨해튼도 상상할 수 없다.

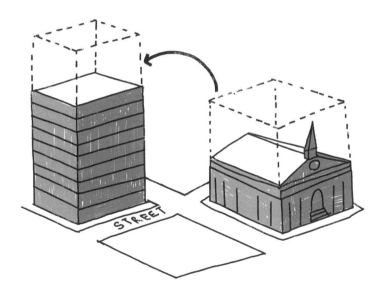

927'

1.04,

1% 고층건물의 99% 비밀

고층건물은 토지를 돈으로 바꾸는 장치다. 인구가 많고 부동산이 비싼 도시에서 건물을 높이 올려 임대공간을 늘리는 것은 합리적인 일이지만, 고층건물을 지을 수 있게 되기까지는 핵심적 기술 발전이 이루어져야 했다. 그중 가장 눈에 띄는 것이 스스로 고장 나는 엘리베이터나 철골건축 기술이다. 혁신이 도입되자마자 도시는 눈부신 속도로 상향 확장을 거듭해왔다. 그 과정에서 엔지니어들은 고도를 높이기 위해 전에 없는 새로운 과제들을 해결해야 했다.

◀

새로운 고도 기록을 다툰 뉴욕의 두 건물

펜트하우스라는 개념의 탄생

엘 리 베 이 터

엘리샤 오티스Elisha Otis는 엘리베이터를 발명하지 않았다. 로프, 도르래와 기타 장치를 사용해 상자와 받침대를 위아래로 움직이는 장치는 수천 년 전부터 있었다. 많은 설계자나 발명가가 그렇듯 그는 그저 문제를 발견해 해결했을 뿐이다. 1800년대 초에 오티스는 가구 공장 직원으로서 팀원들과 함께 기계들을 끌어 올려 설치하고 있었다. 그때 밧줄이 끊어져 2층 건물용 엘리베이터가 추락해 박살 났다. 사고를 직접 목격한 그는 회사 엘리베이터에 쓸 브레이크 장치를 개발했고 덕분에 그의 직급도 한층 높이 올라갈 수 있었다.

1854년, 오티스는 아이디어를 발전시켜 공공장소에서 엘리베이터가 떨어지는 장면을 큰 규모로 연출했다. 그는 뉴욕 세계박람회 건물에서 12미터 높이의 엘리베이터에 올라서서 조수에게 보조 밧줄을 끊으라고 손짓했다. 케이블이 끊어지는 상황을 시연한 것이다. 그 순간 그가 만든 자동 브레이크가 작동하면서 엘리베이터는 몇 센티미터 떨어지다가 멈춰 섰다. 이를 보던 관중들은 환호했다. 오티스가 수직승강장치를 고안한 것은 아니다. 하지만 그는 엘리베이터를 더 안전하게 만들었고, 그 안전성을 멋지게 자랑했다.

브레이크장치의 성공은 당대에 이뤄진 몇 가지 공학적 혁신과 절묘하게 어우러졌다. 엘리베이터가 발전하기 전까지는 건물을 몇 층 이상 짓는 일이 드물었다. 대부분의 높은 건물은 교회나 등대처럼 속이 빈 건물이었다. 기술혁신이 이뤄져 더 높은 건물을 지을 수 있게 되자 계단을 걸어 올라가야 한다는 사실이 점점 더 큰 문제가 됐다. 엘리베이터가 세상을 변화시킬 잠재력을 지녔음을 깨달은 오티스는 엘리베이터야말로 계단이 갈수록 많아지는 문제점을 해결할 방법이라고 선전했다. 첫 주문은 1857년 뉴욕의 5층짜리 상가 건물에 설치한 승객용 엘리베이터였다.

1861년, 오티스가 죽고 발명품을 물려받은 아들들은 대중에게 보다 적극적인 마케팅을 펼쳤다. 호텔을 상대로 멋진 엘리베이터를 설치하면 부자 고객이 시끄럽고 부산스러운 1층에서 빠르게 꼭대기 층으로 탈출할 수 있다고 설득했다. 역사적으로는 1층이 가장 접근성이 좋은 만큼 선호되었지만, 꼭 그럴 필요는 없다고 말이다. 엘리베이터가 널리 보급되면서 건물들이 갈수록 높아졌고, 결국 펜트하우스가 가장 호사스러운 층이 됐다.

20세기 들어 다양한 회사가 계속해서 엘리베이터 설계를 개선하여 전에는 상상할 수 없을 만큼 높은 건물도 더 빠르고 조용하게 오르내릴 수 있게 됐다. 2009년 두바이 사막에 완공된 부르즈할리파Burj Khalifa 건물은 거의 830미터라는 현기증 나는 높이를 자랑한다. 다름 아닌 오티스엘리베이터사가 제작한 세계에서 가장 빠른 복층 엘리베이터가 이 건물이 내세우는 장점 중 하나다. 초당 10미터 속도의 이 엘리베이터는 1분 만에 124층까지 올라갈 수 있다. 이 건물에 설치된 70대의 오티스사 엘리베이터 모두가 그렇게 빠르다. 이 건물을 짓는 데 수많은 인상적인 공법이 기반이 되었지만, 엘리베이터가 없었다면 이렇게 높은 건물을 짓는 일이 아예 불가능했을 것이라고 자신 있게 말할 수 있다.

고층건물 시대의 서막

철 골 구 조

건축의 역사가 진행된 대부분의 시기에 건물 높이는 무거운 블록을 층층이 쌓아놓을 때 발생하는 물리학적 문제로 제한됐다. 그리스와 로마 시대 신전들이 서 있을 수 있었던 이유는 대체로 낮게 지으면서 두꺼운 기둥으로 지지했기 때문이다. 이집트 피라미드는 그보다 높았지만, 기단이 넓었기에 지을 수 있었다. 중세 고딕 양식으로 지은 교회들은 천국에 가까이 다가가기 위한 방법으로 부벽을 사용했지만, 여전히 높이에 제한이 있었다. 19세기 내내 도시에 10층짜리 건물은 대체로 보기 힘든 기적이었으며, 그마저도 중대한 단점이 있었다. 벽체의 아랫부분이 두꺼워야 해서 아래층 바닥 면적이 크게 좁아질 수밖에 없었던 것이다. 1891년 시카고에 지어진 모내드녹빌딩Monadnock Building은 이런 문제점을 잘 보여주는 대표적 사례다. 16층인 이 건물은 당시 기술에 비해 너무 높게 지은 탓에 아랫부분의 벽체 두께가 180센티미터나 될 수밖에 없었다.

1800년대 말 뉴욕 브로드웨이 근처 값비싼 땅을 샀던 비단수입상 존 노블 스턴스John Noble Stearns도 마찬가지 딜레마에 빠졌다. 건축가들 대부분이 폭이 6.7미터밖에 안 되는 이 땅에 10층 이상 건물을 지으려면 1층 면적의 절반 정도를 포기할 수밖에 없다고 했기 때문이다. 그런데 브래드퍼드 리 길버트Bradford Lee Gilbert라는 건축가가 자기는 30센티를 넘지 않는 벽두께로 높은 건물을 짓는, 다른 사람들은 불가능하다고 보는 일을 해낼 수 있다고 주장했다.

전통적인 소재를 활용할 생각만 했던 다른 건축가들과 달리 길버트는 산업 시대의 신기술에 눈을 돌렸다. 특히 무거운 짐을 실은 기차가 아무 탈 없이 지나다니는 철교에 주목했다. 그는 철교를 지으면서 사용한 재료와 구조 원칙을 수평이 아닌 수직으로도 적용할 수 있다고 생각했다. 철골구조로 건물을 짓는다는 생각이 완전히 새로운 것은 아니었으나 길버트가 생각한 방법은 한 발 더 나아간 것이었다. 그는 타워빌딩Tower Building을 설계하면서, 일반적인 경우 건물을 떠받치던 벽체를 얇은 "커튼 벽"으로 만들고 건물의 하중을 전적으로 강철골조가 감당하도록 했다. 이 "골조에 외벽 두르기" 방식은 뒤에 고층건물을 짓는 보편적 방법이 됐다.

당시 많은 사람들이 길버트의 혁신적인 방식을 의심했다. 이에 길버트는 타워빌딩 맨 위층에 사무실을 차려 건물이 안전하다는 것을 몸소 입증하고자 했다. 건축 과정에서도 그는 시속 130킬로미터의 바람이 부는 와중에 골조를 타고 올랐다고 한다. 추가 달린 다림줄을 맨 위층 골조에 매달아 늘어트린 뒤 추가 흔들리지 않는다는 걸 보여줌으로써 철골구조가 안정적이라는 점을 과시한 것이었다.

1889년 건물이 완공되자, 길버트는 약속한 대로 펜트하우스로 이사했다. 그는 몇 년 동안이나 책상에 앉은 채 자신이 개척한 철골구조 건물들이 도시 곳곳에 올라가는 걸 지켜볼 수 있었다. 타워빌딩은 수십 년 뒤 해체됐지만 고층건물이 빠르게 늘어나는 새 시대를 연, 최초의 건물 가운데 하나로 기록돼 있다.

높이 경쟁의 마지막 승부수

크 라 이 슬 러 빌 딩

20세기 들어 높은 건물을 짓는 엔지니어링 능력이 발달함에 따라 최고층을 짓는 치열한 경쟁이 시작됐다. 설계자, 엔지니어, 개발업자, 고객 모두 자신의 건물에 세계에서 가장 높은 건물이라는 타이틀이 붙는 건 잠시뿐이라는 걸 알면서도 계속 이 타이틀에 도전했다. 고층 경쟁은 최근 국제적 현상으로 확대됐다. 두바이의 새 건물이 중국 건물을 넘어서고 사우디아라비아가 한국을 앞서는 등, 예전보다 최고층 기록 갱신이 비교적 잦아지면서 약간 김이 빠지긴 했지만 말이다. 그러나 1920년대에는 높이 경쟁이 완전히 새로운 현상이었다. 특히 한 도시에서 두 건물이 각자 가장 높은 건물이 되겠다고 계획했을 때는 더 그랬다. 두 건물의 설계자들이 숙적이라는 점이 한층 더 호기심을 자극했다.

윌리엄 밴 앨런William Van Alen은 예술적인 건물을 짓는 대표적 건축가였다. 건축 속도나 예산보다는 창의성에 더 집중했다. 반면 한때 그와 함께 일했던 경쟁자 H. 크레이그 세버런스H. Craig Severance는 합리적인 원칙주의자로 건축의 사업적 측면과 이윤 극대화에 관심이 많았다. 의견이 달랐던 두 사람은 결국 헤어졌고 사업 수완이 뛰어난 세버런스는 광란의 20년대(사람들이 활기와 자신감이 넘치던 1920~29년의 시기를 말함) 뉴욕시에서 이윤이 많이 나는 건물을 여러 채 지었다. 이에 비해 돈을 많이 벌지 못하던 밴 앨런에게 큰 기회가 생겼다. 자동차 재벌 월터 크라이슬러Walter Chrysler를 만난 것이다. 높고 웅장하며 창의적인 건물을 짓기를 원했던 크라이슬러는 밴 앨런이 자신의 비전을 실현할 수 있다고 보았다. 당시 세버런스는 월스트리트 40번가에 수익률 높고 질서가 잡혀 있으며 효율적인 건물을 짓는 데 금융 파트너와 함께 직접 투자하고 있었다. 마침내 두 팀이 세계에서 가장 높은 건물을 짓는 경쟁을 시작했다.

크라이슬러 건물 팀이 먼저 당시 241미터로 가장 높았던 울워스빌딩Woolworth Building 보다 높은 250미터 건물을 짓겠다는 계획을 발표했다. 그러자 세버런스 팀이 몇 달 뒤 월스트리트 40번가 건물을 256미터로 짓겠다고 공표했다. 이를 계기로 두 팀은 건물을 짓는 도중에도 새로운 건물 높이를 발표해댔다. 목표치는 점점 높아졌다. 이 경쟁에 신문, 잡지가 큰 관심을 보였고, 덕분에 호기심을 느낀 대중도 이들의 경쟁을 실시간으로 따라갈 수 있었다.

크라이슬러와 밴 앨런은 더 높이 짓기 위해 건물의 특이한 디자인을 계속해서 수정했다. 심지어 크라이슬러빌딩의 상징과도 같은 아르데코 돔을 더 높이 늘이기도 했다. 반면 세버런스는 층수를 늘리는 방법으로 단순하고 효과적으로 반격했다. 그렇지만 둘 중 어느 전략도 최후의 승리와 연관되지는 않았다. 숨겨진 깜짝 전략이 있었기 때문이다.

두 건물이 지어지는 동안 밴 앨런은 크라이슬러빌딩 안에 비밀 병기 팀을 운영했다. 건물 중앙 골조의 내부에서 금속 조각들을 차곡차곡 모아들여 조립한 다음 건물 꼭대기에 올린 것이다. 상대 건물이 최종 높이에 도달할 때까지 기다렸다가 건물 안에 감춰둔 이 56미터짜리 첨탑을 올리는 계획이었다. 그 결과 319미터 높이의 전 세계에서 가장 높은 건물이 탄생했다.

강철을 입힌 아치와 햇빛이 부서지는 삼각형 창문들, 처마의 독수리 장식들, 타이어 휠캡 같은 장식이 들어간 프리즈가 있는 크라이슬러빌딩은 건축가와 대중으로부터 호평과 악평을 모두 받았다. 그러나 결국 도시를 상징하는 대표적 건물이 됐다. 이에 비해 월스트리트 40번가 건물을 떠올릴 수 있는 사람은 많지 않다(이 건물은 뒤에 트럼프빌딩으로 이름이 바뀌었다). 1년이 채 안 돼 엠파이어스테이트빌딩이 세계에서 가장 높은 건물 기록을 세우며 두 건물을 모두 압도했다. 크라이슬러빌딩이 세계에서 가장 높은 건물이라는 지위를 누린 시간은 비록 짧았지만, 초기에 이 건물이 명성을 얻는 데는 분명 촉매가 됐다. 그러나 오늘날 이 건물을 더 높은 건물들의 바다에서도 두드러지게 하는 것은 그 특별한 아름다움이다.

한밤중에 그곳에서 일어난 의문의 사건

시 티 코 프 센 터

1967년 59층의 시티코프센터Citicorp Center 건물을 지을 당시, 뉴욕 시민들은 불가능하게만 보였던 강철과 유리 건물이 사방에 솟아오르는 데 익숙해지고 있었다. 그렇지만 시티코프센터는 세계에서 가장 높은 건물 중 하나인 데다 지붕이 이례적으로 급경사를 이루고 있었기에 하루가 다르게 고층건물이 들어서는 맨해튼 미드타운에서도 눈에 띄었다. 그런데 건물 지붕을 쳐다보느라 아래쪽에 심상치 않은 점이 있다는 것은 놓치기 쉬웠다. 이 건물은 네 개의 기둥 모양 지지대가 건물 전체를 높이 떠받치고 있는데, 상식과 달리 네 모퉁이가 아닌 네 변의 중앙에 위치한다. 이런 설계는 건물이 속한 블록의 한 모퉁이에 자리 잡고 있던 교회의 요구에서 비롯했다. 블록 전체를 소유한 교회가 건물 부지를 팔면서, 원래 교회가 있던 구석 자리에 새 교회를 지을 수 있는 공간을 남겨두어야 한다는 조건을 붙였다. 이 조건을 이행하기란 만만치 않았다.

이 프로젝트를 담당한 건축가는 휴 스터빈스Hugh Stubbins 였지만 문제 해결 방안을 제시한 공은 대체로 그의 수석 구조엔지니어인 윌리엄 르메저William LeMessurier의 몫이다. 그가  낸 아이디어는 건물 네 변에 기둥을 설치해 건물을 교회보다 높이 들어 올린 다음, V형 보강재를 설치하자는 것이었다. 이 보강재로 건물 하중을 네 변 중앙에 있는 기둥에 모으도록 한 것이다. 또 가압 볼 베어링 위에 거대한 콘크리트 덩어리를 올린 동조질량댐퍼tuned mass damper를 설치해 건물의 안정화를 돕고 바람이 불 때도 건물이 흔들리지 않도록 했다. 모든 것이 순조로워 보이던 1978년의 어느 날, 르메저 사무실에 전화가 걸려왔다.

다이앤 하틀리Diane Hartley는 이 건물을 논문 주제로 삼은 건축학과 대학생이었다. 그녀는 연구 도중 이 건물이 각 모서리 방향에서 불어오는 바람에 특히 취약하다는 점을 계산해내고는 르메저 엔지니어링 보고서에 계산 결과를 뒷받침하는 데이터가 있는지 찾았으나 없었다. 하틀리가 전화를 걸어 이 약점에 관한 르메저 측의 계산 결과를 요청하자, 그의 사무실에서는 시티코프센터에 실제로 부족한 점이 있고 건물 지지대가 휘어질 수 있다고 걱정하기 시작했다. 바람이 불 때 건물 전체가 무너질 수도 있었다. 보통의 건물이라면 측면에서 부는 바람이 문제지 모서리 쪽으로 부는 바람은 문제가 되지 않는다. 그런데 이 건물은 측면에 기둥을 설치하는 방식이어서 바람의 영향이 보통 건물과 달라질 수 있었다. 설상가상으로 비용을 줄이기 위해 주요 연결부위를 용접 대신 볼트로 고정한 탓에 건물이 바람에 더 취약할 수 있었다.

하틀리의 계산을 검토한 르메저는 새로운 조치가 필요하다고 판단했다. 그는 건물이 견딜 수 있는 풍속을 기상정보와 대조한 다음 시티코프센터를 무너트릴 수 있는 폭풍이 뉴욕에 평균 55년에 한번 불어온다는 점을 확인했다. 그것도 건물을 안정화하는 동조질량댐퍼가 건물 주변의 움직임을 제대로 상쇄한다면 말이다. 르메저는 정전으로 댐퍼가 작동하지 못하면 약한 바람에도 건물이 취약해진다는 사실을 깨달았다. 그는 이런 점들을 고려할 때 매년 시티코프센터가 붕괴할 확률이 16분의 1이나 된다고 계산했다. 아무런 조치를 취하지 않는 건 맨해튼 중심부에서 엄청난 재앙이 일어나길 앉아서 기다리는 꼴이었다.

르메저와 동료들은 시티코프사에 건물을 응급 보수해야 한다고 알렸다. 뉴욕경찰국의 도움을 받아 이들은 반경 열 블록 내 모든 사람을 대피시키는 계획을 세웠다. 일기예보 회사 세 군데에 폭풍을 감시하는 작업을 맡겼다. 허리케인 엘라가 다가오는 가운데 시에서 2500명의 적십자 자원봉사자를 대기시켰고 건설노동자들이 작업을 시작했다. 이들은 밤새도록 비밀리에 조용하게 볼트로 고정한 곳을 새로 용접했고, 건물 입주자들이 출근하는 동틀 녘에는 작업을 중지했다. 다행히 태풍이 상륙하지 않았고 건물 안에서 일하는 사람들은 이런 일이 있었다는 사실을 알지 못했다.

우연히도 당시 뉴욕 신문들이 파업 중이어서 이 사실을 모르고 지나갔다. 몇 년 뒤 1995년, 작가 조 모겐스턴Joe Morgenstern이 파티에서 우연히 이 사건에 대해 듣고 르메저를 인터뷰해 〈뉴요커〉에 터트렸다. 최초로 실수를 발견한 건축학도 다이앤 하틀리의 이름은 당시에 알려지지 않았고, 그녀는 나중에야 자신의 전화가 불러일으킨 연쇄적인 조치들에 대해 알게 되었다. 결국 시티코프센터는 세계에서 가장 높은 건물이라는 타이틀을 가질 수는 없었지만 전혀 다른 방식으로 주목을 끌었고 역사책에 실리게 됐다. 설계자가 결코 바라지 않았을 방식으로 말이다.

건축 반대 시위가 벌어진 이유
트 랜 스 아 메 리 카 피 라 미 드

모더니즘은 20세기 중반에 부상했다. 특유의 건축재료에 더해 미적인 이상도 이런 현상에 한몫했다. 20세기 고층건물들이 전형적으로 보여주는 철강과 유리로 만든 미니멀리즘 양식은 깔끔하고 기능적이며 구조적으로 가감없다는 평을 받았으며, 대부분의 건축가들은 이런 디자인 미학에 발을 맞추었다. 그런 만큼 모더니즘이 절정이던 1960년대 말, 샌프란시스코 중심부에 피라미드 모양의 포스트모더니즘 건물이 들어서자 엄청난 반발이 있었다. 특히 건축가들의 반발이 심했다.

트랜스아메리카의 본사이자 로고가 된 트랜스아메리카피라미드Transamerica Pyramid는 샌프란시스코의 스카이라인을 흔들어놓을 예정이었다. 도시에서 가장 높은 건물이 돼 주변 건물들을 왜소하게 보이도록 만들 터였다. 일부에선 이 건물이 잘 구획된 세련된 도시계획에 방해가 된다고 보았다. 지나친 마케팅 술책이라는 비난도 있었다. 미국건축가협회 샌프란시스코지부도 건축에 공개적으로 반대하고 나섰다. 피라미드 형태를 만드느라 건물 꼭대기에 60미터 남짓 사용하지 않는 공간을 둔다는 점이 모더니즘 쪽으로 기울어진 당시 건축가들의 기능주의적 상식에 대한 정면 도전으로 받아들여진 것이다. 피라미드 모양의 바보 모자를 쓴 시위대가 거리로 나섰다. 주민들은 건축 중지를 요청하는 소송을 냈다. 건물 높이를 제한하는 투표를 하자는 제안도 있었다. 피라미드 건물 설계는 "비인간적인 창조물"이자 "저급한 형태의 스페이스니들Space Needle(시애틀에 있는 뾰족한 바늘 모양의 고층건물)"이라고 매도당했다. 그렇지만 설계자와 건축주는 이런 반발과 항의를 무시하고 건축을 강행했다.

건물이 완공된 뒤 수십 년이 지나는 동안 일부 비판자들은 생각이 바뀌었다. 시간이 약이 됐는지도 모르지만, 도시의 일부로서 그

건물을 받아들이면서 균형감각이 생긴 것이다. 트랜스아메리카피라미드는 샌프란시스코 중심부 금융가의 아주 특이한 교차로에 자리하고 있다. 건물이 들어선 블록은 사방이 모두 평범한 격자형 도로에 둘러싸여 있지만, 건물과 45도 각도로 만나는 콜럼버스대로 끝에 있기도 하다. 콜럼버스대로에서 바라본 모습은 건물의 완전히 다른 면을 보여준다. 아니, 면이 아니라 모서리라고 해야 할까? 사전에 이 모습을 담은 도해를 공개했다면 이 건물을 지지하는 사람이 더 많았을지도 모른다. 물론 설계자가 이런 효과를 처음부터 염두에 두었다면 말이다.

이 건물에는 건축가들이 싫어해 마지않는 점들이 더 있다. 지하와 연결되는 방식이 괴상하고 창문들도 통상적인 모습이 아니다. 그렇지만 비판자들이 원했던 대로 1960년대 말의 모더니즘을 따랐다면, 오늘날 샌프란시스코의 독특한 스카이라인은 절대 만들어질 수 없었을 것이다. 트랜스아메리카피라미드는 더 이상 샌프

란시스코에서 가장 높은 건물이 아니지만, 이 건물보다 먼저 또는 뒤에 지어진, 철과 유리로 된 평이한 건물들 사이에서 여전히 독보적인 모습으로 서 있다.

신기록을 넘어서

타 이 베 이 1 0 1

　20세기 고층건물 경쟁은 시어스타워, 크라이슬러빌딩, 트랜스아메리카피라미드처럼 미국의 정치적, 경제적 부상과 함께 성장한 대기업들이 능력을 과시하려고 벌인 일이다. 그런데 최근에는 상하이타워나 마카(메카라고도 함)로열클록타워 같은 건물들이 각 도시의 상징이 되면서, 건물에 회사명 대신 지역명을 붙이게 됐다. 마찬가지로 지역 이름이 붙은 타이베이101은 단순한 고층건물이 아니라 초고층건물이다. 높이가 300미터 이상이면 초고층건물로 불리는데, 이 건물은 높이가 508미터이니 너끈히 그렇게 불릴 만하다.

　완공 당시 세계에서 가장 높은 건물에 올랐던 타이베이101은 지질학적 문제와 날씨 문제는 물론 주변의 도시 환경이라는 문제를 모두 극복한 점에서 대단한 성공 사례다. 타이베이101의 설계에는 지진과 태풍을 반영해야 했고, 지역의 항로도 이 건물을 우회하도록 다시 잡아야 했다. 그런데 이런 일들보다 더 중요한 건 이 초고층건물이 안전하고 안락하다는 것을 세입자와 방문자에게 확신시키는 일이었다. 건축가 C. Y. 리는 안전하다는 느낌을 강조하기 위해 건물 외관을 기다란 불탑 형상으로 설계하고 금화와 용 등 상서로움을 강조하는 장식을 가미했다. 이것이 대중들에게 먹혀들었다. 설계자는 건물 내부에도 한층 더 안전하고 편안한 느낌을 주기 위한 장치를 추가했다.

이 건물을 안정화시키는 핵심적인 전략은 동조질량댐퍼를 사용하는 것이다. 동조질량댐퍼는 본질적으로 바람에 맞서 균형을 잡아주는 기능을 하는 장치지만, 다른 댐퍼들과는 달리 이 건물의 댐퍼는 건물의 정체성을 형성하는 데에도 핵심적인 역할을 했다. 댐퍼는 롤러 위에 추를 설치하거나 액체 속에 콘크리트 덩어리를 매달아놓는 형태가 일반적이다. 그렇지만 타이베이101의 댐퍼는 건물이 흔들리는 속도를 늦추는 거대한 진자다. 이런 식의 댐퍼를 가진 고층건물이 꽤 있지만, 일반적으로 댐퍼를 상층부에 설치하며 접근을 차단해 외부에서 볼 수 없게 만든다. 이에 비해 타이베이101의 초대형 댐퍼는 건물을 상징하는 대표적인 구경거리로 만들어져 있다.

건물 꼭대기 가까이에 설치된 이 댐퍼는 아래로 네 줄의 굵은 케이블을 내려 대형 금빛 보주寶珠를 매달아놓은 형태다. 케이블은

41줄의 강선을 꼬아 만든 것으로 코끼리 132마리의 무게다. 이로써 건물의 안전성을 대단히 시각적인 방법으로 과시할 수 있었다. 그렇지만 개발자들은 여기에서 멈추지 않았다. 이들은 헬로키티 마케팅으로 유명한 산리오Sanrio사와 계약해 댐퍼를 브랜드화했다. 산리오사는 이 동조질량댐퍼 모양의 몸에 머리가 크고 팔다리가 짧은 댐퍼 베이비 캐릭터를 만들어냈다. 그렇게 검은색, 빨간색, 노란색, 은색, 녹색의 통통하고 귀엽게 생긴 다섯 주인공이 탄생했는데, 이들은 각자 다른 성격을 가지고 있다. 세로 선으로 된 눈과 동그라미 입이 있는 얼굴 모습은 101이라는 숫자를 넌지시 드러낸다. 이 색색의 주인공들이 타이베이101 댐퍼에 이르는 길목에 늘어서 있다. 댐퍼 베이비들은 애니메이션의 해설을 맡고 있으며, 건물 내 상점에서는 이 캐릭터들이 담긴 각종 기념품과 장난감을 판매한다.

타이베이101은 2010년 세계 최고층이라는 타이틀을 두바이 부르즈할리파에 내주었다. 한때 드물었던 초고층건물들이 곳곳에 들어서면서 타이베이101의 순위는 한참 뒤로 밀렸다. 그렇지만 황금 댐퍼 덕분에 여전히 국제사회의 관심을 끌고 있으며, 타이베이의 상징이 되었다.

초고층건물이 아주 많아졌다는 점을 생각하면, 이제는 그 높이만으로 이목을 끌기가 쉽지 않다. 아마 그래서 타이베이101은 세계 최대의 댐퍼, 세계에서 가장 빠른 엘리베이터, 세계 최우수 LEED 친환경건물 인증 등 '세계 최고'라는 타이틀 외에도 댐퍼 베이비 같은 요소에 기댔을 것이다. 요령 좋은 고층건물 개발업자들은 타이베이101을 본받아 대형 시계탑, 투명 유리 바닥으로 된 전망대, 건물 외부 투명 미끄럼틀을 설치하는 등 건물에 특색을 더하고 있다. 오늘날에는 한순간일 뿐인 기록을 넘어 교육, 여가, 흥미를 제공하여 건물을 기억하게 하는 방법들에 점점 더 많은 관심이 집중되고 있다.

고층건물들의 집단 역학

거 리   협 곡

멀리서 보면 우주 바늘이나 울퉁불퉁한 파편shard 같은 단일한 건축물이 스카이라인을 결정하는 것처럼 보일 수 있다(각각 시애틀의 스페이스니들과 런던의 더샤드를 가리킨다). 그렇지만 길 위에선 온갖 건물이 도시에 대한 우리 경험에 나름의 역할을 한다. 도로 양옆의 건축물은 지상의 아름다움과 일조량만이 아니라 온도와 바람 같은 환경에도 영향을 준다. 설계자가 이런 효과를 모두 예측하기가 쉽지 않아서 설계할 때 고려하지 못하는 경우가 있다. 극단적인 경우에는 무신경하게 지은 건물 단 한 채가 불쾌감이나 직접적인 위험을 야기하는 예기치 못한 일이 발생하기도 한다.

2006년, 맨체스터에 들어선 비텀타워Beetham Tower는 장식용으로 건물 위에 삐죽하게 설치한 유리 "칼날"로 인해 바람이 불 때마다 이상한 소음이 났다. 마치 피아노의 "가온 다"음 같다는 사람들도 있었다. 소음을 없애기 위해 흡음발포고무를 붙여도 보고 바람 방향을 바꾸기 위해 알루미늄판을 붙여도 봤지만 바람이 강하게 부는 날이면 여지없이 울음소리가 났다. 건축가는 소음에 대해 사과했다. 바로 그 사람이 펜트하우스에 살았으니, 당연히 그도 소음에 관해 익히 알고 있었다.

그런데 바람이 일으키는 문제는 성가신 소음 정도에서 그치지 않는다. 리즈에 있는 브리지워터플레이스Bridgewater Place에서는 바람이 더 심각한 영향을 끼쳤다. 건물의 모양 때문에 계절풍이 불 때마다 건물을 타고 내리 부는 바람 속도가 최대 시속 130킬로미터에 달했다. 2011년엔 트럭 한 대가 바람에 뒤집히면서 길을 지나던 사람을 덮치는 비극적 사고가 발생하기도 했다. 인도를 지나는 사람들이 넘어져서 부상을 입는 일도 잦았다. 문제 해결을 위해 오랜 세월에 걸쳐 여러 가지 방안을 시도한 끝에 바람막이판 여러 개를 건물 기단 주위에 세워놓음으로써 해결할 수 있었다. 건물 소유주들은 바람이 불 때마다 차량을 우회시켜야 하는 비용 등으로 지자체에 백만 달러 이상을 배상해야 했다.

휴대용 무전기처럼 생겨 워키-토키라는 별명이 붙은, 런던 펜처치가 20번지의 건물도 바람 문제가 있었다. 하지만 이 건물에 워키-스코치Walkie-Scorchie와 프라이스크레이퍼라는 별명이 붙은 것은 이 건물과 햇빛의 관계 때문이다(전자는 불에 그슬린다는 뜻의 scorch에서 따온 별명이며, 후자는 굽는다는 뜻의 fry와 고층건물을 뜻하는 scraper를 합친 단어다). 건물을 짓는 과정에서 오목하게 생긴 건물 정면이 햇빛을 모아서 반사해, 건물 앞 도로를 뜨겁게 달군다는 것이 드러났다. 주차된 자동차의 플라스틱이 녹을 정도였고, 옆 건물 바닥에 깔린 양탄자에 불이 붙는 일도 있었다. 도로에 반사된 햇빛을 이용해 프

도시의 보이지 않는 99%

라이팬에 계란을 익히는 것을 실연해 보인 기자도 있었다. 결국 햇빛 가리개를 건물에 설치함으로써 문제를 해결해야 했다.

이런 문제들은 어쩌면 건물을 완공하기 전에 해결할 수 있었을지도 모른다. 도시 전체의 차원에서, 여러 채의 고층건물이 함께 만들어내는 문제들은 더욱 통제하기가 어렵다. 고층건물이 밀집한 도시에선 이른바 거리 협곡 때문에 미기후가 만들어진다. 일직선 도로를 따라 고층건물이 모여 있는 경우, 풍속이 실제로 빨라진다. 건물 형태에 따라 태양열을 모으거나 더운 공기를 가두어 기온이 올라가기도 한다. 이 때문에 도시의 열섬효과가 심해진다. 거리 협곡 현상이 대기오염물질을 위로, 협곡 바깥으로 날려 보내기도 한다. 그 아래 머무는 사람들에게는 좋은 일일지도 모른다. 그렇지만 어떤 곳에서는 고층건물군이 스모그를 가두고 다시 순환시킨다.

거리 협곡 현상이 더 놀라운 부차적 효과를 내는 일도 있다. 고층건물들이 모여 있으면, 소위 맨해튼 계절_{Manhattan Solstice} (동지와 하지를 가리키는 Solstice를 계절로 옮겼다) 같은 황홀한 현상이 일어나기도 한다. 한여름과 한겨울이 되면 도로 양옆으로 늘어선 고층건물 사이로 일출과 일몰을 볼 수 있다. 이 현상은 뉴욕에만 특별히 나타나는 것이 아니지만, 뉴욕처럼 비교적 지형이 평탄한 곳에서는 특별히 멋진 풍경이 연출된다. 천체물리학자 닐 더그래스 타이슨_{Neil deGrasse Tyson}은 이 현상을 영국 스톤헨지 유적에 빗대어 맨해튼헨지라고 명명했다. 타이슨은 미래의 고고학자들이 맨해튼 도로를 격자형으로 만든 건 계절에 따른 태양 위치 변화를 숭배하기 위한 것이라고 볼지도 모른다고 생각했다. 그는 "이 희귀하고 아름다운 광경이 마침

현충일 및 야구 올스타 경기 시기와 겹친다"면서 "미래의 인류학자들이 자칭 미국인이라는 사람들이 전쟁과 야구를 숭배했다고 생각할지 모른다"고 너스레를 떨었다. 해마다 해당 날짜가 약간씩 바뀐다는 점만 뺀다면 크게 틀리지 않은 말일 수도 있겠다.

도시는 복잡계이며 이를 제대로 이해하려는 노력이 진행되고 있다. 과학자들, 엔지니어들, 도시계획가들이 더 넓은 범위의 상호작용을 연구하고 건축설계회사들은 사례별로 도시라는 큰 맥락 속에서 각 건물이 미치는 영향을 모델화하기도 한다. 나무가 가득한 숲처럼, 도시 전체는 그것을 구성하는 건물들이 크든 작든, 또는 기존의 관념을 깨는 것이든 아니든 단순히 건물들의 합이 아니다.

15장 1% 고층건물의 99% 비밀

16장

일상 속 약간 특별한 건물들

고층건물들이 도시의 스카이라인을 정하지만 우리 인간 대부분은 건물의 첫 몇 층을 드나들거나 그 주변을 돌아다니는 식으로밖에 도시를 경험하지 못한다. 공간에 대한 우리의 감각이 형성되는 곳은 상점가, 주거지, 박물관 등이다. 익숙한 동네의 특징과 일상적 경험을 만드는 데 있어서는 세계적으로 유명한 건축가만큼이나 상점가의 상점 주인 혹은 세입자도 큰 영향력을 발휘한다.

◀

토론토 왕립온타리오박물관의 튀는 부속건물

중국을 모르는 사람들이 만든 중국풍

차 이 나 타 운

샌프란시스코, 뉴욕, 로스앤젤레스, 라스베이거스 등 서양식 일
색인 도시들에 사찰 탑식 지붕과 용문龍門 등 중국풍이 뚜렷한 차이
나타운이 있다. 그러나 중국에서 막 이 도시들에 도착한 사람에게
는 차이나타운의 중국풍이 친숙하기보다 이질적으로 느껴지기 십
상이다. 철 지난 스타일과 뒤죽박죽으로 섞여 있는 디자인 요소들
때문이다.

샌프란시스코 차이나타운은 원래 빅토리아 시대 이탈리아 양식
집이 늘어선 평범한 거리였다. 중국 이민자들이 이 지역에 모인 건
건물들이 마음에 들어서가 아니라 정치, 사회, 경제적으로 필요했
기 때문이었다. 19세기 샌프란시스코는 중국 이민자들을 따뜻하게
받아주지 않았다. 당시 차이나타운은 마약과 매춘이 가득한 슬럼
이라는 인식이 팽배했다. 이국적 이미지에 장단을 맞추고 싶어 했
던 관광가이드들이 그런 인식을 강하게 만들기도 했다. 〈샌프란시
스코 크로니클〉에 실린 차이나타운 소개 기사에 붙은 "미국 속의
동양—차이나타운의 낮과 밤 탐험—이고도 중국인들의 풍습"이라
는 제목은 당시로선 매우 점잖은 축이었다.

1906년 대지진으로 샌프란시스코 대부분이 불타버렸을 때 차이
나타운 주민들은 이웃의 도움을 거의 받지 못했다. 소방서는 인근
놉힐처럼 부유한 동네 진화에만 매달렸고 불이 번지는 걸 막으려
차이나타운에 있는 건물들을 폭파하기도 했다.

시의 일부 당국자들은 이번 기회에 차이나타운을 없애려고 마음 먹었다. 먼지가 가라앉고 연기가 사라지기도 전에, 차이나타운을 헌터스 포인트로 옮김으로써 백인 소유 기업들에 도심지 값비싼 땅을 넘기자는 제안이 나왔다. 시장이 도시계획가 겸 건축가 대니얼 버넘Daniel Burnham에게 도시미화운동City Beautiful movement 정책에 따른 계획을 세우도록 위임했다. 시장의 정책은 깨끗한 백인 도시라는 위험한 비전을 내세웠는데, 이런 정책이 당시에는 인기가 높았다. 그러자 중국인들이 결사반대하고 나섰다. 자신들의 경제적 영향력을 활용하며 샌프란시스코에서 사업체를 완전히 철수할 것이라고 위협했다. 결국 시가 굴복했다.

그렇지만 아무것도 없는 데서 어떻게 다시 차이나타운을 만들 것이냐는 문제는 남았다. 룩 틴 엘리Look Tin Eli라는 기업인이 T. 패터슨 로스T. Paterson Ross라는 건축가와 A.W. 버그렌A. W. Burgren이라는 엔지니어를 고용해 중국인들이 사용할 새로운 건축물들을 설계하도록 했다. 둘 다 중국에는 한 번도 가본 적이 없는 사람인데 말이다. 두 사람은 수백 년이나 된 그림들, 주로 종교적 색채를 띤 그림들에 의존해 새로운 차이나타운의 모습을 개발해나갔다. 그 결과로 나타난 건축물 모음집은 중국에 대한 미국인들의 미심쩍은 생각들은 물론 다양한 중국 전통을 끌어모은 것이었다. 이런 접근 방식이 인근의 다른 지역에서도 차용되면서, 전 세계 차이나타운의 모습을 이루게 된 새로운 미학의 토대가 됐다.

샌프란시스코 차이나타운에서 시작된 혼종적 모습은 난삽해 보이지만, 그 기반이 된 아이디어는 단순했다. 차이나타운 지도자들은 이 지역이 관광명소가 될 것을 알고 있었고, 관광객들의 기호에 맞춰준 것이다. 그 모습이 애매하게 이국적이긴 해도 중산층 백인 미국인들에게는 알맞았다. 여행자들이 샌프란시스코 차이나타운에서 돈을 뿌리자 전국의 차이나타운이 그 예를 따랐다.

서양인들에게 친숙한 분위기 덕분에 곳곳에서 중국 이민자들에 대한 이미지는 좋아졌지만 중국 문화에 대한 고정관념과 오해가 계속 이어지는 계기가 되기도 했다. 이 차이나타운들은 중국적이지도 미국적이지도 않으며, 역사적으로 고증이 잘 된 것도 아니고 완전히 유행에 따른 것도 아니다. 둘 사이의 어떤 지점에 놓여 있다. 중국계 미국인들이 만들어낸 독특한 문화적·건축적 혼종이라고 할 수 있겠다.

고도로 계산된 조잡함

수 표 교 환 점

일반적인 수표교환점을 보고 그 건물에 감탄할 사람은 많지 않겠지만, 이런 장소들의 설계는 사업 방식을 아주 분명하게 보여준다. 명색이 금융의 한 부분을 차지한다지만 이런 점포에서 은행 분위기를 느낄 순 없다. 고풍스러운 기둥, 고비식물, 고급 양탄자와 차분한 인테리어 등 부를 상징하는 것들이 없다. 은행에서는 정장을 입은 사람이 고객을 맞으면서 문을 열어주고 창구 직원들도 웃는 얼굴로 접객한다. 그렇지만 막상 고객은 앉아서 은행 직원을 기다려야 할지, 아니면 서비스 창구로 가야 할지 어리둥절해한다. 처음 은행을 찾은 사람이라면 안내 팸플릿을 끝까지 읽고 나서야 은행에서 제공하는 서비스를 대충 알 수 있게 된다. 그게 아니라면 은행 직원의 번드르르한 설명을 잠자코 들어야만 한다. 평범한 수표교환점이라면 일반적인 은행과 외관이나 느낌이 많이 다르다.

2008년, 전국 최대 수표교환체인점 소유주인 톰 닉스Tom Nix는 〈뉴욕 타임스〉에 실린 기사에서 기자 더그 맥그레이Doug Mcgray에게 점포 실내디자인의 핵심에 대해 설명한 적이 있다. 닉스는 점포의 인테리어가 매우 의도적인 것이라고 강조했다. 지나친 장식을 모두 걷어낸 것도 그렇다. 이런 가게들은 일부러 아무나 쉽게 드나들 수 있는 흔한 구멍가게를 흉내 냈다. 카펫도 없었다. 대신 리놀륨을 깔았다. 흙 묻은 신발을 신은 건설노동자 같은 사람들이 부담 느끼지 않고 들어올 수 있게 한 것이다.

수표교환점에선 어느 창구에서 어떤 서비스를 처리하는지를 한눈에 알 수 있다. 각종 서비스와 가격표를 커다랗게 써놓은 안내판도 있다. 비록 가난한 노동자들을 착취하는 나쁜 금융거래가 이뤄지는 곳일지는 몰라도, 교환 수수료만큼은 분명하게 고시해둔다. 은행이라면 고객에게 다섯 개의 당좌계좌를 열어주면서 각종 투자상담을 하는 한편 복잡한 금리 설명을 담은 두꺼운 팸플릿과 함께 금융상품을 소개하겠지만, 수표교환점에선 알기 쉬운 한두 가지 서비스만 제공할 뿐이다.

수표교환점이나 봉급일 대출(봉급 받는 날에 맞추어 수표를 써주고 그 금액에서 수수료를 뗀 현금을 받는 것)을 하는 점포들은 수단 방법을 가리지 않고 과도한 수수료를 떼지만, 드나드는 사람들이 어찌나 많은지 리놀륨 바닥이 쉽게 닳는다. 그런 곳을 이용할 필요가 없는 사람이라면 그 앞을 무심코 지나칠 수 있다. 수없이 많은 작은 가게 중 하나일 뿐이다. 그러나 이처럼 대수롭지 않게 보이는 디자인에도 고도의 계산이 담겨 있다. 근래엔 일부 은행들이 이런 디자인의 핵심적 요소들을 본받아서 고비식물과 금줄 장식을 버리고 각 지점을 일반 소매점처럼 만들거나 커피숍과 합쳐서 일상적이고 친근하며 쉽게 접근할 수 있는 곳으로 만들고 있다.

가게를 홍보하는 두 가지 방법

오 리 와 　 창 고

완공한 지 채 20년이 안 된, 커다란 소풍 바구니처럼 생긴 7층짜리 사무실 건물이 매물로 나온 적이 있다. 한창때 롱거버거Longaberger Company 근로자 500명이 일하던 이 건물은 이 회사 대표 상품인 손으로 짜서 만든 소풍 바구니를 본뜬 것이었다. 광고 목적으로 지은 이 커다란 건물은 포스트모더니즘 건축가 로버트 벤투리Robert Ventruri와 데니즈 스콧 브라운Denise Scott Brown이 "오리duck"라는 별명을 붙인 건물 양식의 고전적인 사례다.

오리는 건물 모양새와 양식에서 기능이 명백하게 드러나는 건물을 말한다. 뉴욕 롱아일랜드에 있는 오리와 오리알을 파는 상점 빅덕Big Duck이 최초 사례다. 이 건물의 형태 때문에 사람늘은 건물 안에 무엇이 있는지를 쉽게 알았다. "꾸민 창고decorated shed"유형의 흔한 건물과는 다른 방식으로 건물의 목적을 드러낸 것이다. "꾸민 창고"란 일반적인 건물에 간판과 장식품을 붙여 목적을 드러내는 구조를 말한다. 대형 창고형 상점이나 커다란 간판이 달린 식당이 그 사례다.

벤투리와 스콧 브라운은 1960년대 후반부터 1970년대 초반까지 라스베이거스 지역을 연구하면서 오리와 꾸민 창고 유형 사이의 차이점들을 정리했다. 당시로선 건축가가 대중을 겨냥해 지은 상업적인 건물을 연구한다는 것이 흔한 일이 아니었다. 심지어 욕을 먹을 수도 있는 일이었다. 다른 모더니스트 건축가들이 죄악의 도시Sin City(라스베이거스를 가리키는 말)를 싸구려 장식물과 가짜 유물이나 사적으로 가득한 쓰레기장이라고 생각하던 시절에 벤투리와 스콧 브라운은 달리 보면 지루하기 짝이 없는 이 지역 건물에 적용된 상징의 풍부한 의미들을 발견했다.

로버트 벤투리와 데니즈 스콧 브라운, 스티븐 아이즈너Steven Izenour는 자신들의 발견을 담은《라스베이거스의 교훈Learning from Las Vegas》이라는 책을 펴내면서 건축계에 논란을 촉발했다. 출간과 함께 건축계에 파장이 일면서 당대 건축가들은 모더니즘과 새로운 경향(뒤에 포스트모더니즘으로 확립)으로 갈려 치열한 논쟁을 벌였다. 벤투리스콧브라운앤드어소시에이츠Venturi, Scott Brown & Associates라는 설계 회사는 라스베이거스에서의 경험이 남긴 교훈을 마음 깊이 새기고, 자신들이 설계하는 건물에 각종 건축 사조를 차용, 재조합하고 장난스러운 간판과 상징을 덧붙였다. 이것이 포스트모더니즘 운동의 특징이 되었다.

오늘날의 건축설계사들은 (역사 속 장식물을 멋지다고 생각하든, 싸구려라고 생각하든) 건물에 장식물을 사용해야 할지, 사용한다면 어떻게 사용해야 할지를 두고 고민한다. 많은 사람이 포스트모더니즘 건축가들의 작품을 비판한다. 어떤 사람들은 오리나 꾸민 창고 유형이라는 분류가 주관적이거나 자의적이라고 비판하기도 한다. 하지만 그 영향은 여전하다. 적어도 재미있는 건물 분류방식은 되는 셈이다. 오리 건물은 희귀하다. 야생에서 이런 오리를 마주치게 되면 재미있지 않을까.

도시의 보이지 않는 99%

안 어울리는 것들의 아름다움

독 특 한 건 물

토론토 왕립온타리오박물관은 몇 년에 걸친 보수와 리모델링 끝에 2007년 증축된 모습으로 거듭났다. 크리스털이라 이름 붙은 증축 부분은 논쟁적이고 주변의 대세를 거스르는 모습이었다. 2800평에 달하는 크리스털은 국제적으로 명성 높은 스타 건축가 대니얼 리버스킨드Daniel Libeskind가 설계했다. 이 복잡하고 기하학적인 작품은 서로 교차하는 유리판과 알루미늄, 강철이 전통적 건물인 기존 박물관을 일부 둘러싸고 있다. 그 뾰족뾰족한 모습은 그 어떤 건축가도 상상하지 못할 만큼 이탈리아 네오로마네스크 양식의 기존 박물관과 달랐다. 〈슈퍼맨〉의 기지 '고독의 요새'를 구식 기차역에 붙여놓은 모습이었다. 옛것과 새로운 것, 질서와 혼돈을 기괴하게 병치해놓은 모습에 한 비평가가 (마치 자기가 건축주인 양) "이제 건축가를 두 명 쓰는 일은 더 이상 하지 않겠다"고 재담을 했다. 전체적으로 볼 때 이 디자인은 박물관의 중요성을 강조하는 데 성공했지만, 도무지 어울리지 않는 이런 접근 방식이 도시 풍경을 압도하기 시작하면 시각적 질서가 무너져 내릴 수 있다.

리버스킨드나 프랭크 게리Frank Gehry처럼 해체주의 건축가의 작품에 익숙한 사람이라면 그들이 주변 풍경이나 건물과의 관계 속에서, 혹은 그런 관계를 무시하고 매우 과감하고 난해한 건물을 짓는다는 걸 알 것이다. 어떤 경우에는 건물의 목적과 프로그램, 중요성에 비추어보았을 때 도시의 구성이나 그 역사적 맥락에서 노골적으로 탈출하는 것이 합리적인 선택이다. 박물관은 주변과 잘 구별되는 것이 타당할 수 있다. 모양과 스타일로 건물의 문화적 중요성이나 공공성을 상징할 수 있기 때문이다. 아마 이것이 리버스킨드의 대담한 건물은 물론 인상적인 원래의 온타리오박물관을 지을 때의 의도였을 것이다. 하지만 스위스 베른에 지은 웨스트사이드 쇼핑앤드레저센터Westside Shopping and Leisure Centre처럼 공공성이 약한 건물에 적용되었을 때는, 리버스킨드의 곡예가 분명 과해 보인다. 사람들이 뭐라고 하든지 이 두 건물은 건물을 주변에서 따로 떼어내 평가하기는 어렵다는 걸 보여주는 사례다. 물리적, 사회적, 문화적 맥락 역시 중요한 것이다. 어쨌든 독특한 건물이 등장하는 역사는 반복되고 그런 건물들은 처음엔 비판을 받는 경우가 많다.

파리는 독특한 건물이 많기로 유명하다. 에펠탑이 가장 유명한 사례다. 뼈대만 앙상하게 드러난 이 철제 건축물은 처음에 등장했을 때 흉물스럽다는 조롱을 받았으며, 구경꾼들은 이 건물이 일시적인 것이라는 설명을 듣고 나서야 마음을 가라앉힐 수 있었다. 그렇지만 탑은 영구적으로 파리 스카이라인의 일부가 되었고 현재 파리에서 가장 유명한 건축물이다. 마찬가지로 렌초 피아노Renzo Piano, 리처드 로저스Richard Rogers 등 유명 건축가들이 참여해서 지은 퐁피두센터도 완공 당시 "괴물"로 불렸다. 이 센터는 공기순환장치와 기계장치를 외부에 설치함으로써 실내에 널찍한 전시공간을 마련한다는 역발상에 따라 지어졌다. 이후 최소한 일부 사람들은 이 건물을 획기적이라고 평가하게 됐다. I. M. 페이I. M. Pei가 설계한 유리와 강철로 만든 루브르박물관 피라미드도 파리의 풍경에 더해진 당시에는 혹평을 받았다. 피라미드 모양은 시대착오적이고 일관성을 해치는 것으로 보였다. 박물관 건물의 유서 깊은 프랑스 르네상스 양식과 충돌을 일으키는 현대적 소재를 사용하고 아무 맥락 없이 고대 이집트를 연상시키기만 하는 것 같았다. 현재 이 건물은 파리의 랜드마크다.

이런 사례들은 구조물의 중요성은 그것을 둘러싼 환경과 관계가 있다는 것을 보여준다. 건축 자체를 통해 직접적으로든, 아니면 주변에 반응함으로써(또는 반응하지 않음으로써) 간접적으로든 말이다. 이 건물들은 과감하게 관심을 요구하고, 일반적으로는 실제로 관심을 끈다. 하지만 의도적인 예외주의를 너무 과하게 적용하거나 마구잡이로 적용하는 데는 위험이 따른다. 주택, 은행, 쇼핑몰과 같은 일상 건물들은 서로 조금씩 섞여 들어도 괜찮다. 모든 건물이 튀어 보여야 하는 건 아니고, 그럴 수도 없다. 모든 건물이 두드러진다면 어떤 것도 두드러지지 않게 될 것이다.

17장

옛 도시가 남겨준 것들

우리 시대 이전에 지어진 역사적 건물들을 유지하고 보존할 것인지에 관한 결정 등 건축을 할 때 우리가 내리는 선택에는 문화적 우선순위와 가치가 반영된다. 도시가 커지면서 미래를 향한 개발과 과거를 돌아보는 보존 사이에 갈등이 빚어지는 일이 종종 있다. 무엇을 어떻게 지키고 재건하고 보수할지, 아니면 그냥 망가지도록 내버려둘지에 따라 도시의 특성이 상상을 초월할 정도로 달라진다.

◀
헐어버린 옛 건물과 내부 모습

간단하게 과거로 돌아가기

이 교 도 의 대 문

고대 로마 시대의 도시이자 군사 요새였던 카르눈툼Carnuntum 유적지가 오스트리아 비엔나 근처 다뉴브 강가에 펼쳐져 있다. 전 세계 관광객들이 널찍한 이 야외 박물관을 구경하면서 과거의 조각들을 공부한다. 유적들은 부서지거나 재건된 정도가 모두 다르다. 어떤 것은 폐허가 된 반면 어떤 것은 과거의 기술과 재료를 사용해 보존 또는 복원돼 있다.

이 유적 가운데 콘스탄티누스 2세 황제가 승전을 기념하기 위해 세운 것으로 추정되는 커다란 개선문이 있다. 중세 시대 사람들은 거대하고 사면에 뚫린 입구가 가운데에서 만나는 이 기념비를 한 이교도 거물이 묻힌 입방체 무덤으로 생각해 하이덴토르Heidentor, 즉 이교도의 대문이라고 불렀다(콘스탄티누스 2세가 아리우스파 기독교도이며 이교도들을 대거 처형한 것으로 악명이 높다는 건 아이러니다).

시간이 지나면서 아치형으로 된 이 기념비의 상당 부분은 무너져 내렸다. 물리적으로 복원된 것은 아니지만, 그 역사적 형태는 관광객들이 구경할 수 있도록 단순하지만 인상적인 방식으로 되살려냈다. 바로 옆에 철 기둥 두 개를 세우고 그 사이에 일종의 투시 명판인 대형 유리패널을 끼워놓았는데, 그 패널에는 선 스케치가 들어가 있다. 이 그림과 패널 뒤에 있는 개선문을 겹쳐 보면 무너져 내린 잔해 위로 원래 모습을 파악할 수 있다. 폐허와 패널의 윤곽선

도시의 보이지 않는 99%

을 머릿속에서 결합함으로써 과거와 현재를 한눈에 관찰할 수 있는 것이다. 비용도 안 들고 기술도 필요 없는 눈속임이지만 효과가 큰 방법이다.

이런 유적지들은 고고학적으로나 미적으로 큰 관심을 끌지만, 여러 이해관계가 얽혀 보존할 것인지, 안정화할 것인지, 재건할 것인지 등을 결정하기가 결코 쉽지 않다.

대부분 고대 역사 유적을 최대한 보존해야 한다고 생각하지만 막상 어디서부터 어떻게 보존해야 하는지를 결정해야 할 때는 의견 충돌이 뒤따르기 마련이다. 특정 시기에 맞춰 복원하는 방식을 택하면 유적지에 담긴 여러 시대의 복합적인 역사가 훼손돼 건물 전체의 역사를 보여줄 수 없게 된다. 당대와 후손들을 위해 역사 유적을 보존하려는 사람들로선 무엇을 유지하고 바꿀지에 관한 미묘한 질문들을 헤쳐나가는 것이 문화적, 정치적, 경제적으로 어려운 과제다.

뉴욕 시민들의 후회

펜 실 베 이 니 아 역

뉴욕 사람들은 펜실베이니아역을 엄청나게 싫어한다. 1968년에 완공된 이 역은 구역사와 달리 칙칙하고 어둡고 북적이는 장소가 됐다. 매킴미드앤드화이트McKim, Mead & White가 설계하고 1910년에 완공한 원래의 건물은 웅장한 보자르 양식 건물로 뉴욕에서 빼어난 자태를 자랑했다. 커다란 도리아식 기둥 사이를 통과해 역사 안으로 들어서면 바로 넓은 계단이 이어지고, 계단을 내려가면 아치형 유리 천장으로 햇빛이 쏟아져 들어오는 탁 트인 공간이 나왔다.

웅장한 최초의 펜실베이니아역 건물은 고대 건물과 당대 기술에 영감을 받아, 옛날 건축 요소와 현대 산업적 미학을 결합한 걸작이었다. 이 건물을 보고 자극을 받은 미국 최대의 부자 밴더빌트Vanderbilt 가문이 그랜드센트럴역을 헐고 새로 지어 오늘날까지도 이어지는 랜드마크를 만들 정도였다.

그렇지만 수십 년이 지나 원래의 펜실베이니아역에 쇠락의 징후가 나타났다. 2차 세계대전 이후 제트기 시대가 도래하고 고속도로가 전국에 깔리면서 철도여행객이 감소하자 거대한 시설을 유지하는 비용을 감당할 수 없게 된 것이다. 손이 닿지 않는 높은 곳에는 제때 치우지 못한 비둘기 똥이 쌓였다. 깨진 창문도 제때 갈아 끼우지 못했다.

역 소유주들은 이 공간을 활용해 돈을 벌어야만 했다. 그리고 맨해튼처럼 빽빽하고 땅이 모자란 도시에서는 공중권이 늘 높은 가치를 지닌다. 소유주들은 건물이 그 자체로 돈을 벌어들이지 못한다면, 최소한 건물을 더 높이 올릴 수 있는 권한을 활용해 돈을 벌수 있다는 사실을 깨달았다. 대형 주차장, 사무용 빌딩, 원형극장을 짓자는 제안들이 있었지만 최종적으로는 다목적 매디슨스퀘어가든Madison Square Garden 실내체육관을 짓기로 결정했다. 철로는 그대로 두기로 했지만, 그 위의 건물은 머리 위의 새로운 세입자들에게 공간을 내주기 위해 부숴야만 했다. 건물 상태가 좋지 않았다는 점이 부분적인 이유가 됐겠지만, 원래의 건물을 철거하는 데 반대하는 목소리도 크지 않았다.

1960년대 초 역사 철거 반대 시위가 단 한 차례 있었다. 더나은 뉴욕건축을위한행동그룹Action Group for Better Architecture in New York 이라는 단체와 건축가들이 참여한 시위였다. AGBANY라는 딱히 인상적이지 않은 약어를 사용한 그 단체는 "부수지 말고 보수하라Polish, don't demolish!"는 슬로건을 내걸었다(시위 경험이 많지 않았다고 해야 할지 싶다). 그렇지만 건물 철거를 막을 순 없었다. 1963년 철거가 시작됐다. 화강암과 대리석 장식들을 떼어내 뉴저지의 습지에 폐기했다.

새 역사 디자인은 전혀 환영을 받지 못했다. 1968년, 건축역사가 빈센트 스컬리Vincent Scully 는 "전에는 신처럼 뉴욕에 들어섰던 우리가 지금은 생쥐처럼 허둥거린다"는 유명한 개탄의 말을 남겼다. 뉴욕 시민들과 당국자들 사이에는 역을 헐어버린 것이 실수였음이 자명해져만 갔다. 결국 로버트 F. 와그너Robert F. Wagner 시장이 최초로 랜드마크보존위원회를 설치하고 옛 건물을 보존하는 데 도움을 주는 새로운 법령을 제정했다. 그러나 이후에도 상징성 높은 옛 건물들이 많이 사라졌다. 위원회가 보존 심사 대상에 오른 건물들을 때맞춰 심사하지 못한 것도 한 가지 이유였다.

1968년에는 그랜드센트럴역도 도마에 올랐다. 펜실베이니아역과 같은 철로 위에 놓인 이 역도 적자여서, 역사 위로 건물을 증축함으로써 새로운 수입을 창출하려는 계획이 진행됐다. 그러나 이번에는 당국자들이 새로 제정된 법을 앞세워 증축 계획을 중단시켰다. 건물 소유주와 시 사이에 오래도록 소송이 이어졌다. 영부인 재클린 케네디가 보존 쪽을 공개적으로 지지하면서 그랜드센트럴역의 운명이 어떻게 될지는 뉴욕시를 넘어 전국적인 관심사가 되었다. 재판 역시 전국 수준까지 확대돼 대법원까지 올라갔고, 대법원이 1978년 랜드마크보존법을 지지하는 판결을 내리면서 그랜드센트럴역이 철거되지 않을 수 있었다.

펜실베이니아역이 사라진 것이 그랜드센트럴역을 보존하는 데 얼마나 큰 역할을 했는지를 정확히 알 순 없다. 그러나 전자의 철거가 후자의 파괴를 예방하는 데 도움을 주었다는 주장은 할 수 있을 것이다. 뉴욕시와 그 외 지역의 다른 건물에 대해서도 마찬가지다. 지금도 그랜드센트럴역 내의 둥근 천장에 시커멓게 더께가 앉은 것을 볼 수 있다. 여행자들과 통근자들에게 이곳이 낡아서 한때 철거될 뻔했던 위기를 넘기고, 보존될 만한 가치를 인정받았다는 사실을 알리고자 일부러 닦아내지 않는다고 한다.

어디까지 복원해야 할까

스 털 링 성   대 전 당

　사랑받는 건물이라면 처음 지었을 때처럼 번쩍거리는 상태로 돌려놓기 위한 계획을 대중들에게 납득시키기가 어렵지 않을 것이다. 그렇지만 오래된 건물의 경우는 복원 계획을 수립하는 일 자체가 쉽지 않다. 그리스와 로마 시대 동상과 건물은 원래 밝고 선명하게 색칠이 돼 있었지만, 원래대로 밝게 복원하겠다고 하는 건 비록 역사에 맞는 일일지라도 논란을 일으킬 수 있다. 자유의 여신상처럼 비교적 최신 건축물도 원래와 다르게 변화된 모습이 더 익숙하다. 구리로 덮인 이 여신상은 처음에 새 동전처럼 구릿빛을 빛냈지만 산화되면서 지금의 녹색으로 변했다. 1980년대 여신상을 대대적으로 보수할 당시에 형태만큼은 원래대로 복원했지만 누구도 코팅을 닦아 원래의 구릿빛으로 되돌려야 한다는 생각은 하지 않았다. 그런데 스코틀랜드 중부 스털링성 Stirling Castle 의 대전당처럼 여러 세대 동안 빛이 바랜 석조건물이 대대적인 보수를 거쳐 노란색으로 바뀐 사례가 있다.

　성이라고 하면 흔히 커다란 석조건물에 위풍당당한 감시탑이 있는 형태를 떠올린다. 그렇지만 실제로는 몇 년, 몇십 년, 심지어 몇백 년에 걸쳐 조금씩 건설되면서 복잡하고 구불구불하게 생긴 성이 많다. 스털링성도 그런 곳으로 궁전, 예배당, 안뜰, 바깥뜰, 대전당이 있으며 수백 년에 걸쳐 증축과 보수가 이뤄졌다. 높은 언덕 위에 성이 처음 세워진 건 12세기 또는 그 이전이지만 현재의 건물들은 대부분 1400년대와 1500년대에 지어졌다. 이 중에서도 두드러지는 거대한 전당은 원래 버터 같은 밝은 황금색으로 칠이 돼 있었다.

대전당은 스털링성 안에서 가장 중요한 곳이다. 1503년에 완공된 이곳은 왕과 귀족들이 모이고 연회를 하고 기념식을 하고 법률을 만들었던 곳이다. 국보 유적을 보존하고 대중에게 홍보하는 단체인 히스토릭스코틀랜드Historic Scotland는 1991년 이 건물의 보수작업을 시작했다. 당시 건물 상태는 매우 좋지 않았다. 한 세기 이상 육군성이 군사용으로 사용하면서, 창문과 문, 마룻바닥, 천장 모두 실제 병영의 기능을 할 수 있도록 변형됐다. 군대는 과거의 영광을 어렴풋하게만 알아볼 수 있는 처참한 상태로 이 건물을 남겨놓고 떠났다.

히스토릭스코틀랜드는 보통 건물의 현재 상태를 보존하는 일에 주력하지만 이번에는 대전당을 그냥 보존해야 할지, 군대가 점유하던 시절로 복원해야 할지, 그것도 아니면 찬란했던 시기의 모습으로 되돌려야 할지를 고민할 수밖에 없었다. 1500년대부터 이어온 전략적, 상업적, 문화적 중요성을 고려한 끝에 히스토릭스코틀랜드는 이 건물을 16~17세기 전성기 모습으로 복원하기로 했다.

이런 선택에는 원래의 건물이 어떻게 생겼는지, 또 이 건물이 어떻게 건설되었는지에 관한 중대한 질문이 뒤따랐다. 복원 팀은 역사기록을 뒤지고 동판화를 살펴보면서 단서를 찾았지만 모든 단서가 서로 들어맞지는 않았다. 그림마다 건물 높이와 층수, 담벼락, 굴뚝, 지붕 위에 올린 커다란 동물상 등 건축 요소들의 위치를 다르

　　　　　　　　　　　　　도시의 보이지 않는 99%

게 표현했기 때문이다. 복원에 참여한 사람들은 연구를 거듭하며 서로 뒤엉킨 다양한 퍼즐을 최대한 풀어냈다. 동물상이 있을 만한 위치는 트러스로 받친 외팔들보 지붕 지지대에서 가장 강한 부분으로 결정됐다(이 지지대 자체도 1719년의 삽화를 검토하고 재건한 것이다). 그런 식으로 하나하나 문제를 풀어나간 끝에 비교적 정확하게 복원작업을 진행했다.

복원이 끝난 건물이 공개됐을 때 지역 주민들은 지붕, 격자를 이루는 나무로 된 지붕 지지대 등 몇몇 부분을 마음에 들어 했다. 하지만 건물 외관에 이루어진 단순하고도 근본적인 변화는 많은 사람이 전혀 예상하지 못한 것이었고, 엄청난 논란을 일으켰다. 건물 외관을 (황토색이 풍부하게 들어간) 석회 도료로 뒤집어씌운 것이다. 히스토릭스코틀랜드는 건물의 옛 모습을 추적하던 중 예전 증축 과정에서 덮어버린 회칠 마감 일부가 건물에 남아 있다는 것을 알게 되었다. 이는 건물이 과거 화려한 색감의 외관을 자랑했다는 사실을 직접적으로 알려주었다. 대부분의 건물을 칙칙한 회색이나 갈색으로 짓던 시대였지만 스털링성 대전당만큼은 눈부신 노란색으로 치장함으로써 그 도시와 지역 사람들에게 건물의 중요성을 강조했던 것이다.

몇 년 동안 진행된 복원작업 중에는 건물이 비계와 가림막으로 가려져 있었다. 그런 만큼 복원된 건물이 공개되자, 수많은 사람이 밝은 노란색 마감에 충격을 받고 아무 거리낌 없이 큰 불만을 표시했다. 지나고 나서 말이지만, 복원작업에 대해 지역민들과 더 소통할 필요가 있었다. 히스토릭스코틀랜드의 복원작업은 원래 모습에 최대한 가깝게 이뤄졌고 그 결과 칙칙한 회색보다 더 선명한 (훨씬 밝은) 과거의 모습을 되찾았다. 지역 주민 일부에게는 이 사실이 여전히 충격일지도 모른다. 건축 환경에 일어나는 중요한 변화는 다분히 충격적으로 느껴질 수 있다. 관광객들에게는 이 건물이 아찔한 경험을 제공한다. 이런 모습을 보게 될 거라고는 아무도 예측하지 못했을 것이기 때문이다. 게다가 역사가 얼마나 다채로울 수 있는지 보여주는 만큼 꽤 교육적이기도 하다.

한마디 더 한다면 스털링성 대전당처럼 건물을 실제로 복원하는 작업은 디지털 복원이 활성화되면서 갈수록 줄어들고 있다. 오늘날에는 건물을 직접 리모델링하지 않더라도 (실제 모습이든 추정에 따른 모습이든) 건물의 다양한 상태를 3D로 재현해낼 수 있다. 이렇게 하면 몇 년, 몇십 년, 몇백 년에 걸쳐 건물이 진화해온(또는 쇠락한) 여러 단계를 경험하고 배울 수 있다.

복원인가 날조인가

바 르 샤 바　구 도 심

베를린 장벽이 붕괴한 지 수십 년이 지난 지금도 중부유럽과 동유럽의 건축에는 소련의 영향이 남아 있다. 프라하, 부다페스트, 부쿠레슈티 같은 도시에는 구소련 시기에 지은 커다란 입방체 모양의 건물이 많다. 폴란드 수도 바르샤바의 많은 지역은 무채색의 대형 공산주의 건축물들이 차지하고 있지만 예외인 곳이 한 군데 있다. 구도심 지역은 유럽 관광객들에게 인기가 높은 곳으로 관광객들이 기대할 만한 상점, 마차, 역사적인 것처럼 보이는 옛 건물이 가득하다. 그렇지만 겉모습에 속지 말라는 말이 있다. 그리고 이 경우에는 그 속임수가 특히 심하다. 유서 깊은 것처럼 보이는 건물 전부가 2차 세계대전 이후에 지은 것이기 때문이다.

바르샤바는 전쟁 중 완전히 파괴됐다. 재건하지 말자든가, 최소한 다른 곳을 폴란드 수도로 지정하는 것이 낫다는 의견까지 나올 정도였다. 하지만 결국 정부는 바르샤바를 재건하기로 결정했고, 재건은 대체로 구소련 방식으로 이뤄졌다. 짧은 기간에 최소한의 비용으로 큼직하게 짓는 방식이었다. 그렇지만 역사성 깊은 왕도Royal Route 주변을 복원할 때만큼은 현재 구도심이라고 알려진 구역을 짓기 위해 건축가, 고고학자, 기타 전문가를 동원하는 엄청난 쇼를 벌였다. 옛 건축 재료들을 사용한다는 것을 과시하기 위해 특수 벽돌가마에서 파벽돌을 새 벽돌로 가공하기까지 했다.

복원작업은 매우 성공적으로 진행된 것처럼 보였다. 처참한 파괴 뒤에 이어진 모범적인 재탄생의 전설이라도 보게 된 것 같았다. 그런데 시간이 지나면서 시민들은 복원작업에 수상한 대목이 있음을 눈치채기 시작했다. 많은 건물이 외관은 옛 모습이지만 실내는 현대식으로 지어졌던 것이다. 또 건물 외부에도 이상한 곳들이 눈에 띄었다.

전쟁 전에도 구도심에 대극장이나 성과 같은 공공성이 강한 랜드마크가 있었던 것은 사실이다. 하지만 이 구역은 딱히 관광명소가 아니었다. 대체로 사람들이 눈여겨보지 않는, 황폐한 곳이었다.

그런데 깨끗하게 정돈되고 복원되어 향수를 자극하는 모습은 역사를 끌어오되 실제의 예전 모습을 훨씬 넘어서는 것이었다. 왕도 변에 지은 건물들은 예전에 비해 단순화된 모습이었다. 원래는 다양한 높이의 건물들이 뒤섞여 있었지만 새로 지은 건물들은 모두 3층짜리로 깔끔하게 줄지어 섰다. 이처럼 원래대로 재건하지 않고 표준화된 모습으로 복원한 것이 공산주의 정신의 표현이라고 지적하는 사람들도 있었다. 건물의 층수를 획일적으로 통일하겠다는 등의 선택이 평등의 구체적 사례 역할을 한다는 것이다.

복원작업을 담당한 사람들은 여러 시기의 역사를 참고했다. 이 지역이 2차 대전으로 파괴되기 훨씬 전인 1700년대에 바르샤바에 체류했던 이탈리아 화가의 작품을 참고해서 지은 건축도 있었다. 베르나르도 벨로토Bernardo Bellotto라는 사실주의 화가의 작품이었다. 그는 매우 정교하고 세부적인 그림을 남겼지만, 재현을 할 때 예술적 허용을 두는 사람으로도 알려져 있었다. 이처럼 좀 더 이상화된 형태를 인용하여 현재 구도심에 자리 잡고 있는 수많은 건물이 만들어졌다.

구도심을 더 정확히 복원하는 것이 불가능했기 때문이 아니다. 많은 건축가와 연구자가 전쟁으로 파괴되기 직전의 도시 모습을 사진과 그림으로 폭넓게 남겨두었다. 그렇지만 구소련 사람들에게는 구도심에 대한 새로운 환상을 만들어내는 일이 두 가지 목적에 부합하는 것이었다. 현대 자본주의가 발달하기 전의 모습을 되살리는 한편, 자신들이 다스리면 이 도시가 더 좋은 곳이 될 수 있음을 과시하려 했던 것이다.

오늘날에는 도시 곳곳에서 복원작업의 "성공"을 강조하기 위해 벨로토가 그린 다양한 바르샤바 그림 사본들이 그림 속 모습과 일치하는 거리 풍경 옆에 나란히 걸려 있다. 어떤 면에서는 실제로 복원이 성공을 거두었다고 할 수도 있다. 엄밀히 말해 역사적으로 정확하다고 할 수 없을 뿐이다. 이곳 구도심이 극단적인 사례이기는 하지만, 주관적으로 복원작업이 이뤄진 곳은 또 있다. 전 세계 곳곳에서 향수를 불러일으키기 위해 역사를 발굴한 시도들이 지역 주민들은 싫어하고 관광객들은 좋아하는 동네가 탄생하는 결과로 이어졌다. 현대와도 결이 다르지만, 가끔은 과거에서도 한발 떨어져 있는 공간들이다.

사라진 멋진 생태계

콜 로 세 움

이탈리아 수도에 있는 로마광장 바로 동쪽에 콜로세움이 있다. 세계에서 가장 유명한 폐허라고 할 만하다. 직접 가보지 않은 사람도 현대 미디어를 통해 콜로세움의 둥그런 형태, 아치가 여러 층 쌓여 있는 모습, 부서져 내리는 곡선, 전반적으로 쇠락한 상태에 관해 잘 안다. 그런데 수백 년 동안 이 적갈색 유적은 다른 색깔, 즉 녹색으로 덮여 있었다. 꽤 최근까지 나무, 풀, 덩굴식물, 관목이 건물 잔해 위에서 자라면서 (해가 들지 않는 저층의) 습하고 시원한 곳부터 (해가 잘 드는 고층의) 건조하고 더운 곳까지 건물 속 미기후에 맞게 번식해왔다. 이렇게 무성한 식물은 로마를 방문했던 수많은 유명 화가와 작가에게 영감을 주었고 그들은 자신의 경험에 관한 글을 남겼다. 그 가운데 찰스 디킨스는 "식물에 침략당한 담장과 아치"에 놀라움을 표시했다. 수많은 역사적 그림에도 이 고대 건축물 유적에 만개한 생명체들이 묘사돼 있다.

　1850년대에, 이곳에 매우 다양한 식물들이 서식하는 것을 보고 놀란 리처드 디킨Richard Deakin이라는 영국 식물학자가 이 독특한 서식지의 생태를 연구하기로 마음먹었다. 그는 400종이 넘는 식물들을 기록했는데, 일부는 유럽에서 드물게만 나타나는 종이었다(그가 아는 한 유럽에 아예 없던 종도 있었다). 이처럼 다양한 식물이 어쩌다 한 장소에 나타나게 되었는지 놀라워하던 디킨은 한 가지 이론을 생각해냈다. 가시 달린 형태든 다른 형태든 희귀식물 씨앗이 고대 로마인들이 이곳에서 싸움을 벌이도록 데려온 사자, 기린과 같은 이국적인 동물들의 배 속에 든 채로나 털에 붙어서 유입되었을 것이라는 설명이었다. 이 가설을 입증하기는 불가능하지만 디킨이 찾아낸 수많은 비재래종 식물 목록을 살펴보면 납득이 간다.

　잘된 일인지는 모르겠지만, (정치적 명분에 힘입은) 고고학이 식물학을 이겼다. 그 결과 이 독특한 생태계가 대략 150년 전쯤 제거됐다. 1870년에는 이탈리아가 세속 민주정부 아래 통일되면서 로마에 대한 교황의 통치를 종식했다. 새 정치세력은 고대 로마 역사에 근거한 합리적이고 과학적이며 현대적인, 기존과는 다른 이탈리아의 정체성을 추구했다. 이를 위해 콜로세움의 푸른 유적에서 침입종이라고 생각되는 식물들이 제거되었다. 그편이 보기에도 좋고 남아 있는 건축물의 안정과 보존에도 유리하다고 판단한 것이다. 식물들이 유적을 서서히 파괴하던 것은 맞지만, 그것들 역시 살아 있는 역사의 중요한 일부였다. 건축은 구조물을 구성하는 건축 재료로만 이루어진 것이 아니다. 건물 안에 서식하는 식물군(또는 동물군)도 특정 역사를 대변한다. 적어도 사자와 호랑이와 가시 씨앗에 관한 멋진 이론을 뒷받침할 수 있다!

버려진 장소의 매력

수 트 로 배 스 폐 허

고대의 거대하고 신비로운 건축물에서 폐허가 된 일반 주택까지 사람들은 버려진 장소와 시간을 넘나드는 그 아름다움에 매력을 느낀다. 물론 (미국처럼) 역사가 짧은 나라의 (캘리포니아 같은) 신생 주의 (샌프란시스코 같은) 신생 도시에서는 서구 문명의 고대 유적이랄 게 없다. 그래도 샌프란시스코 만안 지역 주민들은 포기하지 않았다!

금문교 인근 태평양 연안의 방조제 옆에는 수트로배스Sutro Baths 의 폐허가 있다. 근처에는 동굴도 있다. 얼핏 보면 실전된 고대 로마 유적처럼 보이지만 이 거대 수영장과 놀이공원은 지은 지 100년이 조금 넘었을 뿐이다. 이곳은 광산업으로 큰돈을 번 독일 엔지니어 아돌프 수트로Adolph Sutro 가 가장 좋아했던 프로젝트다. 수트로는 서부 해안지역의 존 D. 록펠러John D. Rockefeller 라도 된 것처럼 재산을 샌프란시스코만에 쏟아부었고, 이 프로젝트에도 공을 들였다.

수트로는 당초 태평양 바닷물로 물을 채우는 초대형 야외 수족관을 만들 계획이었는데, 갈수록 계획이 확대됐다. 엔지니어만을 고용해 기초를 거의 다 완공한 뒤에야 건축가를 합류시킨 것도 계획이 확대된 이유 중 하나였다. 결과적으로 이곳은 거대한 수영장 여러 개와 수영장을 잇는 물길, 수백 개의 탈의실은 물론 기이한 물건 박물관과 각종 목적의 구조물로 가득 차게 됐다. 시설 대부분을 거대한 유리벽으로 둘러쌈으로써 수정궁과 코니아일랜드(뉴욕 롱

아일랜드에 있는 유원지)가 결합된 모습이 탄생했다.

놀라운 볼거리가 많았음에도 불구하고 이곳은 개장 첫날부터 적자를 기록했다. 샌프란시스코 외곽에 있어 교통이 불편한 것이 한 가지 이유였다. 수트로는 손님을 늘리기 위해 막대한 돈을 쏟아부어 수영장까지 연결되는 전기철도를 가설했다. 그런데 1894년, 그가 시장에 당선된 뒤에도 그가 사랑했던 수영장은 수익을 내지 못했다. 몇 년 뒤 수트로가 세상을 뜨자 유족들은 이곳을 매각하려 했지만, 50년 동안 더 운영할 수밖에 없었다.

유족들도 처음엔 수트로의 바보짓을 수정함으로써 사람들을 더 끌어들이려고 노력했다. 아래쪽 수영장 물을 빼고 모래를 채워서 열대풍의 실내 해변을 만들기도 했다. 태평양 연안의 차가운 날씨를 겪어본 사람이라면 야외 해변 바로 옆에 실내 해변을 만든다는 아이디어가 생각만큼 미친 짓은 아니라는 걸 알 것이다. 하지만 애석하게도, 그리 뛰어난 아이디어도 아니었다. 나중에 실내수영장은 아이스링크로 바뀌었다. 이러저러한 아이디어를 실행에 옮겼지만, 이 혼합물에 뭘 더해도 효과가 없었다.

1966년, 이곳을 재개발하기로 한 직후 화재가 발생했고 건물들이 모두 폐허가 됐다. 부지는 1980년 국립공원관리청에 팔렸다. 지금 이곳은 금문교를 위시한 국립 휴양지의 일부다. 한창 운영되는 동안에는 성공을 거두지 못했지만, 최근 몇 년 사이에는 일종의 무료 현대 유적지로 각광을 받고 있다. 모든 건축 환경이 그렇듯 이곳도 계속 변한다. 수년간 여기저기가 부서져 바다로 떨어지고 있다. 자연이 이곳에 대한 소유권을 다시 주장하면서 식물들이 번성하고, 이 지역은 서서히 습지로 바뀌고 있다. 철새들이 머물고 거대한 수영장에 서식하는 수달들이 발견되기도 했다. 결과적으로 이 시설은 무너지고 있음에도 (또는 무너지고 있기 때문에) 여러 가지 기능을 한다. 이곳이 고대 유적지라고 생각했을지도 모를 호기심 가득한 관광객에게 경이로움을 선사하면서 말이다.

자연이 우리를 과거로 안내하다
채 츠 워 스 하 우 스

2018년 여름, 북유럽에 이례적인 더위가 닥치면서 영국 전역에서 도로 아스팔트가 녹고, 들판은 벌겋게 달아오르고 식물이 말라 죽었다. 당시 유적연구가 겸 마니아인 폴 쿠퍼Paul Cooper가 〈뉴욕 타임스〉에 가뭄이 가져온 놀라운 결과에 대해 기고했다. 그는 "주택과 주거지, 무덤과 헨지 등의 자취와 구석기 시대부터 로마 시대, 중세 시대의 마을 거리 흔적 등 땅 위에 새겨졌던 과거의 모습이 다시 드러나고 있다"고 썼다. 사라진 건축물에 대한 단서가 다시 드러나 자연만이 보이던 지상 풍경에서 유령 마을의 청사진을 읽어낼 수 있게 됐다는 것이다. 유적의 윤곽선과 자취가 토양의 질, 농도, 투과성에 차이를 만들어냈고, 이런 차이가 식물에 영향을 주면서 주변의 녹지와 대조돼 그 흔적이 선명하게 드러났기 때문이다.

언론인 앤서니 머피Anthony Murphy는 드론으로 사진을 찍다가 아일랜드 어느 들판에서 짙은 색의 커다란 고리 모양을 발견했다. 뒤에 고고학자들이 1000년 전에 그 자리에 헨지가 서 있었다는 걸 밝혀냈다. 푸르기로 유명한 이 지역에 이례적인 건조 기후가 닥치지 않았다면 드러나지 않았을 흔적이다. 나무로 만든 헨지는 오래전에 무너진 뒤 썩어 없어졌지만, 기둥들에 눌렸던 땅이 식물 성장에 영향을 주었다. 그 자리, 즉 땅속 더 깊은 데서부터 자란 작물은 옆의 작물보다 더 푸르렀고 번성했다. 이런 모습이 극단적인 건조 기후에서 특히 잘 드러났던 것이다.

영국 전역에서도 가뭄으로 인해 고대 정원과 건축물이 드러났다. 대표적인 사례가 더비셔에 있는 채츠워스하우스Chatsworth House다. 이곳에서는 17세기 정원의 형태가 식물 성장의 차이에 의해 드러났다. 그러나 위의 사례와는 반대로, 지표면 아래 옛길과 화단이 있던 자리가 흙과 수분을 빼앗아 식물이 주변보다 앙상하고 잘 자

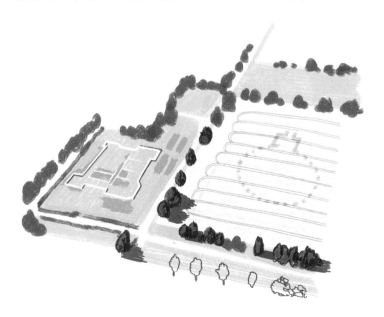

라지 못했다. 근처 노팅엄셔에서는 잘 자라지 못한 식물들 덕분에 18세기 공들여 지은 클럼버하우스Clumber House 저택의 흔적이 드러났다. 이 저택은 화재가 여러 번 발생하면서 무너진 곳이었다. 무성한 수풀 속에서 거대한 일대일 축척 청사진(아니, 갈색 사진이라고 해야 할까?)처럼 방과 복도의 윤곽이 드러났다.

고고학자들이 역사 재구성 수단으로 활용하는 유기체 신호 중에는 밭과 정원에 나타난 흔적만 있는 것이 아니다. 흙의 종류와 수심에 따라 얼고 녹는 정도가 다르기에 서리의 흔적도 유적을 찾는 단서가 된다. 불룩 불거진 땅 때문에 그림자가 생기는 곳에서는 커다란 토루나 오래된 요새와 성채의 토대가 있었던 자리를 가늠해볼 수 있다.

이런 현상 중 일부는 비행기에서 내려다보거나 드론으로 촬영한 동영상을 관찰할 때 가장 잘 보인다. 적외선 촬영이나 열감지 화상도 도움이 된다. 이런 접근법들이 현대 비행기와 같은 하이테크 수단이 생기기 전부터 있었다는 점도 주목할 만하다. 1789년, 자연주의자 길버트 화이트Gilbert White는 지역 주민들이 표면에 나타난 습기의 차이만 보고 토탄층에 매몰된 (연료용) 떡갈나무를 찾아낸다는 걸 확인하고는 "이 방법을 적용하면 사라진 옛 주택의 하수관과 우물을 찾아내는 것은 물론, 로마 시대 역참과 군대 주둔지에서 포장 도로와 목욕탕, 무덤이나 흥미로운 고대 유물을 찾아낼 수 있지 않을까"라고 생각했다. 길버트의 생각대로 된 셈이다.

그 이후 수백 년에 걸쳐 이런 흔적들이 스코틀랜드와 잉글랜드의 고고 유적, 이탈리아 북부 베네치아에서 고대 로마 노시 알티눔을 찾는 데 큰 역할을 했다. 이런 흔적을 알아보기가 늘 쉬운 것은 아니다. 이를 통해 모든 사연을 파악할 수도 없다. 대부분은 지하에 흥미로운 무엇인가가 묻혀 있을지도 모른다는 신호탄이다. 이 유령 같은 흔적은 인류의 역사가 지표면에 새겨지는 방식을 보여준다. 보존되든, 복원되든, 사라지도록 방치되든, 옛 건물의 흔적은 오랜 인상을 남긴다.

옛 건물들을 우아하게 보내주는 방법

해 체 기 술

일본의 이세신궁은 20년마다 건물을 헐고 힘들여 다시 짓는 주기적인 전통을 1000년 이상 고수해왔다. 이는 신자들에게 죽음과 부활에 대해 알리기 위한 것이지만, 한편으로는 역사 유물을 보존하는 방법이기도 하다. 복원자들은 엄청난 주의를 기울여 이미 복원된 것의 모든 세부 사항을 다음 복원으로 옮겨놓는다. 그런데 일본은 종교 건축만 주기적으로 헐었다가 다시 짓는 것이 아니다. 이 나라에는 다른 옛 건물들도 다시 지어온 오랜 역사가 있다.

일본 사람들은 파괴적인 자연재해에 익숙하기에 건물의 수명에는 한계가 있다고 생각한다. 새 건물이 더 안전하다고 여겨지는 이유 중 하나는 여러 차례 지진과 홍수를 겪으며 건물들이 약해지기 때문이다. 건축 관련법이 오랜 기간에 걸쳐 진화해왔다는 점도 새로운 건물이 더 안전하다고 믿도록 한다. 여기에 정부의 경고까지 더해지면서 오래된 건물들은 문화적 신중론에 직면하게 된다. 다른 나라에서는 오래될수록 건물의 가치가 커지는 반면, 일본에서는 정반대 현상이 나타난다. 그렇기에 새로운 건축이 늘어나고 수많은 오래된 건물이 해체된다. 이에 따라 전통적인 방법으로 주택을 허물 경우, 피해와 위험이 커지는 인구밀도가 높은 도시지역에서는 건물을 해체하는 창의적 방법들이 개발되기도 했다.

다이너마이트로 건물을 폭파하거나 요란한 기계를 사용해 조각조각 뜯어내는 대신, 신기술을 가진 해체전문회사들은 다층 건물을 한 층 한 층 신중하게 없앤다. 외부에서 보면 몇 날, 몇 주, 몇 달에 걸쳐 높은 건물이 낮아지다가 완전히 사라지는 것처럼 보인다. 굉음과 함께 한꺼번에 무너트리는 일반적인 방식과 비교할 때 이 방식은 소음과 대기오염이 적고 건축재료의 재활용도 쉽다.

이런 방법 중 한 가지가 건물 맨 위에서부터 시작해 아래로 작업해 내려가는 방식이다. 다이세이 생태재생산시스템Taisei Ecological Reproduction System의 경우, 건물의 최상층부를 둘러싸는 틀을 만들어 해체과정의 안전을 지키고 소음도 새어나가지 못하게 하는 것으로 작업을 시작한다. 그런 다음 이 틀 위에 해체를 도울 크레인을 설치한다. 이렇게 몇 개 층을 해체한 뒤 틀을 내린다. 이런 식으로 한 층 한 층 1층까지 내려오는 것이다. 모든 과정이 주의 깊게 설계됐다. 해체된 건축재료를 내리는 과정에서 발생하는 운동에너지를 해체 과정에 활용할 수도 있다. 재료를 내릴 때 그에 연결된 모터에서 전기가 발생하고, 그 전기를 배터리에 저장했다가 조명이나 작업자들의 장비에 동력을 공급하는 방식이다.

건물을 한층 한층 해체하자면, 당연히 위에서부터 해체해야 할 것 같지만 아래부터 해체해나가는 방식도 있다. 가지마Kajima사가 개발한, 잘라내서 해체하는 방법은 건물 기둥을 자르고 그 자리에 잭을 설치한 뒤 잭을 내리는 방식으로 조심스럽게 위층을 아래로 내리는 과정을 반복한다. 아래층부터 작업을 시작하기 때문에 재활용을 위해 건축재료를 묶어서 아래로 내리고 다시 푸는 데 드는 시간을 절약할 수 있어서 해체 시간이 줄어든다.

일본도 생명이 짧은 건축이 낭비라고 생각한다. 잘못된 건축 관련 결정을 피하고 건물을 좀 더 튼튼하게 만들기 위한 노력이 오랫동안 진행되어왔다. 해안가를 따라 몇 세대 전부터 설치돼 있는 "쓰나미 돌"에는 역대 최고 만조 수위 아래로 집을 짓지 말라는 경고문이 새겨져 있다. 전통적인 목재결합기술은 오랜 시간 일본 건물들이 지진을 견딜 수 있게끔 도와주었다. 최근에는 거대한 다층 시험 건물을 거대한 유압진동대 위에 지어, 지진이 발생하는 상황에서 어떻게 무너지는지를 알아보기도 했다. 이 안정성 평가 실험에서 얻은 통찰은 더 나은 설계 방식과 새로운 건축물에 적용될 건축 기법을 만들고 낡은 건물들을 개조하는 데 활용됐다.

건축기술의 발전도 그렇지만, 새로운 해체 방법의 발전 역시 일본을 넘어 전 세계에 적용할 수 있는 참신한 교훈을 준다. 이런 기술들은 어느 정도 지역적 특성에 따라 탄생한 것이지만 인간이 전 세계에 만들어놓은 건축물의 성격과 관련된 단순하면서도 근본적인 진실을 드러낸다. 어떤 건물도 영원할 수 없다는 진실 말이다. 전 세계적으로 노후화 시기를 미리 정해두는 방식에 대한 비판이 상당하지만 잘 지은 건물조차도 결국엔 낡은 것이 된다. 그렇게 보면 더 세심하고 사려 깊고 지속 가능한 해체 방법이 옛 건물들에 좀 더 우아하게 건축계를 떠날 방법을 제공한다고 할 수 있다.

5부

더 멀리에서
보기

어릴 땐 비행기를 타면 항상 창가 좌석에 앉으려고 한다. 그런데 나이가 들면 흥이 식어서 통로 좌석이 더 편하다고 생각한다. 그렇지만 우리는 계속 창가에 앉아서 경치를 즐길 것을 권한다. 최소한 비유적으로는 말이다. 도시의 모습과 경계선, 자연과의 근접성, 녹지대 활용 방식 등은 비행기에서처럼 높은 데서 특히 잘 보이기 때문이다. 도시 위로 상상의 나래를 펴 날아오르면 땅에 발이 묶였을 때는 도저히 알 수 없는 설계상의 선택들을 파악할 수 있다.

미봉책과 잘 조율된 계획이 뒤섞인 로스앤젤레스

18장

도시의 경계

두 점 사이의 최단 거리가 직선인 걸 모르는 사람은 없지만 실생활에서는 반드시 그렇다고 말하기 어렵다. 우선 어디서부터 거리를 재야 하는지가 불분명하다. 도시의 거리를 잴 때는 이게 결코 사소한 문제가 아니다. 도심과 도시 경계선은 늘 변화하며, 둘 사이의 길도 함께 달라진다. 19세기와 20세기에 교통 속도가 빨라지면서 시공간이 무너졌고 사람들 사이의 간격이 좁아졌다. 이에 따라 전에는 필요하지 않았던 조율과 계획, 높은 수준의 표준화가 필요하게 됐다.

◀

전 세계 고대 및 현대 도시에서 볼 수 있는 원점표지들

도시의 중심을 찾으려는 이유

원 점 표 지 석

   몇 년 전 샌프란시스코에서 도시의 지리적 중심을 찾아내 명판을 설치하려는 움직임이 있었다. 그런 표지가 필요한지를 묻는 〈샌프란시스코 크로니클〉 기자에게 시 공공사업관리국장 모하메드 누루Mohammed Nuru 는 "시의 중심지가 어딘지를 아는 건 중요한 일이다"라고 답했다. 그런데 왜 알아야 하느냐는 질문을 다시 받자 그는 "나도 모른다"라고 했다. 기사는 계속 이어진다. "누루는 곰곰이 생각해보더니 중심이 어딘지를 알면 다른 지점이 그곳에서 얼마나 떨어져 있는지를 알 수 있다고 말했다. 그걸 알아서 무슨 쓸모가 있는지는 잘 모르겠다고 덧붙이기는 했지만 말이다." 사실, 어떤 곳의 지리적 중심을 찾는 건 기능적 이유라기보다는 상징적으로 출발점을 설정하기 위해서다.

   과거를 돌이켜보며 도시의 정확한 중심을 찾는 일은 간단치 않다. 어떤 사람들은 전혀 가망 없는 짓이라고 할지도 모른다. 주변이 강이나 호수, 바다인 경우에는 인근의 섬들을 도시에 포함해야 할지, 도시의 경계는 밀물과 썰물 중 어느 때를 기준으로 해야 할지 등등 결정해야 할 일이 많다. 샌프란시스코의 지리적 중심은 우여곡절 끝에 트윈피크스 언덕 근처 관목숲으로 정해졌다. 그곳은 중심표지를 설치해도 보이지 않는 지역이어서 인근 보도에 놋쇠 원판을 설치했는데, 며칠 안 돼 누가 훔쳐 갔다. 모르기는 해도 샌프란시스코의 공식 중심점은 주민 누군가의 선반 위에 놓여 있을 듯하다.

샌프란시스코의 중심점을 정하려는 노력은 이번만이 아니었다. 1887년, 나중에 시장이 된 아돌프 수트로가 인위적으로 지정된 샌프란시스코의 중심점에 동상을 하나 세웠다. 애시버리하이츠의 올림푸스산 정상에 있는, "빛의 승리Triumph of Light"라는 동상이다. 그런데 이 동상은 제대로 관리하지 않아서 수십 년 동안 서서히 파괴됐다. 1950년대에 시에서는 동상이 더 이상 수리할 수 없는 지경에 이르렀다고 선언했고, 저항할 팔조차 없었던 여신상은 철거되었다. 그 자리에는 여신상이 놓였던 높은 기단만 남았다.

도시의 중심을 정하려는 움직임은 샌프란시스코 같은 현대 도시에만 국한된 것이 아니다. 로마제국이 전성기일 때, "모든 길은 로마로 통한다"는 격언은 정확하지는 않더라도 상당히 근거가 있는 말이었다. 수많은 주요 도로가 수렴되는 지점이 바로 로마 시내의 밀리아리움 아우레움Milliarium Aureum, 즉 황금 이정표가 있는 곳이었기 때문이다. 이 이정표는 기원전 20년 아우구스투스 황제가 로마 광장에 설치한 것이다. 제국 내 모든 지역은 이곳을 기점으로 거리가 측정되었다. 황금 이정표는 역사 속으로 사라졌지만, 물리적 중심점을 지정해야 한다는 생각은 그 뒤 모든 시대에 이어졌다. 예를 들어 비잔틴제국도 그런 전통을 따랐던 사실이 1960년대에 콘스탄티노플 이정표Milion of Constantinople 비석 일부가 발견되면서 밝혀졌다.

도쿄, 시드니, 모스크바, 마드리드 등 많은 현대 도시도 일종의 "원점표지석"을 두고 있다. 원점표지, 원점, 0 킬로미터라는 등의 설명과 함께 말이다. 영국 런던에는 수수께끼의 런던 스톤London Stone

이 있다. 그 기록된 역사는 1100년대까지 올라가고 아마 로마인들이 만든 것으로 보이는데, 이 돌의 원래 역할이 무엇인지에 대해서는 역사가들이 아직도 논쟁을 벌이고 있다. 한편 지난 몇 세기 동안 런던은 채링크로스에 있는 로터리와 동상을 거리 측정의 원점으로 삼아왔다. 런던 경찰은 한때 채링크로스에서 반경 약 19킬로미터를 활동 범위로 삼았으며, 2인승 마차는 이 중심점을 기준으로 거리별 요금을 받았다. 런던 택시기사들은 지금도 면허를 딸 때 채링크로스에서 약 10킬로미터 이내 지역의 도로에 대한 지식을 시험본다. 그렇지만 이 로터리 한복판에 있는 동상이 그런 거리 측정 원점이라는 걸 알려주는 표지는 작은 명판 하나뿐이다.

다른 많은 나라에서는 원점표지를 더 크고 잘 보이도록 만들었다. 길 위에 원점임을 알리는 문구를 새긴 명판을 설치한 경우도 있고 조각상이나 오벨리스크에 명판을 붙여놓기도 한다. 수도에 주로 설치돼 있는 이 물체들은 문화적 상징물인 동시에 도시 안의(때때로 그 너머까지) 모든 거리 표지를 설치할 때 기준이 된다. 어떤 원점표지석들은 크기도 크고 딱 봐도 원점표지임을 알 수 있다. 커다란 0 모양 돌조각 기단에 KM(킬로미터라는 뜻)이라고 새겨놓은 부다페스트의 원점표지석이 그렇다. 여러 가지 장식을 한 것도 있다. 쿠바 아바나의 정교한 원점표지석에는 당초 25캐럿짜리 다이아몬드가 박혀 있었다(1940년대에 도난당한 뒤 시에서 가짜 보석을 박았다). 문화적 아이콘을 이용하는 사례도 있다. 일례로 부에노스아이레스 원점표지석은 아르헨티나 모든 도로의 수호성인인 루한의 성모상이다. 파리 노트르담대성당 앞에 있는 원점 명판은 오랫동안 셀카를 찍는 명소였다. 이는 프랑스 전국의 고속도로 거리를 측정하는 원점이기도 하다.

이 표지들은 나름의 명분과 미적 기준에 따라 만들어졌다. 그중 일부는 로마 시대에 뿌리를 두고 있음이 분명하다. 워싱턴 D.C.의 원점표지석을 세운 건축가는 로마 황금 이정표에서 영감을 받았다고 밝혔다. 눈에 잘 띄는 이 표지는 백악관 바로 남쪽에 있다. "워싱턴에서부터 미국 고속도로의 거리를 측정하는 원점"이라고 쓰여 있지만, 사실 워싱턴 D.C. 밖에 있는 도로들은 이 표지를 원점 삼아 거리를 측정하지 않는다. 미국에선 원점표지와 거리 표시를 주마다 따로 정하며 사람들이 도시 사이를 오가면서 참조할 수 있는 전국적으로 통일된 기준은 없다. 대부분의 원점표지석이 그렇듯, 이 표지석도 대체로 상징적인 기능을 한다.

길 위에서 만나는 역사박물관

도 시 경 계 석

"미국 연방정부가 설치한 옛 기념비들은 번화가에 흩어져 있거나 빽빽한 숲속에 숨겨져 있고, 개인 주택의 앞마당이나 교회 주차장에 티 나지 않게 서 있다. 그 기념비들이 바로 이 나라의 수도인 워싱턴 D.C.의 현재와 과거 경계선을 나타내는 경계석들이다." 의회도서관 지도학자 팀 St. 온지Tim St. Onge는 이렇게 설명한다. 모든 도시에는 경계가 정해져 있지만 그 선을 직접 볼 수 있는 경우는 거의 없다. 그런데 워싱턴에서는 이 경계석들 덕분에 도시의 경계가 처음 정해지고 확대되어온 과정을 직접 눈으로 확인할 수 있다.

워싱턴 경계석들은 미국의 새로운 수도 창설을 규정한 1790년 수도입지법에 따라 설치됐다. 수도를 어디로 정할 것인지에 관해서는 의견이 분분했지만, 헌법에 의해 대통령에게 결정 권한이 있었다. 이에 따라 조지 워싱턴 대통령의 명령을 받은 토머스 제퍼슨 국무장관이 앤드루 엘리콧Andrew Ellicott이라는 측량사를 고용해 일을 맡겼다. 엘리콧은 여러 주의 경계를 확정하는 일을 담당한 경험이 풍부한 사람이었다.

엘리콧과 그의 팀은 메릴랜드와 버지니아의 들판에 각 변의 길이가 10마일에 달하는 다이아몬드 모양의 도시를 그리고 1마일(약 1.6킬로미터)마다 경계석을 세웠다. 이 경계석들은 지리적 표시 이상의 의미를 지닌 것이었다. 신생국이 영속할 것임을 밝히는 선언인 동시에 새로운 수도가 영원히 존재할 것임을 알리는 수단이었다. 경계석마다 한쪽 면에 "미정부 관할JURISDICTION OF THE UNITED STATES"이라는 글귀가 새겨졌고 반대편에는 "메릴랜드" 또는 "버지니아"라는 글귀(경계석이 설치된 자리가 원래 어느 지역이었는지를 표시한 것이다)와 설치연도가 새겨졌다.

도시의 보이지 않는 99%

설치된 뒤 한 세기 이상 지난 1905년에도 대부분의 경계석이 원래 자리에 남아 있었다. 프레드 우드워드Fred Woodward라는 사람이 그 경계석들을 사진 찍고 지도를 그렸다. 그는 많은 경계석이 망가진 모습을 보고 주위에 철제 케이지를 설치해 보호할 것을 제안했다. 우드워드는 "역사가와 골동품 연구가들에게 중요한 이 경계석들이 제대로 보호되지 못하고 있다"고 개탄하며 "불가피한 경우가 아니면 더 이상 손상되지 않도록 즉시 보호해야 한다"고 촉구했다. 그의 제안이 있은 뒤 미국혁명의딸들the Daughters of the American Revolution이라는 단체가 나서서 철창을 설치했다. 그렇지만 20세기 들어 워싱턴이 계속 확대되고 변화하는 과정에서 일부 경계석들은 옮겨지거나 철거되고, 파묻히거나 파괴됐다. 놀랍게도 과반수 이상이 아직도 어떤 형태로든 남아 있다. 건축 환경의 일부가 되거나 방치되거나 낡거나 아예 없어지기도 한 모든 경계석은 저마다 도시 발전의 역사를 전해준다.

남동쪽 8번 경계석을 보면 경계석들이 겪어온 파란만장한 역사를 일부 알 수 있다. 1900년대 중반에 원래의 경계석이 사라지고 새것으로 교체되었지만, 공사 중에 그 교체된 경계석마저 매립지에 묻혔다. 역사가들이 끈질기게 탐색한 덕분에 1990년대에 지하 2.4미터에서 망가진 철 케이지 속에 있던 이 경계석을 찾아냈다. 사람들은 보호를 위해 이 경계석을 바로 발굴하지 않고 땅속에 몇 년 동안 그대로 두었고, 2016년에 대체용 경계석을 만들어 지표면에 다시 세웠다. 대체용을 다시 대체한 셈이다. 근처 남동쪽 6번 경계석은 이에 비하면 잘 보존되었는데, 2000년대 초 자동차가 이 경계석에 충돌했다. 철 케이지가 산산조각 나고 경계석 밑둥이 부러진 것을 원래의 자리에 복원했다. 북동쪽 3번 경계석의 케이지도 최근 훼손됐지만, 이미 땅에 반쯤 묻힌 경계석은 전반적으로 양호한 상태다. 일부 경계석들은 아마추어 역사가들이 좋은 뜻으로 경계석에 명판을 설치하는 바람에 망가졌다.

1990년대에 남은 서른여섯 개의 경계석을 전부 국가사적으로 지정한 뒤로는 지역 당국과 연방정부 기관이 이 경계석들을 관리하고 있다. 하지만 시간이 지나 워싱턴 D.C.의 경계가 달라짐에 따라 경계석 일부가 인접 주에 속하게 되면서 보존 문제가 더욱 복잡해졌다. 현재는 일부가 사유지에 속해 있는데, 집주인에게 뒷마당의 경계석을 이렇게 저렇게 관리하라고 말해주기는 곤란한 일이다. "미국의 모든 것이 그렇듯 이 돌에도 역사가 담겨 있다. 그리고 워싱턴 D.C.에서 벌어지는 모든 일이 그렇듯, 이 경계석들에도 위태롭고 복잡다단한 정치와 돈과 지역적 이해가 뒤엉켜 있다." WTOP-FM 라디오 방송의 윌리엄 비트카William Vitka의 말이다.

현재 워싱턴 D.C. 당국은 시내에 남아 있는 경계석을 관리하는 데 노력을 집중하고 있다. 워싱턴의 경계가 달라진 데다 온라인 지도가 널리 사용되면서 경계석들은 기능을 잃었지만, 디지털 시대가 도래하면서 이들에 대한 관심은 오히려 높아지기도 했다. 도시 역사 애호가들은 핸드폰을 손에 들고 경계석을 추적하면서 도시 역사의 점들을 연결한다.

세계화의 산물

표 준 시

1857년에 출간된 시간표엔 미국 전역에서 사용되는 100가지 이상의 지역 시각이 기록돼 있다. 인접한 두 지역 사이에도 불과 몇 분이지만 시차가 있었다. 대부분의 사람은 지역마다 시간이 다른 것을 당연시했고, 굳이 상황을 바꿀 필요를 느끼지 못했다. 이 때문인지 1800년대 후반 철도회사들이 통합시간총회General Time Convention를 열고 시각표준화를 밀어붙였지만, 사람들이 별로 호응하지 않았다.

철도가 생기기 전까지는 지역 간 시차가 별문제도 아니었다. 각 마을은 정오(태양이 가장 높이 떠오른 때)를 기준으로 시계를 맞추었고 사람들은 마을에서 마을로, 도시에서 도시로 걷거나 말을 타고 지금보다 천천히 이동하며 시계를 다시 맞췄다. 그런데 기차가 등장하면서 공간과 시간이 무너졌다. 겨우 몇 시간 만에 승객들이 여러 시간대를 이동하게 된 것이다. 초기 역무원들은 노선의 출발 지점과 도착 지점에 맞춰 출발 시각과 도착 시각을 달리 표시해야 했다. 계산이 틀리거나 시계가 고장 나는 경우, 열차끼리 충돌하는 치명적인 사고가 일어날 수도 있었다(실제로 일어났다).

표준시간대를 설정해야 한다는 생각이 갈수록 힘을 얻으면서 1884년 국제자오선회의International Meridian Conference의 참석자들이 한 시간씩 시차를 둔 24개 구역으로 전 세계를 아우르는 시간측정시스템을 만들자고 제안했다. 지금 생각해보면 훌륭한 방법이었지만,

당시에는 이런 결정이 불가피한 것은 아니었다. 둥근 지구를 하루 24시간에 맞춰 24조각으로 나누지 않고서도 사람들은 수천 년 동안 별문제 없이 잘 지냈기 때문이다. 새로운 방식은 세계적 상호 연결이라는 영구적이고 전례 없는 변화를 반영하여 현실에 임의로 부과한 시스템이었을 뿐이다.

1918년, 비로소 미국 의회가 철도시각시스템을 공식 채택했다. 다른 나라들이 변화하기까지는 시간이 더 걸렸다. 프랑스는 몇 년이 지나서야 파리 표준시각을 그리니치표준시로 변경했다. 그리니치표준시와 겨우 10분 차이가 났을 뿐인데 결정을 늦춘 것이다. 아마도 문화적 경쟁심의 발로였을 것이다. 몇 년 전까지만 해도 여러 시간대에 걸쳐 있었던 러시아의 국가 철도망에 모스크바 시각이 획일적으로 적용됐다. 러시아의 평등주의 또는 권위주의 때문에 가능했던 일이라고 말할 수 있다. 하지만 많은 나라의 시민들은 시간대 변화에 비교적 빠르게 적응했다. 표준시는 결과적으로 노동자들이 "정시"에 작업하도록 하는 산업화의 특징이 됐고 체계화와 속도에 집착하는 시대를 열었다.

확장과 연결의 역사

고 속 도 로

자동차가 나온 초기에 미국 정부는 전국의 도로망을 관리할 필요성을 느끼지 못했다. 도시 안에서의 이동수단은 말, 마차, 전차였고 도시 간 이동은 안락한 철도가 담당하던 시절이었다. 도로를 개설하고 이름을 붙이는 일은 지역적, 전국적으로 활동하는 민영 자동차협회에 맡겨졌다. 열성적인 사람들이 나서서 여러 길들을 연결한 다음 링컨하이웨이Lincoln Highway 나 에버그린하이웨이Evergreen Highway, 내셔널올드트레일스로드National Old Trails Road 라고 이름 붙이는 식이었다. 도로표지판은 전봇대나 나무, 건물에 붙였고, 관리비용은 도로 주변의 개인이나 업체로부터 도로이용료를 받아 충당했다. 마구잡이였지만 간편한 즉석 시스템이었다.

자동차가 늘어나면서 비공식적으로 운영되는 방식의 문제점이 드러났다. 도로는 운전자에게 목적지까지 최단 거리를 제공하기보다 이용료를 내는 마을을 지나도록 설정되었다. 또 일관성이 없는 표지판 때문에 길을 잃는 경우도 많았다. 여러 경로가 하나의 도로를 공유하는 경우가 왕왕 있었는데, 각 경로에 따라 서로 다른 표지판을 설치했기 때문이었다. 각 도로를 홍보하는 단체까지도 개입해 문제를 더욱 복잡하게 만들었다. 어떤 사람들은 그냥 돈 때문에 이 일에 뛰어들었다. 이들은 도로를 안전하고 편안하고 길 찾기 쉽게 만드는 데는 별 관심을 두지 않고 자기 경로를 광고했다. 이 때문에 〈리노 이브닝 가제트〉는 "목소리만 크고 말썽과 비난을 일삼으면서 아무 일에나 참견하는" 고속도로협회들이 "소수의 고속도로에 힘이 집중되는 결과를 낳았다"고 통렬히 비판하면서 "도로를 짓는 데는 별 관심이 없는 교활한 인간들이 쉽게 속아 넘어가는 대중에게서 받아낸 돈으로 월급이나 챙기고 있다"고 직접적으로 공격했다.

위스콘신주 고속도로엔지니어인 아서 R. 허스트Arthur R. Hirst도 "도로를 설치하는 사람들은 소문만 충분히 돌고 몇 드럼의 페인트만 있으면 3000킬로미터의 도로를 짓고 관리할 수 있다고 판단한 것 같다"고 목소리 큰 도로건설자들을 비꼬았다. 위스콘신주는 1918년에 문제 해결에 나섰다. 번호를 매기는 방식의 표준 도로표지판을 전신주, 울타리, 나무, 담벼락 등에 붙이도록 한 것이다. 허스트는 "이 표지판들을 사방에 설치해서" 운전자들의 이동을 손쉽게 만들어주고자 했다. 다른 주에서도 이 방식을 따랐고 연방정부도 관심을 갖기 시작했다.

10년이 못 돼 주요 국가도로망의 핵심적인 측면들에 관한 표준이 마련됐다. 각 주 고속도로국 대표들이 표준화를 더 강화하는 제안들을 내놓았다. 일례로, 운전자들이 멀리서 보고도 표지판을 알아볼 수 있게 내용에 따라 표지판 모양을 다르게 만들자고 했다. 정지표지판은 팔각형으로 만들고 교차로에 초록, 노랑, 빨강 순으로 신호등이 배열되도록 한 것도 이 시기에 정해진 방식이다.

그런데 고속도로 번호를 표준화하는 과정에서 반발이 있었다. 당시 한 신문은 사설에서 "워싱턴 포고령으로 링컨하이웨이라는 이름을 지워버리고 미국 사람들에게 이 위대하고 유명한 간선 교통로를 64번 고속도로나 13번 고속도로로 기억하도록 만드는 일이 가능하단 말인가?"라며 개탄했다. 하지만 그건 가능한 일이었다. 일원화된 번호시스템은 도로를 다소 정감 없어 보이게 하지만, 그렇더라도 66번 도로 같은 구간이 상징적인 존재가 되는 데에는 아무 방해가 되지 않았다(66번 도로는 시카고와 로스앤젤레스를 잇는 미 대류 횡단도로로, 동명의 TV 시리즈와 노래가 있는가 하면 많은 영화와 뮤직비디오의 무대가 되는 등 문화적 상징성을 지니게 되었다).

이 같은 변화와 논쟁은 모두 자동차가 폭발적으로 늘어나던 시기에 벌어졌다. 1910년부터 1930년 사이 미국에서 등록 자동차 수는 약 50만 대에서 2500만 대 이상으로 늘어났다. 마침내 1926년 미국번호고속도로시스템US Numbered Highway System(보통 미국고속도로US Highway로 불린다)이 확립되고 미국주고속도로당국협회가 도로 번호와 위치를 정하게 됐다. 세부 항목들과 관련해 상당한 논쟁을 거친 끝에 다음과 같은 새 도로망 규칙이 정해졌다.

- 남북으로 이어지는 고속도로는 홀수 번호를 붙이되 동쪽에서 서쪽으로 가면서 숫자가 커진다.
- 동서로 이어지는 고속도로는 짝수 번호를 붙이되 북쪽에서 남쪽으로 가면서 숫자가 커진다.
- 간선도로의 번호는 끝자리를 1 또는 0으로 하며 지선이나 보조 간선의 번호는 세 자릿수로 한다.

그로부터 몇 년 사이 요금소를 설치해 도로이용료를 징수하거나 세금으로 관리하는(그러니 진짜 무료는 아니다) "무료 도로"시스템이 정착했다. 그렇지만 자동차광들과 자동차회사 경영자들은 제너럴모터스사가 1939년 뉴욕 세계박람회에 선보인 퓨처라마Futurama('미래 계획'을 뜻하는 말로 당시 제너럴모터스는 미래 뉴욕 도로의 모습을 담은 미니어처 전시를 열었다) 같은 더 큰 그림을 그리고 있었다.

1에이커나 되는 이 초대형 전시는 넓은 도로와 램프로 이루어진 자동차 중심의 미래를 보여주었다. 2차 세계대전 중에는 더디게 진행됐지만, 이 구상은 수십 년의 군인 시절 경험을 바탕으로 미국의 미래를 전망한 지도자의 지지를 받았다.

1919년, 미 육군 중령 드와이트 D. 아이젠하워는 군용차량을 타고 백악관에서 샌프란시스코까지 링컨하이웨이를 따라 달렸다. 뒤에 아이젠하워는 그 여정이 즐겁기는 했지만 까다롭고 진 빼지기도 했다고 회상했다. 당시 미국 도로들은 그가 2차 대전 중 유럽파병연합군 총사령관으로서 경험하게 될 독일의 아우토반에 비해 크게 열악했다. 그는 "낡은 군용차량을 타고 가다 보니 잘 만들어진 2차선 고속도로를 만들어야겠다는 생각이 들었지만, 독일의 도로를 보고 나니 전국에 더 넓은 도로를 깔아야 한다고 생각하게 됐다"고 말했다. 그는 대통령이 된 뒤 이런 생각에 따라 연방고속도로망을 건설했다. 이 도로망에는 뒤에 드와이트 D. 아이젠하워 주간 및 국방 고속도로전국망Dwight D. Eisenhower National System of Interstate and Defense Highways 이라는 이름이 붙었다(보통 주간고속도로Interstate Highways 라고 불린다). 이 도로망이 완성되기까지는 1956년부터 수십 년이 걸렸고, 1000억 달러 이상의 비용이 들었다. 현재 이 도로는 8만 킬로미터에 달하며 미국 자동차 교통량의 25퍼센트를 감당하고 있다.

주간고속도로에도 남북 방향에는 홀수 번호를 붙이고 동서 방향에는 짝수를 붙인다. 그렇지만 번호를 매기는 순서는 반대다. 각 주의 남쪽과 서쪽 경계선에서부터 시작하는 마일 표지처럼, 주간고속도로 번호는 전국적으로 남쪽과 서쪽에서 북쪽과 동쪽으로 갈수

도시의 보이지 않는 99%

록 숫자가 커진다. 드물게 글자 하나를 덧붙여 주간고속도로를 둘로 나누는 경우도 있다. 예컨대 35번 주간고속도로는 미네소타와 텍사스에서 둘로 갈라지는데, 이 구간을 35W(서쪽)과 35E(동쪽)로 구별한다. 부속 주간고속도로auxiliary interstate highway는 주간고속도로의 우회로나 지선을 말한다. 이 도로는 두 자리로 된 주간고속도로 번호 앞에 한 자리 숫자가 덧붙는 세 자리 형식이다. 예컨대 캘리포니아 I-10도로의 부속 도로는 I-110이다.

도시를 연결하고 주 경계선을 가로지르는 것은 한 국가를 연결하는 이상적인 방법으로 보인다. 그러나 이처럼 어마어마한 작업에는 부작용도 따랐다. 많은 도시에서 사람들은 마을이 사라지고 교통량이 늘어나고 환경이 파괴될 것을 우려했다. 충분히 근거가 있는 걱정이었다. 이에 따라 일부 지역에서는 시위 때문에 주간도

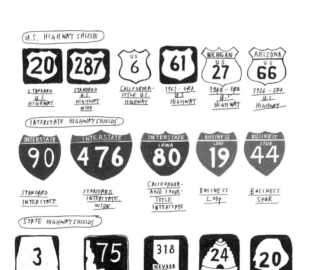

위에서부터 미국 고속도로, 주간고속도로, 주립 고속도로 표지의 예

로를 건설하지 못하기도 했다. 뉴욕시에선 로어맨해튼을 가로지르는 I-78도로 건설 계획이 확정 단계에 있었지만 도시학자 겸 활동가 제인 제이콥스Jane Jacobs의 노력 등으로 그리니치빌리지, 리틀이탈리아, 차이나타운, 소호가 살아남을 수 있었다. 그렇지만 많은 고속도로를 건설하는 과정에서 가난하고 소외된 공동체들이 피해를 입었다. 지방도시나 교외지역은 새로운 도로망의 혜택을 입었을지 모르지만, 그 혜택은 수많은 도심지의 희생을 대가로 생겨난 것이었다. 지금까지도 남아 있는 분열이 이때 만들어졌다.

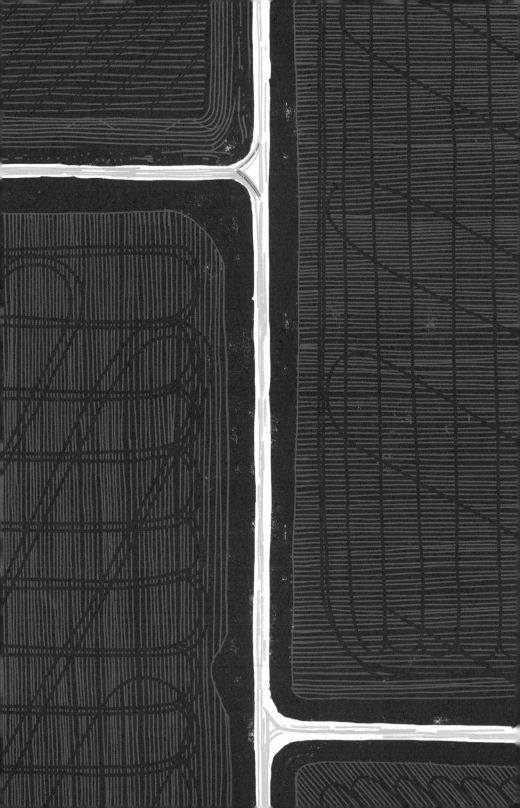

19장

계획된 도시

도시계획가는 복잡한 세상에 인간의 질서를 부여하는 어려운 일을 한다. 둥근 지구 위에 격자형으로 구획을 짓는 것조차 쉬운 일이 아니다. 그러나 도시가 무질서하게 성장하도록 방치할 경우 수많은 문제와 갈등이 발생하기 때문에, 어렵더라도 어느 정도 계획을 세워야 한다. 대부분의 도시는 여러 세대를 지나면서 세워진 여러 차례의 계획을 거쳐 형성된다. 그리고 이런 계획은 도시의 진화하는 필요에 맞춰 적응하고 변화해야 한다.

◀

지구가 둥글기에 어긋나게 조정된 격자형 구획

거대한 땅을 나누는 방법

미 국   대 륙

독립전쟁이 끝난 뒤 미국은 엄청난 빚을 갚아야 하는 한편, 새로 생겨난 엄청난 영토를 나눠서 할당하고 점유해야 했다. 건국의 아버지 중 한 사람인 토머스 제퍼슨은 이 두 가지 문제를 한 번에 해결할 방법을 떠올렸다. 식민지 이주자들이 미처 개발하지 못한 토지를 서둘러 팔고 그 돈으로 빚을 갚자는 것이었다. 기본적으로 단순한 계획이었다. 약 90제곱킬로미터씩 마을을 지정하고 마을의 토지를 다시 균일하게 분할해서 개인들에게 판매하는 방식이었다. 이런 땅은 표준화된 구역을 사게 될 것임을 알고 실물을 보지 않고도 자신 있게 토지를 구매하는 사람들에게 빠르게 팔려나갈 터였다. 이런 식의 균등주의적 방식은 미국을 땅을 직접 일궈 수확하는 자영농의 나라로 만들려 한 제퍼슨의 원대한 구상에도 잘 들어맞았다. 획일적인 면적의 땅을 이런 식으로 나눠준다는 생각은 논리적인 것처럼 보이지만, 이처럼 광대한 토지에 격자를 긋는 방식은 전례 없는 일이었다. 고대 이집트, 그리스, 로마는 물론 필라델피아와 같은 현대 도시에서도 격자 분할을 활용하긴 했지만, 보통 도시의 작은 구역에 한정되었다.

열세 개 식민주(영국이 통치하던 북미 대륙 행정구역)에서는 영국의 전통적인 토지구획 방식에 따라 토지소유권을 정하고 있었다. 이는 거리와 방향, 물리적 환경을 이용하는 방식으로, 예컨대 건축물의 모퉁이나 강과 나무와 같은 자연 지물로 토지의 경계를 묘사했다. 이런 방식은 건물이 무너지거나 강의 수로가 바뀌고 나무가 죽는 경우 문제가 발생할 수 있었지만, 그런대로 잘 작동했다. 그러다 1785년, 위의 공유지조례를 도입하면서 거대한 대륙의 땅을 보다 조직적이고 철저하게 분할하는 거대한 실험이 시작되었다. 다만 한 가지 큰 문제가 있었다. 분할선을 직선으로 그으려고 했는데, 지구가 둥글다는 점이었다. 둥근 지구면을 동일 면적을 갖는 거대한 격자형 부지로 분할하기란 사실상 불가능한 일이다.

이와 같은 양립 불가능성의 문제를 해결하기 위해 조정이 필요했다. 격자 조정grid correction 이라고 부르던 것으로, 길을 틀거나 휘어지게 내서 마을 크기와 각 부지 면적을 최대한 똑같게 만든 것이다. 시골 도로를 한창 달리다가 T자형 교차로를 맞닥트린다면, 격자 조정 영역에 들어선 것일지도 모른다. 역사적 배경지식이 없다면, 이런 교차로들은 오랜 세월에 걸쳐 부동산 경계가 바뀌면서 생긴 것으로 보일 수 있지만, 사실은 온 나라에 격자를 긋겠다는 제퍼슨의 원대한 계획의 결과물이다.

당장이라도 비행기를 타고 미국 중부를 지나가다 보면 당대의 공유지측량체계를 직접 확인할 수 있다. 풍경 전체가 조각보처럼 사각형으로 분할한 토지로 덮여 있다. 개발이 안 된 시골일수록 더욱 그렇다. 전체적으로 자연계에 규칙성과 질서를 부과하려 했다는 인상을 준다. 그렇지만 자세히 살펴보면 원대한 계획이 고집스러운 현실과 마주해야 했던 지역을 보게 된다. 웅장한 격자무늬 속의 아주 작은 흠집들이다.

임자 없는 땅의 운명

오 클 라 호 마

1800년대부터 미국 정부가 원주민들을 인디언특별보호구Indian Terriory라는 곳으로 몰아넣기 시작했다. 미국 정착민들이 땅을 차지할 수 있도록 하려는 것이었다. 뒤에 원주민들을 다시 강제로 이주시켜 200만 에이커의 땅을 확보하고 이를 소위 임자 없는 땅Unassigned Land으로 만들었다. 그곳이 현재의 오클라호마다. 미국 토지의 대부분은 격자형으로 분할해 판매했지만 이 지역은 판매되지 않았고 개발도 되지 않은 상태였다.

1870년대부터 인접지역 백인 미국인들이 이 지역에 대한 권리를 인정해달라고 청원하기 시작했다. 야간에 여러 차례 불법적으로 인디언보호구를 가로질러 임자 없는 땅으로 들어가기도 했다. 뒤에 부머스Boomers(땅을 요구하는 소란스러운 행태에 빗댄 표현)로 알려진 이 습격자들의 주동자가 데이비드 페인David Payne이라는 사람이다. 그는 말을 타고 캔자스를 돌아다니면서 근근이 살아가는 농부들을 상대로 미경작 토지에 대한 권리를 주장해야 한다고 목청껏 소리쳤다. 이 연설로 많은 사람이 페인의 오클라호마 구상에 동조하게 됐고 결국엔 미국 정부도 동의했다.

1889년, 오클라호마 토지 불하가 시행되는 과정에서 이 지역 땅을 원하는 사람은 몇 가지 규칙만 따르면 땅을 가질 수 있다는 발표가 이루어졌다. 토지 점유를 희망하는 사람은 4월 22일 정오에 경계선에 줄을 서서 신호를 기다리라는 지시를 받았다. 정오가 돼 신호가 울리는 순간 달려가 망치로 말뚝을 박으면 시골지역에서는 160에이커까지, 마을이 들어설 자리에선 그보다 작은 땅을 차지할 수 있다는 것이었다.

그날이 오자 미국 전 지역은 물론 머나먼 리버풀과 함부르크에서도 사람들이 몰려와 수만 명이 경계선에 줄을 서 죽도록 달릴 준비를 했다. 신호가 울리자 사람들이 뛰거나 말을 타고 최대한 빨리 달려나가서 땅을 차지하려 했다. "말이 빨리 달리도록 총을 쏘다가 사고로 서로 총질을 하는 사람도 있었다"고《붐 타운Boom Town》의 저자 샘 앤더슨Sam Anderson이 기록했다. 말에서 떨어지는 사람들, 숨이 차서 죽는 말들도 있었다. "누구도 상상 못 할 정도로 치열했다"고 한다.

혼란이 더욱 심해진 건 모든 사람이 규칙에 따라 신호를 기다린 것이 아니었기 때문이다. 신호가 울리기 전에 먼저 뛰쳐나간 사람도 있었고 미리 숲에 숨어 있던 사람도 있었다. 이런 식으로 앞지르기를 한 사람들을 뒤에 수너스Sooners, 즉 새치기꾼이라고 불렀다. 이들은 몇 달 전부터 계획을 세워 재빨리 도로와 부지를 닦았다.

오클라호마에 정착한 사람들은 대부분 도시계획가들이 아니었으며, 큰 도시가 어떻게 작동해야 하는지를 생각조차 해본 적이 없었다. 모두 자기 땅을 어떻게 확보할지에만 관심이 있었다. 토지 불하가 끝날 즈음이 되자 1만 명의 정착민들이 지금의 오클라호마시티 땅을 한 치도 남기지 않고 차지했고, 공유지는 남아나질 않게 됐다. 앤더슨에 따르면 "그곳은 그냥 텐트가 줄지어 펄럭이는 곳이었을 뿐이었고, 시 운영에 필요한 여유 토지가 전혀 없었다. 도로는 물론 골목길도 낼 수 없었다"고 한다.

　새로 만들어진 도시에 다음 날이 밝아오면서 사람들이 둘로 나뉘었다. 사전에 토지 계획을 세웠던 새치기꾼들과 공식적으로 신호가 울리기를 기다렸던 사람들로 말이다. 즉석에서 급히 나눠 가진 땅에 빽빽이 들어찬 후자 무리에선 큰 혼란이 발생했다. 마침내 도시지역을 조사하고 분쟁을 해결할 시민위원회가 선출됐다. 도로와 골목을 내기 위해 차지했던 땅을 대부분 내놓아야 했던 사람도 있었다.

　이 집단이 새치기꾼들의 영토 경계에 도착했을 때 맞닥뜨린 것은 땅을 내놓고 이런 재조직 계획에 참여하기를 거부하는 무장한 사람들이었다. 결국 타협이 이루어지긴 했지만, 창의적인 외교술이 필요했다. 도시의 주요한 두 영역이 약간 아귀가 맞지 않았는데, 이에 따라 길을 연결하기 위해 곳곳에서 격자 조정이 이루어졌다. 시민위원회 대표였던 앤젤로 스콧Angelo Scott은 직선으로 조성되지 않은 영역을 두고 "무혈 갈등의 상흔"이라는 표현을 썼다. 지금까지도 규칙을 따랐던 정착민들보다 앞서서 땅을 차지했던 무법자들을 둘러싼 낭만적인 이야기들이 오클라호마 탄생 신화에 깊숙이 새겨져 있다. 오클라호마대학교 축구 팀의 이름이 새치기꾼Sooners이 될 정도로 말이다.

종교가 건설한 도시

솔 트 레 이 크 시 티

솔트레이크시티의 도시 격자는 모르몬교의 중요한 성지인 템플스퀘어Temple square에 있는 원점석을 중심으로 펼쳐져 있다. 도시 주소도 이 지점을 기준으로 매겨져 있다. 예를 들어 100 South, 200 East는 템플스퀘어에서 남쪽으로 한 블록, 동쪽으로 두 블록 떨어져 있다는 뜻이다. 이 시스템을 처음 접하는 여행자로선 혼란스러울 수도 있지만, 진짜 혼란을 일으키는 원인은 한 변이 200미터에 달할 정도로 엄청나게 큰 블록의 크기다. 감이 잘 잡히지 않는다면, 오리건주 포틀랜드의 아홉 개 블록이 솔트레이크시티의 한 개 블록과 크기가 같다는 점을 생각해보라.

솔트레이크시티는 뭔가 다를 수밖에 없는 도시였다. 격자 측면에서만 그런 게 아니었다. 초기부터 이곳은 모르몬교 신도를 위한 영적 유토피아로 만들어질 계획이었다. 예수그리스도후기성도교회의 창립자인 조지프 스미스Jeseph Smisth는 도시계획가가 아니었지만 직접 시온의 평면Plat of Zion을 그렸다. 모든 모르몬교 도시에 적용할 수 있는 최적화된 형태였다. 그의 도시계획은 아주 단순했다. 교회 스물네 곳을 중심으로 동일한 크기의 커다란 사각형 블록들을 만드는 것이었다. 또한 거주자들에게 넓은 땅을 나눠줌으로써 텃밭에서 채소를 기를 수 있게 하고, 마을 중심지라면 자기 땅에서 장사도 할 수 있는 시골풍의 도시를 만들고자 했다. 주민들은 예외적으로 큰 블록에서 예외적으로 큰 부지를 누릴 터였다. 그런데 스미스는 자기가 구상한 이상사회를 직접 경험하지 못했다. 1844년 모르몬교에 분노한 군중에게 피살됐기 때문이다. 이어서 브리검 영Brigham Young이 새로운 교회 지도자가 됐다. 그는 신도들을 솔트레이크 계곡으로 인도해 1847년 새로운 도시를 건설했다.

영은 의무적으로 시온의 평면을 영감의 원천으로 삼았지만, 너무 거창한 의무 사항 일부는 실용적으로 수정했다. 스물네 곳의 교회는 좀 많은 듯해서 우선 한 곳부터 짓기 시작했다. 도시가 현대적인 대도시로 발전하려면 상업구역과 산업구역이 있어야 한다는 것도 알았다. 그렇지만 그는 시온의 평면에서 가장 대표적이고 근본적인 생각은 고치지 않았다. 블록을 크게 만든 것이다.

오늘날 도시계획가들은 블록이 너무 크면 단조롭고, 주민간 상호작용이 줄어들며 보행자들이 다닐 수 있는 거리도 적어질 수밖에 없음을 잘 안다. 뉴욕시의 경우, 블록이 작은 지역이 큰 지역보다 활기가 넘친다. 또 포틀랜드는 극단적으로 작은 블록 덕분에 걷기에 좋은 도시로 유명하다. 블록의 크기만 문제가 아니다. 폭이 40미터나 되는 솔트레이크시티의 도로 역시 문제다. 보행자들이 한참을 걸어야 길을 건널 수 있기에 일부 지역에선 밝은색의 깃발이 달린 작은 양동이를 길모퉁이에 비치해두었다. 길을 건널 때 깃발을 들면 눈에 더 잘 띌 수 있다. 저비용으로 심각한 문제를 손쉽게 해결한 것이다.

솔트레이크시티뿐만 아니라 똑같은 평면에 따라 건설된 수백 곳의 다른 도시도 이런 문제들을 쉬이 예상하지 못했다. 도시를 건설할 당시엔 바퀴 달린 교통수단이라고 해봐야 마차나 달구지만 있었고 빠르게 달리는 자동차는 없었다. 브리검 영이 도시화가 진전되면 큰 블록을 쪼개야 한다는 사실을 알았을 것이라고 주장하는 사람도 있다. 최초의 설계자들이 상상한 방식대로 도시를 변형하지 못한 건 이후의 공무원들이라는 것이다.

진실이 무엇이든 오늘날의 솔트레이크시티에는 자동차가 가득하다. 보행자와 자전거 이용자만이 아니라 현지 주민들의 건강에도 심각한 문제다. 솔트레이크시티는 아름다운 자연에 둘러싸여 있지만, 도시 자체는 미국에서 가장 대기오염이 심하다. 스키나 하이킹 등 야외활동을 즐기는 사람들은 도시 외곽에 높은 산이 있어서 좋아하지만, 그 산들도 스모그가 빠져나가지 못하는 데 영향을 준다. 맑고 깨끗한 산에서 내려온 사람들이 깜짝 놀랄 정도로 도시의 대기는 탁하다. 도시 인구가 두 배로 증가할 것으로 예상되는 2050년에는 문제가 더욱 심각해질 것이다.

솔트레이크시티가 가진 문제점은 일부 시온의 평면 때문에 발생한 것이지만, 원래의 평면을 고수하는 것도 문제의 원인이다. 예수그리스도후기성도교회에는 끊임없는 계시라는 원칙이 있다. 새로운 신앙적 영감이 계속해서 떠오를 테니 낡은 습관과 교리를 떨쳐버리라는 것이다. 이런 도시에 필요한 것이 아마 일종의 끊임없는 계시인지도 모르겠다. 모르몬 방식이든 아니든 옛 구획을 시대 변화에 맞게 조절하는 유연함 말이다.

아마추어 도시계획가가 꿈꾼 유토피아

바 르 셀 로 나

19세기 바르셀로나는 중세 도시가 산업 시대에 잘 적응한 사례다. 한때는 20만 명에 달하는 사람들이 중세 성벽 안 구도심에 갇혀 지내면서 인구밀도가 파리의 두 배에 달했고, 하층민의 평균 기대수명이 23세밖에 되지 않았다(부자들도 36세에 불과했다). 미어터지는 대도시에 전염병이 돌면 수천 명씩 죽어나갔다. 땅이 조금만 있으면 새로운 주택이 들어섰다. 위층을 도로 위로 튀어나오도록 지어서 평면을 넓히는 일명 돌출식jettying 건축이 유행했지만, 나중에는 도로가 어두워지고 바람이 통하지 않는다는 이유로 금지

됐다. 한 층 한 층 올릴 때마다 도로 위로 더 불거지도록 지은 건물 꼭대기 층이 맞은편 건물과 거의 맞닿을 정도인 곳도 있었다. 마침내 지나치게 과밀한 도시를 확장해야 하는 순간이 됐을 때, 야심 찬 도시계획가가 건강하지 못한 바르셀로나를 보고 개선해야겠다고 생각한 점이 너무나 많았다는 건 말할 필요조차 없을 것이다.

바르셀로나시의 지도자들은 성벽을 헐고 도시를 확장키로 결정하고, 무명의 엔지니어 일데폰스 세르다Ildefons

Cerdà에게 일을 맡겼다. 세르다는 어샴플러Eixample ("확장"이라는 의미의 카탈루냐어) 지역을 설계하면서 무엇이 잘못됐는지를 과학적으로 분석해 보다 건강하고 잘 기능하는 도시를 만들고자 했다. 그는 우선 길이 좁아서 전염병이 많이 발생한다고 생각했다. 도시 인구가 호흡하는 데 필요한 공기량을 계산하고 기하학과 도로 및 건물 방향에 근거해 일조량을 분석했다. 시민들이 도시를 돌아다니는 방식에 대해 연구하고, 그들이 자주 방문하는 상점과 기관이 어떤 곳인지도 검토했다.

그렇게 해서 만든 어샴플러 설계안은 구도심과 외곽지역을 연결하는 500개 이상의 블록을 짓는 대규모 사업계획이 됐다. 어샴플러 지역은 여러 면에서 구도심과는 대조되는 방식으로 설계됐다. 길을 넓게 만들어 햇빛과 공기를 충분히 누리게 하는 등 모든 것을 널찍하고 확 트인 형태로 만들었다. 세르다는 또 모든 사람이 평등한 유토피아를 만들려 했다. 격자 모양으로 같은 크기의 블록들을 만들었고, 블록마다 부자든 가난한 사람이든 똑같이 사용할 수 있는 정원을 두었다. 낮 시간의 채광을 모든 방향에서 극대화하기 위해 각 블록마다 모따기(건물의 모서리를 잘라낸 것이다)를 했다.

접근성과 평등은 고귀한 목표지만, 격자형 구획이 늘 그런 이상을 충족하는 건 아니다. 훗날 역사가이자 도시계획가인 루이스 멈퍼드Lewis Mumford가 다음과 같이 목청을 높였다. "건축가로서도 사회학자로서도 경험이 거의 없는 시 엔지니어가 T자와 삼각대만 가지고 똑같은 크기의 부지와 블록과 도로 폭을 가진 대도시를 '계획'했다." 그의 견해로는 "이 격자 모양 계획 대부분이 엄청나게 비효율적"이었다. 그는 소위 평등주의적이라는 도시설계에는 한계가 있다고 주장했다. "주도로와 주거지역의 이면도로를 똑같은 폭으로 만들면 주도로는 너무 좁고 이면도로는 주어진 기능에 비해 전반적으로 너무 넓다"는 것이다. 좋은 의도로 세운 도시계획에 따라 만든 어샴플러 지역이었지만 시간이 흐르면서 불평등과 부작용이 드러나게 되었다.

결국 세르다의 구상은 완전히 실현되지 못했으며 일부는 취소됐다. 모든 블록의 중앙에 만들고자 했던 공유 정원이 가끔은 건물에 가로막혔다. 부유한 사람들이 모여 사는 지역이 형성되면서 이곳에는 (안토니 가우디의 작품을 포함해) 높고 화려한 건물들이 들어섰다. 그럼에도 불구하고 어샴플러 지역은 많은 부분 원래의 의도대로 작동해 개방성이 높고 더 나은 도시지역을 형성했다. 최소한 잠시 동안은 말이다.

자동차가 증가하면서 어샴플러에도 새로운 문제가 발생했다. 당초 자동차를 예상하고 설계한 것은 아니지만, 어샴플러의 넓고 곧은 도로는 결과적으로 보행자보다는 자동차에 잘 맞았다. 모따기를 한 블록 모양도 자동차 운전자들이 교차로의 건물 모퉁이 주변을 잘 살피는 데 유리하다. 그러나 자동차가 크게 늘어나면서 세르다가 피하려 했던 대기오염과 소음 공해가 어샴플러 지역을 뒤덮었다.

공중보건과 안전에 대한 우려가 커지면서 바르셀로나는 기존의 격자형 구획을 수정해 거대 블록을 만드는 실험을 하고 있다. 가로세로 세 개씩 모두 아홉 개의 기존 블록을 묶어 하나의 거대 블록으로 만든 것이다. 이 거대 블록 안에선 자동차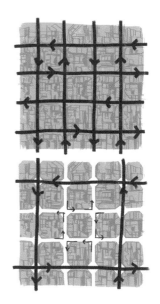
가 다닐 수 없다. 이렇게 블록을 자전거와 보
행자에게 도로 내준 데에는 사람들이 좀 더
많이 움직이도록 하여 공중보건을 향상시키
고자 하는 동기도 있었다. 바르셀로나는 자동
차가 차지하고 있는 수백만 평방미터의 공간
을 이런 식으로 바꿀 예정이다. 배달 차량, 운
반 차량, 기타 예외를 제외하고 자동차는 기
본적으로 거대 블록 외곽도로만 통행할 수 있
다. 바르셀로나의 이 같은 도시 재조정 프로
젝트는 비교적 단순하면서 비용도 적게 드는
방식이다. 기존 공유지의 용도를 바꾸고 이
에 따라 주변 표지판과 신호등을 바꾸는 작업이 대부분이기 때문
이다. 여러 가지 면에서, 이 거대 블록 방식은 모든 시민이 평등하
게 공유하는 건강한 개방 공간을 만들겠다는 어샴플러 설계 의도
의 연장선에 있다.

도시를 보면 역사가 보인다

디 트 로 이 트

"높은 곳에서 바라볼 때 디트로이트의 도로체계는 상충되는 여
러 체계가 뒤섞인 괴상한 모습이다. 난데없이 도로가 시작되거나

끝이 나고 도로들 사이의 연관성도 거의 없다." 1960년대에 만든 〈디트로이트의 발달 과정 Detroit's Pattern of Growth〉이라는 교육 영상에 나오는 내레이션이다. "하지만 이처럼 도로가 꼬이고 구불구불해진 데는 역사적 이유가 있다." 영상은 이어 디트로이트의 특이한 도시 구조를 설명하는데, 그 과정에서 괴상한 길을 통해 도시를 이해할 수 있다는 더 깊은 진실이 드러난다.

　격자형으로 형성된 현대 도시 어디에서든 일탈과 예외를 볼 수 있다. 이 중에는 지형 때문에 불가피하게 형성된 것도 있지만 그 밖에도 도로를 일그러트리는 요인들이 있다. 디트로이트에서도 여러 요인이 겹쳐져 "괴상한 모자이크"가 만들어졌다. 일단 방사형 도로를 따라 직교 격자형 네트워크가 형성돼 있다. 정통 제퍼슨 방식을 적용한 것이다. 그리고 이리호수와 세인트클레어호수를 잇는 디트

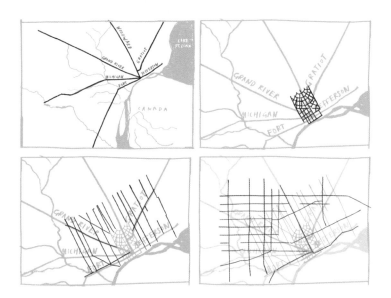

　　　　　　　　　　　　　　　　　　도시의 보이지 않는 99%

로이트강과 직각으로 만나는 도로들도 있다. 두 네트워크와 모두 엇나가는 도로들도 있다. 얼핏 보면 정말 혼란스럽다. 수백 년에 걸쳐 축적된 발전의 결과라고 할 법하다. 하지만 하나씩 꼼꼼히 살펴보면 그렇게 도로가 형성된 계기들을 찾아낼 수 있다.

1701년, 프랑스 탐험가 앙투안 로메 드 라 모트 카디야크Antoine Laumet de la Mothe Cadillac가 디트로이트 폰차트레인요새Fort Pontchartrain du Détroit를 세웠다. 지금의 미시간 자리에 있던 뉴프랑스라는 도시를 방어하는 용도였다. 오대호 수로체계 사이의 좁은 지점에 자리한 이 작은 마을은 오래전부터 미국 원주민들의 교역 중심지였다. 마을이 이 교역로 주변에 형성됐고 뒤에 마을에서 시작되는 방사형 간선 마차길이 형성됐다.

수십 년이 지나면서 프랑스가 밀려나고 영국이 마을을 통치하게 됐다. 디트로이트가 미국 소유로 넘어간 뒤인 1805년엔 대화재가 발생해 마을이 초토화됐다. 이를 계기로 마을을 원래대로 다시 짓기보다 더 개선된 모습으로 건설하자는 의견이 대두했다. 그리고 오거스터스 B. 우드워드Augustus B. Woodward 판사의 이름을 딴 우드워드 도시계획이 채택됐다.

이 계획은 땅을 여러 개의 삼각형으로 나누는 식으로 돼 있었다. 그리고 꼭짓점마다 마주 보는 변의 중앙까지 이어지는 간선도로를 설치하도록 했다. 또한 이런 길이 교차하는 각 삼각형의 꼭짓점마다 공원을 설치하기로 했다. 이런 식으로 거대한 모자이크에 잘 들어맞는 삼각형을 하나씩 덧붙이는 식으로 도시를 무한히 확장할 수 있다고 생각한 것이다. 그렇지만 삼각형 모양이 사각형으로 나 있는 기존의 토지구획과 잘 맞지 않았다. 지나치게 과도한 도시화를 추구한다는 비판도 있었다. 이처럼 우드워드 계획은 큰 지지를 받지 못하고 일부만 진행되다가 중단됐고, 도시는 다시 기존의 직교형 도로와 부지로 재건됐다.

도시가 커지면서 강가 농장들이 강을 따라 확대됐다. 농부들은 강을 따라 농지를 길고 좁게 배치해야 강물을 끌어 대기가 쉬웠고 농작물을 운송하기에도 좋았다. 그에 따라 농장들 사이에 수로와 직각으로 만나는 길이 생겼다. 농부들은 이 길들에는 개의치 않았지만 자기 땅을 가로지르는 도로가 나는 것을 원치 않았다. 그 결과 디트로이트에는 수로와 평행하는 길들에 수많은 굽이가 생겼다. 수로에서부터 길게 이어지는 이 도로들이 디트로이트 시내에 방사형으로 형성돼 있는 도로나 중앙의 사각형 부지들과 해괴하게 교차하면서 도시의 도로망 전체가 더 복잡해졌다.

디트로이트가 계속 확장함에 따라 이미 엉망이 된 도로체계에 남북 및 동서로 관통하는 도로체계가 더해졌다. 1마일마다 놓인 이 도로들에는 유명한 8마일 로드8 Mile Road(도로 북쪽에는 가난한 흑인이, 남쪽에는 부유한 백인이 모여 살게 되면서 차별의 상징이 된 도로)처럼 숫자와 마일을 합친 이름이 붙었다.

이런 다양한 접근법이 모두 교차하는 지점에서는 기이한 연결로와 복잡한 회전로들이 도시의 격자형 도로를 붙들어 매고 있다. 운전자들에게는 정말 고통스럽지만, 복잡하게 짜인 도시 평면에는 도시의 역사가 깃들어 있다. 한때 교역 중심이었다가 대화재를 겪은 뒤 농지가 생겨난 과정, 현대식 간선도로망이 추가된 사실 등이 말이다. 도시가 한 사람의 계획가, 거창한 계획, 특정한 시대의 산물인 경우는 거의 없다. 도시의 현실이라는 게 그렇게 간단하지가 않다.

THIS PARK YOU SEE IN MOVIES.

BAGELS + CURRY

CALLED SOGO FOR NO REAL BUT ONLY BY SLICK ESTATE AGENTS LOOKING TO CASH IN ON SLICK MADE UP ACRONAMES.

THE ORIGINAL HIPSTER AREA. NOW PRETS + STARBUCKS

DAY SLAM BUT

THIS PARK IS LOVELY BUT A LITTLE TOO FAR AWAY.

NAMELESS VOID THAT ENDED UP BETWEEN NEIGHBORHOODS SOMEHOW.

BEAUTIFUL ICONIC CATHEDRAL AND GHOST WALKS

WAS THE DOWN BECOM - COOL 2020s.

HIGH-TRAFFIC STRAVENUE THAT CUTS THROUGH CRITS AT STRANGE ANGLE

DEFAULT CITY CENTERPOINT WHERE DIGITALLY MISFILED ENTRIES ALL END UP BY ACCIDENT.

DOESN'T ACTUALLY EXIST, JUST ADDED AS COPYRIGHT TRAP TO CATCH COPYCAT MAP MAKERS

POSH AREA

CHINA TOWN

LAST BASTION OF URBAN INDUSTRY AND ARTIST WAREHOUSES CURRENTLY BEING EYED FOR TECH COMPANY TAKEOVER.

USED TO BE GOOD HERE. NOW CRAP BARS + DRUNKS

TOURISTS LOVE IT HERE, LOCAL NOT SO MUCH.

LOST WHALE

NURSERY RHYME BRIDGE

R I V E R

THIS AREA IS BEAUTIFUL BUT TOURIST CENTRAL

NE ARE MON

REALLY GREAT + HUGE IMAX CINEMA HERE. NOT CHEAP!

HOTTEST LUNCH SPOT BY DAY BUT GHOST TOWN BY NIGHT.

VINT TOWE BABY LOVE

CELEBRITY CHEFS LIVE IN THIS LEAFY SUBURB.

MY BROTHER MOVED HERE WOULDN'T VISIT OTHERWE

HAD HEART BROKEN HERE :(VOWED NEVER TO RETURN.

THAT MESSY TANGLE WHERE VARIOUS COMPETING URBAN ROAD PLANS ALL COLLIDED IN WEIRD WAYS

DEPRES PARK TO HAV ORIGIN

SINGLE - CEN INTE WITH START

IKEA!

NEVER BEEN HERE IN MY

20장

도시언어학

이름의 힘이란 얼마나 대단한가.

◀

차즈 허턴의 <모든 도시의 지도 A Map of Every City >에서 영감을 받은 주관적 도시구획도

버스타라임스섬의 원대한 꿈

비 공 식 지 명

인터넷에서 버스타라임스섬Busta Rhymes Island 을 찾아보면 매사추세츠주 작은 마을에 있는 작은 연못 속 작은 섬이 나온다. 이 섬이 있는 슈루즈베리는 너무나 조용한 시골 마을이어서 그 안에 래퍼의 이름을 딴 섬이 있으리라고는 좀처럼 상상하기 어렵다. 직경이 10여 미터밖에 안 되는 이 섬은 그네와 블루베리가 있는 조용하고 작은 땅이다. 버스타라임스섬이라는 이름을 직접 지은 케빈 오브라이언Kevin O'brien 이라는 사람이 바로 그 블루베리를 심었다.

지역 주민인 오브라이언은 카누 타기와 초고속 랩송을 좋아하는 사람으로, 몇 년 동안이나 노를 저어 이 섬에 오갔다. 그러던 중 한 친구가 섬 이름이 뭐냐고 묻자 좋아하던 래퍼인 버스타 라임스가 떠올랐고, 그 이름이 그대로 굳어버렸다. 최소한 구글 지도에는 그렇게 돼 있다. 그런데 오브라이언이 미국지명위원회US Board on Geographic Names, BGN 에 해당 지명을 제출했을 땐 승인이 거부됐다. 거부 사유는 흔히 짐작하는 것과 달랐다.

1890년에 설립된 BGN은 지명 표기를 정하는 권한을 가진 내무부 산하 기관이다. BGN은 공식 명칭을 확정하고 이름과 관련된 분쟁을 중재한다. 직접 이름을 짓지는 않지만 지명을 승인하는 식이다. BGN은 지역의 물리적 특성과 역사, 문헌 정보가 담긴 지명 데이터베이스를 관리 운영하기도 한다. 이런 임무를 수행하기 위해 BGN에는 의회도서관, 우체국, 심지어 중앙정보국CIA 등 여러 기관

도시의 보이지 않는 99%

에서 파견된 사람들이 일하고 있다.

BGN은 사람 이름보다는 섬이나 강, 산의 형태와 같은 지형적 특성에 맞춘 지명을 선호한다. 그렇지만 조건에 맞는 경우 특정인의 이름이 담긴 지명도 인정한다. 유명인사의 이름을 따 지명을 정하려면 해당 인물이 사망한 지 5년 이상 지나야 한다는 등의 몇 가지 추가적인 규칙을 따라야 한다.

이 같은 추가 규칙에는 유명인이 사망한 직후에는 너무 감정이 격해지기에 진정할 시간이 필요하다는 생각이 일부 깔려 있다. 케네디 대통령이 암살된 지 6일 만에 후임인 린든 존슨 대통령이 케이프 커내버럴을 케이프 케네디로 바꾸겠다고 발표한 적이 있다. 그렇지만 몇 세대에 걸쳐 사용된 이름을 갑작스럽게 바꾸려 하자 지역 주민들이 반대했다. 이들의 불만이 갈수록 확대되면서 결국 플로리다주의회가 물러섰고 원래 이름을 되살리는 결의안을 채택했다. BGN이 연방 차원에서 인명을 딴 지명을 정하는 데 추가적인 조건을 붙이게 된 건 이처럼 지명이 오락가락한 일이 있었기 때문이다.

주와 도시는 저마다 독자적인 이름 짓기 규칙을 가지고 있다. BGN이 연방 차원에서 지명을 검토할 때 고려하는 것 중 한 가지는 지역 주민들이 공식적으로 또는 일상적으로 사용하는 이름이다. 따라서 버스타라임스섬이라는 이름은 가수 버스타 라임스가 죽기 전까지는 공식 이름이 될 수 없지만, 이 이름이 등록 조건을 만족할 때까지 사용된다면 오브라이언이 다시 지명 지정을 신청할 경우 BGN이 긍정적으로 검토하게 될 것이다. 지금으로서는 이 이름이 연방정부의 승인을 받지 못하고 있지만, 버스타라임스섬은 위키피디아에도 등재돼 있다. 출발이 괜찮지 않은가?

젠트리피케이션의 전조

동 네 별 명

다른 지역과 마찬가지로 샌프란시스코 만안 지역에도 줄인 지명을 쓰는 곳이 많다. 샌프란시스코 마켓가의 남쪽 지역South of Market Street은 소마SoMa라고 한다. 팬핸들 북쪽North of the Panhandle에 있는 마을 일부 지역은 노파NoPa라고 한다. 노스오클랜드North Oakland, 버클리Berkeley, 에머리빌Emeryville이 교차하는 지역 주변은 부동산 중개인들이 노베NOBE라는 이름으로 부르고 있다. 오클랜드 도심을 코리아타운 노스게이트Koreatown Northgate에서 딴 코노KoNo라는 이름으로 부르자는 움직임도 있었지만 실제 그렇게 부른 사람은 거의 없다. 이렇게 여러 단어를 한 음절씩 따서 이어 붙이는 식으로 이름을 짓는 방식은 최근 수십 년 사이 미국의 모든 도시에서 유행했지만, 정작 이런 현상을 가리키는 표현은 없다. 이런 비공식 "약자 이름acroname"(머릿글자를 뜻하는 acronym과 이름을 뜻하는 name의 합성어다)은 사실 단순한 약자가 아니다. 이런 단어에는 그 이상의 의미가 담겨 있다. 한때 유행으로 사라질 단어도 아니다.

이 이름들은 부동산을 높은 가격으로 팔려는 사람들에게 힘이 된다. 부동산중개업자들은 뉴욕의 프로스펙트 하이츠와 크라운 하이츠 교차로 지역을 묶어 프로크로ProCro 라고 부르면서 값이 싼 크라운 하이츠 부동산을 프로스펙트 하이츠 가격으로 팔 수 있다는 걸 알게 됐다. 이들은 할렘의 일부에 소하SoHa 라는 이름을 붙였고 브롱크스 전 지역을 소브로SoBro 라고 부르기도 했다. 뉴욕 등 여러 도시에서 이런 식의 이름이 많아지는 것에 반대하는 움직임이 있었지만 비공식적 이름을 금지하거나 불법화하기란 쉽지 않다.

보스턴, 워싱턴 D.C., 시애틀, 덴버와 같은 도시에서는 로도LoDo, 소도SoDo, 소와SoWa 같은 이름을 볼 수 있다. 모두 뉴욕의 약자 이름에서 유래한 명칭들이다. 소호SoHo 는 맨해튼 휴스턴가의 남쪽South of Houston Street 을 줄인 것으로, 체스터 랩킨Chester Rapkin 이라는 도시계획가가 1962년부터 쓰기 시작했다. 랩킨은 뉴욕시 도시계획위원회로부터 지옥의 100에이커Hell's hundred Acres 라고 불리던 지역의 재건을 위임받았다. 당시 사우스 휴스턴 산업지대였던 이곳은 별칭이 암시하는 것만큼 불길하지는 않더라도 그다지 매력적이지도 않았다.

뒤에 소호라는 이름이 붙은 이 지역은 제조업구역이었다. 사람들은 군데군데 비고 벽돌 건물마다 정면에 커다란 철문이 달린 이 지역이 맨해튼의 다른 구역과 어울리지 않고 볼품없다고 생각했다. 1960년대엔 악명 높은 공무원 로버트 모지스Robert Moses 의 영향으로 뉴욕시 곳곳에서 건물을 헐고 새로 짓는 일이 유행했지만 소호는 예외였다. 랩킨은 새로운 방안을 제시했다. 공장 건물들을 보존하고 개조해서 계속 공장으로 사용될 수 있게 하자는 것이었다. 랩킨과 동료들은 당시 대화를 하면서 이 지역을 소호라는 이름으로 부르기 시작했다. 물론 랩킨은 이 이름이 널리 쓰이게 될 것이라고 생각하지 못했다.

예술가들은 소호의 공장 건물들을 임대해 스튜디오로 사용하면서 돈을 아끼려고 그 안에서 살기 시작했다. 그 결과 1970년대 들어이 지역은 예술인 지구라는 명성을 갖게 됐다. 공장 건물들은 주거용이 아니었지만, 사람들은 법의 빈틈을 찾아냈다. 예술가를 예술품을 "제조"하는 "기계"로 분류한 것이다. 기계는 당연히 공장 안에서 밤을 보낼 수 있다. 배우, 화가, 음악가가 공장에서 공연을 하고전시회를 여는 등 '힙'한 행동들을 하면서 언론에서 관심을 보였다.

소호는 매력적인 복합용도 지역의 모델이 되었다. 트라이베카 Tribeca (캐널가 아래쪽 삼각형 Triangle Below Canal Street 의 줄인 말)가 소호의 뒤를 이었다. 트라이베카 역시 멋지고 호감 가는 지역이 되었다. 인더스트리얼 스타일의 중심이 된 이곳에 명품점과 고급 아파트가속속 들어섰다. 초기에는 단순하고 기능적인 건물이 많았지만 부자들이 벽돌과 철제 기둥이 노출된 건물에 대리석 욕조를 설치하고 값비싼 가구를 채우면서 갈수록 호사스러운 곳으로 바뀌었다. 낡은 공장 건물에 들어선 로프트들이 지금은 수백만 달러나 한다. 이런 이야기는 전 세계 도시 곳곳에 흔하다. 예술가들이 들어왔다가 땅값이 올라 쫓겨나고, 이런 과정이 반복되는 것이다.

새롭고 유행에 맞는 약자 이름(혹은 참신한 별명)이 붙으면 으레큰 변화가 일어난다. 좋든 싫든, 이름을 다시 짓는 행위는 젠트리피케이션을 알리는 전조가 됐다. 어느 곳이든 언젠가는 변화한다. 이름 역시 변하지만 새 이름이 계속 쓰일 수 있을지는 돈을 벌려는 부동산업자가 아니라 그곳에 실제로 사는 사람들에게 달려 있다.

13층이 아니라 M층

누 락 된   숫 자

2015년 캐나다 밴쿠버시는 건물을 지을 때 "일반적인 순서에 따른 숫자"를 새 건물 층수에 붙이도록 의무화하는 공고를 냈다. 시 건축 당국 책임자인 팻 라이언Pat Ryan은 "4, 13 등 사람들이 무슨 이유에서든 건너뛰려는 숫자들을 되놀려놓겠다"고 밝혔다. 숫자를 빠트리는 일이 걷잡을 수 없을 정도로 늘어났기 때문이었다. 실제 층수는 53층인데도 60층이라고 홍보된 아파트도 있었다. 13층과 4로 끝나는 층수를 전부 빼버리는 바람에 실제 층수와 큰 차이가 생긴 것이다. 시 당국이 모든 숫자를 사용하도록 의무화한 건 공공 안전을 위해서였다. 비상시 사람들이 멋대로 정한 층수를 의식하지 않으면서 안심하고 건물 안을 이동할 수 있어야 하기 때문이다. 물론 개발업자들이 실제보다 층수가 높은 건물로 분양하려고 일부 숫자를 빠트린 건 아니었다. 그러나 아주 중요한 문제가 걸려 있긴 했다. 일부 구매자들이 특정 숫자에 매우 부정적인 생각을 가지고 있었던 것이다.

중국에서(그리고 중국인이 많이 사는 밴쿠버 같은 곳에서) "4"가 기피되는 것은 이 숫자의 만다린어 발음이 "죽음"과 비슷해서다. 광둥어를 사용하는 지방에서는 14와 24를 4보다 더 싫어한다. 광둥어 발음으로 14는 "확실히 죽는다"와, 24는 "죽기 쉽다"는 말과 발음이 비슷하기 때문이다. 40~49층을 빼버린 건물도 있다. 밴쿠버 부동산가격을 조사한 결과, 주소에 4가 포함된 주택은 평균 2.2퍼센트 싸게 거래됐지만 8(중국어로 "돈을 번다"는 말의 앞 글자와 발음이 같다)이 포함된 주택은 2.5퍼센트 비싸게 거래되는 것으로 나타나기도 했다. 별로 크지 않은 차이 같지만, 합치면 수만 달러에 이를 수 있다.

전 세계 곳곳에서 13은 특히 불운한 숫자로 여겨진다. 13이라는 숫자에서 공포를 느끼는 현상은 역사가 길고 여러 지역에 만연해 있지만 그 이유에 대한 설명은 여러 갈래다. 함무라비법전에 13조가 없다는 설도 있었지만 오래전에 사실이 아님이 밝혀졌다. 노르웨이의 장난꾸러기 신 로키가 그가 살해한 발두르 신을 추모하는 저녁 식사에 (초대되지 않은) 열세 번째 손님으로 왔다고도 한다. 예수와 최후의 만찬을 함께할 때 배신자 유다가 열세 번째로 자리에 앉았다고도 한다. 기원이 무엇이든 불운의 숫자가 기피되고 행

운의 숫자가 널리 사용되는 현상이 도시에서 뿌리를 내리고 건축 환경에 붙이는 번호에까지 영향을 미치는 것으로 보인다. 밴쿠버처럼 시 당국이 강제로 되돌리지 않는 한 말이다. 오티스엘리베이터사는 한때 자신들이 제조하는 엘리베이터 패널의 85퍼센트에서 13층을 뺐다고 추산했다. 13 대신 12A 또는 M(알파벳에서 열세 번째 문자)으로 표시하는 경우도 있다. 13층에 기계실이나 창고를 설치하거나 (수영장이나 식당 등) 특정 용도를 지정한 건물도 있다. 좋은 점도 있다. 밴쿠버에서 13층 노는 14층의 전망을 원하는 사람이라면 미신을 믿는 이웃들보다

몇 퍼센트 싼값에 집을 사는 행운을 누릴 수 있으니 말이다.

애글로 마을 소송 사건

가 짜 마 을

1930년대의 철학자 알프레트 코집스키Alfred Korzybski는 "지도는 영토가 아니다"라고 말했다. 그의 말을 증명이라도 하듯 지도제작사 제너럴드래프팅General Drafting은 뉴욕주 지도에 지도상에만 존재하는 가상 마을을 포함했다. 애글로Agloe라는 이름의 이 마을은 지도를 무단 복제하는 걸 막기 위한 함정이었다. 펜실베이니아주 근처 로스코와 비버킬 사이에 심어놓은 경고장치인 셈이었다.

다른 분야와 달리 사실을 바탕으로 만드는 지도 등의 제품은 지적재산권을 보호하기가 쉽지 않다. 사실을 지적재산권으로 보호할 수는 없으니, 사전이나 지도처럼 사실을 모아놓은 제품은 복제해도 잘 들키지 않기 때문이다. 그래서 만든 고육지책이 "가짜" 사실이나 항목을 포함하는 방식이다.《뉴 컬럼비아 백과사전》제작자는 분수설계자였다가 사진가가 됐다는 릴리언 버지니아 마운트위즐Lillian Virginia Mountweazel이라는 가짜 인물을 추가했다.《뉴 옥스퍼드 영어 사전》에도 비슷한 사례가 있다. 에스키밸리언스esquivalience라는 단어를 포함시키고 "고의적으로 의무를 다하지 않음. 19세기 후반에 처음 생긴 단어로, '기피하다, 슬금슬금 가버리다'라는 뜻의 프랑스어 esquiver에서 유래된 것으로 보인다"는 설명을 붙여놓았다. 이 같은 설명 역시 가짜다.

애글로 마을에서는 예기치 못한 반전이 벌어졌다. 제너럴드래프팅이 지도를 출간한 지 몇 년이 지나서 랜드맥널리Rand Mcnally사가 이 가짜 지명이 포함된 지도를 출간했고, 이는 당연히 제너럴드래프팅이 지적재산권 침해를 이유로 소송을 거는 계기가 되었다. 지적재산권 침해가 너무 명백한 것처럼 보였지만 랜드맥널리는 애글로 마을이 실제로 존재한다고 강하게 맞받았고, 이 사건은 결국 법정으로 향했다.

랜드맥널리의 방어 주장은 간단했다. 애글로 잡화점이 실제로 있다는 것이었다. 실제로 그 상점 주인이 제너럴드래프팅의 지도를 보았고, 그 지역에 가게를 차릴 때 가짜 지명을 따서 가게 이름을 지었다. 이 때문에 실재하지 않았던 곳이 어느 정도 실재하게 되었다. 전성기에 상점과 두어 채의 집이 있던 "마을"이 된 것이다. 지금 이 마을은 없어진 지 오래됐지만 다음과 같은 간판이 남아 있다. "애글로에 오신 것을 환영합니다! 이곳은 애글로 잡화점이 있던 곳입니다. 곧 다시 뵙겠습니다!"

없는데 있는 곳

널　아　일　랜　드

널 아일랜드Null Island (없는 섬)는 본초 자오선과 적도가 만나는 남대서양에 있다. 아니, 실제로 존재한다면 그 자리에 있다. 예상 외로 위도 0도, 경도 0도에 있는 '없는 섬'은 지리정보시스템GIS에서 사용 빈도가 매우 높은 곳이다. 데이터가 잘못되거나 부정확하게 입력되는 경우 이 위치가 나올 수 있다. 그 결과 컴퓨터 프로그램이 온갖 것들이 바로 이 머나먼 곳의 존재하지 않는 장소에 있다고 파악하게 되는 것이다. '없는 섬'은 실제로는 존재하지 않기 때문에 이런 일이 일어난다 하더라도 영향을 받거나 불만을 가질 사람은 없다. 그렇지만 지리학에서 쓰이는 모든 기본값이 무해한 건 아니다.

캔자스 한가운데 벽지에 있는 한 농장은 2000년대 초반 유사한 GIS 문제로 피해를 봤다. 이 시골지역은 갑작스럽게 원치 않는 주목을 끌었다. 몇 년 동안 그 땅을 소유한 가족과 그 땅을 임대한 사람들은 도둑놈, 사기꾼으로 몰렸다. 세금징수인, 연방보안관, 지역 구급차가 찾아왔다. 이렇게 주목을 받게 된 건 한 지도회사가 미국 내에서 특정되지 않은 모든 지점을 미국의 지리적 중앙점에 배치했기 때문이었다. 이로 인해 벽지의 농장에 수백만에 달하는 지리 항목이 몰려 있었던 것이다. 회사는 이 농장 소유주를 더 이상 번거롭게 하지 않기 위해 기본값을 결국 바다 한가운데로 옮겼다.

없는 섬에는 문을 두드리고 나타나는 사람들로 인해 피해를 볼 사람이 없었기 때문에 열정 넘치는 사람들은 이 존재하지 않는 장소를 데이터베이스에서 지우기보다는 수용하기로 했다. 실제로 '없는 섬'은 너무 인기가 높아서 팬들이 이 섬의 지도를 그렸을 뿐 아니라 국기와 가짜 역사까지 만들었다. 현실에서는 찾아볼 수 없는 섬이지만 표지물은 존재한다. "영혼Soul"이라는 별명의 부

표 13010이 위도 0도, 경도 0도 지점에 있으며, 공기와 온도 데이터는 물론 풍속과 풍향 정보를 수집해 대서양 계류지 예측 및 연구the Prediction and Research Moored Array in the Atlantic에 사용된다. "'없는 섬'은 현실과 가상의 지리학, 수학적 확실성과 순수한 판타지가 뒤섞인 흥미로운 현장이다. 아니면 그냥 기상관측용 부표가 있는 장소에 불과할지도 모른다. 어찌되었든, '없는 섬'이 지도에 표시된 것은 GIS 덕분이다"라는 것이 의회도서관의 팀 St. 온지의 평이다.

스트리트와 애비뉴의 차이

도 로 명

도로나 장소 이름에는 지역 역사가 시적으로 담겨 있는 경우가 많다. 승리의 봉우리Victory Peak처럼 듣기 좋은 이름도 있지만 실망의 곶Cape Disappointment, 의미 없는 산Pointless Mountain, 사랑 없는 호수Loveless Lake, 절망의 길Hopeless Way처럼 우울한 이름도 있다. 이런 이름을 볼 때마다 의아할 것이다. 누가 무슨 일을 겪었기에 실패한 꿈의 도로Broken Dreams Drive나 고통의 길Suffering Street 같은 이름을 붙였을까? 절망의 섬Despair Island에서 모든 걸 포기한 건 언제일까? 악몽의 섬Nightmare Island에서 무슨 꿈을 꿨을까? 종말 지점Termination Point에서 종말을 겪은 것이 무엇일까(또는 누구일까)? 신이시여 왜 하필 저입니까 도로Why me Lord Lane, 공허한 도로Emptiness Drive, 죽음의 그림자 도로Shades of Death Road를 따라 여행하고 싶은 사람이 과연 있을까?《슬픈 지형학Sad Topographies》의 저자 데이미언 러드Damien Rudd는 이처럼 유머러스하거나 섬뜩한 지명들을 잔뜩 수집해놓았다.

분명한 의미가 있는 건 아니지만 도로에 붙은 숫자에 이야기가 담긴 경우도 있다. 재미있는 사실 하나! 2번가는 미국의 도로 이름에 가장 많이 사용된 단어다. 3번가가 두 번째로 많고 1번가가 세 번째로 많으며 5번가는 여섯 번째로 많다. 이유를 알 순 없지만 4번가는 네 번째로 많다. 1번가라고 불릴 만한 도로는 결국 중심가main street라는 이름을 갖게 되는데, 아마 이것이 '1번가'라는 이름이 붙은 도로가 가장 많지 않은 이유를 설명해주지 않나 싶다.

노선을 구분하는 명칭도 여러 가지 정보를 전달한다. 이 명칭들은 지역마다 다르거나 예외가 많지만, 꽤 오래전부터 베테랑 운전자조차 알지 못하는 관습이 적용되고 있다.

- **로드**Road, Rd 두 지점을 연결하는 노선
- **스트리트**Street, St 도로 양옆에 건물이 있고 애비뉴와 직각으로 만나는 노선
- **애비뉴**Avenue, Ave 스트리트와 직각을 이루며 도로 한쪽에 가로수가 있는 경우가 많음
- **불러바드**Boulevard, Blvd 도로 중앙과 도로변에 식물을 심어둔 도시의 넓은 도로
- **웨이**Way 좁은 옆길
- **레인**Lane, La 좁은 길이며 시골길인 경우가 많음
- **드라이브**Drive, Dr 자연 지형에 따라 난 길고 구불거리는 도로

- **테라스**Terrace, Ter 경사지를 에워싼 도로
- **플레이스**Place, Pl 통과할 수 없거나 막다른 도로
- **코트**Court, Ct 원형 또는 고리형 도로의 끝(마을 광장 같은 곳)
- **하이웨이**Highway, Hwy 대도시를 연결하는 주 공로
- **프리웨이**Freeway, Fwy 양방향으로 차선이 두 개 이상이 있음
- **익스프레스웨이**Expressway, Expy 빠른 통행을 위한 별도의 하이웨이
- **인터스테이트**Interstate, I 주 사이를 오가는 경우가 많으나 반드시 그렇지는 않음
- **턴파이크**Turnpike, Tpke 일반적으로 요금소가 있는 익스프레이웨이
- **벨트웨이**Beltway, Bltwy 벨트처럼 도시를 감싸고 있음
- **파크웨이**Parkway, Pkwy 옆에 공원이 있는 경우가 많음
- **코즈웨이**Causeway, Cswy 수면이나 습지의 제방 위에 나 있음

모든 도로명이 반드시 위의 구분에 맞지는 않는다. 이름 짓기의 관습에서는 그 무엇도 완전하지 않다. 예컨대 애리조나주 투손은 한눈에 봐도 도로가 격자형으로 잘 나 있는 도시이며, 동서로 난 도로는 대부분 스트리트이고 남북으로 난 도로는 애비뉴이다. 그런데 이 도시에는 스트래비뉴Stravenue 라는 독특한 도로명을 가진 곳도 있다. 대각선으로 난 도로에 스트리트와 애비뉴를 합쳐 만든 이름을 붙인 것이다(약어는 Stra다). 비교적 최근인 1948년에 이름 짓기 규칙에 포함된 이 명칭은 죽음과 절망의 여러 국면을 따서 도로에 이름을 붙이고 싶지 않은 사람들에게 건축 환경에 기억에 남을 만한 흔적을 남길 수 있는 또 한 가지 방법을 제공한다.

ROAD (Rd): any route
connecting two points

STREET (St): has buildings
on both sides. perpindicular
to avenues

AVENUE (Ave): perpindicular
to streets. may have trees
or buildings

BOULEVARD (Blvd): wide
city street with median and
side vegetation

WAY (Way): small side route

LANE (La): narrow and
often rural

DRIVE (Dr): Long, winding
and shaped by natural
environments

TERRACE (Ter): Wraps up
and around a slope

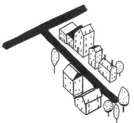

PLACE (Pl): no through traffic
or dead end

COURT (Ct): ends in a circle or
loop (like a plaza or square)

이름의 힘

이 름 없 는 공 간

고속도로와 진입로 사이에 있는 좁은 땅을 어떻게 불러야 할까? 2010년에 출간된 《새 공용지의 명칭 The Typology of New Public Sites》의 저자 그레이엄 코레일-앨런 Graham Coreil-Allen 은 도시 확장 과정에서 부산물처럼 생겨난 이런 장소를 고속도로 소용돌이 freeway eddies 라고 불렀다. 공식적으로는 이런 장소에 재미없고 아는 사람만 아는 명칭을 사용하는 것이 보통이다. 병합 차선을 고속도로와 나누는 이 땅을 고어 gore (삼각형의 땅)라고 하는 식이다. 그러므로 이런 장소에 관심을 끌어보려는 사람이 어째서 기억하기 쉬운 이름을 붙이려고 하는지는 쉽사리 짐작이 간다.

볼티모어의 예술가 코레일-앨런의 책에는 덜 딱딱한 이름은 물론 눈에 확 들어오는 이름들도 함께 제시돼 있다. 모퉁이 깜짝쇼, 용도 불명의 상자, 외딴 숲, 예비 동굴 등등의 명칭은 각각 뚜렷한 정의를 담고 있으며 하나의 공통점이 있다. 지도에 표시되지 않는 것을 지칭한다는 것이다. 이름 있는 것들 사이에 있는, 이름 없는 공간이다. 그 공간들은 본디 아무것도 아닌 셈이다. 코레일-앨런은 그런 대상들 속에서 무엇인가를 발견하고 점검하고 생각해본 뒤 사진을 찍고 설명을 붙였으며 모아서 안내까지 했다.

이런 장소들 중에는 분명히 설계에 따라 만들어졌으나 간과하기 쉬운 곳도 있다. 그러나 대부분은 자동차 중심의 도시개발 과정에서 우연히 만들어진 곳으로, 계획된 공간 속의 자투리다. 이 "새로운 공용지"가 늘 아름다운 것은 아니다(사실 아름다운 경우가 별로 없다). 하지만 이런 땅에는 공공용도로 사용할 여지가 있다. 코레일-앨런은 이 점을 주목하면서 이 공간을 자연스럽게 또는 의도적으로 광장이나 공원으로 쓸 수 있다고 제안한다. 그는 이름을 붙이면 이런 장소들이 더 눈에 띌 것이라고 주장하고 있다.

이름을 붙이자는 건 그곳이 공공장소임을 부각해 사람들이 관심을 갖도록 하자는 뜻이다. 코레일-앨런은 "그런 장소에 용도를 부여하고 명칭을 표시하고 이를 언론에 알리고 이벤트를 열면 인지도가 높아져서 실질적으로나 디지털적으로나 접근하기가 더 쉬워진다"고 말한다.

《새 공용지의 명칭》은 도시계획가를 위한 정책 제안서나 도시 탐험자를 위한 종합 안내서도 아니다. 그러나 그의 설명을 읽고 사진을 보면 도시를 돌아다니면서 보는(또는 보지 못하는) 것들에 대해 다시 한번 생각하는 유익한 정신적 훈련을 할 수 있다. 고속도로 사이에 갇힌 소용돌이 공간이 공원이나 시민들의 시위 장소가 되는 일은 영영 없을지도 모르지만, 그것들을 자투리 빈자리 이상의 것이라고 보고 쓸모를 상상해보는 사람들에게는 도움이 될 법하다.

21장

인간이 만든 자연

우리 인간들은 좁아터진 도시에도 녹지가 있어야 한다고 생각한다. 자연을 있는 그대로 놓아두기도 하지만, 식물을 다듬고 모양을 바꾸려는 욕망에 따라 자연의 본모습과 다른 복제품을 만들어내기도 한다. 잘 만든다면 녹지는 주변 환경과 잘 어울리는 활력소가 될 수 있다. 잘못 만들면 낭비가 심하고 유지하기 어려워 사람이 지속적으로 개입해야 한다. 어떤 식이든 식물과의 관계라는 관점에서 인간을 바라보는 일은 꽤 흥미롭다. 자연 상태에서는 식물이 자라지 않는 곳이라면 특히 그렇다.

◄

고가철로를 녹지로 만든 뉴욕의 하이라인

망자들의 도시

공 동 묘 지

캘리포니아 콜마는 멀리서 보면 번성하는 도시의 축소판처럼 보인다. 다만 산 사람들이 사는 고층건물이 아니라 죽은 사람들을 위한 거대 무덤과 기념비, 묘비 등이 풍경을 장식하고 있다. 콜마에서는 죽은 사람과 산 사람의 비율이 1000 대 1이다. 샌프란시스코에서 남쪽으로 16킬로미터밖에 안 떨어진 이 지역은 녹색 구릉지와 깔끔하게 손질된 울타리가 있는 전통적인 공원처럼 보이지만, 진정한 망자의 도시다. 이 마을에는 150만이 넘는 사자의 유해가 봉안돼 있다. 반면 살아 있는 주민들 숫자는 2000명도 채 안 된다. 주민들은 이런 특이함을 지역의 모토에 반영했다. "콜마에서 살아 있다는 건 대단한 일"이라고 말이다. 주변에서는 도시들이 서서히 확장됐지만, 콜마는 아직도 정말 깡촌이다. 이 기묘한 지역은 도시의 매장 풍속이 새로운 형태의 추모공원으로 바뀌면서 생겨난 역사의 산물이다.

전 세계 곳곳에서 죽은 사람들은 산 사람들과 도심지에서 공존했다. 그들은 마을 광장이나 도시 교회 마당에 매장되곤 했다. 역사적으로 그런 묘역들은 사람들이 어울리거나 목축지로 쓰이는 등 온갖 용도로 활용돼왔다. 그런데 여러 기능이 중첩된다는 사실이 문제가 됐다. 공간을 절약하기 위해 겹겹이 묻었던 시신들이 홍수가 나면서 표층 밖으로 드러나는 일이 종종 일어났다. 1800년대 초반, 전염병이 돌고 땅값이 뛰자 죽은 사람들이 시 밖으로 밀려나기 시작했다. 도시 인구밀집지역에서 떨어진 장소에 무덤을 만드는 일이 많아진 것이다. 묘지의 위치만이 아니라 묘지 디자인과 사람들이 묘지를 경험하는 방식도 달라졌다.

매사추세츠 케임브리지 근처 마운트오번 공동묘지는 미국 최초의 시골 공동묘지 중 한 곳이다. 공동묘지cemetery라는 단어는 "잠자는 방"이라는 뜻의 그리스 단어에서 유래했다. 신중하게 계획된 이 공동묘지의 조경은 영국식 정원 전통을 끌어와 공동묘지 설계를 완전히 새로운 방향으로 돌려놓았다. "산 사람들의 도시가 속도와 효율성, 생업을 위해 설계된 데 비해 죽은 사람들의 도시는 조용하고 평화로운 아르카디아Arcadia(목가적인 이상향)로 생각됐다. 지상에 낙원이나 천국을 소환하려는 것이었다."《공동묘지Cemeteries》의 저자 키스 에게너Keith Eggener의 설명이다. 이런 종류의 공동묘지는 특히 미국 도시 안팎에 공원, 미술관, 식물원이 많지 않았던 시대에 인기가 높았다. 그림 같은 풍경의 마운트오번은 다른 공동묘지들은 물론 프레더릭 로 옴스테드Frederick Law Olmsted가 설계한 뉴욕 센트럴파크 등의 대공원에도 영향을 미쳤다. 센트럴파크는 또한 완전히 새로운 도시 공원의 효시가 됐다.

콜마 지역은 원래 대부분이 농경지였다. 샌프란시스코 공동묘지가 1800년대 후반 포화 상태가 되면서 교회 등의 여러 기관들이 커져만 가는 대도시 샌프란시스코의 남쪽에 무덤 부지를 마련했다. 1900년대 초가 되자 샌프란시스코시는 시내 매장을 금지했고 묘지 관리비용을 삭감했다. 몇 년 뒤에는 기존의 무덤까지 시외로 내보내라는 조례가 채택돼 15만 구의 시신을 파냈다. 이 중 상당수가 콜마라고 불리게 될 지역으로 옮겨져 다시 묻혔다. 10달러 비용을 부담할 수 있는 가족들은 비석과 함께 유해를 옮겼지만 그 밖의 유해들은 그냥 대규모 무덤에 합장됐다.

하지만 샌프란시스코에 남은 비석들에 관한 이야기는 이게 전부가 아니다. 옛 묘지에서 나온 많은 비석이 도시 전체에서 건축재료로 재사용된 것이다. 온전한 묘비나 조각난 묘비가 샌프란시스코 곳곳에서 발견된다. 일부는 오션 비치 해안 침식 방지석이 됐고 부에나비스타공원의 길과 배수로 양옆을 장식하는 데 사용된 것도 있다. 사자는 산 사람을 위해 대도시에서 축출됐지만 그들의 영혼은 여전히 공원과 같은 공공장소를 떠돈다.

재생 그 이상의 것

철 로 공 원

하이라인High Line은 맨해튼 고가철로를 재건축해 만든 혁신적인 공원으로, 건물 사이는 물론 건물을 관통하기도 한다. 2000년대에 만들어진 이 고가 녹지는 많은 점에서 획기적이었지만, 여러 지역을 연결하는 공원길을 만들려는 생각은 오래전부터 있었다. 오래된 교통시스템 주변에 건물이 가득 들어서기 전에도 주변 차도와 보도의 격자 구조에 반하는 좁고 긴 도시공원들이 많이 존재했다.

1870년대, 유명했던 조경건축가 프레더릭 로 옴스테드의 회사는 보스턴 주변에 에메랄드 목걸이Emerald Necklace (보스턴 주변의 공원녹지가 이어진 곳)를 설치하기 시작했다. 개천, 소로, 공원길을 따라 도시 전체의 여러 공원을 연결함으로써 담수 연못, 자연림, 경치 좋은 풀밭, 수목원으로 이루어진 사슬형 녹지공간을 만들자는 계획이었다. 당시에는 개발되지 않은 습지가 많았기에 가능한 일이었다. 도시가 과밀해지면서 새로 공사를 시작하는 것이 갈수록 어려워졌지만, 이 습지 공간이 도시가 새롭게 성장할 수 있는 길을 열어줬다.

반면 뉴욕과 같은 곳에서는 시내 미개발 지역에 화물열차가 다녔고 그에 따른 부작용이 매우 컸다. 죽음의 길로 불렸던 맨해튼 웨스트 사이드의 한 철로에선 1800년대 말부터 1900년대 초까지 수백 명의 행인이 숨졌다. 마침내 시, 주, 철도회사가 1929년 고가철로를 설치하기로 합의했다. 몇 년 뒤에는 새로운 기찻길이 거리 위 높은 곳에서 운행되기 시작했다.

1960년대 들어 트럭이 늘어나면서 철도 이용이 줄어들자 고가철로 일부가 철거됐다. 그러다가 1983년 하이라인의 미래에 기여한 두 가지 사건이 발생했다. 고가로를 보존 및 개발하기 위한 재단이 설립됐고, 의회가 전국철도망법을 개정함으로써 옛 철로를 산책로로 만드는 절차가 간단해졌다. 그렇지만 하이라인은 이후 수십 년 동안 철거될 운명을 간신히 피했다. 한번은 루디 줄리아니Rudy Giuliani 시장이 이 고가철로를 단두대에 올렸다. 그는 남은 철로를 철거하라는 명령에 서명하는 데까지 나아갔다. 하이라인의친구들Friends of High Line이라는 새로운 단체가 이 고가철로를 살려야 한다는 여론을 환기하고 재사용 디자인 아이디어를 공모하는 등의 방법으로 시장의 명령을 철회시켰다. 전 세계 각지에서 수백 건의 디자인이 제출됐으며 그중에는 롤러코스터와 수영장을 설치하자는 제안도 있었다. 그보다 실용적이고 선견지명이 있는 방안이 최종적으로 채택됐다.

하이라인은 길인 동시에 공원이지만, 기존의 산책로나 생태적 감수성을 지닌 풍경 이상으로 홍보되었다. 2.4킬로미터에 달하는 긴 공간 곳곳에 앉을 자리와 모임 장소, 공연장, 기타 공공장소를 설치하고 노점상이 들어올 공간을 마련했을 뿐만 아니라 수백 종의 식물도 심어 다채로운 모습을 보여준다. 이 길고 가느다란 공원은 사람들을 가까이 모이게 만들고, 간혹 붐비기는 해도 덕분에 생기 있고 활동적인 느낌을 준다. 밀도를 높이는 식의 성공 전략은 공간의 제약 때문에 생긴 부차적 효과이기도 하지만, 아늑한 소형 공원들로 유명한 뉴욕의 다른 선례들을 참고한 것이기도 하다. 다목적 하이라인은 큰 성공을 거두었고 주변의 재개발을 촉진했다. 보는 시각에 따라 개선일 수도 있고 젠트리피케이션일 수도 있지만 말이다.

다른 도시에서도 비슷한 방식을 도입했다. 하이라인을 대놓고 모방하기도 했다. 이 중에는 성공한 도시도 있고 실패한 도시도 있다. 런던의 경우 고위 정치인들이나 유명 건축가들이 템스강에 가든브리지 Garden Bridge (정원 다리)를 놓자는 제안을 지지했지만 결국 성사되지 못했다. 뉴욕의 선례에서 영감을 받았지만 교훈을 잘못 해석한 결과다. 하이라인과 달리 가든브리지는 도심을 관통하는 다리를 재활용하는 것이 아니라 두 지점을 연결하는 새로운 다리를 건설한다는 계획이었다. 이 계획을 백지화하기 전까지 수천만 파

도시의 보이지 않는 99%

운드가 쓰였다. 시카고에선 606 녹지계획에 따라 철로를 산책로로 바꾸는 계획이 대성공을 거두었다. 이 계획은 (젠트리피케이션이라는 비판이 없지 않았지만) 각계의 지지를 받았으며 여러 구역을 성공적으로 연결했다. 로스앤젤레스강 산책로도 현재 건설이 진행 중이다.

미니애폴리스부터 파리까지 철로를 산책로로 바꾸는 광범위한 프로젝트가 이미 윤곽을 갖췄고, 더 많은 프로젝트가 진행 중이다. 독일에만 수천 킬로미터에 달하는 철로 산책로가 있다. 현재 많은 도시에서 강변 부지, 고가도로, 지하도, 옛 고속도로를 공원과 자전거길, 보행자길 및 이것들을 복합한 공간으로 만들고 있다. 도시의 다양한 개방형 여가 공간에서 다양한 혜택을 누릴 수 있지만, 선형 공원과 녹지의 조합은 여러 가지 기회를 함께 제공하는 매력이 있다. 이런 공간은 기존 길을 따라 구불구불 나아가기도 하고 도시 각 지역을 연결하기도 하며 휴식과 놀이 공간일 뿐 아니라 도시인들이 다양한 이동수단을 활용해 오가는 통로가 될 수도 있다.

미국에 야자수가 많은 이유

가 로 수

링컨에 있는 네브래스카대학교 캠퍼스에서는 크리스마스트리용으로 나무를 베어가는 도둑을 막기 위해 수십 년 동안 상록수에 여우 오줌과 글리세린을 뿌려두어야 했다. 날씨가 추운 실외에서는 여우 오줌 냄새를 거의 맡을 수 없지만 학생이나 주민이 나무를 베어 집에 두면 따뜻한 온도 때문에 견디기 힘든 악취가 난다. 특히 베어내기 좋은 작은 나무에는 고약한 냄새가 날 것이라고 경고하는 딱지를 붙여두기도 한다. 네브래스카대학교 조경사 제프리 컬버트슨Jeffrey Culbertson은 〈데일리 네브래스카〉에 "효과가 있는 것 같다"라고 말했다. "진짜로 여우 오줌을 뿌렸는지, 아니면 딱지만 붙인 것인지 묻는 전화가 두어 차례 걸려올 것이다. 실외에선 아무런 냄새가 나지 않기 때문이다. 난 이게 늘 우습다. 나무를 가져가려고 확인하는 건가? 그게 아니면 왜 굳이 전화를 걸어 물어보는 걸까?" 크리스마스트리 도둑은 크리스마스 때만 등장하지만 공공장소에 있는 수많은 나무와 식물은 1년 내내 도난 피해를 입고 있다.

도시 거리에는 느릅나무, 참나무, 단풍나무 등 각종 나무와 관목이 심겨 있다. 그늘을 제공하고 이산화탄소를 산소로 바꿔주는 이런 나무들을 좋아하는 사람들로선 다행스럽게도 이 나무들은 도둑들에게 인기가 없다. 최소한 야자수만큼은 아니다. 사실 야자수는 나무라고 할 수 없지만 말이다. 우리가 편하게 야자수라고 통칭하는 것은 사실 종려과에 속하는 수천 종에 달하는 다년생 식물들을 말한다. 도시 환경에서는 유독 나무처럼 생긴 야자수가 특히 중요하다. 이산화탄소를 산소로 바꾸는 능력이 부족한데도 야자수는 텍사스나 캘리포니아 같은 주에서 오래전부터 인기가 높았다. 뿌리가 뭉쳐 있어서 옮겨심기가 쉽고 보기에도 좋다는 등등의 이유 때문에 야자수 가로수를 훔쳐 가는 일이 큰 문제가 돼왔다.

도둑들은 큰 야자수를 팔아 수만 달러를 벌 수 있다. 날씨가 추운

미 중서부의 소나무처럼 따뜻한 남부와 서부에서 야자수는 목재로서의 가치보다는 수백 년 동안 변화해온 집단적 상상 속에 형성된 이미지 때문에 비싸게 팔린다. 수백 년 전에는 독실한 스페인 기독교인들이 종려 주일에 쓸 종려잎을 위해 야자수를 심었다. 캘리포니아가 주로 승격된 1850년쯤에는 이국적인 것에 열광하는 서양인들의 오리엔탈리즘 덕분에 이 유사 나무의 인기가 높아졌다. 야자수는 열대지방을 연상시켰고, 호화롭고 여유롭고 일상을 탈출한다는 느낌을 주었다. 1900년대 들어 세계 주요 도시의 큰 호텔은 정원마다 야자수를 심었다. 그 유명한 타이타닉호의 갑판에도 야자수가 한 그루 심겨 있었다.

야자수 열풍이 전 세계를 휩쓰는 동안 이 나무는 로스앤젤레스에서 한층 인기가 높아졌다. 고급주택 주인들이 진입로 주변에 야자수를 심었고, 교외지역 부자들은 한술 더 떠 공공도로의 가로수로 야자수를 심었다. 대공황이 닥치면서 로스앤젤레스 공공산업진흥국은 늘어난 실업자를 구제하기 위해 이들에게 주요 도로에 야자수를 심게 했고, 이 때문에 도시 전역에 야자수가 셀 수 없을 정도로 확산됐다.

요즘은 캘리포니아 남부 등지의 야자수들의 수령이 높아졌고, 그중 일부는 심각하게 시들어가고 있다. 로스앤젤레스 같은 도시에서는 야자수를 다시 심는 대신 이 식물의 역할을 재고해보고 있다. 야자수는 나무다운 나무를 포함한 다른 수종에 비해 생태학적 이점이 훨씬 적다. 야자수가 상징적으로 중요성을 가진 지역이라면 늙은 야자수를 새 야자수로 바꿔 심겠지만, 로스앤젤레스를 비

롯해 야자수가 많은 도시들에서는 앞으로 수십 년 동안 훔쳐 갈 만
한 야자수가 크게 줄어들지도 모르겠다. 최소한 생태학적 관심사
를 가진 도시계획가들이 이 문제에 관심을 둔다면 말이다.

지속 가능한 정원을 위하여

잔 디 밭

최근 수십 년 사이, 몇몇 주택 소유주는 갈색으로 변해버린 풀밭
이나 잔디밭 전체를 페인트로 칠해주는 회사에 작업을 맡기고 있
다. 가뭄이 들거나 제한 급수가 실시되는 바람에 미관을 살리기 위
해 칠하기도 하지만, 당국이나 마을 공동체가 자신들이 꿈꾸는 교
외 부지의 통일된 그림에 걸맞지 않은 정원을 결코 용납하지 않기
때문에 이런 기묘하고 극단적인 일을 벌이는 경우도 있다.

잔디 관련 규제는 가볍게 보기 쉽다. 하지만 그 엄격한 기준을 맞
추지 못하는 사람들에게는 혹독한 결과가 따를 수 있다. 10년도 더
된 일이지만, 플로리다주 허드슨의 한 집주인은 잔디가 갈색이 되
도록 내버려뒀다는 이유로 투옥됐다. 그는 이후 석방되었는데, 부
분적으로는 언론이 그의 난처함을 부각했고 이웃들이 그를 편들어
잔디를 새로 심어주었기 때문이었다. 은퇴자였던 집주인은 입주
자협회의 규정을 지키려고 잔디를 세 번이나 다시 깔았지만 새 잔
디들이 뿌리를 내리지 못했고, 결국은 체포영장이 발부되었던 것
이다. 비슷한 일을 당한 사람이 또 있다. 최근 플로리다주 더니든

시에서는 지역법규집행위원회에서 잔디 관련 법규 위반으로 부과된 벌금 수만 달러를 내지 못한 은퇴 생활자의 집을 압류했다. 하루 500달러씩 벌금이 빠른 속도로 추가됐는데, 그동안 집주인은 임종이 다가오는 어머니를 간호하고 돌아가신 다음에는 어머니의 부동산을 처분하러 다니느라 플로리다에 없었다.

이처럼 구속되거나 집이 압류되는 극단적인 사례는 많지 않지만 이 사례들은 미국의 지방자치단체들이 잔디를 얼마나 중시하는지 잘 보여준다. 자결권을 중시하는 미국의 일반적인 가치관에는 맞지 않는 집착이라고 평할 수도 있겠다. 아메리칸드림의 상징과도 같은 잔디밭과 울타리가 있는 주택은 "개인" 재산임에도 타인의 예민한 감시를 당한다. 사실 잔디밭은 애당초 자유와는 아무런 관계가 없는 건 물론이고 미국의 교외 생활과도 관련성이 거의 없었다. 잔디밭의 기원은 대서양 건너편 상류층 부자들에게까지 거슬러 올라간다.

《잔디밭 사람들Lawn People》의 저자 폴 로빈스Paul Robbins에 따르면 오늘날과 같은 잔디밭은 고대에는 없었던 것으로 이탈리아 르네상스 시대 화가들이 그린 이상적 풍경화에서 유래한 것이라고 한다. 영국 상류층들은 이런 그림에 매혹됐고, 삶이 예술을 모방하게 되었다. 지주 귀족들이 자기 집 뒤뜰에다 이런 그림 같은 풍경을 옮겨놓기 시작한 것이다. 잔디는 보기에도 좋고 푹신푹신해서 걷기에도 좋았지만 그보다는 권력과 특권을 과시하는 수단이었다. 돈 많은 사람만이 마당에 돈이 되지 않는 일을 벌여놓고 농부들에게 돈을 줘가면서 쓸모는 없지만 사랑스러운 잔디를 짧고 예쁘게 낫질하도록 할 수 있었다. 유럽인들은 신대륙으로 건너오면서 이런 전통도 함께 가져왔다.

미국 최초의 유명 조경건축가였던 앤드루 잭슨 다우닝Andrew Jackson Dawning은 어지러운 도시 풍경에 질서를 부여하는 공간이라며 잔디밭을 옹호했다. 그는 1850년 "청명한 잔디밭과 우아한 집이 시골을 장식한 걸 보면, 질서와 문화가 자리 잡았음을 알 수 있다"고 썼다. 교외지역이 처음 형성될 당시 중산층이 잔디밭을 도입하기 시작했는데, 어느 정도는 잔디밭에 이러한 도덕적 의미를 부여했기 때문이었다. 또 잔디는 큰돈을 들이지 않고 넓은 땅을 손쉽게 환하게 만드는 방법이기도 했다.

오늘날 잔디는 미국에서 가장 넓은 면적을 차지하고 있는 작물이다. 이에 관해 연구한 과학자 크리스티나 밀레시Cristina Milesi에 따르면 "적게 잡아도 옥수수밭의 세 배는 넘는다"고 한다. 오하이오주 콜럼버스 같은 대표적인 미국 도시들은 전체 면적의 4분의 1 이상이 잔디밭이다. 축구장이나 골프장처럼 잔디가 깔린 다른 구역을 포함하지 않아도 그렇다. 미국인들은 잔디밭을 가꾸는 데 매년 수십억 달러를 쓴다. 깔끔하게 늘어서 있거나 화단에 모여 있는 다른 식물들과 꽃들은 대체로 잔디밭이라는 녹색 캔버스를 배경으로 한 장식이 된다.

하지만 잔디밭이 가진 기능은 계속 변화하고 있다. 특히 기후변화 등 환경적 영향을 크게 받는 지역에서 그렇다. 캘리포니아에서는 최근 몇 년 사이 가뭄의 영향이 잔디에 유독 두드러지게 나타났다. 2015년에 제리 브라운Jerry Brown 주지사는 골든 스테이트(캘리포니아의 별명)에서 물 사용량을 현재의 4분의 3으로 줄여야 한다고 선언했다. 그는 "새 시대가 닥쳤다"면서 "작고 예쁜 잔디에 매일 물을 쥐야 한다는 생각은 옛일이 될 것"이라고 강조했다. 일부 남서부 주에서는 주 정부가 시민들에게 잔디밭을 걷어내고 새로 조경하는 비용을 대주기도 한다. ("마르다"는 뜻의 그리스어 xeros에서 유래했으며 0이라는 뜻의 zero를 대신 써 zeroscaping으로 표기하기도 하는) 건식 조경xeriscaping이 뜨면서 식물이 거의 없고 물이나 다른 관리가 거의 필요하지 않거나 아예 필요 없는 마당들이 만들어지고 있다. 예전엔 잔디를 충분히 파랗게 가꾸지 못한 이웃을 부끄러워했다면, 오늘날엔 잔디를 너무 많이 심는 이웃을 개탄하게 됐다.

　물을 많이 쓴다는 점 말고도 잔디는 핵심적인 생태환경에 도움을 주는 다른 식물들과 꽃가루 매개자 등 인간에게 꼭 필요한 곤충들을 몰아낸다. 네브래스카의 작가 겸 정원설계사인 벤저민 보트Benjamin Vogt는 "말 그대로 집에서조차 우리를 살게 해주는 자연을 부양하지 못한다면, 집 밖에 존재하는 자연, 즉 공원과 농장과 습지와 사막과 숲과 초원을 과연 돌볼 수 있을까?"라고 의문을 제기한다. 그는 잔디밭에만 빠져 있는 건 "모든 지역을 아스팔트로 덮는 것이나 진배없다. 잔디밭엔 꽃도 피지 않고 생울타리가 될 만한 덤불이나 작은 나무들도 자라지 않기 때문이다. 그런 나무들이 아마주변에서 가장 훌륭한 벌의 서식지일 텐데 말이다"라고 강조했다. 인간만이 아니라 다른 종을 위해서라도 사람들이 망할 잔디밭을 버릴 때가 된 것 같다.

현대식 바빌론의 공중정원

수 직 숲 빌 딩

세계적 건축회사들이 "가든 타워" 또는 "도시 숲"이라는 그럴듯한 이름을 붙여 만든 식물로 덮인 고층건물들은 자연과 도시를 혼합해놓은 모습 덕분에 시각적으로는 물론 개념적으로도 매력적이다. 소셜미디어 시대를 맞아 식물로 가득 채운 건물 예상도들이 속속 등장하고 있다. 부분적으로는 도시의 녹지가 줄어든다는 우려가 작용하는 덕분이다. 조경이 둘러싼 넓은 저층건물부터 나무로 둘러싼 고층건물까지, 무성한 식물은 색채를 더하는 동시에 환경을 파괴하지 않고도 삶을 지속할 수 있다는 느낌을 준다. 투자자들이나 매수자들은 물론 판매 목적으로 부동산을 개발하는 업자들도 관심을 갖는 지점이다. 초록 지붕으로 시작된 이 유행은 처마 너머로 흘러넘치고 건물의 벽면에 주렁주렁 매달려 현대식 바빌론 같은 모습이다. 그러나 이처럼 나무로 뒤덮인 고층건물들은 건축물이 아니라 예술작품에 가깝다고 할 수 있고, 실행되기는커녕 화판을 벗어나는 경우도 거의 없다.

이탈리아 밀라노에는 보스코베르티칼레Bosco Verticale라는 쌍둥이 건물이 있다. 수직 숲이란 뜻의 이 건물은 거의 지어지는 일이 없는 개념 속 나무빌딩이 현실에서 드물게 완성된 사례다. 보에리스튜디오Boeri Studio가 설계한 이 쌍둥이 주거용 건물은 2009년에 착공했다. 각각 110미터와 76미터 높이에 이르는 두 건물은 수천 그루의 나무와 관목 등의 식물로 뒤덮인 독특한 모습이다. 이런 식물들은 공기를 정화하고 소음을 줄이며 그늘을 만드는 등의 기능을 목적으로 덧붙여진 것이지만, 각종 새와 곤충의 서식처 역할도 한다. 이 건물은 미국그린빌딩위원회로부터 LEED 골드 인증을 받았다. 2014년엔 국제고층건물상을 받았고 2015년에는 고층건물및도시주거지위원회가 전 세계 최고의 고층건물로 선정했다. 이 건물을 건축한 스테파노 보에리Stefano Boeri는 "보스코베르티칼레는 사람과 나무가 공존하는 새로운 고층건물 아이디어로, 도시의 식물과 야생동물의 생물다양성을 풍부하게 만드는 전 세계 최초의 건물"이라고 설명한다. 세계 최초의 진정한 수직 숲인 셈이다.

그러나 식물들을 매달아두는 데 따르는 부작용을 비판하는 의견도 있다. 구조적으로 그것들을 지탱하기 위해 사용되는 에너지 양이 탄소저감을 포함한 지속 가능성의 이익을 상쇄한다는 것이다. 거주자들의 임대료가 상대적으로 비싸고 건물 구조에 부담을 주는 식물들도 있으며 건축 기간이 길다는 등의 문제점도 지적된다. 물론 그중 일부는 모든 대형 도시건축 프로젝트에 예외 없이 수반되는 문제이기도 하다. 완공된 뒤에도 녹색이 충분히 채워지는 데에는 아주 오랜 시간이 걸렸다. 당초 설계한 만큼 식물이 무성해질 수 없다는 사실도 드러났다. 건물을 둘러싼 평평한 잔디밭과 조경 구조물 대신 지면에 높이 자라는 나무를 심었다면 그늘을 제공하면서도 관리가 한층 쉬웠을 것이라는 지적도 있었다.

이 수직 숲을 짓는 도중 생긴 일부 문제는 이 프로젝트에만 해당하며 다양한 방식으로 해결할 수 있지만, 다른 문제들은 나무로 덮인 모든 건물이 안고 있으며 해결하기 어려운 근본적인 것이다.

엄청난 무게의 나무들을 건물에 세워두기 위해서는 콘크리트와 철근을 훨씬 더 많이 사용해야 하고 식물에 물을 주는 장치도 필요하며 바람이 가하는 하중에 따른 문제도 고려해야 한다. 고층부에 설치한 나무들은 강풍을 견뎌야 하기에 설계처럼 곧고 높이 자라지 못한다. 바람은 광합성을 방해하기도 한다. 열과 추위를 견디지 못하는 식물들도 많다. 수많은 예상도에서 보여주는 키가 크고 무성하게 자라는 수종이 특히 그렇다. 건물의 각 면이 서로 다른 환경적 제약을 받기도 한다. 불어오는 바람이 다르고 최대 햇빛 노출 정도도 다르므로 모든 면에 같은 식물을 배치하는 것은 실용적이지 않다. 그렇지만 건축가들은 각 면이 똑같이 보이도록 일러스트레이션을 그려낸다. 이런 문제점을 차치하더라도 식물들은 비료와 물을 주고 다듬고 씻고 주기적으로 옮겨 심어야 하는 살아 있는 존재다.

예상도는 건물의 이상적인 모습만 보여주는 경우가 많다. 따라서 그 모습이 실제와 다르다고 해도 대단히 놀라운 일은 아니다. 건축가들이 깔끔한 건물 모습을 위해 발코니 난간 같은 세부 사항을 생략하곤 한다는 건 잘 알려진 사실이다. 그럼에도 그 그림이 갖는 호소력은 상당하다. 이런 그림은 비현실적인 기대감을 만들어내고 실현할 수 없는 해결책을 추구하게 만들며, 이처럼 부담스러운 설계를 섬세하게 다듬고 실행해야 하는 구조기술사, 조경건축가, 생태학자, 식물학자의 작업량을 늘린다.

일반적으로는 흙을 얇게 깔아 이끼나 선인장, 허브나 풀을 심는 것이 큰 관목이나 나무를 심는 데 필요한 강력한 지지대를 만들고 유지하는 것보다 실용적이다. 더 작고 쉬운 해법은 사진을 찍기엔 허전할 수 있지만, 생태적인 이점을 제공하면서도 물이나 비료, 지속적인 관리의 필요성이 적다.

이 모든 일의 중심에는 도시에서 녹지공간이 어떤 기능을 해야 하느냐는 더 큰 문제가 남아 있다. 여러 종류의 식물을 온갖 모양과 크기의 건물에 솜씨 좋게 융합하는 건축 프로젝트가 많이 존재하지만, 수직 정원은 나무를 공공공간에서 들어내 수많은 사람이 볼 수는 있지만 오직 소수만 즐길 수 있는 곳에 배치한다. 이 나무들은 그림의 떡 같은 존재가 될 수 있다. 생태적 자산이나 사회적 활력소가 아니라 녹색 장식품이 되는 것이다. 도시에 녹지를 두면 좋은 점이 많다. 하지만 녹지는 현실에 뿌리를 내리고 있을 때 시민들에게 가장 큰 도움이 될 것이다.

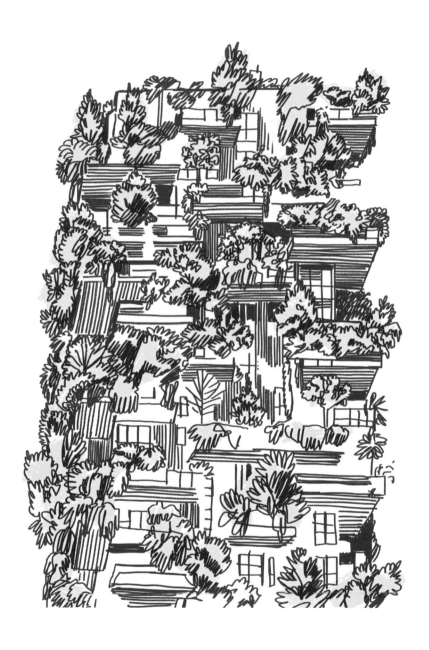

도시의 보이지 않는 99%

22장

시낸스로프

인간은 인간을 위해 도시를 건설했다. 콘크리트, 철, 유리로 된 커다란 건축물들은 두 발로 걸어 다니는 물렁물렁한 존재를 위해 만든 것이다. 깃털이 달렸거나 털이 뒤덮였거나 척추가 없는 존재를 위한 고려는 거의 하지 않았다. 그렇지만 〈쥬라기 공원〉에서 이언 맬컴이 한 말을 새겨들어야 한다. "생명체는 살길을 찾는다." 도시에서 그럭저럭 살아나가는 동물들의 적응력이 늘 박수를 받는 건 아닐지라도 말이다. 이 동물들은 인간에게 익숙해지면서 경멸당하게 됐다. 많은 사람이 비둘기를 걸어차고 달팽이를 독살하고 라쿤과 전쟁을 벌인다. 그렇지만 시낸스로프Synanthrope(그리스어로 "~와 함께"라는 뜻의 syn과 "인간"이라는 뜻의 anthropos에서 유래한 단어)라고 부르는 이런 야생동물들은 우리와 함께 계속 살아간다(시낸스로프는 쥐, 참새, 비둘기 등 가축이 아니면서 인간과 가까운 곳에 살며 이익을 얻는 다양한 생물을 말한다). 대도시의 성격을 잘 드러내면서도 거의 들키지 않은 채 말이다.

▲

도시에 사는 라쿤, 쓰레기 판다라고도 함(실제 크기와 다름)

도시라는 야생을 살아가는 존재들

다 람 쥐

비둘기나 라쿤과 마찬가지로 동부회색다람쥐는 수많은 도시에서 보편적으로 보이는 동물이다. 하지만 사실 이 다람쥐들이 도시에 나타난 것은 비교적 최근 일이다. 지금처럼 대도시에 다람쥐가 많아진 건 우연이 아니다. 사람들이 공원에 풀어놓고 먹이도 주고 집도 지어준 덕분이다. 덕분에 이 다람쥐들은 시낸스로프로서 성공할 수 있었다.

필라델피아는 일찍이 1800년대 중반에 이 토종 동물을 공원에 되돌려놓았다. 당시 동부 해안가의 다른 여러 도시와 마찬가지로 필라델피아는 고도로 도시화된 곳이었다. 다람쥐들은 산업화된 도시 풍경에 야생성을 다시 돌려주었다. 다른 몇몇 동부 해안 도시들도 다람쥐를 공원에 풀어놓았다. 그런데 다람쥐 수가 좀처럼 늘어나지 않았다. 필라델피아에도 1847년엔 다람쥐가 세 마리밖에 없었다. 포식자로부터 보호하기 위해 울타리를 든든하게 쳐놓기도 했다. 그런데 포로가 된 이 동물들은 인간이 돌보아주는데도 잘 살지 못했다. 야생 다람쥐는 견과류가 열리는 낙엽수가 있어야 살아갈 수 있다. 도시에서 제공되는 먹이는 양이 적거나 영양소가 부족한 경우가 많았으므로, 초기의 도시 다람쥐들은 갇힌 채 죽거나 애완동물로 팔려나가는 신세가 됐다. 다람쥐들이 번성하려면 도시가 녹지를 대하는 방식에 변화가 필요했다.

1800년대 후반에 다양한 변화 노력이 이루어지기 전까지 넓은 공터는 목축에서 군사 훈련에 이르는 온갖 일들을 하는 다목적 공간이었다. 하지만 사람들이 이런 공터가 가지는 휴식공간으로서의 가치를 서서히 알아보면서 자연계를 흉내 낸 공원이 설치되었다. 캘버트 복스Calvert Vaux 와 프레더릭 로 옴스테드 같은 건축가들이 뉴욕 센트럴파크와 프로스펙트파크Prospect Park 를 이런 방식으로 설계하면서 기존의 수로와 지형 특성을 그대로 살렸다. 연못과 습지를 인공호수로 만들었고 천연 바위를 건드리지 않고 보존했다. 야생 그대로의 자연과 도시 속 질서 있고 즐거운 탈출의 경험 사이에서 균형을 잡으려던 것이었다.

이처럼 새로운 자연 형태의 공원에는 생울타리, 호수, 시냇물, 참나무가 가득했다. 특히 나무의 도토리 열매는 다람쥐의 풍부한 먹이가 됐다. 1877년, 뉴욕은 바로 이처럼 새로 설계된 풍경 속에 다람쥐들을 다시 풀어놓았다. 수십 마리만 풀어놓은 다람쥐가 몇 년 안 돼 셀 수 없을 만큼 많아졌다. 1920년엔 수천 마리에 달하는 것으로 추정됐다. 다람쥐들은 센트럴파크나 그 너머에서 다람쥐의 안식처가 된 참나무의 잎만큼이나 흔한 존재가 됐다. 도시공원에 대한 이런 새로운 접근법이 다른 도시로도 번져나가면서 공원에 다람쥐를 풀어놓는 일도 많아졌다. 동부회색다람쥐는 동부의 필라델피아와 뉴헤이븐은 물론 서부의 샌프란시스코와 시애틀, 밴쿠버까지 퍼졌다. 북미다람쥐도 영국, 이탈리아, 호주, 남아프리카 등 해외까지 진출했다.

자연 서식지와 유사하게 숲이 우거진 환경만이 아니라 인간에게는 야생동물, 특히 평화롭고 우호적으로 보이는 동물을 보호해야 할 도덕적 의무가 있다는 인식이 성장한 것도 이 다람쥐들에게 유리하게 작용했다. 특히 다람쥐는 배우기라도 한 것처럼 먹이를 달라고 꼬리를 흔들며 인간과 교감하는데, 이런 행동은 길들이지 않은 동물들에게서는 보기 힘든 것이다. 오랫동안 사람들은 다람쥐가 크게 늘어나고 확산해도 신경 쓰지 않았고, 다람쥐들은 도시민들과 교외 거주자들의 사랑을 듬뿍 받으며 번성했다. 그런데 두 발 달린 후원자들에게는 불행하게도, 다람쥐들이 인간의 기간시설에 늘 잘 어우러지기만 한 것은 아니었다.

일설에 따르면 정전 사고 5분의 1이 다람쥐 때문에 발생한다. 다람쥐는 나무에 집을 짓고 살지만 나무처럼 생긴 다른 구조물에도 집을 짓는다. 전봇대나 변압기 같은 곳 말이다. 다람쥐들은 계속 자라나는 앞니 때문에 항상 나무껍질, 가지, 견과류와 전깃줄을 갉는다. 운 나쁜 다람쥐들이 전깃줄 절연 피복을 갉거나 노출된 전선을 씹는 일을 피할 수 없다. 그 결과 다람쥐는 목숨을 잃고 인간은 당황스러운 정전을 겪는다. 미 증시 거래를 중단시킨 악명 높은 다람쥐도 있었다.

미국에서 수출된 다람쥐들이 해외에서도 피해를 일으켰다. 동부 회색다람쥐가 영국으로 간 건 1876년이다. 이들은 토착 붉은다람쥐들을 빠르게 몰아내 거의 멸종시켰다. 지금은 북부 잉글랜드와 스코틀랜드 일부 지역에만 붉은다람쥐가 서식한다. 스코틀랜드 고원지대로 미국 침략자들이 쳐들어오는 것을 막기 위해 대대적인 박멸 캠페인을 벌였는데도 그렇다. 유럽 본토에선 동부회색다람쥐를 외래 침입종으로 공식 지정했다.

20세기 들어 다람쥐들이 번성하면서 생태학자와 야생생물 관리자, 공원 관리자가 야생동물을 다루는 방법을 다시 생각하기 시작했다. 어떤 종을 사냥해서 없애고 어떤 종을 번식시켜야 할지 등의 문제도 고려의 대상이 되었다. 새로운 생태모델에서는 어떤 종이 더 귀엽고 사랑스럽고 교양 있게 구는지는 중요치 않다. 반대로 최대한 인간의 개입을 줄였을 때 이상적으로 유지될 수 있는 포식자와 피식자 사이의 균형이 강조됐다. 이런 식의 사고방식은 국립공원에서 먼저 확립된 뒤 도시로 흘러들었다.

지금은 다람쥐를 잡아먹는 매 등의 동물을 뉴욕과 같은 대도시에서도 흔히 볼 수 있다. 다람쥐에게 먹이를 주는 행동은 점점 더 생태주의자들의 눈총을 받게 되었다. 빵이나 기타 가공식품을 주면 다람쥐가 각종 질병에 걸리기 쉽다. 또한 이런 행위로 다람쥐들은 과도하게 사람한테 의존하게 되고 개체 수 폭발에도 취약해진다. 많은 도시에서는 다람쥐를 비롯한 각종 도시 동물에게 먹이를 주는 걸 명시적으로 금지하고 있다. 합리적인 일이다. 부분적으로는 현대의 공원 덕분에 다람쥐들은 자체적으로 번성할 수 있다. 이제는 인간들이 한 발 물러서서, 녀석들이 늘 그랬듯 야생동물로 살아갈 수 있게 해주어야 할 때다.

유령 시냇물에 다시 햇빛을

물 고 기

1971년 발행된 〈뉴욕 타임스〉를 살펴보면, 눈에 잘 띄지 않는 독자투고 가운데 맨해튼의 어느 빌딩 지하에서 1.4킬로그램짜리 잉어를 잡아먹었다고 한 내용이 있다. 투고자는 "랜턴을 켜고 어두운 지하로 5미터 정도 내려가자 폭이 1.5미터가량 되는 시냇물이 거품을 일으키며 흐르고 있었고 양옆에는 녹색 이끼가 낀 바위들이 있었다"고 썼다. 이어서 그는 수심 1.8미터의 지하 개천에 낚싯줄을 던지자 찬물이 튀었고, 기다리고 있는데 아래에서 낚싯줄을 잡아당기는 느낌이 들었다는 생생한 묘사를 남겼다. 거짓말인 것 같지만 완전히 불가능한 일은 아니었다.

맨해튼 지하에는 수백 개의 물길이 나 있다. 물에 둘러싸여 있고 땅 아래로도 물이 수시로 드나드는 오래된 지형의 유산이라고 할 수 있다. 1800년대 초에 포장된 커낼가도 원래 수로였다. 거대한 엠파이어스테이트빌딩도 한때 개복치 연못이라고 불리던 곳에서 멀지 않은 곳에 세워졌다. 이 연못은 도시 전역에 존재하던 100여 곳의 수역 중 하나였다. 수많은 장어가 꿈틀거리던 이 역사적 장소는 오래전에 사라졌지만, 오래된 지류 때문에 뉴욕을 상징하는 고층건물은 지금도 지하층이 물에 잠기지 않도록 펌프로

물을 퍼내야 한다.

　도시 생물화학을 전공한 담수환경시스템 과학자 브린 오도널Brynn O'Donnell은 "미국 곳곳에 사람들이 지나다니는 포장로 밑으로 보이지 않는 물줄기들이 어둠 속에 흐른다"면서 "이 유령 시냇물이 우리 곁을 떠돌고 있다"고 썼다. 도시의 물줄기를 덮어버리는 것은 도시의 역사만큼 오래된 일이다. 수로를 배수 및 하수시설로 삼는 경우도 많다. 어떤 대도시에서는 도심지역 하천의 98퍼센트가 지하로 밀려나 복개됐고 그 위에 건물을 지었다고 한다. 이는 심각한 문제로 이어질 수 있다. 수로는 도시의 건강에 매우 중요한 역할을 한다. 오도널은 "개천에는 조류, 물고기, 무척추동물 등 생명체가 많이 살고 있다"고 설명한다. 이 생명체들이 오염물질을 정화해 하류에 미치는 부정적 영향을 줄여준다는 것이다. 하지만 수로에는 빛과 공기가 있어야 생명체가 번식할 수 있고, 그래야 지상에 사는 종들에게도 쓸모가 있게 된다.

　오도널은 일부 도시에서 "포장을 걷어내고 파이프를 철거하고 콘크리트를 깨트려 유령 시냇물을 복구하는 일을 진행해왔다"고 강조한다. "'햇빛 쪼이기Daylighting'라고 하는 이 작업으로 개천이 태양 아래 드러나고 옆의 토지와 다시 연결되고 있다." 개천을 복구하는 일은 어렵고 비용이 많이 드는 일이지만 지역 생태계의 균형을 되돌리는 중요한 작업이다. 인간만이 아니라 우리 주변과 우리 사이, 또 우리 발밑에서 서식하는 동물들을 위해서도 말이다.

인간이 탄생시킨 하늘을 나는 쥐

비 둘 기

하늘을 나는 쥐라는 오명을 가진 비둘기pigeon 들은 도시에서 성가신 존재로 취급된다. 그렇지만 비둘기들이 예전부터 천대를 받았던 건 아니다. 지금은 모든 도시에서 볼 수 있는 이 새들도 예전엔 훨씬 수가 적었고 특별히 왕실에서 기르기도 했다. 역사적으로 비둘기는 귀족의 새였다. 연구자들은 수천 년 전 중동에서 처음 비둘기를 길들였고 이것이 로마인들을 통해 유럽까지 퍼졌다고 본다. 로마 시대엔 주택에 비둘기 둥지를 만들기도 했다. 토스카나 전통 저택의 공통 요소 중 한 가지는 저택에 딸린 감시탑과 비둘기 둥지였다.

1600년대에는 비둘기가 유럽에서 캐나다로 건너왔고, 그곳에서 미국 전역으로 퍼져나갔다. 고관들이 비둘기를 선물로 주고받았으며 집 안에 홰를 설치해 키웠다. 수가 많아지면서 야생화하자 비둘기들은 더 이상 이국적인 매력을 띠지 않게 돼 상류층의 총애를 잃었다.

비둘기의 신분이 바뀌었다는 사실은 비둘기를 가리키는 인간의 언어에도 반영돼 있다. 한동안 피전pigeon 과 도브dove 라는 단어는 비둘깃과의 모든 종류의 새에 함께 사용됐다. 그러나 시간이 지나면서 두 단어의 느낌이 변했다. 도브는 갈수록 긍정적 의미를 띠게 된 반면 피전은 부정적 의미를 갖게 됐다. 이런 분화의 흔적은 지금도 쉽게 볼 수 있다. 피전 비누나 비단처럼 부드러운 피전 초콜릿, 성령이 영광스러운 피전의 모습으로 하늘에서 내려온다는 건 상상하기 어렵다(도브 비누, 도브 초콜릿이란 상품이 있으며, 성경에서 '성령이 비둘기같이 내려오셨다'고 할 때도 그 원문의 표기가 도브이다).

오늘날 도시에서 비둘기들은 거의 환영받지 못한다. 이 새들을 막는 일이 큰 돈벌이가 될 정도다. 이 깃털 달린 불청객이 도시 공간과 야외 공간을 차지하는 것을 막기 위해 도입된 디자인 기법과 기술이 한두 가지가 아니다. 담장못이나 철사, 그물, 소형 전기 울타리까지 있다. 하지만 이런 신기술

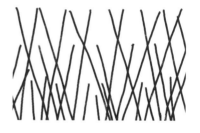

들은 거의 쓸모가 없다. 그저 비둘기들을 인접 구조물로 쫓아낼 수 있을 뿐이다. 이런 작전은 애당초 비둘기를 번식시켜 전 세계에 퍼트린 뒤 이 새들이 먹고 살게 된 온갖 음식 찌꺼기를 내버린 인간들이 아니었다면 필요하지 않았을 것이다. 결국 피전이라는 종은 인간이 만들어낸 종이나 다름없다. 우리의 도시가 아름다운 도브의 축복을 받는 대신 더러운 피전이 우글거리는 공간으로 변한 것은 우리 책임이다.

쓰레기통 판다와의 전쟁

라 쿤

2018년, 미네소타 세인트폴 도심의 한 사무용 건물. 라쿤 한 마리가 벽을 타고 높이 올라갈수록 녀석을 지켜보는 사람들도 많아졌다. MPR 라쿤이라는 이름을 갖게 된 이 녀석은 미네소타 공영 라디오_{Minnesota Public Radio} 방송사 직원이 사무실에서 길 건너 빌딩을 타고 올라가는 라쿤을 보고 방송을 시작하면서 유명해졌다. 라쿤은 곧장 소셜미디어에 널리 퍼졌고 기자들의 관심까지 끌었다. 텔레비전 방송국이 건물 아래에서 생방송을 진행하다가 밤이 되자 스포트라이트를 켜고 녀석을 비추면서까지 방송을 계속했다. 이에 놀란 라쿤이 더 높이 올라갔으니 이 모험담을 더 연장했다고도 할 수 있다. 라쿤은 울퉁불퉁한 콘크리트 벽면 장식을 타고 올라가다가 가끔은 옆으로 움직여 창턱에서 쉬기도 했고, 마침내 둥근 모서리를 발견하더니 건물 꼭대기까지 어렵지 않게 올라갔다. 건물을 오르기가 쉽지는 않았겠지만, 인간이 만든 방해물을 이겨내는 탁월한 능력을 가진 이 동물이 정복하지 못할 정도는 아니었던 모양이다.

1900년대 초 미국 여러 대학교의 비교심리학자들은 이미 라쿤이 지능이 높고 적응력이 뛰어나다는 것을 눈치채기 시작했다. 여러 기관의 과학자들은 동물용 퍼즐 상자를 만들어 시험한 결과, 라쿤의 문제 해결 능력이 무척 뛰어나다고 결론을 내렸다. 라쿤은 고양이나 개와 같은 반려동물보다는 원숭이에 가까울 정도로 인지능력이 뛰어나다는 것이었다. 실험 대상 라쿤들은 시행착오를 통해 퍼즐을 해결했을 뿐 아니라 사람이 먼저 문제를 푸는 것을 보고 방법을 알아내기도 했다. 배고픔이나 공포와 같은 본능에 따라 움직이는 다른 동물들과 달리 라쿤은 종종 호기심에서 문제 풀이에 도전하고 보상으로 주는 먹이는 무시하기도 했다.

시골에서 사람을 따라 도시로 들어온 야생 라쿤들은 배고픔과 호기심 때문에 종종 도시인들과 부딪쳤을 것이다. 이 끈질긴 동물들은 종종 이런저런 장애물을 찔러보고 살펴본다. 쓰레기통을 기울이고 쓰러트리기도 한다. 심지어 건물에 침투하기도 한다. 음식과 쉴 곳을 찾으려고 말이다.

MPR 라쿤 사건으로 흔해빠진 시낸스로프가 말 그대로 스포트라이트를 받았지만, 정작 라쿤 때문에 유명해진 북미 도시는 미네소타의 트윈시티Minnesota's Twin Cities (미네소타 최대 도시 미니애폴리스와 인접한 주도 세인트폴을 함께 가리키는 말)가 아닌 다른 도시다. 그 도시는 라쿤과 애증의 관계에 있다.

토론토가 2016년 "라쿤 방지" 쓰레기통을 공개했을 때 시민들은 엇갈린 반응을 보였다. "쓰레기통 판다"들이 배를 곯게 될 것을 걱정하는 사람도 있었고, 혁신적인 쓰레기통 디자인을 박수로 환영한 사람도 있었다. 뚜껑이 항상 잠겨 있도록 만든 새

쓰레기통은 라쿤과 전쟁을 벌여온 토론토가 도입한 신무기였다. 시의 쓰레기처리시설을 둘러싸고 인간과 라쿤이 벌여온 오랜 투쟁에서 새로운 일격을 가한 것이다.

〈토론토 스타〉의 에이미 뎀프시Amy Dempsey는 "토론토의 새로운 유기 폐기물 통은 엄격한 디자인 요건을 갖추어야 했다"고 설명했다. "비와 눈은 물론 갑자기 추워지는 날씨와 고인 물" 외에도 여러 요소에 견딜 수 있어야 했고, "라쿤은 열 수 없지만 장애를 가진 사람은 열 수 있을 정도의 저항력을 띤 손잡이가 달려 있어야 했다. 또한 부상을 유발하지 않을 정도로 가벼운 동시에 쉽게 뒤집히지 않을 정도로 무거워야 했다". 당연하지만 라쿤을 막아내는 기능도 중요했다. 이 모든 것을 고려해 만든 쓰레기통에는 커다란 바퀴와 설치류가 갉아낼 수 없을 정도로 단단한 테두리, 회전 손잡이와 독일에서 만든 잠금장치가 달려 있었다. 수십 마리의 라쿤에게 시험 모델을 주고 한판 붙어보게 했지만 모두 나가떨어졌다. 이런 결과에 용기를 얻은 토론토는 수십만 개의 쓰레기통을 설치했다. 대부분은 라쿤의 공격을 잘 이겨내는 것처럼 보였지만, 일부 비디오 화면에 잡힌 라쿤들은 쓰레기통을 뒤집어서 잠금장치를 풀어낸 다음 안에 있는 잔반들을 맛있게 먹어치웠다. 정말 성실한 잡식성 동물이다. 어떤 연구자들은 라쿤이 먹이를 먹지 못하게 하려다가 인간이 녀석들을 더 창의적으로 만들게 될지도 모른다고 걱정했다.

현재까지는 사람이 아무리 막으려 해도 라쿤이 살아남아서 번성하고 있다. 다람쥐나 비둘기처럼 라쿤은 적응력이 뛰어나서 전 세계 수많은 노시에 서식한다. 사람이 늘여놓기도 했고 스스로 침투하기도 했다. 이 용감무쌍한 포유동물은 낙엽이 지는 숲에서 출발했지만, 지금은 산과 해변의 습지와 대도시로 진출했다. 유럽 전역은 물론 일본과 카리브해 주변에서도 볼 수 있다. 십중팔구 녀석들은 도시에서 계속 살아남을 것이다. 인간이 지은 건물과 기간시설에 적응하고 그것들을 극복하는 데 특히 능숙하다는 것을 이미 입증했다.

비인간종을 위한 기간시설

야 생 동 물   회 랑

철의 장막은 냉전 시기 수십 년 동안 수천 킬로미터에 걸쳐 동서 유럽을 갈라놓은 불길한 경계지역으로 유명했지만, 인간이 아닌 존재들과는 다른 관계를 맺고 있었다. 대립하는 동서 양 진영의 경계에 완충지대로 설치한 이 사람 없는 땅에서 놀라운 일이 벌어진 것이다. 사람이 살지 않아서 아무런 간섭도 받지 않게 되자 우연히도 야생동물의 피난처가 형성됐다. 여러 나라와 여러 기후대를 포괄하는 규모였다. 베를린 장벽이 붕괴되면서 동서 양 진영에서 이 지역을 보존해야 한다고 주장해온 사람들은 옛 철의 장막을 주축으로 유럽에 그린벨트를 설치할 가능성을 엿보았다. 이 지대를 따라 국경을 넘어 동물 서식지를 연결하고 국립공원들을 이어주고 자연을 보존할 수 있으리라고 본 것이다. 격자형으로 짜인 도시와 농지가 분할돼 있는 시골, 지방을 사방팔방으로 가로지르는 고속도로망이 가득한 세상에서 비교적 자연에 가깝고 인간의 손길이 닿지 않은 이 기다란 땅은 수많은 동물에게 정말 요긴할 터였다.

야생동물 회랑wildlife corridor, 즉 동물의 서식지 겸 이동로는 인간이 만든 비인간종을 위한 기간시설에 해당한다. 이런 해결책은 구체적 용도에 따라 규모나 범위, 형태가 크게 다르다. 게의 이동로, 다람쥐용 줄, 계단식 물고기 이동로, 퓨마를 위한 고속도로 위 고가 이동로 등이 있다. 활동 범위가 넓은 포유동물이 활용 공간을 확장하는 데 도움이 되는 회랑도 있고, 각종 철새와 물고기가 철에 맞춰 이동하는 용도로 쓰이는 곳도 있다.

물고기의 경우, 이동을 위해서는 물길이 끊어지면 안 된다. 미국에는 물고기들이 회유하는 것을 가로막는 물막이 댐이 거의 200만 개나 되는 것으로 추정된다. 이는 회유어들에 의존해 살아가는 사람들에게도 큰 방해물이다. 그런데 계단식 물고기 이동로나 다른 우회로 말고도 물고기 대포 같은 극단적 이동 방식도 있다. 말 그대로 물고기를 공중으로 쏘아 올리는 방식으로 각종 인공 장애물을 넘어갈 수 있게 하는 것이다. 그렇지만 임시변통이나 꾀바른 기술로 할 수 있는 것들은 한계가 분명하다. 물고기 대포로 잠시나마 문제를 해결할 순 있을지 모르지만 사람들을 위한 기간시설 때문에 조각조각 나뉜 서식지를 연결하기에는 충분하지 않다.

가까운 미래에 동물들이 도시와 고속도로, 댐 같은 것들이 사라진 세상으로 돌아가는 것은 보기 어려울 것이다. 인간도 개발을 지속하면서 동물들이 잘 극복해내기를 마냥 기대할 순 없다. 경우에 따라 사람이 나서 비켜주는 것이 가장 좋은 해결책일 수 있다. 하지만 도시나 자연 모두 하나의 생태계에 속한다는 것과 인간을 중심으로 돌아가는 세상에서 각종 동물이 살아갈 수 있도록 미리미리 조치할 필요가 있다는 것도 인식해야 한다.

6부

인간과 도시

도시와 도시인들 사이엔 대화가 끊이지 않는다. 마스터플랜이나 대규모 설계 말고도 도시는 공용공간에서 타깃이 정해진 하향식 전략들을 펼친다. 각종 시설, 조명, 소리 등으로 시민들의 행동을 규제하는 것이다. 그중에는 시민들이 받아들이는 것도 있고 비판하는 것도 있다. 시민들의 상향식 개입은 당국자들이 간과한 문제들을 직접 해결하는 과정에서 도시의 모습을 바꿔놓는다. 논란이 뒤따르는 경우도 있고 예기치 못한 부작용이 생기기도 한다. 둘은 서로 대화를 주고받는다. 이 과정에서 양측은 서로의 디자인 전략을 훔쳐 오기도 하고 변용하기도 한다.

앉지 못하게 못을 놓은 가로수 보호대, 무질서한 광고판, 물을 틀어놓은 소화전

23장

보이지 않는 규제

디자인에는 항상 강제적인 요소가 포함돼 있다. 상업 디자인은 필요하지 않은 물건을 사도록 만든다. 아이폰을 정해진 방식에 따라 사용하게끔 하는 것도 강제의 일부다. 도시도 디자인으로 사람들의 행동을 규제하려고 한다. 교묘한 방법과 공공연한 방식을 모두 활용해 "바람직하지 못한" 사람들이 공공장소를 차지하지 못하도록 만들고 "반사회적인" 행동을 차단한다. 우리가 이런 적대적 디자인의 표적이 되는 사람이든 그로부터 혜택을 받는 사람이든, 강고하고 물리적이며 비타협적인 해결책이 인간의 상호작용을 대체하는 순간이 언제인지 알아보는 것은 중요한 일이다.

◀

필라델피아 러브파크에서 금지된 스케이트보드를 타는 사람들

금지를 금지한다

스 케 이 트 보 더 들

"고마워요! 지금 이 순간만으로도 내 빌어먹을 인생은 가치가 있었어요." 아흔두 살의 건축가 에드먼드 베이컨Edmund Bacon(배우 케빈 베이컨의 아버지)이 자기가 설계한 필라델피아 공원에서 (다른 사람의 도움을 받아) 스케이트보드를 타면서 한 말이다. 공식 명칭이 존 F. 케네디 광장인 이곳을 사람들은 공원 중앙에 있는 LOVE라는 글자 조각을 따서 러브파크LOVE Park라고 부른다. 이 모더니즘적 공용 공간은 비교적 개방적이고 단순하며 합리적으로 설계돼 있어서 당초의 설계 의도와는 무관하게 스케이트보드를 타기에 딱 좋았다.

스케이트보드를 타는 사람들은 일반인들과 다른 방식으로 도시를 체험한다. 이들은 다른 스케이트보더들이 도시 환경을 돌아다니면서 남긴 바큇자국과 스케이트보드를 타지 못하도록 설치한 난간, 건물, 도로시설의 장애물을 파악한다. 필라델피아 건축가 토니 브라캘리Tony Bracali는 스케이트보드를 타지 않지만, 다른 사람들이 스케이트보드라는 스포츠를 건축 환경에 맞게 변용한 것을 높이 평가한다. 도시를 강철, 유리, 콘크리트를 활용한 직선으로 만들어 결과적으로 스케이트보드 타기에 적합해지게 한 건 르코르뷔지에와 같은 모더니스트들이었다. 브라캘리에 따르면 "공원의 벤치를 화강암 판으로 바꾼 것이 모더니스트들"이다. 이들이 디자인 패러다임을 "부드럽게 이어지는 초록의 조경"에서 스케이트보드를 타기에 좋은 널찍한 공간과 돌출부, 모퉁이가 있는 "포장된 광장 공간"으로 바꿨다는 것이다.

필라델피아 러브파크가 그런 공간이었다. 여기에는 긴 대리석 벤치와 직선형 화단과 길게 만든 계단, 사각 돌 타일로 포장한 경사로가 있었다. 교외화가 유행이던 1960년대에 만들어져 주목을 끌지 못하던 이 공원은 당초 필라델피아 도심에서 이용도가 높지 않았지만, 1980년대에 이르러 스케이트보더들이 그 가능성을 알아보고 이곳을 자신들의 놀이터로 삼았다. 1990년대 들어 스케이트보드 사진과 영상을 찍는 핫플레이스로 떠오르면서 프로 보더들이 필라델피아로 이사 와 도시 곳곳을 누비고 다니게 됐다. 이 공원은 심지어 토니 호크 스케이트보드 게임에도 나온다. 이 모든 관심이 스케이트보드 대회가 이 도시에서 열리도록 하는 데 도움이 됐다.

하지만 사실 이 모든 행동이 불법이었다. 경찰은 공원에서 스케이트보드를 타는 사람들을 내쫓았고 딱지를 뗐으며 보드를 빼앗기까지 했다. 매년 벌금을 올리다 못해 2002년에는 공원을 일부 수리하기도 했다. 스케이트보드를 타기 어렵게끔 화강암 벤치를 장식이 달린 벤치로 바꾸었고, 길고 단단한 평면을 없애고자 풀밭을 만들었다. 스케이트보드 전용 신발을 만드는 캘리포니아 신발회사 DC슈즈는 공원을 이전 상태로 돌려놓고 스케이트보더들이 일으킨 모든 손해를 상쇄하기 위해 시에 100만 달러를 제안했지만, 이 청원은 받아들여지지 않았다.

그 시기 스케이트보드 타기를 막은 건 러브파크만이 아니었다. 스케이트보드를 막기 위한 작은 시설물들이 2000년대 초 다른 도시들에도 등장했다. 이런 장치들은 보통 단순한 금속 브래킷으로,

스케이트보드가 미끄러져 지나갈 수 있는 매끄러운 표면이나 테두리를 끊어놓는다. 그러나 좀 더 장식적이고, 심지어 도시 예술작품의 일부로 위장되는 것도 있다. 샌프란시스코 엠바커데로 해안가에서는 바다생물 모양의 예쁜 철 조각품으로 보드 타는 걸 막는다. 이런 부속품들이 스케이트보드 타는 사람들에게 매력적으로 보일 만한 벤치와 난간 등의 모서리를 장식한 것을 볼 수 있다.

에드먼드 베이컨은 러브파크가 스케이트보드의 성지가 되리라는 생각은 꿈에도 하지 않았지만, 공원에서 보드 타는 걸 적극적으로 지지했다. "내게는 이 젊은이들이, 자신들에게 환경에 창의적으로 적응할 능력이 있음을 알게 됐다는 사실이 놀랍다"라는 것이 그의 소회였다. 사람들이 많이 모이지 않던 공원에서 예기치 않게 특별한 활동들이 벌어졌고 베이컨은 그 점을 좋아했다. 2002년 러브파크에서 벌어진 시위에 참가해 일부러 법을 위반하면서까지 보드를 탄 이유다. 공원의 설계자가 말 그대로 함께 보드에 올랐는데도 시 당국은 요지부동이었다.

10년 이상이 지나 러브파크의 보수가 시작되기 직전인 2016년, 필라델피아 시장이 스케이트보더들에게 작은 선물을 제시했다. 수리 전 마지막으로 영하의 날씨지만 5일 동안 공원에서 보드를 탈 수 있도록 허가한 것이다. 추운 날씨에도 불구하고 수십 명의 스케이트보더들이 나타났다. 곧 철거될 예정인 화강암 타일을 기념품으로 소장하려고 떼어내는 사람도 있었다. 그들의 스포츠에 중심적인 역할을 했던 장소를 떠올리게 하는 무거운 돌 기념품이었다. 다른 사람들은 몸을 덥히려고 나뭇가지를 꺾어서 불을 피운 다음,

딱지를 떼거나 보드를 빼앗길 걱정을 하지 않고 마지막으로 공원에서 스케이트보드를 탔다.

러브파크가 바뀔 때마다 스케이트보더들은 새로운 디자인을 활용하거나 우회할 새로운 방법들을 찾아냈다. 이 공원이 남긴 유산은 바로 이 공원의 디자인을 본떠 의도적으로 스케이트보드를 타기 좋게 만든 공원이 생겨났다는 점이다. 하지만 지정된 스케이트보드 공원에는 뭔가 인위적인 구석이 있다. 최소한 스케이트보드를 타는 몇몇 사람들은 그렇게 생각한다. 모서리나 난간 등 건축 환경 안에서 스케이트보드를 탈 만한 기회를 찾는 것이 스케이트보드 타기의 한 부분이기 때문이다.

암묵적 추방

보 도 스 파 이 크

테스코 런던 도심 지점이 상점 외부에 철제 스파이크를 설치했을 때 시민들의 반응은 즉각적이고 격렬했다. 회사는 이 철제 스파이크가 상점 입구에서 잠을 자거나 어슬렁거리는 등의 "반사회적" 행위를 막기 위한 것이라고 설명했지만, 많은 사람은 테스코의 개입을 사회에서 가장 취약한 사람들을 적대하는 조치로 받아들였다. 활동가들은 심지어 스파이크 위에 콘크리트를 쏟아붓는 방식으로 이 상황에 대한 의식을 고취하는 시위도 했다.

노숙자들을 막기 위해 스파이크를 설치하는 건 오래전부터 있었던 일이다. "바람직하지 못한" 사람들이 낮은 담장이나 상점 건물 앞 등 앉아서 쉴 수 있는 공간을 차지하고 잠을 자는 걸 막으려 한 것이다. 스파이크나 여타 돌출물처럼 앉거나 누워서 쉬는 걸 막는 장치는 소위 "방어적 디자인defensive design" 또는 "적대적 건축hostile architecture"이라고 하는 시설물 중 가장 눈에 띄고 쉽게 볼 수 있는 것들이다.

툭 튀어나온 돌출시설이 전부 자거나 앉는 걸 막기 위한 건 아니다. 골목길이나 어두운 모퉁이에 설치된 스파이크나 소변이 튀게 만든 장치는 공공장소에서 소변을 보려는 사람에게 불쾌한 경험을 안겨주는 것이 목적이다. 독일의 어떤 도시에서는 심지어 액체를 튕겨내는 페인트를 칠해 비슷한 효과를 냈다. 흥청대는 밤거리로 유명한 함부르크의 세인트 파울리 지구에서는 거리의 악취와 벽에 남은 소변 자국이 오랜 골칫거리였다. 그래서 상인들이 소변을 보는 사람들에게 오줌이 도로 튀게끔 하기 위해 특수 방수 페인트를 만든 발명가에게 연락을 취했다. 그들은 "소변을 보지 마시오! 되돌려줄 테니까!"라고 쓴 경고문과 함께 건물 벽면에 이 페인트를 칠해두었다.

이런 식의 소변 방지 전략은 새로운 것이 아니다. 1809년에 쓰인 어떤 글은 소변을 보려는 사람이 겪게 될 시련을 강조한다. "런던에선 1, 2킬로미터를 가도 마땅히 소변을 볼 장소를 찾을 수 없을지 모른다. 문이나 통로, 모퉁이의 주인들이 이런 행동을 절대 받아주지 않기 때문이다. 이들은 온갖 우스꽝스러운 장애물과 선반과 홈을 설치하는 데 갖은 창의력을 동원한 것으로 보인다. 그중 압권은 감히 이런 요새를 더럽힌 불운한 사람의 구두에 오줌 줄기가 스며들게 만든 장치다." 런던이나 여타 오래된 도시의 꼬불꼬불한 골목길에서는 지금도 오래돼 녹이 슨 스파이크와 선반을 쉽게 볼 수 있다. 잉글랜드은행 건물에 있는 소변굴절장치는 현대 자본주의의 비판자들이 소변을 보고 싶은 유혹에 빠지기 쉬운 장소에 설치돼 있다. 그러니까 불운한 사람이여, 물건은 바지 속에 넣어두는 게 좋을 것이다.

방어적 디자인이 오래전부터 사용돼왔고 현대에도 활용도가 높다는 점을 감안하면, 테스코 스파이크에 대한 분노와 며칠이나 이어진 시위는 회사로서 예상하기 어려운 일이었다. 이후 런던 주변의 노숙자들을 박해하는 일을 두고 당시 런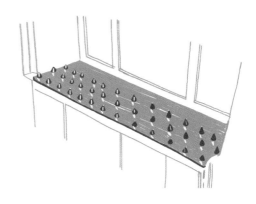던 시장이던 보리스 존슨Boris Johnson이 "추악하고 문제를 악화시키며 어리석다"라고 말하면서 비판이 한층 고조됐다. 일부 영국 총리들에게도 그가 한 말을 적용할 수 있을 법하다(보리스 존슨은 현재 영국의 총리이다). 결국 테스코는 스파이크를 설치한 지 며칠 만에 다시 제거해야 했다. 그러나 이런 방해물들은 런던은 물론 전 세계 곳곳에 널리 퍼져 있고, 종종 간과된다. 활동가들이나 언론이 주목하기 전까진 말이다.

완벽한 방해물

캠 던 벤 치

적대적 건축을 보면 설계가 잘못된 것이라고 생각하기 쉽지만
《불쾌한 디자인Unpleasant Design》의 저자 셀레나 사비치Selena Savić와 고
르단 사비치치Gordan Savičić는 원래 목적대로 기능하는 디자인은 성공
적인 디자인이라고 말한다. 공공장소 벤치들 가운데 상당수는 사
람들이 푹 쉬는 대신 잠시 앉았다 가도록 만들어져 있다. 공원이나
버스 정류장, 공항에 있는 불편한 의자들은 사람들이 편하게 오래
앉아 있지 못하도록 만든 것이다. 우리는 불편함이 잘못된 디자인
때문에 생긴 부작용이라고 생각하기 쉽지만, 이런 경우엔 불편한
것이 핵심이다.

사비치에 따르면 "대표적 사례가 벤치 중간에 팔걸이를 만든 것"
이라고 한다. "이는 팔은 올려놓을 수 있지만 달리 사용하는 걸 막
는다." 팔걸이는 앉으라고 만든 시설물에서 자는 것을 막기 위해 가
장 일반적으로 사용하는 방법이다. 버스 정류장에는 "기대어 서는"
벤치도 자주 쓰인다. 이런 벤치는 등받이가 없고 높이가 높은 데
다가 경사가 있어서 앉을 수가 없다. 일부 패스트푸드 체인점에서
"15분 의자"로 디자인한 의자를 사용한다는 소문도 있다. 일부러
오랫동안 앉아 있기에는 너무 불편하게 만들어 고객 회전율을 높
인다는 것이다.

사비치는 불편한 디자인의 걸작으로 캠던 벤치Camden bench를 꼽는
다. 적대감을 노골석으로 드러내는 스파이크와 달리 캠던 벤치는

얼핏 보기에 무해해 보이지만, 굴곡진 곳이 많아 별로 앉고 싶은 생각이 들지 않는다. 런던의 캠던 자치구에 설치하기 위해 팩토리퍼니처Factory Furniture가 만든 이 벤치는 괴상하고 모난 조각품처럼 생긴 콘크리트 덩어리로, 엉뚱한 데를 둥글게 깎아놓거나 경사지게 만든 모양이다.

이 의자의 복잡한 모양새는 그 위에서 자는 것을 사실상 불가능하게 만든다. 마약을 숨길 수 있는 틈새를 모두 없앴기 때문에 마약 거래에 악용될 여지도 없다. 테두리가 일직선이 아니라 오르내림이 있어 스케이트보드를 타기도 어렵다. 쓰레기가 낄 수 있는 틈새가 없으니

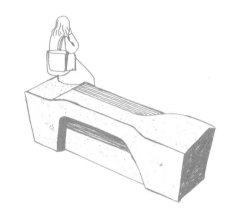

쓰레기 무단 투기도 방지한다. 의자의 앉는 부분 아래쪽을 움푹하게 만들어 사람들이 다리 뒤에 가방을 놓을 수 있게 함으로써 도둑들이 가방을 채 가는 것도 막는다. 페인트가 묻지 않는 특수 코팅이 돼 있어서 그래피티도 그릴 수 없다. 무엇보다 크고 무거워서 교통을 막는 장애물로도 쓸 수 있다. 한 인터넷 비평가는 이 벤치를 두고 "완벽한 방해물"이라는 별명을 붙이기도 했다.

그렇지만 가장 많이 사용되는 적대적 의자는 훨씬 더 교묘하다. 의자를 아예 설치하지 않는 방식이다. 여러 블록을 지나도 앉을 곳이 없다면, 그 또한 디자인된 것이다. 많은 경우 적대적 디자인을

채택하는 결정과 소위 앉기-눕기 금지 조례가 쌍을 이루어, 휴식을 취하려는 사람들에게는 그리 달갑지 않은 환경이 만들어진다.

불편할 만큼 밝게

조 명

공공장소의 밝은 가로등 불빛은 보통 긍정적으로 받아들여진다. 어두운 길을 밝혀주는 동시에 거리를 안전하게 해주기 때문이다. 도시계획가 제인 제이콥스Jane Jacobs는 1961년《미국 대도시의 죽음과 삶The Death and Life of Great America Cities》이라는 책에서 "도로를 더 밝게 하면" 시인성이 좋아지면서 책임감도 커진다고 강조했다. 상점과 생동감 넘치는 거리, 그리고 특히 가로등 덕분에 사람들이 잘 보고, 또 보일 수 있다는 것이다.

공공공간을 밝게 만들겠다는 생각은 새로운 것이 아니다. 고대 로마 시대에도 도시 거리를 등불로 밝혔고 중국 베이징에선 대나무 관으로 화산가스를 끌어와 거리를 밝혔다. 1400년대와 1500년대에 런던이나 파리의 시민들은 촛불이나 등잔을 집 밖이나 창문에 놓아 사람들이 오가는 거리를 밝혀야 했다. 유럽의 많은 도시에서는 밤에 횃불이나 등불을 들고 외출하게 했다. 보기 위한 것이 아니라 자신에게 아무 수상한 의도가 없다는 것을 보여주기 위해서였다. 돌이켜보자니 발전의 과정처럼 느껴지지만, 관점에 따라 거리를 밝히는 데에는 부성적 측면도 있었다.

1667년, 왕실 칙령에 의해 파리에 새 경찰 중장이 취임했다. 그는 법과 질서를 유지하기 위해 상시 기능하는 공공도로 조명을 늘리려고 시도했다. 파리 시민 모두가 찬성한 것은 아니었다. 시설물을 설치하고 관리하는 비용이 많이 든다는 점 때문이기도 했지만, 일부 시민들은 소위 빛의 도시라는 파리의 어두운 구석에서 벌어지는 불법행위에 비교적 자유롭게 참여하고 싶어서 모습이 드러나는 것을 반대하기도 했다.

정치적 소수자들에게 공공도로 조명은 반달리즘의 대상이었다. 1700년대와 1800년대 혁명가들은 어둠 속에서 더 자유롭게 활동하려고 조명을 파괴했다. 프랑스혁명 때는 전세가 역전돼 가로등을 관리와 귀족을 목매다는 교수대로 사용하기도 했다. "À la lanterne(가로등으로)!"라는 프랑스 문구는 이때 생겨난 말이다. 이는 목을 매달라는 처형의 구호이다.

오늘날에도 조명은 방어적 디자인 전략으로 사용된다. 부랑 청소년 등 특정 인구 집단을 겨냥한 경우가 많다. 고전적인 전략 중에는 불편할 정도로 조도를 높이는 방식이 있다. 또 보다 면밀하고 기만적이라고도 할 만한 방법도 있다. 영국 맨스필드의 레이턴버로스주민협회는 흉터가 잘 드러나 보이도록 하는 핑크빛 조명을 설치했다. 자의식이 강한 여드름투성이 청소년들에게는 적대적으로 느껴지는 조명이다. 또한 영국은 일부 공중화장실에 파란색 조명을 설치해, 약쟁이들이 주사 놓을 혈관을 찾기 어렵게 만들었다. 일본에선 파란색 조명이 사람을 차분하게 만들어 자살을 줄일 수 있다는 이론에 따라 지하철역에 파란색 조명을 설치하는 실험을 한

적이 있다. 특정 색상의 조명으로 사회가 통제되는 정도를 측정하기가 쉽지 않지만, 그 점이 다양한 색상의 조명을 이러저러한 용도에 활용하는 시 당국의 시도를 줄이진 못했다.

특정 집단을 몰아내는 방법
소 음 발 생 장 치

소란스러운 도시의 많은 소리는 일상생활의 부산물이지만, 일부는 어슬렁거리는 것과 같은 특정 행위들을 차단하기 위해 고안된 것들이다. 많은 상점이 입구에 클래식 음악을 틀어놓는 건 모차르트를 좋아하는 고상한 손님을 끌어들이기 위해서가 아니라, 늙은 이들의 음악에 경기를 일으키는 청소년들을 멀리 떼어놓기 위해서다.

이처럼 차단을 위해 사용되는 소리 중에는 일부에게만 들리는 것도 있다. 젊은 사람만 들을 수 있는 높은 고음을 사용해 청소년들을 막는 방식이 활용돼왔다. 사람들은 나이가 들면서 높은 주파수의 소리를 듣지 못하게 된다. 따라서 이론적으로, 이런 거슬리는 소리는 10대 후반이나 20대 중반까지의 사람들만 들을 수 있다. 이런 장치 중 하나가 모스키토Mosquito 라는 장치다. 모스키토는 배회, 기물 파손, 폭력, 마약 거래, 약물 남용을 막을 수 있다고 광고된다. 이 장치는 효과가 좋다고 찬사를 받는 한편, 젊은이들의 권리를 무차별적으로 침해한다고 비판을 받기도 한다.

모스키토는 2005년 하워드 스테이플턴Howard Stapleton이 만들었다. 그는 자녀들을 상대로 실험을 했고 아이들은 확실히 짜증이 난다고 확인해주었다. 스테이플턴은 어릴 적 자기한테 들리는 짜증 나는 공장 소음을 아버지가 듣지 못하던 경험에 착안해 이 장치를 발명했다. 보안전문가였던 그는 사우스웨일스 배리의 어느 동네 편의점에서 자기 딸이 남자아이들에게 괴롭힘을 당한 뒤에 모스키토를 개발하기로 결심했다. 편의점 주인은 당초 말썽꾸러기들이 가게에 오지 못하도록 클래식 음악을 크게 틀어놓을 생각이었지만, 스테이플턴이 무료로 모스키토 시험판을 써보도록 제안했다. 시끄러운 클래식 음악 소리와 달리 모스키토는 편의점을 드나드는 모든 사람에게 불편하진 않았다. 상점 앞을 어슬렁거리는 청소년들에게만 불편했다.

공공장소에 적용된 수많은 선의적 디자인에 대해서 그렇듯, 청각적 억제 전략에 대해서도 비판자들은 잠재된 수많은 부작용을 이야기했다. 그중 한 가지가 지속적으로 그런 소리에 노출된 아이들의 청력이 약해질 수 있다는 것이다. 부모들이 이런 문제를 인지조차 할 수 없다는 점에서 더욱 심각하다. 또 이명이나 자폐증이 있는 민감한 사람들에게 나쁜 영향을 줄 가능성도 지적됐다. 영국을 비롯한 여러 나라의 지자체와 건물은 모스키토 같은 장치를 아예 사용하지 못하도록 했다. 문제의 소지가 있는 여타 공공장소용 장치들과 마찬가지로 모스키토는 모든 사람에게 미칠 영향을 충분히 검토하지 않은 채 특정 집단만을 겨냥해 만든 장치다.

고가도로 밑에 자전거 거치대가 있는 이유

위 장 시 설 물

시애틀시에서 고가도로 밑에 자전거 거치대를 만들었을 때 문제가 될 것이라고 생각한 사람은 거의 없었다. 그러나 어떤 사람들이 보기에는 하필 이 장소를 택한 것이 이상할 만큼 어울리지 않고, 자전거 이용자에게 도무지 유용할 것 같지 않았다. 이를 눈여겨본 한 주민이 공공기록을 요청해 밝혀낸 사실이 나중에 시애틀의 대안 신문 〈더 스트레인저〉에 실렸다. 눈에 잘 안 띄는 곳에 설치된 자전거 거치대가 실은 노숙자 관련 이니셔티브의 지원을 받은 "노숙자 비상 대응" 노력의 일부였다는 것이다. 시 당국은 분명 자전거 거치대를 사용해 노숙자들이 모일 만한 곳을 없애고 싶어 했지만, 그 목적을 완전히 다른 기능으로 숨겼다.

날카로운 스파이크나 밝은 조명, 특정 인구집단을 겨냥하는 소음과 같은 장치들은 그 적대성이 금방 드러나기 때문에 비판을 당하기 쉽다. 이에 비해 벤치의 팔걸이는 주요 목적이 무엇인지와는 상관없이 분명한 기능이 있기에 비판하기가 애매하다. 어떤 부속품들은 유독 능청스럽다. 이면의 디자인 의도가 보는 사람을 속이기 위한 노골적 노력으로 가려져 있는 것이다. 포장도로에 설치한 스프링클러가 극단적인 사례다. 도시녹화시설처럼 보이지만 실은 특정 집단을 쫓아내기 위해 만든 것이기 때문이다. 이처럼 위장된 시설물은 실용적인 자전거 거치대에서 정교한 공공 "예술" 작품에 이르기까지 종류가 매우 다양하다.

도시의 보이지 않는 99%

모든 도시의 시설물에는 강제적인 요소가 포함돼 있다. 그러나 시민들은 이런 장치에 담긴 의도를 투명하게 알아야 할 권리가 있다. 위장 때문에 혼동하는 일은 없어야 한다. 어떤 경우 시 당국은 특정 강제장치가 안전을 위해 필요하다고 공개적으로 밝히기도 한다. 포틀랜드에는 차량 소통이 많은 고속도로를 따라 바위들이 깔려 있는데, 교통국은 근처에서 잠을 자던 사람이 차에 치여 부상하거나 죽는 일을 막기 위한 조치라고 설명했다. 이런 개입 자체가 논란의 여지가 있지만, 이 경우엔 해당 기관이 공개적으로 의도를 밝힌 덕분에 사람들이 토론을 통해 문제점을 검토할 수 있었다.

좋든 싫든 방어적 디자인은 사람들의 활동 범위를 제한한다. 노인이나 장애인에게는 심각한 문제가 되기도 한다. 어떤 방어적 디자인은 고결한 목표를 지닌 것으로 보일 수도 있다. 하지만 이런 디자인은 공공공간과 관련해 잠재적으로 위험한 논리를 따른다. 근본 원인이 아니라 겉으로 드러나는 증상만을 해결하려고 하는 방식은 문제를 해결하지는 못한 채 인근 블록이나 주변으로 떠넘길 뿐이다. 스파이크는 스파이크를 부른다. 이면의 문제는 해결하지 못한 채 표적이 된 사람들만 그냥 이리저리 옮겨진다. 많은 경우 이런 방식들은 취약계층을 눈에 잘 띄지 않고 더 위험한 곳으로 밀어낼 수 있다. 특정 디자인을 배타적이긴 해도 공공선에 도움이 되는 것으로 보든, 적대적이고 불쾌한 것으로 보든 우리 모두를 위해 내려진 결정을 인식하는 것은 중요한 일이다.

24장

아래로부터의 변화

지하철을 건설하거나 도시 전체에 하수시스템을 설치하는 것과 같은 대규모 프로젝트는 정부만이 감당할 수 있다. 그렇지만 도시 기반시설을 계속 변화하는 시민들의 요구에 맞게 바로잡고 수정하고 변경하는 일은 관료들 때문에 지연되기도 한다. 가끔은 도시에서 살아가는 사람들이 소소하게 상향식으로 개입함으로써 문제를 풀어낼 수 있다. 표지판 수정이나 당국의 승인을 받지 않은 자전거 도로 등이 그 예이다. 변화는 이타주의적 동기에서 일어날 수도 있고, 노골적인 이기주의 때문에 일어날 수도 있다. 이런 식의 DIY 개입을 한 사례는 알아채기가 쉽지 않다. 특히 공식 설치물처럼 보이도록 만들어서 당국에 대한 우리의 신뢰를 이용한 사례들이 그렇다.

◀

시민들이 가져다 놓은 바위를 옮기는 지자체 근로자들

일부러 눈에 띄지 않게

게 릴 라 표 지 판 1

도시민들이라면 누구나 자기가 사는 도시 환경에서 고쳐야 할 부분이 있는 걸 알고 있지만 직접 고치려고 나서는 사람은 많지 않다. 화가 리처드 앤크럼Richard Ankrom은 1980년대에 로스앤젤레스 고속도로를 달리다가 빠져나왔어야 할 출구를 놓쳐 길을 잃은 적이 있었다. 당시에는 자기가 왜 그랬는지를 곰곰이 따져보지 않았지만 계속 찜찜했다. 몇 년 뒤 그는 같은 장소를 지나가면서 출구 표지판이 여전히 없는 것을 발견했다. 표지판이 있었다면 자기는 물론 다른 운전자들도 목적지까지 별 탈 없이 도달할 수 있었을 텐데 말이다. 다른 사람이라면 당국에 문제를 해결하도록 요청했을 테지만, 앤크럼은 이것이 자신의 예술적 재능을 발휘할 좋은 기회라고 생각했다. 그래서 직접 표지판을 만들어 110번 도로 위에 설치하기로 마음먹었다. 일종의 "게릴라 공공서비스"였다. 그는 자신이 한 일을 비밀에 부치고자 했다.

계획대로 되려면 표지판이 튀지 않아야 했다. 그러기 위해선 공식 표지판의 정확한 크기부터 알아야 했고 페인트 색깔도 똑같이 맞춰야 했다. 앤크럼은 〈캘리포니아 교통통제시설 매뉴얼California Manual on Uniform Control Devices〉을 읽고 적당한 글씨체까지 결정했다. 자기가 만든 모조 표지판에 주변 표지판들처럼 스모그가 묻은 것처럼 보이게 하려고 회색 페인트를 옅게 뿌리기도 했다. 앤크럼은 화가가 서명을 남기듯 표지판 뒷면에 자기 이름을 써넣었다(관심을 끌지도 모르니 눈에 띄지 않게 썼지만).

많은 노력과 계획을 거쳐서 앤크럼과 몇몇 친구가 2001년 8월 5일 아침, 표지판을 걸 지점 주변에 모였다. 작전 성공을 위해 앤크럼은 머리를 자르고 작업복과 오렌지색 조끼와 안전모를 샀다. 자기 트럭에 자석 스티커를 붙여 캘리포니아교통국 업무 차량처럼 보이도록 함으로써, 의심을 받아 체포되는 상황을 피했다. 앤크럼은 사다리를 타고 고속도로 위 9미터 높이에 있는 좁은 통로에 올라섰고 30분에 걸쳐 표지판을 설치했다. 설치하는 내내 발각되거나 더 나쁘게는 빠르게 달리는 자동차 위로 공구를 떨어트릴까 봐 걱정했다. 마침내 아무 문제없이 설치가 끝났고 눈치챈 사람은 아무도 없었다.

이 일은 거의 1년이 지난 뒤 한 친구가 언론에 흘리면서 알려지게 됐고, 그제야 캘리포니아교통국이 사람을 보내 앤크럼이 설치한 표지판을 점검했다. 놀랍게도 표지판은 검사를 통과했고, 그 뒤 8년 동안 남아 있었다. 캘리포니아교통국 대변인은 "그가 깔끔하게 일을 해냈다"고 인정하면서도 "다시 그런 일을 하지는 않길 바란다"고 말했다. 몇 년이 지나서 표지판을 바꿔야 할 때가 되자 교통국은 앤크럼이 만든 작품을 교체했을 뿐만 아니라 110번 도로를 따라 I-5 북쪽 출구 표지판을 몇 개 더 설치했다.

이런 종류의 "해결"에 대한 당국의 반응은 사안에 따라 크게 달라질 수 있다. 경찰과 시 당국은 게릴라 행동에 방어적 태세를 취한다. 적어도 이런 행동을 무시하려 한다. 리노에서 놀이터를 수리한 사람이나 볼티모어에서 방치된 건널목을 다시 칠한 사람이 그런 경우다. 하지만 건널목을 그려 넣은 뒤 운이 좋지 않았던 사람도 있다. 인디애나주 먼시와 캘리포니아주 벌레이오에서 일을 벌였던 사람들은 체포되었다. 당국은 무단으로 개입하는 것이 반드시 적절하고 도움이 되며 안전한 것은 아니라고 주장한다.

많은 사례가 비밀로 남아 있거나 투옥되는 양극단 사이에 있을 것이다. 사람을 체포하진 않지만 무단으로 바꾼 것들을 원래대로 복구하는 경우도 종종 있다. 효율적승객프로젝트Efficient Passenger Project, EPP라는 이름의 뉴욕 단체가 승객들에게 최적의 하차 지점과 가장 빠른 환승 경로를 알려주는 표지판을 설치하자 대도시교통청Metropolitan Transit Authority이 즉시 치워버린 일도 있었다. EPP는 앤크럼처럼 색상도 똑같이, 글씨체도 똑같이, 교통청 표지판을 그대로 모방했다. 그렇지만 교통청은 이들이 만든 표지판이 지나치게 효율적이어서 특정 객차에 사람이 몰릴 것을 우려했다. 그 경우 혼잡이 심해져 사람들이 환승하는 걸 어렵게 만들 수 있다는 것이었다. 결국 이런 개입의 성공과 지속 여부는 디자인은 물론 당국과 지역 주민들의 반응에 영향을 받는 셈이다. 좋은 의도와 신중한 디자인은 일을 시작하는 단계에 불과하다.

일부러 눈에 띄게
게 릴 라 표 지 판 2

게릴라 표지판을 만드는 사람 중엔 자기가 만든 물건이 공식적인 것처럼 보이도록 하려고 지자체가 쓴 글씨체와 설치 방식을 똑같이 베끼는 비상한 노력을 다하는 사람들이 있다. 반면 시가 정한 형편없는 디자인에 파묻히지 않게끔 과감하게 자기가 더 낫다고 생각하는 것을 표현하는 사람도 있다. 해결책이 될 만한 방식을 공개적으로 실행함으로써 자신이 인지한 디자인 문제에 일부러 주목을 끄는 것이다.

　로스앤젤레스에서 운전해본 사람들이 그렇듯, 디자이너 니키 실리언텡Nikki Sylianteng도 시내 노상 주차표지판 상당수가 판독하기가 거의 불가능한 수준이라는 것을 알게 됐다. 주차표지판 여러 개를 달랑 기둥 하나에 설치해둔 경우가 많았던 것이다. 내용이 중복되거나 서로 상충되는 표지판들이 있는 건 물론이고 어떤 것은 너무 많은 내용이 담겨 주차하려는 사람이 가장 알고 싶어 하는 정보, 즉 '지금 여기 주차해도 되나' 하는 정보를 제공하지 못했다. 혼란스러운 주차표지판이 로스앤젤레스에만 있는 건 아니지만 가장 문제가 많은 사례를 이 도시에서 찾을 수는 있다.

　실리언텡은 "문제는 표지판들에 불필요한 정보가 가득해 '왜, 언제, 무엇을'이라는 중요한 내용들을 알기가 어려운 점"이라고 설명한다. 그녀는 규정을 위반했을 때 일어나는 결과를 알리는 내용을 없애고 "주차할 수 있는 시간대와 할 수 없는 시간대, 얼마나 오랫동안 주차할 수 있는지"만 알려야 한다고 생각했다. 그래서 공식 주차표지판과 크기나 색상, 소재가 똑같은 표지판을 만들어 자신이 직접 고안한 그래픽을 담았다. 이는 자신의 표지판이 다른 표지판과 섞여 들게 하려던 것이 아니라, 이 디자인이 성공적인 것으로 드러날 경우 시 당국에서 그녀의 해법을 채택하기 쉽게 하기 위해서였다.

그녀는 나아가 "운전자, 시 당국자, 교통공학자, 색맹인 단체"에 피드백을 요청함으로써 자기가 만든 표지판에서 분명히 알 수 있는 대목과 분명하지 않은 대목이 무엇인지를 확인하려 했다. 또한 자신이 가장 중요하게 생각한 가설, 즉 많은 사람이 같은 어려움을 겪고 있음을 증명하고자 했다. 그렇게 확정한 표지판을 테스트 지점에 설치한 뒤 주차 규정 준수율이 60퍼센트나 개선되는 것을 확인했다. 이 일은 멀리 호주의 브리스베인의 시 당국자들에게도 영감을 불러일으켰다. 로스앤젤레스와 마찬가지로 혼란스러웠던 표지판을 보다 명료한 그래픽으로 바꾼 것이다.

시작은 미약해도 끝이 창대했던 도시 표지판 프로젝트는 이것만이 아니다. 맷 토마술로Matt Tomasulo는 노스캐롤라이나주 롤리에 보행 표지판을 여러 개 설치하면서 사람들에게 도보로도 빠르게 이동할 수 있다는 것을 알려주고자 했다. 자기 주변 사람들이 걸을 만한 거리가 아니라고 생각해 군이 자동차를 몇 분씩 타고 다니는 것이 답답했던 것이다. 토마술로는 사람들에게 실제 도보로 얼마나 걸릴지를 알려주면 사람들이 더 많이 걸어 다니게 될 것이라고 생각했다. 그는 행동에 나서기 전에 시 정책과 규제부터 조사했고, 자신의 개입이 전반적으로 보행자정책이나 시의 종합 계획에 제시된 목표와 부합한다는 결론을 내렸다.

토마술로는 허가를 받을까도 생각했지만 절차가 너무 오래 걸리고 돈도 많이 늘 것이기에 시험판부터 제작하기로 했다. 그는 도시

도시의 보이지 않는 99%

시설을 영구적으로 훼손하지 않도록 신중하게 자기가 만든 표지판을 도로변 기둥에 철사로 매달았다. 표지판에는 산세리프체로 "롤리 중앙 공동묘지까지 7분"이라고 쓰고 아래에 방향을 화살표로 안내하는 식으로, 방향과 두 지점 사이의 평균 보행 시간만을 간략하고 분명하게 밝혀두었다. 그가 한 일이 곧바로 소셜미디어에 올랐고 도시계획가들의 블로그에서도 화제가 됐다. 이렇게 표지판의 존재가 알려지면서 표지판들은 모두 제거됐지만 시 당국은 곧바로 여론의 압력에 항복했다. 실리언텡이 벌인 일과 마찬가지로 토마술로가 만든 디자인도 빠르게 다른 도시로 퍼져나갔다. 그는 다른 지자체들이 새로운 도로표지판을 만드는 데 참조할 수 있도록 웹사이트에 탬플릿과 설치 가이드를 올리기도 했다.

이 두 표지판 프로젝트는 "전술적 도시계획tactical urbanism"의 한 사례다. 도시에 큰 영향을 미칠 수 있는 저비용·저위험 개입이라고 할 수 있다. 또 법적으로 회색지대에서 진행된 일이기도 하다. 허가를 받지 않고 표지판을 설치하는 건 보통 불법이지만 긍정적인 여론과 정치적 지지를 얻을 수 있다. 두 사람 다 전 세계적인 문제를 해결하려 한 것은 아니었지만, 다른 도시들에까지 직간접적으로 영향을 미쳤다. 전술적 도시계획가 대다수가 알겠지만, 도시 풍경을 개선할 때는 사전에 허락을 받기보다 사후에 용서를 구하는 것이 나을 수 있다.

불법도 합법도 아닌

소 화 전   개 방

'도시 풍경' 하면 떠오르는 이미지 중 하나가 뉴욕의 후끈거리는 거리로 소화전의 물이 쏟아지는 와중에 아이들이 뛰어노는 모습이다. 많은 사람의 문화적 상상력을 자극하는 장면이지만 소화전을 여는 건 일반적으로 불법행위로 간주되며, 이처럼 중요한 도시 기간시설을 건드리면 벌금이 부과될 수도 있다. 그렇지만 많은 도시에서 여름 무더위에 소방관들이 시민들을 도와 안전하게 소화전을 열어주는 일이 흔하다. 뉴욕시 당국은 여러 경우에 소화전을 여는 걸 100년 넘게 허락해왔다. 이를 통해 불법과 시 당국의 승인 아래 진행되는 개입 사이의 회색지대가 슬슬 생겨났다.

1896년, 동부 해안지대에 혹서가 닥쳤을 때 열섬효과로 인해 온도가 한층 더 치솟은 도시지역이 큰 타격을 입었다. 두껍게 도로가 포장된 혼잡지역일수록 피해가 컸다. 로어 맨해튼에서만 천 명 이상이 숨졌다. 에어컨이 나오기 전이고 선풍기도 널리 보급되기 전이어서 시민들은 푹푹 찌는 더위로 고통을 받았다. 지붕이나 비상계단에 나와서 잠을 청하는 사람들이 굴러 떨어져 부상하거나 목숨을 잃기도 했다.

피해가 최고조에 달했을 때 경찰국장(이자 미래의 대통령) 시어도어 루스벨트가 공짜로 얼음을 나누어주도록 했다. 특히 서민들이 사는 구역에 말이다. 공원 내 취침 금지도 풀어서 더위에 지친 시민들이 이외에서 밤을 보낼 수 있도록 했다. 소화선을 열어서 물

도시의 보이지 않는 99%

로 도로를 청소하고 열기를 식혔다. 그러자 환기가 잘 안 되는 열악한 주거환경에서 벗어날 수 있게 된 다세대주택 거주자들이 크게 반겼다.

이후 한 세기 동안 뉴욕시에선 뜨거운 여름 동안 시민들이 허가를 받지 않고 소화전을 여는 것이 전통이 됐다. 물론 문제가 된 적도 있었다. 고압의 물줄기가 그대로 뿜어져 나오면서 사람들이 넘어지거나 차도로 밀려나는 일이 벌어졌기 때문이다. 인근 주택 수도의 수압이 낮아지는 것은 물론 화재가 났을 때 필요한 수압을 확보하기가 힘들어지는 일도 생겼다. 또한 소화전 한 곳만 개방해도 분당 수천 갤런의 물이 쏟아지기 때문에 깨끗한 양질의 수돗물이 낭비되었다.

2007년, 뉴욕시환경보호국에서 소화전을 함부로 여는 데 따르는 위험을 시민들에게 알리기 위한 프로그램을 진행했다. 한창 더운 여름 몇 달 동안 청년들을 고용해 HEAT Hydrant Education Action Team (소화전 교육활동 팀)를 구성하고, 시민들에게 소화전 개방의 위험성을 설명하며 대안을 제시했다. 환경보호국은 "분당 20에서 25갤런이 나오도록 만든 시 공인 마개를 끼우는 경우, 소화전을 합법적으로 개방할 수 있으며 18세 이상이면 공인 마개를 지역 소방서에서 무료로 받을 수 있다"고 설명했다. 결국 당초 시가 허가했던 방법이 불법적인 게릴라활동으로 바뀌었다가, 다시 두 극단 사이를 잇는 DIY활동을 승인하는 방식으로 진화가 이루어졌다. 시 당국과 시민들 사이에 백년 이상 공식, 비공식 노력을 통한 의사소통이 지속된 결과, 모두의 지지를 받을 수 있는 상식적인 해법이 마련된 것이다.

시민 대 시민의 싸움

바 위 전 쟁

모든 일은 2019년 말 샌프란시스코의 한 인도 위에 스물네 개의 바위가 갑자기 나타나면서 시작됐다. 처음엔 이 커다란 돌들이 무슨 용도로 이곳에 놓이게 됐는지를 아무도 알지 못했다. 가로세로 높이가 수십 센티미터는 될 정도로 크고 무거웠기 때문에 악당 한 명이 벌일 수 있는 일이 아니었다. 그래서 사람들은 당국이 이 바위들을 설치했다고 생각했다. 전에도 시 당국이 도로에서 자는 노숙자들을 막기 위해 바위를 설치한 적이 있었기 때문이다. 그렇지만 곧 시에서 한 하향식 규제가 아니라 주민들이 한 상향식 개입이라는 사실이 밝혀졌다. 인도에서 벌어지는 불법활동을 막으려던 주민들이 벌인 일이었던 것이다. 주민들은 2000달러를 모아 스물네 개의 돌을 사서 미션 지구 마켓가의 공용 인도에 가져다 놓았다.

신속하게 반응이 나타났다. 해당 인도 위에서 범죄행위가 자주 벌어진다면서 바위가 놓인 것을 환영하는 주민들도 있었다. 하지만 활동가들 다수는 바위가 놓인 것에 즉각 반발하면서 근본적인 문제를 해결하기 위해 더 인간적이고 실질적인 노력을 기울이는 데 그 돈을 썼어야 했다고 주장했다.

비판자들은 시 당국에 바위를 치우라고 요청하기 시작했다. 시 당국자들이 행동에 나서지 않자 지역 화가 대니엘 배스킨Daniell Baskin은 바위를 원하는 사람 누구에게나 무료로 넘기겠다는 내용의 줄 광고를 크레이그리스트Craiglist에 올렸다. 그녀는 자기가 바위 주인이라면서 "조경용으로 수집한 멋진 바위들을 집에 놓아둘 장소가 없다는 걸 알게 돼 처분하려 한다. 바위는 집 앞 인도 위에 놓아두었다"라고 약을 올리듯이 썼다. 그러곤 바위들이 "황갈색과 회색이 섞인 색상이며 일부 이끼가 낀 개성적인 모습"이라고 자랑을 덧붙였다.

바위들을 둘러싼 논쟁이 가열되자 일부 활동가들이 직접 해결하겠다면서 바위를 굴려서 인접 차도에 내려놓기 시작했다. 중간에 낀 처지가 된 샌프란시스코공공행정국 대변인이 나서서 커다란 장애물이 도로를 가로막은 것에 우려를 표했다. 결국 시 당국이 개입했지만 많은 사람의 예상과 달리 바위를 치우지 않고 원래 있던 인도 위로 다시 옮겨놓았다. 돌려놓는 작업은 시 조례를 준수하는 것으로 보였다. 인도 위에 바위가 있더라도 사람들이 통행할 수 있었기 때문이다.

그렇지만 바위를 둘러싼 분쟁은 끝나지 않았다. 이후로 며칠 동안 활동가들이 다시 바위를 굴려서 차도로 밀어놓았고 시 공공행정국 근로자들이 중장비를 동원해 인도로 다시 돌려놓았기 때문이다. 시에서 원뿔형 도로표지와 노란색 테이프를 설치해 활동가들이 바위를 건드리지 못하도록 막자 이 바위 때문에 잘 곳을 잃은 노숙자들을 옹호하는 분필 메시지가 등장했다. "우리보다 더 절박한 사람들에게 도움을 주지 않는 건 엄청난 도둑질", "내겐 이웃이 있다. 낯선 사람 같지만, 우리는 친구가 될 수 있다" 등등의 글이었다. 일부 주민들이 이런 글들을 문제 삼으면서 바위를 설치한 건 노숙자들을 막기 위해서가 아니라 위험한 마약 거래자들을 막기 위한 것이라고 주장했다.

　마침내 더 이상은 안 되겠다고 생각한 시 당국자들이 나서서 이런 시시포스 전투(시시포스는 그리스 신화에 등장하는 인물로, 언덕 위로 바위를 밀어 올리면 바위가 굴러 떨어져 처음부터 다시 그 일을 해야만 하는 저주를 받은 인물이다)를 끝내기로 했다. 모하메드 누루Mohammed Nuru 샌프란시스코공공행정국 국장은 〈샌프란시스코 크로니클〉에 "주민들의 요청에 따라 바위를 치우기로 했다"고 밝혔다. 이유를 묻는 질문에 그는 "일부 주민들이 바위 반대자들의 표적이 되었다고 느낀다"고 답했다. 간단히 말하면, 바위를 가져다 놓는 비용을 지불했던 주민들이 마약상들에게 위협을 느끼던 처지에서 바위를 굴려대는 오락가락 전쟁에 쏟아진 관심으로 신이 난 도시활동가들에게 괴롭힘을 당할까 봐 걱정하는 처지가 됐다는 것이었다. 바위는 시민들이 내는 세금으로 치워져 보관되고 있다. 그렇지만 전투가 벌어졌던 인도의 미래는 아직 결정되지 않았다. 누루는 공공행정국은 "주민들이 원하는 방식은 어떤 것이든 지지한다"고 덧붙였다. 움직이기 어려운 더 큰 바위를 가져다 놓을 수도 있다는 뜻이다.

　현재는 상황이 원점으로 돌아왔다. 바위들은 없어졌고 인도 위 바위가 놓여 있던 자리에 흠집이 남았을 뿐이다. 그러나 이 분쟁은 시 전체에 큰 파장을 일으켰고 시민들이 범죄와 노숙자 문제 등에 관심을 갖도록 만들었다. 바위를 설치한 사람들은 의도를 관철하지 못했지만, 도시의 문제에 대한 광범위한 대화를 촉발했고 예기치 못하게 커다란 영향을 미쳤다.

스스로 구하라

교 차 로 부 처 님

오클랜드 주민인 댄 스티븐슨Dan Stevenson은 자기가 사는 곳에서 마약상이나 매춘부를 봤다고 경찰에 전화를 걸 법한 사람이 아니었다. 그는 이런 범죄를 대부분 못 본 체했다. 하지만 자기 집 건너편에 쓰레기가 쌓이는 걸 보고선 참질 못했다. 그의 집 옆 교차로에 시에서 교통차단시설을 설치했는데, 그 뒤로 쓰레기를 버리지 말라는 경고표지판을 아무리 여러 번 붙여놓아도 가구, 옷가지, 쓰레기봉투 등 온갖 쓰레기가 콘크리트와 흙으로 된 차단시설 위에 쌓이는 걸 막을 수 없었다. 쓰레기는 쓰레기를 불렀고 무단투기는 무단투기로 이어졌지만, 시청에 아무리 전화를 걸어도 별 소용이 없었다.

댄 스티븐슨과 그의 부인 루Lu는 고민 끝에 특단의 조치를 취하기로 했다. 쓰레기를 치우고 그 자리에 불상을 가져다 놓은 것이다. 팟캐스트 채널 〈범죄자Criminal〉의 진행자 피비 저지Phoebe Judge가 왜 하필 불상을 갖다 놓았느냐고 묻자 댄은 "부처는 중립이잖아요"라고 답했다. 예수님 같은 존재는 "싫어하는 사람도 있을 수 있지만" 부처는 반대하는 사람이 없을 것 같아서 그랬다는 것이다. 루가 철물점에서 불상을 사오자 댄이 불상에 구멍을 뚫고 땅에 꽂을 쇠막대를 넣고 에폭시로 고정했다. 그러고는 아무도 관심을 두지 않는 교통차단시설에 불상을 설치했다.

한동안 불상은 원래 자리에 변함 없이 앉아 있었다. 그런데 몇 달 뒤 댄은 불상이 흰색으로 칠해져 있는 걸 발견했다. 그 뒤부터는 과일이 앞에 놓이고 동전이 쌓였다. 일이 갈수록 커졌다. 기단이 설치됐고 금칠이 되고 법당이 지어졌다. 오클랜드 베트남인불교단체 회원들이 매일 아침 나타나 향을 피우고 절을 올렸다. 관광객들도 불상을 보러 왔다. 이 작은 주택가 도로에 들어오기도 힘든 버스를 타고 단체로 나타나기까지 했다. 시에서 불상을 없애려고 하자 주민들이 나서서 막았다. 동네 범죄 역시 크게 줄었다. 불상 때문에 그런 건지는 알 수 없겠지만 말이다.

이 변화를 주도한 사람은 베트남 이민자 비나 보Vina Vo로, 그녀는 지역 공동체의 도움을 받아 불상과 법당을 돌봤다. 보는 베트남전쟁 당시 가족과 친구들을 잃고 마을 법당이 파괴되는 걸 보면서 자랐다. 그녀는 1982년 베트남을 탈출해 오클랜드에 정착했고 2010년에 이 불상이 있다는 걸 처음 알게 됐다. 누군가 보에게 불상을 보살피고 불상이 있는 자리를 그녀가 수십 년 전에 떠난 고향 마을의 법당처럼 사람들이 모여서 절하는 장소로 만들라고 제안했다. 몇 년이 지나면서 불상 주위로 표지판, 조명, 깃발, 과일 바구니, 다른 동상 등 이런저런 물건이 들어섰다. 밤이 되면 법당에 눈이 부실 정도로 환한 LED등이 켜져 몇 블록이나 떨어진 곳에서도 볼 수 있게 됐다. 가까이 가면 공기 중에 향냄새가 진동했다.

지금은 법당 옆에 빗자루가 놓여 있고 누군가 매일같이 주위를 깨끗이 쓸어낸다. 원래 이 불상은 그저 나쁜 행동을 하지 말라는 뜻에서 설치한 적대적 구조물일 뿐이라고 주장할 사람도 있을 것이다. 그렇지만 이곳은 긍정의 상소이자 사람들이 모이는 장소가 됐

도시의 보이지 않는 99%

다. 불교 신자든 아니든 동네 사람들 모두 고마워하고 있다. "우리 마을의 아이콘이 됐다"는 것이 댄 스티븐슨의 소감이다. 그는 "불교 신자가 아닌 사람들도 많이 찾아와 불상 앞에서 이야기한다"며 "멋진 일"이라고 말했다. 알고 보니 부처가 부처를 불러들이고 있었다. 새로운 불상과 법당이 인근 다른 교차로에도 만들어져 불교 사상을 전파하고 있다. 누구라도 다른 사람(예컨대 시 당국자들)이 아닌 자기 힘으로 구원받아야 한다는 사상 말이다.

25장

그렇게 도시는
인간과 함께 진화한다

도시민들의 개입 행동 중에는 일상에서 맞닥트리는 문제를 해결하려는 것도 있지만 그냥 반응을 자극해 논란이 벌어지도록 하려는 의도인 것도 있다. 잘만 하면 그런 자극제는 공용공간이나 접근성에 관한 논의를 촉발해 그 어떤 일회성 방안보다 더 큰 성과를 내기도 한다. 자격을 갖춘 활동가나 예술가가 건축 환경에 주목할 만한 표현을 남긴 경우, 일반 대중에게 호소력이 크다. 나아가 당국자들까지 억지로라도 관심을 갖게 되고 상황이 바뀌기도 한다.

◀

주거지역 보도의 경계석을 깎아 접근성을 높인 모습

한 활동가가 남긴 가장 큰 유산

경 사 로

휠체어를 타지 않거나 유모차를 끌지 않는 사람들은 대수롭지 않게 여기지만 도시 교차로에서 인도로 쉽게 오르내릴 수 있도록 하는 보행자용 경사로는 50년 전에는 보기 힘들었다. 활동가 에드 로버츠Ed Roberts가 젊었던 시절, 대부분의 인도는 교차로에서 수직으로 올라가 있어서 그처럼 휠체어를 타는 사람들은 도움을 받지 않으면 길을 건너기 힘들었다.

1940년대와 1950년대에 샌프란시스코 인근 작은 도시에서 어린 시절을 보낸 로버츠는 네 자식 중 맏아들이었다. 그는 열네 살 때 소아마비 진단을 받았으며 목 아래 부분 전체가 마비됐다. 하루 종일 거대한 철제 호흡보조기 안에 갇혀 지내야 했고, 다른 사람의 도움이 없으면 외출하는 건 꿈도 꾸지 못할 형편이었다. 로버츠의 어

도시의 보이지 않는 99%

머니는 계단이나 인도 앞에서 낯선 행인들에게 로버츠를 들어서 옮겨달라고 도움을 요청하곤 했다.

1962년, 로버츠는 버클리대학교에 지원했지만 처음에는 입학을 거부당했다. 철제 호흡보조기를 단 그가 캠퍼스에서 안전하게 지낼 수 없으리라는 것도 한 가지 이유였다. 최종적으로 입학이 허가됐고, 그는 캠퍼스 내 병원에 입원해 생활하게 됐다. 이 소식이 전국적으로 화제가 되면서 버클리대학교에 장애인 학생들이 늘어나기 시작했다. 강의실에 들어갈 때 휠체어를 들어서 계단 위로 올려주는 사람도 고용되었다.

1960년대 내내 이런 일들이 일어났다. 장애문화연구원의 공동설립자 스티브 브라운Steve Brown 은 "수많은 항의와 개혁, 변화의 시기"였다고 회고한다. 버클리대학교에선 장애학생들이 거주하는 병원이 롤링쿼즈Rolling Quads (휠체어를 탄 사지마비인이라는 의미)라는 적극적이고 과감한 활동단체의 본부가 됐다. 이들은 전국의 유사한 다른 단체들과 함께 교육받을 권리와 일할 권리, 존중받을 권리와 공공활동에 더 많이 참여할 권리 등 장애인 권리를 주장하고 나섰다.

당시 세상은 장애인들이 돌아다니기에 크게 불편했다. 장애를 입은 퇴역군인들이 지자체와 공공기관들을 다그쳐 장애인용 경사로를 만든 곳이 일부 있었지만, 극히 드물었다. 1960년대와 1970년대를 지나면서 젊은 장애인활동가들은 더 이상 정부의 조치를 기다릴 수 없다고 생각했다. 지금도 로버츠와 롤링쿼즈의 다른 활동가들이 시 당국의 행동을 촉구하기 위해 도우미들과 함께 밤에 휠체어를 끌고 나와서 대형 해머를 사용해 경계석을 부수고 직접 경사로를 만들었다는 이야기가 회자된다. 1970년대에 버클리대학교에서 장애학생들을 도왔던 에릭 디브너Eric Dibner는 "심야 특공대에 관한 이야기는 약간 과장된 것 같다. 우리는 콘크리트 한두 포대를 가져다 섞고 길을 평탄하게 만들기 가장 좋은 모퉁이에 발랐을 뿐이다"라고 밝혔다. 이런 행동이 밤에 일어난 건 사실이지만 물리적 변형은 최소한으로만 이루어졌다. 그러나 이 일의 파급효과는 강력하고 지속적이었다.

하루하루 따져보면, 롤링쿼즈가 이루어낸 진보의 대부분은 좀 더 행정적인 것이었다. 1971년 버클리시의회에 청원을 했던 것도 이런 노력의 일환이었다. 당시 정치학과 대학원생이었던 에드 로버츠도 시위에 가담했다. 그와 동료들은 시가 나서서 버클리의 모든 교차로에서 경계석을 없애야 한다고 요구했다. 1971년 9월 28일, 버클리시의회가 "장애인들이 주요 상업지역에서 이동할 수 있도록 도로와 인도를 설계하고 건설해야 한다"고 선언한 것을 계기로 전 세계에서 경계석 잘라내기가 확산됐다. 버클리시의회에서는 만장일치로 이 조례를 채택했다.

1970년대 중반, 장애인 권리 운동이 확대되고 확산하면서 경계석 잘라내기를 넘어 버스에 휠체어 리프트를 달고 계단 옆에 경사로를 설치하고, 공공건물 엘리베이터 버튼을 휠체어에 앉아서도 손이 닿는 곳에 추가로 설치하고, 전용 화장실을 만들고 서비스 창구의 높이를 휠체어를 탄 사람의 시선에 맞도록 낮추었다. 1977년에는 시위대가 전국 열 개 도시의 연방정부 건물을 동시에 방문해 연방사금 지원을 받는 모든 시설에서 장애인을 보호하도록 하는

　　　　　　　　　　　　도시의 보이지 않는 99%

규칙들이 무시되고 있으니 제대로 실행하라고 촉구했다. 샌프란시스코에서는 조치가 취해질 때까지 휠체어를 탄 채 시위 현장을 지키는 장애인들에 대한 보도가 한 달 넘게 이어졌다. 몇 년 뒤 휠체어를 탄 시위대가 덴버시에서 경계석을 해머로 깨부수는 퍼포먼스도 있었다. 롤링퀴즈의 행동주의를 본받아 벌인 일이었다.

활동가들은 이런 식의 공개활동이 대중의 관심을 끄는 강력한 수단이 된다는 걸 알았다. 1990년 미국장애인법Americans with Disabilities Act, ADA이 하원에 상정됐을 때, 장애인 시위자들은 휠체어를 버리고 의사당 계단을 기어오르는 행동으로 장애인들이 그들을 배제하는 건축 환경에서 겪어야 하는 어려움을 직접 보여주면서 법안 통과를 요구했다.

ADA는 장애인 장벽을 제거하기 위한 첫 연방 법률이 아니지만 그 적용 범위는 전례가 없는 수준이었다. 이 법은 모든 상업용 건물과 교통시설 등 공공장소에서 장애인들의 접근과 활동을 보장하도록 의무화했다. 물론 단서가 있었다. ADA는 고용주와 건축주에게 "합리적"인 범위에서 의무를 지키도록 했다. 이 단서로 인해 모호성이 생기면서 고용주와 건축주의 재량권이 커졌다. 지금까지도 버클리에는 경계석을 잘라내지 않은 교차로가 남아 있다. 하지만 ADA법은 올바른 방향으로 가는 기념비적 사건이었다. 1990년에 있었던 법안 서명식에서 조지 H. W. 부시 대통령은 공산 동독을 서방으로부터 분리했던 베를린 장벽이 붕괴한 것과 이 법안을 비유하며 강한 어조로 이렇게 말했다. "지금 나는 이 법안에 서명합니다. 이 법은 또 다른 장벽, 너무나 오랜 세월 동안 장애가 있는 미국인들이 자유를 바라만 보고 누리지 못하게 한 장벽을 깨부수는 해머입니다. 우리는 장벽이 무너지는 걸 다시 한번 축하하면서 함께 선언합니다. 우리는 미국에서 차별을 받아들이지도, 변명하거나 참지도 않을 것입니다."

장애가 너무 심해 버클리대학교에 다닐 수 없을 거라던 에드 로버츠는 석사학위를 마치고 학교에서 강의를 했으며 전 세계 수백 개 조직의 모델이 된 장애인지원단체 '자립생활센터Center for Independent Living'를 공동 설립했다. 그는 결혼해 아들을 낳았고 이혼했으며 맥아더 천재상을 받았고 캘리포니아재활국을 거의 10년 동안 이끌었다. 56세에 심장마비로 세상을 떠났을 때 그는 국제적으로 유명한 장애인자립운동가였다. 그의 휠체어는 오늘날 스미스소니언국립박물관에 소장돼 있으며, 박물관 웹사이트에 주요 전시물로 소개되고 있다. 그러나 가장 널리 퍼져 있고 가장 기념비적이라고 할 만한 그의 유산은 미국 내 수천 곳의 도로 모퉁이에서 볼 수 있다. 전술적 개입으로 마음과 정신, 그리고 궁극적으로는 도시를 바꿀 수 있다는 것을 상기시키면서 말이다.

도심을 다시 사람에게로

차 없 는 거 리

1960년대 하이메 오르티스 마리뇨Jaime Ortiz Mariño라는 젊은 학생은 미국에서 선축설계 학위를 받기 위해 고국인 콜롬비아를 떠났다.

보고타로 돌아갔을 때 그는 미국에서의 경험을 토대로 새로운 눈으로 도시를 바라보게 됐다. 마리뇨는 "콜롬비아 사람들이 미국식 도시개발을 추종하는 것을 보고 놀랐다"고 회상했다. 정작 미국 도시는 자동차가 지배하고 있었으니 말이다. 그는 미국과 똑같은 역사가 보고타에서 반복되는 것을 막기 위해 뭔가를 해야 한다고 생각했다.

그 시대의 분위기 속에서 마리뇨는 자전거 권리를 시민의 권리로 인식하게 되었다. 그가 보기에 자전거 타기는 개인성은 물론 "여성의 권리, 도시 내 이동성, 단순함, 새로운 도시계획, 그리고 물론 환경적 의식"까지 내포된 행위였다. 미국의 시위 문화도 접한 마리뇨는 지역 자전거 이용자들을 조직해 주요 도로 두 곳의 자동차 통행을 일시적으로 막을 수 있는 권한을 승인받았다. 이 거리를 자전거 이용자들과 보행자들에게 개방한 것이다. 그렇게 해서 최초의 시클로비아Ciclovía(자전거도로)가 탄생했고, 그 영향력이 점점 번져 나갔다. 40년이 지난 지금, 일요일이나 공휴일마다 보고타의 이리 저리 연결된 도로망의 상당 부분이 자동차 통행금지구역이 되고, 뛰거나 스케이트 타거나 자전거 타는 사람들을 위한 "포장도로 공원"이 만들어진다. 매주 열리는 시클로비아 행사에 200만에 달하는 인파가 도로로 나온다. 도시 인구의 3분의 1에 달하는 사람들이 110킬로미터가 넘는 도로 공간을 만끽하는 것이다.

도시 및 지역개발을 연구하는 대학교수 세르히오 몬테로Sergio Montero는 시클로비아가 도시민은 물론 도시계획가에게도 새 세상의 가능성을 제시한다고 말한다. 그는 사람들이 자동차 중심 도시에 너무 익숙해져 있는 것이 문제라고 주장한다. "사람들은 도시가 으레 그렇게 생겼다고 여기기에 거리가 자동차 전용으로 운영되는 것을 정상이라고 생각한다." 시클로비아는 도시를 지배하려 드는 자동차를 금지했을 때 엄청난 공간이 다른 용도로 사용될 수 있음을 보여줌으로써 이런 사고방식을 깨트리는 데 도움을 준다. 정부가 바뀌어도 보고타에서 시클로비아가 계속 유지되는 건 시민들이 좋아하기 때문일 것이다. 시클로비아정책이 유지되도록 하려는 시민들의 참여와 지지가 오래도록 지속되고 전 세계로 확산되면서 자전거족 활동가들이 다양한 게릴라활동을 벌이고 있다.

시클로비아처럼 도시 전체에 적용되는 프로젝트를 성공시킨 활동가들도 있는 반면 매일매일 조금씩 노력해 자전거 타기 좋은 환경을 만들어나가는 사람들도 있다. 샌프란시스코 만안 지역에서는 샌프란시스코변혁SF Transformation, 즉 SFMTrA이라는 단체가 자전거족이 사망하는 교통사고가 빈발하자 이에 대한 대응으로 원뿔형 교통표지를 늘어놓아 자전거전용로를 보호했다. 이런 식의 게릴라활동은 임시방편일 뿐이어서 결국 시 당국에 의해 좌절되기 십상이다. 그렇지만 이 단체가 나서서 금문교 공원 주위 자전거전용로를 더 안전하게 만들고자 부드러운 재질의 표지를 설치하자 시가 이를 승인했다.

이 단체의 목표는 이곳 자전거 이용자들의 안전을 도모하는 것만이 아니라, 오래가는 진짜 변화를 만드는 일이 얼마나 쉽고 저렴하게 이루어질 수 있는지 보여주는 것이기도 했다. 다른 도시에서 비슷한 일을 벌인 게릴라활동가들은 성공도 하고 실패도 했다. 캔자스주 위치토에서는 한 단체가 뚫어뻥 120개를 도로에 붙여 임시 자전거전용로를 만들었다. 시민들의 의식을 고취하기 위한 행동이었다. 시애틀에선 시 당국이 활동가들이 설치한 전용로 표시 기둥을 제거했다가 곧 사과한 뒤 영구적으로 기둥을 설치했다.

공해와 소음 감소, 건강 증진과 공간 확보 등이 자전거 타기를 확산시키는 명분이다. 그러나 이런 노력은 도시설계의 역사와 도시의 성격 자체에 대한 새로운 인식을 자극하기도 한다.《자동차 없는 도시 Carfree Cities》의 저자 J. H. 크로퍼드 J. H. Crawford 는 "겨우 100여 년 전만 해도 모든 도시에 자동차가 없었다는 점을 일단 기억해야 한다"라고 강조한다. "도시에서 자동차는 전혀 필요하지 않았으며, 많은 점에서 도시의 기본적인 존재 이유에 배치된다. 도시의 목적은 사람들이 한 공간에 모여 사회적, 문화적, 경제적 시너지를 낼 수 있도록 하는 것이다. 자동차는 이동과 주차를 위해 너무 넓은 공간을 차지하기에, 도시가 자동차에 필요한 공간을 제공하느라 팽창하도록 만들고 이에 따라 도시 본연의 목적을 저해한다."

자전거족과 보행자가 도시에서 자신의 공간을 차지하려고 긴 투쟁을 이어나가는 동안에도 새로운 교통수단이 등장해 상황은 더욱 복잡해지고 있다. 전동 킥보드는 에너지를 적게 쓰고 이동에 필요한 공간도 적은 시내 교통수단이 될지 모르지만, 공유서비스가 인기를 끌면서 문제가 되고 있다. 그중 하나는 일부 이용자들이 보행자 통행에 방해가 되는데도 킥보드를 인도에 방치한다는 것이다. 신시내티에서는 야드앤드컴퍼니 YARD & Company 라는 단체가 스프레이 페인트로 "새장 Bird cage (킥보드를 만들어 보급하는 회사 중 하나인 버드Bird에 빗대어 이렇게 칭했다)"을 포장도로 위 곳곳에 실험 삼아 표시하는 일이 있었다. 사람들이 전동 킥보드를 안전하게 지정된 곳에 주차하도록 유도함으로써 자전거와 보행자의 통행을 막지 않도록 하려는 시도였다.

전동 킥보드에 대한 비판이 있긴 하지만, 도시에서 자전거 등 다목적 이동수단을 위해 자동차 수를 줄이는 것은 시민과 환경에 좋은 일이라고 생각된다. 그러나 자동차 중심 공간을 차지하는 대체물이 어떤 것인지를 감시할 필요가 있다. 활동가들이 선도하는 변화는 그들의 생활방식 쪽으로 치우치는 경향이 있다. 자전거족은 당연히 자전거 기간시설을 늘리려고 한다. 가장 좋은 개입은 공동체 전체가 참여하여 다채로운 경험과 우선순위, 관점을 가진 주민들에게 도움이 되는 설계를 유도하는 데 지역 자원을 투입하는 형태일 것이다.

도시 개조 프로젝트의 이면

파 클 릿

샌프란시스코 리바그룹Rebar Group(예술과 디자인, 행동주의를 병합해 활동한 단체)에 속한 도시건축가들은 도로변에 잔디밭을 깔면서도 이 일이 전 세계로 퍼져나갈 줄은 꿈에도 생각지 못했다. 이 단체는 1970년대 뉴욕에서 집을 지을 수 없는 좁은 땅과 맹지를 사들여 작품활동을 편 조형예술가 고든 마타-글라크Gordon Matta-Clark의 영향을 받아 만들어졌다. 고든 마타-클라크는 도로변 쪼가리 땅이나 있는 지조차 모르고 지나치기 쉬운 주택 사이의 좁고 긴 땅처럼 충분히 활용되지 않는 공간에 매료됐다. 그로부터 수십 년 뒤 리바그룹도 그와 비슷하게 도시를 다른 방향에서 이해하고자 했다. 도시사회학자 윌리엄 H. 화이트_{William H. Whyte}가 "아직 상상력이 접목되지 않은 공간의 보고"라고 묘사한 땅을 새롭게 활용하는 식으로 말이다.

충분히 활용되지 못하는 도시 공간을 조사하던 리바그룹은 도로변 주차장을 실험 대상으로 삼았다. 어쨌든 이곳은 임대하려고 내놓았으나 임대되지 않는 경우가 많은 공간이었고, 그건 낭비로 보였다. 리바그룹은 주차 요금기에 동전 몇 개를 넣은 뒤 주차면에 잔디를 깔고, 의자와 나무 화분 몇 개를 설치해 파클릿_{parklet}(도로이용자에게 편의를 제공하기 위해 만든 인도 옆 작은 공간)을 만든 뒤 사람들이 어떤 반응을 보이는지 관찰하기로 했다. 나중에 어느 참여자는 주차관리원이 주차장에 파클릿을 만든 것을 문제 삼았지만, 자신들이 이미 주차비를 냈으니 통상적이지 않은 방법으로 주차 공간을 이용한다고 해도 불법점유는 아니라고 주장해 벌금을 물지 않을 수 있었다고 회상했다.

시범적으로 설치한 파클릿 사진이 퍼지자 일시적인 도시 가설물로 시작됐던 파클릿의 영향력이 커졌다. 리바그룹은 여기저기서 파클릿을 만들어달라는 요청을 받기 시작했고, 다른 도시에서 자신들의 작품을 복제하거나 확장하고 싶어 하는 사람들에게 설명서를 배포하는 방식으로 응답했다. 수많은 파클릿 운동가들은 반발에 부닥쳤을 때 시 당국자에게 비싸고 영구적인 변화가 아닌 임시적인 파일럿 프로젝트를 한다고 둘러대 넘어갈 수 있다는 것을 알게 됐다. 아무 방법도 통하지 않아 파클릿 만들기가 실패한대도, 별 비용이 들어가지 않은 이런 가설물은 들어내 다른 곳으로 가져가기도 비교적 쉬웠다. 결국 샌프란시스코시청도 이 일에 가담해 공원의 날Park(ing) Day (park(공원)과 parking(주차)을 이용한 언어유희다)을 지정하고 포장지역 공원화 프로그램을 통해 포장된 공간의 용도를 변화시키려는 각종 활동을 지원하게 되었다.

훨씬 정성 들여 디자인한 파클릿 여러 곳이 생겨나면서 잔디밭 미니골프장부터 등반용 조각품까지 등장했다. 공식 허가를 받고 파클릿을 만드는 사람들 말고도 갖가지 빈틈을 찾아내 파클릿으로 만드는 사람도 있었다. 예컨대 수거용 쓰레기통에 식물을 채워 이동식 공원을 만들고 도로변 쓰레기통 설치구역에 장기 설치 승인을 받아 합법적으로 놓아두는 식이었다. 실험적으로 시작한 파클릿은 하나의 원형이 되었고, 폭넓은 의미를 가진 단어로 발전했다.

도시에서 파클릿이 확산된 데는 몇 가지 요인이 작용했다. 미국에선 주차면이 최대 2억 개에 달한다는 추산이 있다. 어떤 사람들은 이처럼 자동차보다 주차면이 훨씬 많은 만큼, 고밀도 지역의 시 보조금을 받고 있으나 충분히 활용되지 않는 주차 공간을 인도의 사회적 공간을 확장하고 여러 활동을 할 수 있는 공간으로 전용하자고 주장한다. 도시경제학 측면에서는 이런 작은 공원이 인근 상점에도 도움이 된다. 실제로 몇몇 도시에서는 인근에 파클릿을 만드는 데 노력과 금전을 투자하고자 하는 지역 상점에 주차면을 내수기도 한다.

도시의 보이지 않는 99%

이 모든 일이 모든 사람에게 큰 시너지 효과를 내는 것처럼 보인다. 그러나 인스타그램에 올리기 딱 좋은 이런 프로젝트를 경계할 만한 이유도 있다. 지역 상권이 나아질 것이라는 경제적 전망은 샌프란시스코 미션 지구 같은 지역의 임대료를 높이곤 한다. 이곳에서는 파클릿이 인기가 높다. 따라서 어떤 사람들은 파클릿을 편의 시설로 볼지 모르지만, 다른 사람들은 이를 젠트리피케이션을 촉진하는 요인으로 볼 수 있다. 고든 C. C. 더글러스Gordon C. C. Douglas는 《셀프서비스 도시The Help-Yourself City》라는 책에서 공공장소인 파클릿이 "물건을 살 생각이 없거나 살 능력이 없는 사람들에게는 자신들을 환영하지 않는, 접근하기 힘든 공간이 될 수 있다"고 지적했다. 카페와 그 옆의 파클릿이 미적으로 잘 어울리기 때문에 공적 시설물이 아닌 사적공간의 연장으로 받아들여지게 된다는 것이다. 모든 사람에게 열려 있고 모든 사람이 거리낌 없이 드나들 수 있는 곳이 아니라 카페라테를 홀짝거리는 엘리트만을 위한 장소처럼 보인다는 설명이다.

파클릿이나 이와 유사한 프로젝트의 성공과 공식 채택은 특정한 접근법의 혜택을 입는 사람이 누구냐는 문제를 불러일으킨다. 애초에 특정 인구집단에 속하는 사람들은 게릴라활동을 벌인다고 해도 체포당할 가능성이 낮다는 건 말할 필요도 없다. 더글러스는 "각종 DIY 도시디자인 활동의 기저에 있는 가치관을 당국이 받아들이는 과정에서 목소리가 작은 기존 공동체가 희생될 가능성이 있다"고 지적한다. 미션 지구의 경우에는 이 지역 토박이보다 새로 들어온 사람들이 새로운 파클릿이나 그와 관련된 멋진 상점들이 만들어지는 걸 더 환영한다.

더글러스의 주장은 기본적으로 당국이나 DIY 도시계획가들 모두 자신의 취향에 맞게 동네를 바꿀 때는 그 지역 사람들을 생각해야 한다는 것이다. 인기가 높은 "개선"이라면 전부 모두에게 유익하리라고 생각하는 일은 피해야 한다. 파클릿처럼 창의적인 공간을 만들든, 자전거도로를 만들든, 농산물 직판장을 만들든 상관없이 말이다. 좋든 싫든 모든 도시 개조 프로젝트에는 문화적 영향이 수반된다. 더글러스의 주장에 따르면, 이런 식의 도시적 개입을 평가할 때는 "우리가 만들어가는 공간의 사회적 성격이나 누가 이익을 보고 누가 배제되는지에 관한 비판적 시각"을 유지하는 것이 중요하다. 이는 무엇보다도 설계 과정에서 영향을 받는 지역 공동체가 진정으로 고려되어야 한다는 의미이다.

녹색 시민 불복종

과 실 가 로 수

샌프란시스코의 한 반체제적 도시농업단체는 관상용 가로수를 과실수로 바꾸는 방법으로 원예라는 간단한 행동을 창의적인 시민 불복종운동으로 변화시켰다. 가로수에 작은 흠집을 내고 과실수 가지를 접목하는 식이다. 이렇게 접목된 가지는 가로수의 일부가 되고 결국은 먹을 수 있는 과일을 맺게 된다. 일종의 "게릴라 가드닝"이다. 게릴라 가드닝이란, 뉴욕에서 시작된 도시 녹색운동에서 유래한 용어다.

1970년대 초, 공터를 동네 정원으로 바꾸는 일을 짬짬이 벌이던 로어 맨해튼의 활동가들은 본격적으로 일을 벌이기로 했다. 로어 이스트사이드에 거주하는 화가 리즈 크리스티Liz Christy가 그린게릴라Green Guerrillas라는 단체를 공동 설립했다. 이 단체는 비료, 씨앗, 물을 섞어 만든 "씨앗 폭탄"을 사용되지 않는 공터 담장 너머로 던져 넣기 시작했다. 다음 단계로 이들은 바우어리와 휴스턴의 한 모퉁이에 있는 공터 전체를 넘겨받아 개간한 뒤 꽃, 나무, 과실수, 채소 등을 심었다. 그런 뒤 뉴욕시주택보존및개발국에 바우어리 휴스턴 공동체 농장 및 정원을 공식적으로 인정해달라고 요청했다. 이 일을 계기로 그곳엔 리즈 크리스티라는 이름이 붙었다. 지금까지도 이곳은 헌신적인 자원봉사자들이 관리하고 있다.

활용되지 않는 땅을 공용공간으로 전환하는 움직임이 전 세계로 확산되고 있다. 게릴라 가드닝은 모든 비공식적 녹지화 프로젝트를 일컫는 말이 됐다. 이 중에는 지금도 진행 중인 작업, 예컨대 버려진 공터나 도로 중앙지대 등 황폐한 공간에 살아 있는 식물을 자라게 할 목적으로 씨앗 폭탄을 던지는 행위가 포함된다. 녹색 폭탄의 내용물은 매우 다양하다. 생태 보존을 위해 토착 품종 씨앗을 담거나 다양한 꽃이 연속적으로 피어날 수 있도록 신중하게 고른 여러 가지 씨앗을 담기도 한다. 수직 표면에서 식물이 자랄 수 있게 만드는 활동가와 예술가도 있다. 벽화를 그리는 것과 비슷한 작업이다. 이들은 버터밀크, 가드닝 젤, 으깬 이끼 같은 것을 섞어서 만든 "유기농" 페인트로 낡은 콘크리트 벽을 칠한다. 그 결과는 서서히 자라나 대담하고도 눈에 띄는 선언을 하는 살아 있는 예술작품이다.

이런 활동들은 도시 생태에 항구적인 변화를 만들어내기보다는 주목을 끌기 위한 예술활동에 가깝지만, 모든 게릴라 가드닝 프로젝트가 반짝 인기를 노리는 건 아니다. 수많은 개입이 성공적으로 지속되는 이유는 신중하게 계획을 세우고 지역 환경을 민감하게 의식하며 실행됐기 때문이다. 캘리포니아주의 게릴라가드닝활동가 스콧 버넬Scott Bunnell은 몇 년에 걸쳐 알로에 베라, 아가베 등 가뭄에 잘 저항하는 외래종 다육식물을 고속도로와 도로 중앙지대에 심었다. 그와 소칼게릴라가드닝클럽SoCal Guerrilla Gardening Club(캘리포니아 남부의 가드닝 클럽)이 벌인 일은 대체로 환영을 받았다. 이들은 심지어 지역에 잘 어울리는 이런 식물들이 잘 살아남을 수 있도록 지자체의 수원에 접근할 권리를 달라고 시청에 청원하기도 했다.

다시 샌프란시스코로 돌아가보면, 과실수를 가로수에 접목한 일에 대해서도 당국이 긍정적으로 반응하리라고 예상할지 모르겠다. 그러나 게릴라접목활동가들은 당국의 개입을 피하려고 일부러 주목받기를 피한다. 이들은 자신들이 접목한 나무를 표시한 지도 같은 것도 따로 만들지 않았다. 이들이 개입한 결과는 말 그대로 이 프로젝트가 결실을 맺을 때에나 드러난다. 그들이 이렇게 은밀하게 활동한 것은 시가 자신들의 작업을 되돌릴 수 있다는 합리적인 두려움 때문이다. 겉보기에는 장식용 나무를 과실수로 바꾸는 것이 긍정적인 일일지 모르나 시 당국의 입장에선 이런 접목이 지자체의 목표를 저해하는 것이다.

샌프란시스코 시내엔 사과, 자두, 배 등의 과실수가 수천 그루는 있다. 모두 합하면 공공자산인 과실수가 10만 그루는 넘을 것이다. 그런데 이 나무들은 동물이 꼬이거나 도시가 더러워지는 걸 막기 위해 인공적으로 과실을 맺지 못하게 만들어났다. 과일이 맺힐 경우 떨어져서 썩기 때문에 청소하는 사람이 필요해진다. 게릴라접목활동가들은 자신들의 활동이 도시 빈민들에게 먹거리를 제공하는 한편 신선한 과일에 접근할 권리를 사람들이 인식하도록 하기 위한 것이라고 강조한다. 시 당국의 하향식 도시계획과 활동가들의 상향식 행동 사이에서 이러한 갈등을 종종 볼 수 있다. 시가 할 수 있는 일과 해야만 하는 일, 시가 시민들에게 어떻게 봉사해야 하는지를 둘러싼 시각차에서 빚어지는 갈등이다.

토론토 같은 도시에선 '나무에서멀지않게 Not Far from the Tree' 같은 비영리단체의 형태로 이런 긴장을 중재하는 모범 사례를 제공한다. 이 단체는 도시 곳곳의 과실수와 과일을 따는 자원봉사자를 짝지었다. 이들이 딴 과일은 과실수 소유주, 과일을 수확한 사람, 푸드 뱅크, 마을 공용 부엌, 기타 단체 등에 배분된다. 여기저기 흩어져 있는 대규모 도시 과수원을 누이 좋고 매부 좋게 활용하는 셈이다.

변화가 변화를 만든다

넥 다 운

도시관찰자나 계획가들은 사람들이 잔디밭에 내는 길처럼 사람과 자동차가 눈길에 남기는 자국을 보고 사람들의 이동 경로를 파악한다. 어떤 공원관리자는 겨울에 산책하는 사람들이 만든 길을 기억해두었다가 여름이 되면 그 자리에 산책로를 만든다. 자동차는 눈과 얼음으로 뒤덮인 겨울 도로를 지나가면서 뚜렷이 표시되는 폭이 좁은 길을 내고 그 도로의 어느 한쪽 측면에 눈이 그대로 쌓인 공간을 남긴다. 작가 겸 활동가인 존 기팅Jon Geeting은 필라델피아에서 몇 년 동안이나 눈 내리는 커브길 사진을 찍어서 자동차가 차지하는 도로 면적이 실제 도로 면적보다 좁다는 것을 밝혀내고 남는 공간을 생산적인 용도로 활용하자는 주장을 폈다. 그가 남긴 기록은 이런 장소에 대한 흥미를 불러일으키는 것 이상의 일을 해냈다. 실제로 도시활동가들이 필라델피아 안팎의 교차로들을 다시 만드는 데 도움을 주었던 것이다.

기팅은 2007년 자전거를 타고 뉴욕시를 여행하다가 도시계획에 관심을 갖게 됐다. 당시는 뉴욕시가 "자동차 없는 타임스스퀘어와 보행자광장 프로그램 등을 도입해 도로 사용 방식을 빠르게 변화시키는 때"였다. 기팅은 〈보이지 않는 99%〉와의 인터뷰에서 "정치 분야에서 벌어지는 이런 일들을 추적하는 게 참 재미있었다"고 밝혔다. 그는 "스넥다운sneckdown (눈 쌓인 도로에서 차가 밟고 지나가지 않아 그대로 눈이 쌓여 있는 공간을 이르는 말로 snow와 자동차 속도를 줄이기 위해 도로를 좁히는 neckdown의 합성어이다)"이라는 용어를 만든 에런 나파스텍Aaron Naparstek이 창간한 〈스트리트블로그〉도 읽기 시작했다.

뒤에 필라델피아로 이사한 기팅은 스넥다운을 기록으로 남기기 시작했다. 그 사진들은 혼란스럽고 위험한 교차로를 고치도록 시 당국을 설득하는 캠페인에 활용됐다. 이 캠페인 덕분에 12번가와 모리스가 교차로에서 보행자들이 도로를 건너는 시간이 줄고 자동차 속도가 줄었으며 녹지공간을 늘릴 수 있었다. 기팅은 자신이 찍은 사진을 활용해 행동에 나선 샘 셔먼Sam Sherman과 같은 활동가들에게 공을 돌린다. 필라델피아의 도시활동가인 셔먼은 기팅의 사진을 들고 시의 상업국 및 도로국 당국자들을 찾아가 교차로를 고쳐야 한다고 설파했다.

이후 기팅은 필라델피아 피시타운의 마을위원회 사람들과 함께 스넥다운을 기

록하는 작업을 통해 보행자 공간을 넓히는 일을 했고, 도시의 변화를 이끌어낸 그의 아이디어는 많은 곳으로 확산됐다. 다른 도시들에서도 시민들이 눈 덮인 교차로에 난 바큇자국을 사진으로 찍어 시에 교차로 모양을 바꾸도록 요구하는 일이 많아진 것이다.

눈이 내리지 않는 시기에는 다른 물체를 활용해 자동차가 필요로 하는 공간을 측정하기도 한다. 몇 년 전, 토론토의 한 주민이 자기 마을 도로에 낙엽과 분필로 도로 폭을 인위적으로 좁게 그려놓았다. 그의 "낙엽 넥다운"은 낙엽이 길가의 도랑으로 흘러넘친 것처럼 보였지만, 눈에 보이는 도로 폭을 실제로 줄여놓았다. 분필로 그린 선은 운전자들에게 새로 만든 공간을 지나가라는 또 다른 안내자가 되었다. 나뭇잎 더미를 그냥 밟고 지나간 사람들도 있었지만, 많은 운전자가 인공적으로 만들어진 좁은 공간 안에 머물렀다. 이 프로젝트의 창안자는 이 자리에 영구적인 넥다운을 설치하면 180여 제곱미터에 달하는 공간을 자유롭게 쓸 수 있다고 결론지었다.

사진을 찍는 건 불법이 아니지만 임시라도 도로 폭을 줄이길 원하는 도시는 많지 않다. 하지만 이런 프로젝트를 하는 활동가들은

도시의 보이지 않는 99%

눈총을 받는 일쯤이야 익숙하다. 낙엽을 깔든, 논란의 여지가 있는 커다란 바위들을 이리저리 굴려대든 말이다. 마이크 라이던Mike Lydon 과 앤서니 가르시아Anthony Garcia 가 쓴《전술적 도시계획: 장기적 변화를 낳는 단기적 행동Tactical Urbanism: Short-term Action for Long-term Change》이라는 책에는 이 같은 도시 게릴라활동이 잘 기록돼 있다. 기팅은 라이던의 말을 인용하면서 많은 경우 "시민들이 나서서 한 일들은 그대로 머무는 힘이 강하고, 불법적으로 진행된 것일지라도 번복되지 않는 경우가 많다"라고 강조했다.

필라델피아 이야기로 돌아가보면, 기팅은 자기 도시에 "시민이 나서서 보행자광장을 만드는 일이 벌어졌고 선출직 공직자가 동의하지 않는 일이라도 시민들이 나서서 자기 생각을 실현할 수 있는 길이 열려 있어서" 기쁘다고 했다. 하지만 모든 대도시가 필라델피아와 같진 않다. 기팅은 그렇더라도 "무단으로 도로를 바꿔놓는 행위는 시 당국이 알지 못했거나 무시했던 문제를 시민들이 알 수 있게 만드는 좋은 방법"이라고 말한다. 당신이 해결책을 알고 있다면 "같은 생각을 하는 사람들도 있을 것이므로 일단 시도해봄으로써 생각이 같은 사람들을 찾아낸 뒤 힘을 합쳐 영구적인 변화를 이끌어낼 수 있다"는 것이다. 도시를 형성해나가는 방법에 정답은 없지만, 행동하고 결과를 관찰하고 지혜를 나누고 다른 시민들과 힘을 합쳐 활동하는 것은 좋은 출발점이 될 수 있다.

맺음말

여기까집니다. 도시에 대해 알아야 할 건 전부 말씀드렸네요! 농담입니다. 이 책을 포함해서 어떤 안내서도 완벽할 순 없습니다. 맨홀 뚜껑만 가지고도 책 한 권을 쓸 수 있을 겁니다. 매주 〈보이지 않는 99%〉 팟캐스트를 하면서 우리는 우리가 사는 세상에 숨겨진 놀라운 일들을 소개해왔습니다. 당연하지만, 전문가나 동네 사정에 밝은 분들이 자기 동네에 있는 멋진 것들은 왜 소개하지 않느냐고 가볍게 꾸짖는 글을 보내기도 했습니다. 우리가 전혀 모르는 통찰력이나 시각을 제시한 분들도 있었습니다. 하지만 대부분은 제보전에 조사를 해봤지만 해당 정보를 다루지 않기로 결정한 경우입니다. 설득력 있고 인상적인 이야기를 전달하기 위해서는 어느 지점에서 이야기를 끊어야 하고, 편집실 바닥에는 늘 잘려 나간 것들이 남기 마련입니다. 우리가 이야기를 전하는 과정에서 마주치는 매력적이지만 큰 관계가 없는 이야기도 그중에 포함되지요. 이 책에서도 마찬가지입니다.

이 책을 쓰는 과정에서 당초 소개하려 했던 어떤 내용들은 더 이상 어울리지 않는 것처럼 보였습니다. 극단적인 도시 위장에 관한 다층석인 이야기들이 있었는데, 이 중에는 비행기공장을 감추기 위해 그 위로 주택과 보도를 갖춘 가짜 교외 마을을 만든 곳도 있었고 경찰과 소방 요원 훈련용으로 만든 도시도 있었습니다. 국경선 너머로 대치 중인 상대방에게 보여주기 위한 용도로 만든, 사람이 살지 않는 마을도 있었지요. 개발에 대한 갈등과 저항을 있는 그대로 드러내는 외톨이 주택에 대한 이야기도 있었습니다. 인간 중심적인 이야기도 많았습니다. 뭄바이에서 자식을 잃는 비극을 겪은 뒤 평생 도로 웅덩이 수리에 매달린 남자, 보통의 명판 제작자라면 다루지 않을 소소하지만 재밌는 이야기가 담긴 명판 모양의 스티커를 만들어 붙인 필라델피아 여인도 있었습니다. 원뿔형 도로표지, 측량표지에 관한 이야기들, 신호등이 켜지는 것을 기다리며 발을 동동 구르는 사람들을 달래기 위해 설치한 가짜 신호등 버튼 등도 다루지 않았습니다. 결국 어느 순간에는 그만하면 됐다는 생각이 듭니다. 덜어내는 것이 실은 완성도를 높이는 일이죠. 수천 갤런의 물을 쏟아내는 소화전에 시 공인 마개를 끼우는 것이 현명한 것처럼요.

책에서 다루지 않은 많은 주제들이 궁금하다면 〈보이지 않는 99%〉 팟캐스트와 웹사이트를 찾아보시면 됩니다. 책에는 싣지 않은 방송 에피소드도 있고 글로 소개한 것도 있습니다. 10년 이상 우리는 여럿이 협동해 팟캐스트를 진행하면서 전혀 생각지도 못했던 일들에 대한 궁금증을 풀어나가게 되었고, 청취자들이 자기 주변의 일상에 대해 관심을 가질 수 있도록 애썼습니다. 이 안내서를 통해 우리의 열정이 독자 여러분에게도 전염되어 여러분도 건축 환경의 간과되는 측면들을 탐구하는 우리와 계속 함께하시기를 바랍니다. 가는 길에 명판이 나오면 멈춰 서서 읽어야 했기에, 목적지까지 오는 시간이 좀 더 걸렸다 하더라도 용서해주시기 바랍니다.

감사의 말

    400회가 넘는 〈보이지 않는 99%〉 팟캐스트 방송에는 10년 동안의 조사와 관찰, 지식이 담겨 있습니다. 이 안내서는 그것들을 토대로 꾸민 것입니다. 그렇지만 과거 에피소드를 그냥 모아서 책으로 펴내는 것으로는 성이 차지 않았습니다. 그래서 팟캐스트에서 다룬 이야기들을 보다 폭넓은 관점에서 재검토하고 글을 완전히 새로 썼습니다. 여기에 팟캐스트에서 다루지 않은 내용을 다룬 200페이지를 추가함으로써 에피소드를 더 굵직하고 새롭고 신선하게 만들었습니다.

    팟캐스트에서 다룬 이야기들은 물론 이 책에서만 다룬 이야기들도 〈보이지 않는 99%〉의 뛰어난 제작 팀에게 큰 도움을 받았습니다. 몇 년 동안이나 팟캐스트에 뛰어난 공헌을 해주시고, 우리가 책을 쓰는 데 정신이 팔려 있는 동안에도 멋진 팟캐스트를 만들어온 제작진들의 뛰어난 작업에 감사를 드립니다. 〈보이지 않는 99%〉는 저자들 외에도 케이티 밍글, 딜레이니 홀, 에밋 피츠제럴드, 샤리프 유세프, 숀 리얼, 조 로젠버그, 비비언 레, 크리스 베루브, 아이린 수 타로자나, 소피아 클라츠커로 이루어진 팀입니다. 팟캐스트를 만드는 일을 이들보다 잘하는 사람들은 없을 겁니다. 몰레 베르데(녹색의 걸쭉한 멕시코 소스)를 먹는 친구도, 먹지 않는 친구도 모두 사랑합니다. 또한 예전 팀원 에이버리 트러펠먼, 샘 그린스펀, 타린 마차에게도 심심한 감사의 말씀을 전합니다.

우리는 팀원 외에도 외주 제작자들의 도움을 많이 받았습니다. 그들의 작업을 토대로 이 책에 담긴 에피소드를 쓰기도 했습니다. 줄리아 드윗, 매슈 킬티, 댄 바이스먼, 샘 에번스-브라운, 로건 섀넌, 제시 듀크스, 스탠 앨콘, 윌 콜리, 크리스토프 호버신, 잭 다이어, 조엘 베르너, 첼시 데이비스, 앤 헤퍼먼, 에이미 드로즈도프스카, 데이브 맥과이어에게 특별한 감사를 드립니다. 또한 라디오토피아Radiotopia(〈보이지 않는 99%〉 등 유명 팟캐스트를 방송한 채널)의 벤저민 워커(〈모든 것의 이론Theory of Everything〉), 네이트 디메오(〈기억의 궁전The Memory Palace〉), 피비 저지와 로런 스포러(〈범죄자〉) 등에게도 감사의 말씀을 드립니다. 지난 몇 년 동안 인터뷰에 응해주신 분들과 우리에게 재미난 이야기를 들려주신 분들, 우리 청중과 함께한 전문가분들에게도 감사드립니다.

우리에게 스튜디오를 제공해주고, 우리가 캘리포니아주 오클랜드의 아름다운 시내에 본부를 둘 수 있게 해준 아크사인의 대니얼 스코빌과 애덤 위닉에게도 감사드립니다.

우리 팟캐스트는 디자인을 다루고 있지만 오디오를 매체로 삼기 때문에 시각예술가들과 함께 일할 기회가 별로 없었습니다. 패트릭 베일을 찾아낸 것도, 그가 몇 달 동안 책상에 매여 있는 작업을 허락해준 것도 우리에게는 다행스러운 일입니다. 그는 인도에 그려져 있는 그래피디나 색다른 도시 풍경을 살펴보기 위해 가끔 우리 허락을 받고 세상을 둘러보러 나가면서 이 책에 나오는 아름다운 삽화들을 완성했습니다. 리즈 보이드는 지칠 줄 모르고 이 책에 나오는 사실관계를 확인해주었습니다. 그녀는 날짜와 장소를 바로 잡는 건 물론이고 모든 에피소드가 선명하고 확실한 사실에 근거할 수 있도록 도움을 주었습니다. 헬렌 잘츠먼은 초고를 읽고 농담을 좀 더 섞어도 좋다고 격려해주었습니다. 미셸 뢰플러는 참고문헌 제작을 도왔습니다.

HMH 팀에게도 감사를 드립니다. 케이트 나폴리타노 편집자는 우리의 코치였고 치어리더였습니다. WME의 제이 맨덜은 이틀 동안 열일곱 번 열린 책 홍보 행사에 로먼을 데려갔습니다. 작가라면 부러워할 수밖에 없는 탁월한 에이전트입니다.

로 먼

〈보이지 않는 99%〉는 샌프란시스코 KALW(공영 FM 라디오 교육방송)에서 출발했습니다. 작지만 강력한 이 라디오 방송국에서 일하는 수많은 분들께 감사를 드려야 하지만, 특히 전 총국장 맷 마틴이 없었다면 이 팟캐스트는 존재하지 못했을 겁니다. 그는 "디자인에 대한 작은 라디오 쇼"를 만드는 데 핵심적인 역할을 했고, 이 프로그램이 팟캐스트로 확대 발전할 수 있도록 사심 없이 허락했습니다. 그분만큼 너그러운 분은 찾기 힘듭니다. KALW의 니콜 사와야와 앨런 팔리가 아니었다면 방송을 시작도 못 했을 겁니다. 이 두 사람이 공영 라디오에서 일하는 건 샌프란시스코 만안 지역의 행운입니다. 그들이 정말 보고 싶을 겁니다.

우리 팟캐스트는 라디오토피아라는 팟캐스트 채널의 한 프로그램입니다. 공영 라디오의 혁신과 발전에 공헌해온 PRX사가 운영하는 채널이죠. 내가 처음 라디오토피아를 세웠을 때 책임자는 제이크 샤피로였고 지금은 케리 호프먼이 운영을 맡고 있습니다. 제이크의 진취적인 야심 덕분에 라디오토피아를 만들 수 있었습니다. 이 방송국이 지금껏 잘 운영되는 것은 케리의 헌신과 공정함, 해박한 지식, 그리고 따뜻함 덕분이고요. 여러 사람이 함께 일궈내는 매일매일의 작업과 발전을 지도해온 줄리 샤피로는 음성으로 이야기를 전달하는 일을 다른 어떤 것보다 좋아하며, 그런 사실을 그녀가 하는 모든 일에서 느낄 수 있습니다. 라디오토피아 팀 모든 분과 다른 팟캐스트들에도 감사를 드립니다.

〈보이지 않는 99%〉와 사회자로서의 나를 응원해주는 메이 마스에게 늘 고맙습니다. 이 방송이 성공하리라는 증거가 하나도 없던 순간에도 이런 미친 시도를 단 한 번도 무시하거나 의심하지 않았습니다. 메이의 지성과 친절함은 초기의 여러 에피소드에 나오는 그녀의 목소리에서도 드러납니다. 내 아들 매즐로와 카버는 이 프로그램에서 나온 첫 깜짝 스타로, 언제나 할 말이 있는 세 살짜리 아이들로서 첫 번째 광고에 출연했죠. 이 프로그램이 초반에 활용한 광고비는 대체로 그 아이들 덕분에 벌어들인 것이라고 확신합니다. 아이들은 사려 깊고 친절하며 호기심 넘치는, 사랑스러운 젊은이들로 자라났습니다. 내가 그 아이들의 아빠라는 것이 자랑스럽습니다.

엄마와 베티에게, 또 누이 리 마즈(마스Mars가 아니라 마즈Marz입니다)와 마즈의 가족인 마이클과 에이바에게 감사합니다. 누이가 가장 친한 친구인 중년 남자가 나 말고 또 있을지 모르겠지만, 이 사실 자체가 리와 우리 어머니의 성격에 관해 많은 것을 말해준다고 생각합니다. 우리는 많은 곳에 가보았지만 결국 모두 이곳 샌프란시스코 만안 지역에 오게 되었습니다. 우리가 출발한 곳과는 수천 킬로미터 떨어진 곳이죠. 내게는 우리 가족으로 태어난 것이 행운입니다.

조이 유슨의 사랑과 도움이 없었다면 결코 이 책을 완성하지 못했을 것입니다. 나를 세상 밖으로 초대해주고, 당신이 즐기는 모든 아름다운 것을 나와 나누어주어 고맙습니다. 나는 모든 사람과 이야기를 나누고 모든 음식을 먹고 모든 해변을 탐험하고 모든 명판을 읽을 수 있는 당신의 능력에 경탄합니다. 나는 당신의 가장 열렬한 팬입니다.

커트

로먼이 〈보이지 않는 99%〉에 참여해달라고 요청했을 때 이미 나는 몇 년 동안이나 이 쇼의 팬이었습니다. 그때의 초대가 결국 호기심 넘치고 창의력이 뛰어난 이야기꾼 동료들은 물론 미래의 공동저자와 협업을 하는 데까지 이어졌네요. 이렇게 되기까지는 수많은 재능 있는 사람들의 도움이 필요했습니다. 다른 더 오래된 프로젝트를 만들고 발전시키는 데 끈기 있게 도움을 준 분들도 있고요. 더 오래된 프로젝트라는 건 〈보이지 않는 99%〉에 합류하기 전, 내가 주로 정신을 쏟고 있던 온라인 도시 미술, 건축, 디자인 관련 출판작업입니다.

내가 2007년 〈웹어바니스트WebUrbanist〉를 창간했을 때, 친구들이나 가족들은 조심스럽게 도움을 주면서도 독립 웹진 발간을 직업으로 삼겠다는 내 결정을 회의적으로 보았습니다. 이해할 만한 일이지요. 하지만 딜레이나 르퍼버스, 스티브 리벤스틴, SA 로저스 등의 기고 덕분에 웹진은 점점 발전해 번창했고, 디자인을 다루는 최초의 대중적 웹진이 될 수 있었습니다. 마이크 웨거너와 제프 후드 등 전문기술자들은 사이트 운영을 담당하면서 온갖 어려움을 함께했으며 밤늦게까지 일하는 것도 마다하지 않았습니다. 안드레아 토밍거스와 게이브 대넌은 몇 년 전 레이아웃부터 로고까지 〈웹어바니스트〉를 새로 디자인하고 재정비하는 데 도움을 주었습니다. 무엇보다 열성적으로 웹사이트를 읽어주신 모든 분께 깊은 감사를 드립니다.

도시 디자인에 대한 식견을 크게 넓혀주고 시애틀 워싱턴대학교 건축학 석사 논문을 지도해주신 제프리 옥스너와 니콜 허버 등 너그럽고 인내심 많은 여러 선생님들을 만난 건 행운이었습니다. 칼턴칼리지에서 만난 교수님들과 동문들 덕분에 철학과 역사, 예술의 눈으로 세상을 관찰하고 이해할 수 있어서 큰 힘이 됐습니다.

읽고 쓰고 여행하고 배우는 걸 좋아하는 사람으로 키워주신 부모님께 감사드립니다. 나의 부모님 데이비드와 샐리 그레고리 콜스테트 교수님이 늘 일거리를 집에까지 가져와주신 덕분입니다. 일일이 꼽을 수 없을 정도로 부모님들은 오랜 세월 동안 나를 도와주셨습니다. 때로는 도로표시판에 사용하는 전단력을 계산해달

도시의 보이지 않는 99%

라는 기술적 질문에 직접 답을 해주기도 했고(고맙습니다, 아버지!) 포대 섬유디자인의 역사에 대한 질문에 답해주기도 하셨습니다(고맙습니다, 어머니!). 내가 어릴 적 멍청하게도 부모님들이 하시는 일이 시시하다고 했는데도 참아주신 것에 감사드립니다. 심심한 사과의 말씀을 전합니다. 시카고의 집에 불쑥 찾아가 (직업도 없이) 눌러앉은 나를 받아준 형 크리스와 형수 코트니에게도 감사드립니다. 형수는 늘 원하던 누이 같은 분입니다. 마지막으로 이 책 제작의 모든 핵심 과정에서 (연구자, 편집자, 번역자, 오류 교정자로) 모든 일을 도맡아준 미셸 뢰플러에게 감사드립니다. 이 신세는 반드시 갚겠습니다!

마지막으로 몇 년 동안이나 〈보이지 않는 99%〉를 응원해주신 모든 분께 특별한 감사를 드립니다. 팟캐스트가 취미나 다름없을 정도로 취급되던 시기에 KALW 말고는 우리 이야기를 방송해줄 라디오 방송국이 없었습니다. KALW 방송국이 금전적으로 정신적으로 지원해준 덕분에 우리가 버틸 수 있었습니다. 고마운 마음을 영원히 간직하겠습니다.

참고문헌

1부
지금껏 봐왔으나 보지 못한 세계

1장 어디에나 있는 것들

국가 공인 낙서: 지하시설물 표지

Burrington, Ingrid. *Networks of New York: An Illustrated Field Guide to Urban Internet Infrastructure*. Brooklyn, NY: Melville House, 2016.

Cawley, Laurence. "What do those squiggles on the pavement actually mean?" *BBC News*, February 18, 2014.

Common Ground Alliance. *Best Practices: The Definitive Guide for Underground Safety & Damage Prevention*. Alexandria, VA: CGA, 2018.

Healy, Patrick. "Why You Should Call 811 Before Digging." *NBC Los Angeles*, September 15, 2010.

"Holocaust: Pipeline Blast Creates Horror Scene in L.A." *The Evening Independent* (Los Angeles), June 17, 1976.

Kohlstedt, Kurt. "Decoding Streets: Secret Symbols of the Urban Underground." *WebUrbanist* (blog), February 27, 2014.

UK Health and Safety Executive. *Avoiding Danger from Underground Services*. HS(G). 3rd ed. Bootle, UK: HSE Books, 2014.

길바닥에 쓴 역사: 보도 명판

Alden, Andrew. *Oakland Underfoot: Fossils in the City's Hardscape* (blog). Accessed September 28, 2019.

Cushing, Lincoln. "Sidewalk Contractor Stamps." Berkeley Historical Plaque Project, 2012.

Cushing, Lincoln. "Sidewalk Stamps Make Local History More Concrete." *Berkeley Daily Planet*, June 14, 2005.

Klingbeil, Annalise. "Concrete connection to Calgary's past preserved in sidewalk stamps." *Calgary Herald*, January 6, 2017.

Saksa, Jim. "Streetsplainer: What the heck do those 'The space between these lines not dedicated' street markers mean?" *WHYY* (PBS), May 10, 2016.

의도된 실패: 표지판 기둥

American Association of State Highway and Transportation Officials. *Roadside Design Guide*. Washington, DC: AASHTO, 2011.

Breakaway Timber Utility Poles. VHS, MPEG video. Federal Highway Administration. Washington, DC, 1989.

McGee, Hugh W. *Maintenance of Signs and Sign Supports: A Guide for Local Highway and Street Maintenance Personnel*. Washington, DC: Office of Safety, Federal Highway Administration, January 2010.

도시의 안전금고: 신속진입상자

Harrell, Lauren. "41 Brand Names People Use as Generic Terms." *Mental Floss* (blog), May 9, 2014.

Jones, Cynthia. "Rapid Access: Gainesville Fire Department." Knoxbox (website). The Knox Company, June 26, 2014.

"Key Secure: Master Key Retention with Audit Trail." Knoxbox (website). The Knox Company. Accessed September 28, 2019.

2장 도시기반시설의 위장술

손턴의 향수병: 하수로 배기구

Barker, Geoff. "Cleopatra's Needle or 'Thornton's Scent Bottle.'" Museum of Applied Arts & Sciences website, June 13, 2012.

Fine, Duncan. "The Sweet Smell of Success—Hyde Park Obelisk Celebrates 150 Years." City of Sydney website, December 11, 2007.

"History of Hyde Park." City of Sydney website, updated November 1, 2016.

"Tall Tale About City's Aspiring Ambitions." *Daily Telegraph* (Sydney), December 19, 2007.

Winkless, Laurie. "Do You Know What a Stinkpipe Is?" *Londonist* (blog), updated December 14, 2016.

3차원 트롱프뢰유: 지하철 배기구

Manaugh, Geoff. "Brooklyn Vent." *BLDGBLOG*, December 22, 2011.

Rogers, SA. "Buildings That Don't Exist: Fake Facades Hide Infrastructure." *WebUrbanist* (blog), April 29, 2013.

Ross, David. "23-24 Leinster Gardens, London's False-Front Houses." Britain Express (website), accessed September 28, 2019.

Siksma, Walther. "Ehekarussell." *Atlas Obscura* (blog), accessed October 14, 2019.

Slocombe, Mike. "23/24 Leinster Gardens, Paddington, London W2—Dummy houses in the heart of London." *Urban 75* (blog), January 2007.

자동차 시대를 이끌다: 수저터널 환기시스템

"#93 Holland Tunnel Ventilation System." American Society of Mechanical Engineers website, accessed September 28, 2019.

"Erling Owre, 84, Tunnel Architect; Consultant to 'Engineers' Firm Dead—Supervised Holland, Queens Tubes." *New York Times*, February 1, 1961.

Gomez, John. "Brilliant design in Modernist towers that ventilate the Holland Tunnel: Legends & Landmarks." NJ.com website, April 10, 2012, updated March 30, 2019.

"Holland Tunnel." American Society of Civil Engineers, Metropolitan Section (website), accessed October 23, 2019.

"Pure Air Is Assured for the Vehicular Tunnel; There Will Be No Danger of Asphyxiation from Motor-Car Monoxide in the Big New Boring Under the North River, as Shown by Remarkable Experiments in Ventilation." *New York Times*, February 17, 1924.

"Tests Show Safety of Vehicle Tunnel; Ventilating System for Proposed Tube Under Hudson Tried Out in Pittsburgh. Smoke Bombs Exploded But Air Remains Pure, as It Also Does When Autos Are Run Through Test Tube." *New York Times*, October 30, 1921.

동네 트랜스포머: 변전소

Bateman, Chris. "The transformer next door." *spacing* (blog), February 18, 2015.

Collyer, Robin. "Artist Project/Transformer Houses." *Cabinet Magazine*, Spring 2006.

"History of Toronto Hydro." Toronto Hydro website, accessed September 28, 2019.

Levenstein, Steve. "Power Houses: Toronto Hydro's Camouflaged Substations." *WebUrbanist* (blog), February 5, 2012.

Mok, Tanya. "Toronto Hydro's not-so-hidden residential substations." *blogTO*, May 12, 2018.

"Power Restored After Huge Hydro Vault Fire Leads to Blackout." *CityNews* (Toronto), December 16, 2008.

핸드폰의 세포생물학: 휴대전화 중계탑

"Concealment Solutions." Valmont Structures website, accessed February 4, 2020.

Lefevers, Delana. "Faux-ny Phone Towers: Cleverly Concealed Cellular Sites." *WebUrbanist* (blog), March 26, 2010.

Madrigal, Alexis C. "How the 'Cellular' Phone Got Its Name." *The Atlantic*, September 15, 2011.

Oliver, Julian. "Stealth Infrastructure." *Rhizome* (blog), May 20, 2014.

U.S. Federal Communications Commission. Telecommunications Act of 1996. Public Law 104-104. Washington, DC: GPO, 1996.

Young, Lauren. "Take a Look at America's Least Convincing Cell Phone Tower Trees." *Atlas Obscura* (blog), May 17, 2016.

잘 보이게 감추기: 석유 채굴

Comras, Kelly. "The Brothers Behind Disney's Magical Landscapes." The Cultural Landscape Foundation's website, February 2, 2018.

Gilmartin, Wendy. "Beverly Hills' Fugliest Oil Well, AKA the 'Tower of Hope.'" *LA Weekly*, May 22, 2012.

Harold, Luke. "Venoco to vacate oil well at Beverly Hills High." *Beverly Press* (Los Angeles, CA), June 7, 2017.

King, Jason. "Urban Crude." *Landscape and Urbanism* (blog), November 22, 2009.

Levenstein, Steve. "School Fuel: Monumental Beverly Hills High's Tower of Hope." *WebUrbanist* (blog), April 18, 2010.

"Pico Blvd. Drill Sites" *STAND-L.A.* (blog), accessed January 31, 2020.

Schoch, Deborah. "Toasting Industry as Art." *Los Angeles Times*, September 13, 2006.

Tuttle, Robert, and Laura Blewitt. "California Oil Dreams Fade as Iconic Beverly Hills Derrick Comes Down." *Bloomberg*, April 26, 2018.

Wiscombe, Janet. "Drilling in Disguise: On Long Beach's Artificial Islands, Oil Comes Out and—Just as Important—Water Goes In." *Los Angeles Times*, November 15, 1996.

3장 진화의 흔적

그 별은 장식이 아닙니다: 벽면 고정판

American Institute of Architects, San Francisco Chapter Preservation Committee. "Architectural Design Guide for Exterior Treatments of Unreinforced Masonry Buildings during Seismic Retrofit." November, 1991.

Michalski, Joseph. "Star Bolts . . . They Aren't Just Decoration!" *ActiveRain* (blog), February 8, 2011.

"The Secret Life of Buildings: Star Bolts." *Solo Real Estate* (blog), accessed September 28, 2019.

Toner, Ian. "Your House and Your Facade: A Separation Agreement." *Toner Architects* (blog), June 13, 2013.

도시의 흉터: 삐딱하게 선 건물들

Kohlstedt, Kurt. "Ghost Lanes: Angled 'Scarchitecture' Reveals Historic Urban Roads & Railways." *99% Invisible* (blog), April 17, 2017.

Manaugh, Geoff. "Ghost Streets of Los Angeles." *BLDGBLOG*, December 4, 2015.

Migurski, Michal. "Scar Tissue." *tecznotes* (blog), May 17, 2006.

User: the man of twists and turns. "The Ghost Streets of LA." *MetaFilter* (blog), December 5, 2017.

스카이라인 숨은그림찾기: 통신중계설비

"CenturyLink Building." Newton Bonding website, accessed September 29, 2019.

"Fiber Optics." *Today's Engineer*, November 2011.

Harding, Spencer James. *The Long Lines*. Self-published, MagCloud, 2017.

Kohlstedt, Kurt. "Vintage Skynet: AT&T's Abandoned 'Long Lines' Microwave Tower Network." *99% Invisible* (blog), October 20, 2017.

LaFrance, Albert. "The Microwave Radio and Coaxial Cable Networks of the Bell System." *Long Lines* (blog), last modified April 11, 2013.

Lileks, James. "The CenturyLink building in downtown Mpls is losing its distinctive antenna." *Star Tribune* (Minneapolis), October 2, 2019.

"Long Lines Sites in U.S." Google Maps website, accessed September 29, 2019.

Teicher, Jordan. "The Abandoned Microwave Towers That Once Linked the US." *Wired*, March 10, 2015.

User: chrisd. "Discarded AT&T Microwave Bunkers for Sale." SlashDot website, September 11, 2002.

비운의 토머슨: 쓸모없는 계단

Akasegawa, Genpei. *Hyperart: Thomasson*. Translated by Matthew Fargo. Los Angeles: Kaya Press, January 2010.

Hyperart: Thomasson (blog), accessed October 29, 2019.

Trufelman, Avery. "129: Thomassons." *99% Invisible* (podcast, MP3 audio), August 26, 2014.

너무 무거운 사랑: 사랑의 자물쇠

Bills, John William. "The Heartbreaking Origin of 'Love Locks.'" *Culture Trip* (blog), last modified February 12, 2018.

Daley, Beth. "From ancient China to an Italian chick flick: the story behind Venice's love lock burden." *The Conversation,* September 29, 2014.

"The Great Wall & Love Locks." Penn State: ENG 118 (course website), June 11, 2015.

Griffin, Dan. "Love locks weigh heavily on Dublin City Council discussions." *Irish Times* (Dublin), June 18, 2019.

Grundhauser, Eric. "Not-So-Loved Locks: 6 Love Lock Sites That Caused Both Controversy and Cuddling." *Atlas Obscura* (blog), June 2, 2015.

Jovanovic, Dragana. "The Bridge of Love Where the Romance of Padlocks Began." *ABC News,* February 13, 2013.

Mallonee, Laura C. "In Place of Love Locks, a Paris Bridge Gets Street Art." *Hyperallergic* (blog), June 11, 2015.

O'Callaghan, Laura. "Tourism crackdown: Rome bans toplessness, messy eating and Instagram staple 'love locks.'" *Express* (London), June 10, 2019.

Pearlman, Jonathan. "Melbourne to remove 20,000 'love locks' from bridge due to safety concerns." *The Telegraph*, May 18, 2015.

Rubin, Alissa J., and Aurelien Breeden. "Paris Bridge's Love Locks Are Taken Down." *New York Times,* June 1, 2015.

전리품 재활용: 스폴리아

"Corner Cannons." *Dartmouth History* (blog), May 15, 2014.

DeWitt, Julia. "174: From the Sea, Freedom." *99% Invisible* (podcast, MP3 audio), July 28, 2015.

Evans, Martin H. "Old cannon re-used as bollards." Westevan website, updated July 25, 2017.

"The fight to save a hidden part of Britain's war history." *CBC Radio-Canada,* November 10, 2017.

Hall, Heinrich. "Spolia—Recycling the Past." *Peter Sommer Travels* (blog), August 26, 2013.

"The history of bollards." Furnitubes website, August 22, 2013.

Johnson, Ben. "French Cannons as Street Bollards." Historic UK website, accessed October 2, 2019.

"A Load of Old Bollards." *CabbieBlog,* July 24, 2015.

"Plaza de la Catedral." TripAdvisor website, Havana, accessed October 3, 2019.

"The Stretcher Railing Society: For the promotion, protection and preservation of London's ARP stretcher railings." Stretcher Railing Society website, accessed September 29, 2019

2부
지금껏 알았으나 알지 못한 세계

4장 도시의 정체성을 만드는 것들
깃발의 법칙: 지자체 깃발

"City of Pocatello to Form Flag Design Committee." City of Pocatello website, February 2, 2016.

Harris, Shelbie. "Pocatello no longer has the worst city flag on the continent." *Idaho State Journal,* September 19, 2017.

Kaye, Edward B. "The American City Flag Survey of 2004." *Raven: A Journal of Vexillology* 12 (2005): 27–62.

Kaye, Ted. *Good Flag, Bad Flag: How to Design a Great Flag.* Trenton, NJ: North American Vexillological Association, 2006.

Kohlstedt, Kurt. "Vexillology Revisited: Fixing the Worst Civic Flag Designs in America." *99% Invisible* (podcast, MP3 audio), February 22, 2016.

Mars, Roman. "140: Vexillionaire." *99% Invisible* (podcast, MP3 audio), November 11, 2014.

Mars, Roman. "Why city flags may be the worst-designed thing you may never notice." TED talk, Vancouver Convention Centre, March 2015.

Schuffman, Stuart. "It's time for a new San Francisco flag." *San Francisco Examiner,* July 16, 2015.

단 한 명의 여신: 도시의 조각상들

"Audrey Munson Is Out of Danger." *New York Times,* May 29, 1922.

Donnelly, Elisabeth. "Descending Night." *The Believer,* July 1, 2015.

Geyer, Andrea. *Queen of the Artists' Studios: The Story of Audrey Munson.* New York: Art in General, 2007.

Jacobs, Andrew. "Neighborhood Report: New York Up Close; Rescuing a Heroine from the Clutches of Obscurity." *New York Times,* April 14, 1996.

Shilling, Donovan A. *Rochester's Marvels & Myths.* Victor, NY: Pancoast Publishing, 2011.

Trufelman, Avery. "200: Miss Manhattan." *99% Invisible* (podcast, MP3 audio), February 15, 2016.

철제 스포일러: 곳곳의 명판

Allen, Kester. "Read the Plaque." Read the Plaque website.

"Gold Fire Hydrant—1906 Earthquake." Roadside America website, accessed February 4, 2020.

Kohlstedt, Kurt. "Always Read the Plaque: Mapping Over 10,000 Global Markers & Memorials." *99% Invisible* (blog), May 13, 2016.

Loewen, James W. *Lies Across America: What Our Historic Sites Get Wrong.* 20th anniversary edition. New York: The New Press, 2019.

"London's Blue Plaques." English Heritage website, accessed February 4, 2020.

"Michael J. Smith." Read the Plaque website, accessed February 4, 2020.

Neno, Eric, and Nell Veshistine. "60B: Heyward Shepherd Memorial." *99% Invisible* (podcast and MP3 audio), September 10, 2012.

행운은 어디에나 있다: 매일 보는 문양

Anderson, Christy. *Renaissance Architecture.* Oxford, UK: Oxford University Press, February 2013.

Jones, Owen. *The Grammar of Ornament.* London: Day & Sons, 1856.

Tate, Carolyn E. *Yaxchilan: The Design of a Maya Ceremonial City.* Austin: University of Texas Press, August 2013.

Trufelman, Avery. "The Fancy Shape." *99% Invisible* (podcast and MP3 audio), March 17, 2014.

5장 우리가 안전할 수 있는 이유
교차로에서 일어나는 문화 충돌: 교통신호등

Grabowski, Charley. "Tipperary Hill." *Apple's Tree* (blog), November 14, 2007.

"International Road Signs Guide." Auto Europe website, accessed October 7, 2019.

Kirst, Sean. "In Syracuse, an Irish lesson for the prime minister: Rocks against red lift green on Tipp Hill." *Syracuse.com* (blog), updated March 23, 2019.

Kirst, Sean. "On Tipp Hill, longtime neighbor keeps watch over Stone Throwers' Park." *Syracuse.com* (blog), updated March 23, 2019.

McCarthy, John Francis. "Legends of Tipp Hill: In Syracuse's Irish neighborhood, facts rarely get in the way of a good story." *Syracuse.com* (blog), updated March 22, 2019.

Pilling, Michael, and Ian Davies. "Linguistic relativism and colour cognition." *British Journal of Psychology* 95, no. 4 (2004): 429–55.

Richarz, Allan. "According to Japanese Traffic Lights, Bleen Means Go." *Atlas Obscura* (blog), September 12, 2017.

Scott, Tom. *All the Colours, Including Grue: How Languages See Colours Differently.* YouTube video, posted June 7, 2013.

"Stone Throwers' Park." City of Syracuse website, accessed February 4, 2020.

Tulloch, Katrina. "Green-over-red stoplight: Stone throwers remembered for stubborn Irish spirit." *Syracuse.com* (blog), updated January 30, 2019.

어두운 밤을 지키는 고양이 눈: 도로표지병

Colvile, Robert. "Percy Shaw: Man with his eye on the road." *The Telegraph* (UK), November 30, 2007.

"Guidelines for the Use of Raised Pavement Markers: Section 2. RPM Guidelines." Federal Highway Administration website, accessed February 4, 2020.

Irish, Vivian. "Percy Shaw OBE (1890–1976)—a successful inventor and entrepreneur." Yorkshire Philosophical Society website, accessed October 8, 2019.

Migletz, James, Joseph K. Fish, and Jerry L. Graham. *Roadway Delineation Practices Handbook.* Washington, DC: Federal Highway Administration, 1994.

"Percy Shaw O.B.E. 15th April 1890 to 1st September 1976." Reflecting Roadstuds website, accessed October 8, 2019.

Plester, Jeremy. "Weatherwatch: Percy Shaw and the invention of the cat's eye reflector." *The Guardian*, December 3, 2018.

Richards, Gary. "Caltrans says bye-bye to Botts' dots." *Mercury News* (San Jose, CA), August 23, 2017.

Stein, Mark A. "On the Button: The Quest to Perfect Botts' Dots Continues." *Los Angeles Times*, August 11, 1991.

Swinford, Steven. "End of the road for cats eyes?" *The Telegraph*, September 4, 2015.

Vanhoenacker, Mark. "Reflections on Things That Go Bump in the Night." *Slate* (blog), January 23, 2014.

Winslow, Jonathan. "Botts' Dots, after a half-century, will disappear from freeways, highways." *The Orange County Register* (Anaheim, CA), May 21, 2017.

영국 경찰의 체크무늬 사랑: 인지 패턴

"Chief Constable Sir Percy Sillitoe." *Rotary International, Howe of Fife* (blog), September 26, 2017.

Harrison, Paul. *High Conspicuity Livery for Police Vehicles.* Hertfordshire, UK: Home Office, Police Scientific Development Branch, 2004.

Killeen, John. "The difference between Battenburg high-visibility markings and Sillitoe chequers on Police, Fire & Ambulance vehicles." *Ambulance Visibility* (blog), April 27, 2012.

Scott, Mike. "Designing Police Vehicles: It's Not Just 'Black and White.'" *Government Fleet* (blog), March 18, 2010.

"The Sillitoe Tartan." Glasgow Police Museum website, accessed October 10, 2019.

"Tartan Details—Sillitoe." The Scottish Register of Tartans website, accessed October 11, 2019.

U.S. Fire Administration. *Emergency Vehicle Visibility and Conspicuity Study.* Emmitsburg, MD: U.S. Department of Homeland Security, 2009.

1만 년 뒤 인류에게 보내는 신호: 위험 기호

Baldwin, C. L., and R. S. Runkle. "Biohazards Symbol: Development of a Biological Hazards Warning Signal." *Science* 158, no. 3798 (1967): 264–265.

Cook, John. "Symbol Making." *New York Times Magazine*, November 18, 2001.

Frame, Paul. "Radiation Warning Symbol (Trefoil)." Oak Ridge Associated Universities website, accessed February 4, 2020.

Haubursin, Christophe, Kurt Kohlstedt, and Roman Mars. "Beyond Biohazard: Why Danger Symbols Can't Last Forever." *99% Invisible* and Vox Media, January 26, 2018.

Hora, Steven C., Detlof von Winterfeldt, and Kathleen M. Trauth. *Expert Judgment on Inadvertent Human Intrusion into the Waste Isolation Pilot Plant.* Albuquerque, NM: U.S. Department of Energy, 1991.

Human Interference Task Force. "Reducing the likelihood of future human activities that could affect geologic high-level waste repositories." Report for the Office of Nuclear Waste Isolation, May 1984.

Kielty, Matthew. "114: Ten Thousand Years." *99% Invisible* (podcast and MP3 audio), May 12, 2014.

Lerner, Steve. *Sacrifice Zones: The Front Lines of Toxic Chemical Exposure in the United States.*

Cambridge, MA: MIT Press, 2012.

냉전 시대의 산물: 피난처 표지

"Abo Elementary School and Fallout Shelter."
US National Park Service website, updated
December 27, 2017.

"The Abo School." *Atomic Skies* (blog), July 12, 2013.

Kennedy, John F. "Radio and television report to
the American people on the Berlin crisis." John
F. Kennedy Presidential Library and Museum,
July 25, 1961.

Klara, Robert. "Nuclear Fallout Shelters Were Never
Going to Work." *History* (blog), September 1,
2018.

McFadden, Robert D. "Obituary: Robert Blakely,
Who Created a Sign of the Cold War, Dies at 95."
New York Times, October 27, 2017.

Mingle, Katie. "121: Cold War Kids." *99% Invisible*
(podcast and MP3 audio), July 1, 2014.

6장 광고, 도시의 고고학

곳곳에 남은 20세기의 흔적: 수작업 간판

Fraser, Laura. "The New Sign Painters."
Craftsmanship Quarterly, Spring 2017.

Levine, Faythe, and Sam Macon. *Sign Painters.*
Hudson, NY: Princeton Architectural Press,
2012.

Rich, Sara C. "The Return of the Hand-Painted
Sign." *Smithsonian,* November 2, 2012.

Walker, Benjamin. "74: Hand Painted Signs." *99%
Invisible* (podcast and MP3 audio), March 8,
2013.

도시 밤 풍경의 상징: 네온사인

Auer, Michael J. "The Preservation of Historic
Signs." Preservation Brief 25, for the U.S.
National Park Service, October 1991.

Downs, Tom. *Walking San Francisco: 30 Savvy Tours
Exploring Steep Streets, Grand Hotels, Dive Bars,
and Waterfront Parks.* Berkeley, CA: Wilderness
Press, 2008.

Harper, Pat, Janice Neumann, and Barbara Dargis.
"Struggle over business signs." *Chicago Tribune,*
June 26, 2009.

Ribbat, Christoph. *Flickering Light: A History of
Neon.* Translated by Mathews Anthony. London:
Reaktion Books, 2013.

Roosblad, Serginho. "San Francisco Was Once
Aglow with Neon." *KQED News,* February 8,
2018.

Seelie, Todd. "Oakland's Historic Tribune Tower and
the Renegade Artist Who Keeps It Glowing."

Atlas Obscura (blog), May 6, 2016.

Trufelman, Avery. "193: Tube Benders." *99%
Invisible* (podcast and MP3 audio), December
13, 2015.

Tse, Crystal. "Hong Kong Is Slowly Dimming Its
Neon Glow." *New York Times,* October 13, 2015.

매일 만나는 카리브해의 리듬: 풍선 인형

Bettleheim, Judith, and John Nunley. *Caribbean
Festival Arts.* Seattle: University of Washington
Press, 1988.

Dean, Sam. "Biography of an Inflatable Tube Guy."
Medium (blog), October 20, 2014.

Greenspan, Sam. "143: Inflatable Men." *99%
Invisible.* (podcast and MP3 audio), December
2, 2014.

"INFORMATIONAL LETTER 0019-2009—
ATTENTION GETTING DEVICES." City of
Houston—Public Works. Effective January 1,
2010.

Laughlin, Nicholas, Attillah Springer, and Georgia
Popplewell. "Masman: Peter Minshall."
Caribbean Beat, May/June 2009.

캡틴 아메리카가 길을 찾는 방법: 촬영장 표지판

Ferguson, Kevin. "The story behind LA's mysterious
yellow and black filming location signs."
Off-Ramp (podcast and MP3 audio), January
30, 2015.

Kohlstedt, Kurt. "L.A. Misdirection: Secret Codes
on Yellow Filming Location Signs." *99% Invisible*
(blog), March 7, 2016.

Millar, Diangelea. "Film set signs specialize in
misdirection." *Los Angeles Times,* July 10, 2013.

Roberts, Randall. "Pop duo YACHT talks about
yellow film location signs and visual language in
'L.A. Plays Itself.'" *Los Angeles Times,* September
24, 2015.

광고 없는 도시의 명암: 상파울루 깨끗한 도시법

Burgoyne, Patrick. "São Paulo: The City That Said
No to Advertising." *Bloomberg,* June 18, 2007.

Curtis, Amy. "Five Years After Banning Outdoor
Ads, Brazil's Largest City Is More Vibrant Than
Ever." *New Dream* (blog), December 8, 2011.

Garfield, Bob. "Clearing the Air." *On the Media*
(podcast and MP3 audio), May 29, 2008.

Ghorashi, Hannah. "Tehran's Mayor Replaces
Ads on All 1,500 City Billboards with Famous
Artworks." *ARTnews,* May 7, 2015.

Leow, Jason. "Beijing Mystery: What's Happening to the Billboards?" *Wall Street Journal,* June 25, 2007.

Mahdawi, Awra. "Can cities kick ads? Inside the global movement to ban urban billboards." *The Guardian,* August 12, 2015.

Plummer, Robert. "Brazil's ad men face billboard ban." *BBC News,* September 19, 2006.

Queiroz Galvão, Vinícius. "Retirada de outdoors revela favela na avenida 23 de Maio." *Folha de S. Paulo,* April 19, 2007.

Rogers, SA. "Super Clean City: São Paulo Entirely Scrubbed of Outdoor Ads." *WebUrbanist* (blog), March 3, 2010.

"Visual pollution: Advertising firms fret over billboard bans." *The Economist,* October 11, 2007.

Wentz, Laurel. "Sao Paulo's Ingenious Move for Return of Banned Billboards." *AdAge,* October 30, 2017.

Winterstein, Paulo. "Scrub Sao Paulo's Graffiti? Not So Fast, London's Tate Says." *Bloomberg,* August 24, 2008.

3부 도시 해부도

7장 도시는 어떻게 기능하는가

시스템 오작동의 증거: 깡통따개 다리

Henn, Jurgen. "The end of 'Overheight when Flashing.'" *11 FOOT 8* (blog), May 8, 2016.

Henn, Jurgen. "Raising 11foot8." *11 FOOT 8* (blog), accessed January 4, 2020.

Henn, Jurgen. "Very hungry canopener bridge defeats fancy, new warning system." *11 FOOT 8* (blog), July 7, 2016.

Klee, Miles. "Farewell to the Legendary Truck-Destroying Bridge that Captivated a Nation." *Mel Magazine* (blog), accessed February 4, 2020.

Krueger, Sarah. "Durham's 'can opener bridge' being raised." WRAL-TV website, accessed October 28, 2019.

"Section 2C.22 Low Clearance Signs." In *Manual of Uniform Traffic Control Devices.* Federal Highway Administration website, updated February 5, 2017.

시스템 작동의 증거: 노새 배달부

"Benjamin Franklin, First Postmaster General." U.S. Postal Service website, accessed October 23, 2019.

Gallagher, Winifred. *How the Post Office Created America: A History.* New York: Penguin Press, 2016.

"Mail Service and the Civil War." The USPS website.

Mingle, Katie. "244: The Revolutionary Post." *99% Invisible* (podcast and MP3 audio), January 24, 2017.

Ostroff, Hannah S. "In the Grand Canyon, the U.S. Postal Service still delivers mail by mule." *Smithsonian Insider* (blog), August 25, 2016.

Ritholtz, Barry. "Congress, Not Amazon, Messed Up the Post Office." *Bloomberg,* April 4, 2018.

Thomas, JD. "The Postal Act: A Free Press, Personal Privacy and National Growth." The Accessible Archives website, February 20, 2011.

8장 물

과학의 은근한 집대성: 맨홀 뚜껑

Brooks, David. "City inevitably must replace unique triangular manhole covers." *The Telegraph* (Nashua, NH), July 18, 2012.

Camerota, Remo. *Drainspotting: Japanese Manhole Covers.* New York: Mark Batty Publisher, 2010.

Gordenker, Alice. "Manhole covers." *Japan Times,* December 16, 2008.

"Japanese manhole covers: how design became a tool to collect more city taxes." *Brand Backstage* (blog), July 8, 2018.

Ragalye, Rachel. "Art at Your Feet: Japan's Beautiful Manhole Covers." *DIGJAPAN* (blog), April 25, 2016.

Scales, Lauren. "London's History in Manholes." *Londonist* (blog), January 2015.

"A short history of manhole covers." Metro Rod website, December 7, 2017.

Sturdevant, Andy. "Minneapolis' sense of itself revealed in artist-designed manhole covers." *MinnPost,* July 10, 2013.

Williams, David B. "Seattle Map 3 = Manhole Covers." *GeologyWriter* (blog), October 7, 2014.

Wullur, Melissa. "The Story Behind Japanese Manhole Covers." *Wonderland Japan WAttention* (blog), accessed October 8, 2019.

Yasuka. "Contemporary Art: Japanese Manhole Covers." *KPC International* (blog), March 31, 2014.

깨끗한 물이 필요했던 두 가지 이유: 음수대

Ackroyd, Peter. *London Under: The Secret History Beneath the Streets.* New York: Knopf Doubleday Publishing Group, November 2011.

"Benson Bubblers." City of Portland Water Bureau website, May 2013.

Davies, Philip. *Troughs & Drinking Fountains: Fountains of Life.* London: Chatto & Windus,

1989.

Docevski, Bob. "The Great Stink: That time when London was overwhelmed with sewage stench." *The Vintage News* (blog), September 5, 2016.

Gutman, Marta. *A City for Children: Women, Architecture, and the Charitable Landscapes of Oakland, 1850–1950.* Chicago: The University of Chicago Press, 2014.

Mann, Emily. "Story of cities #14: London's Great Stink heralds a wonder of the industrial world." *The Guardian,* April 4, 2016.

Mingle, Katie. "188: Fountain Drinks." *99% Invisible* (podcast and MP3 audio), November 10, 2015.

시카고의 물길 역류 프로젝트: 하수처리시설

Driesen, David M., Robert W. Adler, and Kirsten H. Engel. *Environmental Law: A Conceptual and Pragmatic Approach.* New York: Wolters Kluwer, 2016.

Loe, Claire. "Reversing the Chicago River, Again." *Helix* (blog), February 25, 2015.

Moser, Whet. "Dyeing the Chicago River Green: Its Origins in the Actual Greening of the River." *Chicago Magazine,* March 16, 2012.

O'Carroll, Eoin. "Is the dye in the Chicago River really green?" *Christian Science Monitor,* March 16, 2009.

Sudo, Chuck. "What Are the Property Management Ties to Dyeing the Chicago River Green on St. Patrick's Day?" *Bisnow* (blog), March 9, 2017.

Weissmann, Dan. "86: Reversal of Fortune." *99% Invisible* (podcast and MP3 audio), August 8, 2013.

Williams, Michael, and Richard Cahan. *The Lost Panoramas: When Chicago Changed Its River and the Land Beyond.* Chicago: CityFiles Press, 2011.

재앙이 만든 시스템: 지하 수조

Dunnigan, Frank. "Streetwise—West, Water, Everywhere." *Outside Lands* (blog), October 19, 2015.

Pabst, Greg. "In Case of Fire, Look to Twin Peaks." *San Francisco City Guides* (blog), accessed October 15, 2019.

Thompson, Walter. "Century-Old Auxiliary Water Supply System Gets New Ashbury Heights Tank." *Hoodline San Francisco* (blog), January 22, 2015.

Van Dyke, Steve. "San Francisco Fire Department Water Supply System." *Virtual Museum of the City of San Francisco* (blog), accessed October 12, 2019.

"Water Supply Systems." The San Francisco Fire Department website, accessed October 12, 2019.

굴 방파제의 귀환: 홍수 조절

Environmental Protection Agency. *Summary of the Clean Water Act.* Washington, DC: Government Printing Office, 2019.

FitzGerald, Emmett. "282: Oyster-tecture." *99% Invisible* (podcast and MP3 audio), October 31, 2017.

Greenberg, Paul. *American Catch: The Fight for Our Local Seafood.* New York: Penguin, 2015.

Kurlansky, Mark. *The Big Oyster: History on the Half Shell.* New York: Random House, 2007.

Orff, Kate. *Toward an Urban Ecology.* New York: The Monacelli Press, 2016.

"Our Purpose." *Billion Oyster Project* (blog), accessed February 4, 2020.

9장 네트워크

현재 진행형의 혁명: 전봇대

Botjer, George. *Samuel F.B. Morse and the Dawn of Electricity.* Washington, DC: Lexington Books, 2015.

Bullard, Gabe. "The Heartbreak That May Have Inspired the Telegraph." *National Geographic,* April 26, 2016.

Lowndes, Coleman. "DC's abandoned fire and police call boxes, explained." Vox website, August 10, 2017.

Mulqueen, April. "A Natural History of the Wooden Telephone Pole." California Public Utilities Commission—Policy and Planning Division website, accessed October 23, 2019.

Updike, John. *Telephone Poles and Other Poems.* New York: Alfred A. Knopf, 1963.

Wildermuth, John. "Why S.F. still counts on street fire alarm." *San Francisco Chronicle,* February 7, 2012.

시계 48만 개 고치기: 전력주파수

"First Electricity in Los Angeles." *Water and Power Associates* (blog), accessed October 13, 2019.

"L.A. Confidential: Energy's Changing Landscape, Yesterday and Today." *Energy Today* (blog), July 25, 2018.

Masters, Nathan. "Before 1948, LA's Power Grid Was Incompatible with the Rest of the US." *Gizmodo* (blog), February 4, 2015.

Mingle, Katie. "263: You Should Do a Story." *99% Invisible* (podcast and MP3 audio), June 20, 2017.

달빛 탑 밑에서 파티를: 가로등

Dazed and Confused. Directed by Richard Linklater. Universal City, CA: Universal Studios, 1993.

Freeberg, Ernest. The Age of Edison: Electric Light and the Invention of Modern America. New York: Penguin, 2014.

Oppenheimer, Mark. "Austin's Moon Towers, Beyond 'Dazed and Confused.'" New York Times, February 13, 2014.

Prince, Jackson. "'The Complete Guide to Austin's Moonlight Towers." The Austinot (blog), March 26, 2018.

Thornby, Hanna. "Celebrate the 120th anniversary of Austin's moonlight towers." All Ablog Austin (blog), May 19, 2015.

Trufelman, Avery. "150: Under the Moonlight." 99% Invisible (podcast and MP3 audio), January 27, 2015.

우연히 시작된 절약: 잉여 전기

Evans-Brown, Sam, and Logan Shannon. "257: Reversing the Grid." 99% Invisible (podcast and MP3 audio), May 2, 2017.

Johnstone, Bob. Switching to Solar: What We Can Learn from Germany's Success in Harnessing Clean Energy. Blue Ridge Summit, PA: Prometheus Books, 2010.

"Net Metering." Solar Energy Industries Association website, accessed November 9, 2019.

바닷속에서 만드는 구름: 해저케이블

Burgess, Matt. "Ever wondered how underwater cables are laid? We take a trip on the ship that keeps us online." Wired, November 30, 2016.

Edwards, Phil. "A map of all the underwater cables that connect the internet." Vox website, updated November 8, 2015.

A Journey to the Bottom of the Internet. YouTube video, December 16, 2016.

"Secrets of Submarine Cables—Transmitting 99 percent of all international data!" NEC Global website, accessed January 4, 2020.

"Submarine Cable Frequently Asked Questions." TeleGeography website, accessed January 4, 2020.

What's Inside the Undersea Internet Cable? YouTube video, December 16, 2016.

10장 도로

도로 안전의 기본: 중앙선

Chabot, Larry. "Highway Whodunit." Marquette Monthly (blog), May 9, 2018.

Highway Finance Data Collection. Our Nation's Highways: 2011. Washington, DC: Federal Highway Administration, 2011.

"Hines, Edward N. (1870–1938)." Michigan Department of Transportation website, accessed October 15, 2019.

Lehto, Steve. "The Man Who Invented 'The Most Important Single Traffic Safety Device.'" OppositeLock (blog), January 3, 2015.

Manual on Uniform Traffic Control Devices. Washington, DC: Federal Highway Administration, 2003.

Mars, Roman. "68: Built for Speed." 99% Invisible (podcast and MP3 audio), December 12, 2012.

Robinson, John. "Michigan Hero: Edward N. Hines (1870–1938)." 99.1 WFMK (blog), August 12, 2018.

Vanderbilt, Tom. Traffic: Why We Drive the Way We Do (and What It Says About Us). New York: Vintage, 2009.

자동차 시대가 만들어낸 개념: 무단횡단

Dukes, Jesse. "76: The Modern Moloch." 99% Invisible (podcast and MP3 audio), April 4, 2013.

Gangloff, Amy. "The Automobile and American Life (review)." Technology and Culture 51, no. 2 (April 2010): 517–518.

Goodyear, Sarah. "The Invention of Jaywalking." Citylab (blog), April 24, 2012.

"Nation Roused Against Motor Killings." New York Times, November 23, 1924.

Norton, Peter D. Fighting Traffic. Cambridge, MA: MIT Press, 2008.

지금은 당연하고 그때는 아니었던 것: 안전기술

Alcorn, Stan. "287: The Nut Behind the Wheel." 99% Invisible (podcast and MP3 audio), December 5, 2017.

Alcorn, Stan. "Trial and terror." Reveal (podcast and MP3 audio), June 24, 2017.

Nader, Ralph. Unsafe at Any Speed. New York: Grossman Publishers, 1965.

"Vehicle Safety Technology Has Saved Over 600,000 Lives Since 1960 Says NHTSA." Global NCAP (blog), January 26, 2015.

콘크리트 덩어리 그 이상: 중앙분리대

Giblin, Kelly A. "The Jersey Barrier." *Invention & Technology* 22, no. 1 (Summer 2006).

Kehe, Andy. "Ridge Route history: The long and winding road." *Bakersfield Californian,* September 26, 2015.

Kozel, Scott M. "New Jersey Median Barrier History." Roads to the Future website, updated June 21, 2004.

Petrova, Magdalena. "This machine has eliminated head-on collisions on the Golden Gate Bridge." *CNBC,* February 8, 2018.

좌회전 없이 도로를 달리는 방법: 변형 교차로

Hummer, Joseph E., and Jonathan D. Reid. "Unconventional Left-Turn Alternatives for Urban and Suburban Arterials." Urban Street Symposium website, accessed July 28, 2019.

"Jersey Left." Urban Dictionary website, accessed January 12, 2019.

Kendall, Graham. "Why UPS drivers don't turn left and you probably shouldn't either." *The Conversation* (blog), January 20, 2017.

Mayyasi, Alex. "Why UPS Trucks Don't Turn Left." *Priceonomics* (blog), April 4, 2014.

McFarland, Matt. "The case for almost never turning left while driving." *Washington Post,* April 9, 2014.

"Michigan Lefts." Michigan Department of Transportation website, accessed October 16, 2019.

Najm, Wassim G., John D. Smith, and David L. Smith. *Analysis of Crossing Path Crashes.* Springfield, VA: National Technical Information Service, 2001.

Prisco, Jacopo. "Why UPS trucks (almost) never turn left." *CNN,* February 23, 2017.

"There's Nothing Right About the 'Boston Left.'" *Boston Globe,* May 14, 2006.

신호등 없이 좌회전하는 방법: 로터리

Beresford, Kevin. "About Us—Roundabouts of Britain." UK Roundabout Appreciation Society website, accessed October 15, 2019.

"Brits Vote on the Best and Worst Roundabouts." *Easier* (blog), December 20, 2005.

Disdale, James. "World's worst junctions." *Auto Express* (blog), September 3, 2007.

"London road junction 'scariest.'" *BBC News,* December 12, 2007.

"The Magic Roundabout." Roads website, accessed October 15, 2019.

Metcalfe, John. "Why Does America Hate Roundabouts?" *Citylab* (blog), March 10, 2016.

"Roundabouts." City of Carmel, Indiana, website, accessed October 15, 2019.

Scott, Tom. *The Magic Roundabout: Swindon's Terrifying Traffic Circle and Emergent Behaviour.* YouTube video, posted January 12, 2015.

User: nick2ny. *Decoding the Magic Roundabout.* YouTube video, October 9, 2014.

과속을 막으려는 꾀의 총집합: 과속방지턱

"Cambridge 'ghost roundabout' attracts ridicule on social media." *BBC News,* November 22, 2016.

"Camcycle requests correction after misrepresentation of our views on Tenison Road scheme by County Council to BBC." *Cambridge Cycling Campaign* (blog), accessed October 19, 2019.

Collins, Tim. "What do YOU see? Optical illusions of speed bumps are being used in London to trick drivers into slowing down." *Daily Mail,* August 7, 2017.

Joyce, Ed. "Sacramento Traffic 'Calming' Takes Many Forms." *Capital Public Radio* (blog), August 20, 2014.

Rogers, SA. "Walk on the Wild Side: 13 Crosswalk Illusions & Interventions." *WebUrbanist* (blog), April 27, 2016.

"Urban Street Design Guide: Vertical Speed Control Elements." National Association of City Transportation Officials website, accessed December 15, 2019.

스웨덴이 반대로 돌던 날: 통행 방향 전환

Coley, Will. "215: H-Day." *99% Invisible* (podcast and MP3 audio), June 7, 2016.

Geoghegan, Tom. "Could the UK drive on the right?" *BBC News,* September 7, 2009.

"History of the Volvo Car: September 3, 1967. 40 years of driving on the right side in Sweden." The Volvo Owners' Club website, accessed January 16, 2020.

Kincaid, Robert. *The Rule of the Road: An International Guide to History and Practice.* Westport, CT: Greenwood, 1986.

"Samoa switches smoothly to driving on the left." *The Guardian,* September 8, 2009.

The Telstars. "Håll Dej Till Höger, Svensson." Song, 1967.

11장 시민

빈 공간의 존재 이유: 도로변

Briggs, Helen. "Roadside verges 'last refuge for wild flowers.'" *BBC News*, June 6, 2015.
"Designing Sidewalks and Trails for Access." Federal Highway Administration Bicycle and Pedestrian Program website, accessed October 16, 2019.
"Green Infrastructure." The City of Portland, Oregon, website, accessed October 19, 2019.
"Pavement History." Pavement Interactive website, accessed October 23, 2019.

동독이 남긴 것: 보행신호

"Ampelmännchen Is Still Going Places." *Deutsche Welle,* June 16, 2005.
Barkai, Maya. Walking Men Worldwide website, accessed October 19, 2019.
"The development of the East German Ampelmännchen." Ampelmänn website, accessed October 19, 2019.
"East German Loses Copyright Battle over Beloved Traffic Symbol." *Deutsche Welle,* June 17, 2006.
Peglau, Karl. "Das Ampelmännchen oder: Kleine östliche Verkehrsgeschichte." Das Buch vom Ampelmännchen, 1997.
Pidd, Helen. "Hats off to Ampelmännchen, 50 today." *The Guardian,* October 13, 2011.

약간 부족한 공유: 자전거 겸용 차도

Alta Planning + Design for the San Francisco Department of Parking & Traffic. "San Francisco's Shared Lane Pavement Markings: Improving Bicycle Safety." Report, February 2004.
"Evaluation of Shared Lane Markings." Federal Highway Administration report, October, 2019.
Ferenchak, Nicholas N., and Wesley Marshall. "The Relative (In)Effectiveness of Bicycle Sharrows on Ridership and Safety Outcomes." Report for the Transportation Research Board's 95th Annual Meeting, 2016.
Getuiza, Cheryl. "Oakland introduces color to bike lanes to increase safety." California Economic Summit, September 25, 2013.
"How the SFMTA Invented—and Named—the Bike 'Sharrow.'" *San Francisco Municipal Transportation Agency* (blog), June 17, 2016.
Powers, Martine. "New 'sharrows on steroids' debut on Allston's Brighton Ave." Boston.com website, November 20, 2013.
Schmitt, Angie. "American Sharrow Inventor: 'I Was Always Under Pressure to Do Less.'" *StreetsBlog*

USA, March 10, 2016.

도심을 다시 시민에게로: 교통체증 페널티

Coffey, Helen. "Paris to Ban Cars in City Centre One Sunday a Month." *The Independent,* October 3, 2018.
"Congestion Charge." Transport for London website, accessed October 21, 2019.
"Great City Master Plan Chengdu." Adrian Smith + Gordon Gill Architecture website, accessed October 20, 2019.
"Grünes Netz." Hamburg.de website, accessed October 20, 2019.
Marshall, Aarian. "Downtown Manhattan Is the New Frontier of the Car-Free City." *Wired,* August 13, 2016.
Paris Sans Voiture (blog), accessed October 19, 2019.
Peters, Adele. "Paris Is Redesigning Its Major Intersections for Pedestrians, Not Cars." *Fast Company,* April 8, 2016.
Renn, Aaron M. "When New York City tried to ban cars—the extraordinary story of 'Gridlock Sam.'" *The Guardian,* June 1, 2016.
"Superblocks." Ajuntament de Barcelona—Ecology, Urban Planning and Mobility website, accessed October 21, 2019.
Willsher, Kim. "Paris divided: two-mile highway by Seine goes car-free for six months." *The Guardian,* September 9, 2016.

아무것도 없는 도로 운동: 공유공간

Edquist, Jessica, and Bruce Corben. "Potential application of Shared Space principles in urban road design: effects on safety and amenity." Monash University Accident Research Centre report to the NRMA-ACT Road Safety Trust, March 2012.
Frosch, Colin, David Martinelli, and Avinash Unnikrishnan. "Evaluation of Shared Space to Reduce Traffic Congestion." *Journal of Advanced Transportation* (2019).
Goodyear, Sarah. "Lots of Cars and Trucks, No Traffic Signs or Lights: Chaos or Calm?" *Citylab* (blog), April 2, 2013.
Haubursin, Christophe, Kurt Kohlstedt, and Roman Mars. "Road signs suck. What if we got rid of them all?" *99% Invisible* and Vox Media, November 24, 2017.
Mihaly, Warwick. "Naked streets." *Streets Without Cars* (blog), January 24, 2014.
Moody, Simon. "Shared space—research, policy and problems." *Proceedings of the Institute of Civil Engineers-Transport* 167, no. 6 (2014): 384–92.

Nyvig, Ramboll. "Shared Space >>> Safe Space: Meeting the requirements of blind and partially sighted people in a shared space." Report for the Guide Dogs for the Blind Association and Danish Building Research Institute, accessed October 2, 2019.

"'Shared' road schemes paused over dangers to blind people." *BBC News*, July 27, 2018.

Toth, Gary. "Where the Sidewalk Doesn't End: What Shared Space Has to Share." Project for Public Spaces website, August 16, 2009.

4부 건물의 뒷모습

12장 안과 밖의 경계

아무도 열지 못하는 자물쇠: 브라마의 자물쇠

Greenspan, Sam. "160: Perfect Security." *99% Invisible* (podcast and MP3 audio), April 14, 2015.

Phillips, Bill. *Locksmith and Security Professionals' Exam Study Guide.* New York: McGraw Hill, 2009.

Towne, Schuyler. "Rethinking the Origins of the Lock." *Schuyler Towne* (blog), accessed October 21, 2019.

Vanderbilt, Tom. "Alfred C. Hobbs: The American who shocked Victorian England by picking the world's strongest lock." *Slate*, March 11, 2013.

출입문의 심리학: 회전문

Cullum, B. A., Olivia Lee, Sittha Sukkasi, and Dan Wesolowski. "Modifying Habits Towards Sustainability—A Study of Revolving Door Usage on the MIT Campus." Report for Planning for Sustainable Development, May 25, 2006.

"Deadliest U.S. nightclub fire influences safety codes, burn care." *CBS News*, November 28, 2017.

Grant, Casey E. "Last Dance at the Cocoanut Grove." *NFPA Journal* 101, no. 6 (2007): 46–71.

Greenspan, Sam. "93: Revolving Doors." *99% Invisible* (podcast and MP3 audio), November 6, 2013.

"The Story of the Cocoanut Grove Fire." Boston Fire Historical Society website, accessed July 2, 2019.

오직 나가기 위한 문: 비상구

"Keep a Fire-Escape Under the Window-Sill." *Popular Science Monthly,* December 1918.

Lynch, Timothy D. "Deterioration of the Historic Construction & Prior Codes—How They Mesh." IES—Investigative Engineering Services course outline, October 22, 2015.

"Triangle Shirtwaist Factory Fire." The History Channel website, December 2, 2009.

Trufelman, Avery. "122: Good Egress." *99% Invisible* (podcast and MP3 audio), August 8, 2014.

"U.S. Census Bureau History: The Triangle Shirtwaist Fire." U.S. Census Bureau website, March 2016.

Young, Lauren. "The Creative and Forgotten Fire Escape Designs of the 1800s." *Atlas Obscura* (blog), December 9, 2016.

13장 건축재료 발달사

세인트루이스의 집들이 자꾸 무너진 이유: 벽돌

Dyer, Zach. "283: Dollhouses of St. Louis." *99% Invisible* (podcast and MP3 audio), November 7, 2017.

Gay, Malcolm. "Thieves Cart Off St. Louis Bricks." *New York Times*, September 19, 2010.

Hayden, Liz. "St. Louis' Brick Paradox." *Urbanist Dispatch* (blog), January 28, 2014.

"The History of Bricks and Brickmaking." *Brick Architecture* (blog), accessed October 21, 2019.

기적이었다가 재앙이었다가: 콘크리트

Beiser, Vince. *The World in a Grain: The Story of Sand and How It Transformed Civilization.* New York: Riverhead Books, 2018.

Courland, Robert. *Concrete Planet: The Strange and Fascinating Story of the World's Most Common Man-Made Material.* Buffalo, NY: Prometheus, 2011.

Davis, Nicola. "Why Roman concrete still stands strong while modern version decays." *The Guardian*, July 4, 2017.

Forty, Adrian. *Concrete and Culture: A Material History.* London: Reaktion Books, 2012.

Huxtable, Ada Louise. *On Architecture: Collected Reflections on a Century of Change.* New York: Bloomsbury Publishing, 2010.

Jackson, Marie D., et al. "Phillipsite and Al-tobermorite mineral cements produced through low-temperature water-rock reactions in Roman marine concrete." *American Mineralogist* 102, no. 7 (2017): 1435–50.

Mars, Roman. "81: Rebar and the Alvord Lake Bridge." *99% Invisible* (podcast and MP3 audio), June 7, 2013.

Mars, Roman. "361: Built on Sand." *99% Invisible*

(podcast and MP3 audio), July 9, 2019.
Neyfekh, Leon. "How Boston City Hall was born." *Boston Globe*, February 12, 2012.
Pasnik, Mark, Chris Grimley, and Michael Kubo. *Heroic: Concrete Architecture and the New Boston*. New York: Monacelli Press, 2015.
Stewart, Andrew. "The 'living concrete' that can heal itself." *CNN*, March 7, 2016.
Trufelman, Avery. "176: Hard to Love a Brute." *99% Invisible* (podcast and MP3 audio), August 11, 2015.

과거에서 온 미래의 재료: 목재

"Brock Commons Tallwood House: Design and Preconstruction Overview." Naturally:Wood website, 2016.
"CLT Gets Double Boost: ICC Clears Path for Taller Mass Timber Buildings in the U.S., Plus Overall Demand for CLT Predicted to Grow Significantly." *TimberLine*, March 1, 2019.
"Demonstrating the viability of mass wood structures." *Think Wood* (blog), accessed October 21, 2019.
"A Guide to Engineered Wood Products." The Engineered Wood Association website, accessed October 16, 2019.
Gul Hasan, Zoya. "Inside Vancouver's Brock Commons, the World's Tallest Mass Timber Building." *ArchDaily* (blog), September 18, 2017.
Kohlstedt, Kurt. "Branching Out: Sustainable Wood Skyscrapers Continue to Reach New Heights." *99% Invisible* (blog), October 30, 2017.
Pyati, Archana. "Faster Project Delivery Is a Hidden Feature of Sustainable Mass Timber." *UrbanLand*, May 3, 2017.
Quintal, Becky. "Wooden Skyscraper/Berg|C. F. Møller Architects with Dinnell Johansson." *ArchDaily* (blog), June 17, 2013.

14장 무형의 건축재료
암스테르담 건물의 숨은 건축가: 세금

"Brick Tax 1784–1850." Scottish Brick History website, accessed October 21, 2019.
Howell, Jeff. "On the level: building tax." *The Telegraph*, July 31, 2002.
Hurst-Vose, Ruth. *Glass*. New York: Collins, 1980.
Janse, Herman. *Building Amsterdam*. London: Egmont, 1994.
Kohlstedt, Kurt. "Vernacular Economics: How Building Codes & Taxes Shape Regional Architecture." *99% Invisible* (blog), January 22, 2018.
"The narrowest houses in Amsterdam." Holland.

com website, accessed October 25, 2019.
Sullivan, Paul. *Little Book of Oxfordshire*. Cheltenham, UK: The History Press, 2012.
Theobald, Mary Miley. "Stuff and Nonsense: Myths That Should Now Be History." The Colonial Williamsburg Foundation website, accessed October 21, 2019.
"Window Tax." The National Archives website, accessed October 21, 2019.

규제를 피하는 우아한 꼼수: 건축제한선

Bassett, Edward Murray. "Commission on Building Districts and Restrictions: Final Report." City of New York Board of Estimate and Apportionment, 1916.
Chey, Katy. *Multi-Unit Housing in Urban Cities: From 1800 to Present Day*. Milton Park, UK: Taylor & Francis, 2017.
Goodman, David C., and Colin Chant. *European Cities & Technology: Industrial to Post-industrial City*. Milton Park, UK: Routledge, 1999.
Stark, Stuart. "The Mansard Style: Politics, Tax Evasion and Beauty." *Old House Living* (blog), accessed October 25, 2019.
Willsher, Kim. "Story of cities #12: Haussmann rips up Paris—and divides France to this day." *The Guardian*, March 21, 2016.

천국에서 지옥까지: 부동산소유권

"Airmail Creates an Industry: Postal Act Facts." Smithsonian National Postal Museum website, accessed October 22, 2019.
"A Brief History of the FAA." Federal Aviation Administration website.
"*Bury v Pope*: 1587." Swarb.co.uk website.
Goldberger, Paul. "Architecture View; Theaters and Churches Are the City's New Battleground." *New York Times*, May 30, 1982.
Kohlstedt, Kurt. "From Heaven to Hell: Exploring the Odd Vertical Limits of Land Ownership." *99% Invisible* (blog), June 19, 2017.
Kohlstedt, Kurt. "Selling the Sky: 'Air Rights' Take Strange Bites Out of Big Apple Architecture." *99% Invisible* (blog), June 23, 2017.
Lashbrook, Lora D. "Ad Coelum Maxim as Applied to Aviation Law." *Notre Dame Law Review* 21, no. 3 (1946).
Lowther, Ed. "Location, salvation, damnation." *BBC News*, January 29, 2014.
Quintana, Mariela. "What Are NYC Air Rights All About?" *StreetEasy* (blog), October 12, 2015.
"Special Purpose Districts." NYC Department of City Planning website, accessed October 22, 2019.

Tong, Ziya. *The Reality Bubble: Blind Spots, Hidden Truths, and the Dangerous Illusions That Shape Our World*. New York: Penguin, 2019.

United States v. Causby, 328 U.S. 256 (1946).

User: filthy light thief. "Cuius est solum, eius est usque ad coelum et ad inferos." *MetaFilter* (blog), July 16, 2018.

"What Are 'Air Rights' and Why Are They Important to Central?" *Los Angeles Public Library* (blog), February 10, 2017.

15장 1% 고층건물의 99% 비밀

펜트하우스라는 개념의 탄생: 엘리베이터

Carroll, Andrew. "Here Is Where: Elisha Otis rises out of small-town Vermont." HistoryNet website, accessed February 2, 2020.

DiMeo, Nate. "98: Six Stories." *99% Invisible* (podcast and MP3 audio), January 2, 2014.

"Facts & Figures." Burj Khalifa website, accessed February 14, 2019.

Robbins, Dan. "Founded in Yonkers, Otis Elevators Took American Industry to New Heights." *Westchester Magazine* website, accessed September 20, 2019.

고층건물 시대의 서막: 철골구조

Dimeo, Nate. "27: Bridge to the Sky." *99% Invisible* (podcast and MP3 audio), June 3, 2011.

Gray, Christopher. "Streetscapes/The Tower Building: The Idea That Led to New York's First Skyscraper." *New York Times*, May 5, 1996.

"Monadnock Building." Chicagology website, accessed October 25, 2019.

Morris, Lloyd. *Incredible New York: High Life and Low Life from 1850 to 1950*. Syracuse, NY: Syracuse University Press, 1996.

높이 경쟁의 마지막 승부수: 크라이슬러빌딩

Bascomb, Neal. *Higher: A Historic Race to the Sky and the Making of a City*. New York: Broadway Books, 2004.

Gray, Christopher. "Streetscapes: 40 Wall Street; A Race for the Skies, Lost by a Spire." *New York Times*, November 15, 1992.

Mars, Roman. "100: Higher and Higher." *99% Invisible* (podcast and MP3 audio), February 3, 2014.

한밤중에 그곳에서 일어난 의문의 사건: 시티코프센터

Bellows, Alan. "A Potentially Disastrous Design Error." *Damn Interesting* (blog), April 12, 2006.

Morgenstern, Joe. "City Perils: The Fifty-Nine Story Crisis." *The New Yorker*, May 29, 1995.

"OEC—Addendum: The Diane Hartley Case." The Online Ethics Center website, accessed March 13, 2019.

Werner, Joel, and Sam Greenspan. "110: Structural Integrity." *99% Invisible* (podcast and MP3 audio), April 15, 2014.

건축 반대 시위가 벌어진 이유: 트랜스아메리카피라미드

"History." Transamerica Pyramid Center website, accessed October 20, 2019.

King, John. "An ode to the Transamerica Pyramid as a new tallest tower rises." *San Francisco Chronicle*, October 7, 2016.

King, John. "Pyramid's steep path from civic eyesore to icon." SFGate website, December 27, 2009.

Mars, Roman. "2: 99% 180." *99% Invisible* (podcast and MP3 audio), September 9, 2010.

신기록을 넘어서: 타이베이101

"Experience the Skyslide at OUE Skyspace Los Angeles." Discover Los Angeles website, accessed February 2, 2020.

Poon, Dennis, Shaw-Song Shieh, Leonard Joseph, and Ching-Chang Chang. "Structural Design of Taipei 101, World's Tallest Building." Research paper presented at the Council on Tall Buildings and Urban Habitat 2004 Seoul Conference, October 10–13.

"Taipei Financial Center (Taipei 101)." C. Y. Lee & Partners website, accessed October 22, 2019.

Trufelman, Avery. "201: Supertall 101." *99% Invisible* (podcast and MP3 audio), April 19, 2016.

고층건물들의 집단 역학: 거리 협곡

"Bridgewater Place lorry crush death referred to CPS by coroner." *BBC News*, February 10, 2012.

ChiFai, Cheung, and Ernest Kao. "Scientists examine the health risks of Hong Kong's notorious 'street canyons.'" *South China Morning Post*, October 13, 2014.

Kiprop, Victor. "What Is a Street Canyon?" World Atlas website, accessed October 22, 2019.

Kulig, Paul. "Seeking Sunlight in a Skyscraper City." *CityLab* (blog), May 1, 2017.

"London's 'Walkie Talkie' skyscraper reflects light hot enough to fry an egg." *The Guardian,* September 3, 2013.

Mullin, Emma. "No more Walkie Scorchie! London skyscraper which melted cars by reflecting sunlight is fitted with shading." *Daily Mail Online,* October 9, 2014.

Rao, Joe. "The Story of 'Manhattanhenge': An NYC Phenomenon Explained." Space.com website, May 19, 2018.

Spillane, Chris, and Eshe Nelson. "London's Walkie-Talkie 'Fryscraper' Draws Crowds in Heat." *Bloomberg,* September 6, 2013.

Stuart, Andrew. "Why does the Beetham Tower hum in the wind?" *Manchester Evening News,* March 2, 2018.

Tanner, Jane. "Sears Loses Windows in High Winds." *Chicago Tribune,* February 23, 1988.

Tyson, Neil deGrasse. "Manhattanhenge." *American Museum of Natural History* (blog), accessed October 22, 2019.

"Urban Street Canyons—Wind." MIT student projects, 2009.

Wainwright, Oliver. "'Killer towers': how architects are battling hazardous high-rises." *The Guardian Architecture and Design Blog,* August 14, 2014.

Ward, Victoria. "Walkie Talkie skyscraper blamed for creating wind tunnel on the street." *The Telegraph,* July 22, 2015.

16장 일상 속 약간 특별한 건물들

중국을 모르는 사람들이 만든 중국풍: 차이나타운

Davis, Chelsea. "192: Pagodas and Dragon Gates." *99% Invisible* (podcast and MP3 audio), December 8, 2015.

Lee, Jennifer 8. *The Fortune Cookie Chronicles: Adventures in the World of Chinese Food.* New York: Hachette Book Group, 2009.

Reeves, Richard. *Infamy: The Shocking Story of the Japanese American Internment in World War II.* New York: Henry Holt and Co., 2015.

Trufelman, Avery. "182: A Sweet Surprise Awaits You." *99% Invisible* (podcast and MP3 audio), September 22, 2015.

Tsui, Bonnie. *American Chinatown: A People's History of Five Neighborhoods.* New York: Free Press, 2010.

고도로 계산된 조잡함: 수표교환점

Mars, Roman. "18: Check Cashing Stores." *99% Invisible* (podcast and MP3 audio), March 4, 2011.

McGray, Douglas. "Check Cashers, Redeemed." *New York Times Magazine,* November 7, 2008.

Nix, Tom. *Nixland: My Wild Ride in the Inner City Check Cashing Industry.* Irvine, CA: BusinessGhost Books, 2013.

가게를 홍보하는 두 가지 방법: 오리와 창고

Al, Stefan. *The Strip: Las Vegas and the Architecture of the American Dream.* Cambridge, MA: MIT Press, 2017.

DylanDog. "Ducks and decorated sheds." Everything2.com website, accessed October 2, 2019.

Green, Dennis. "Nobody wants to buy this $5 million basket-shaped building in Ohio." *Business Insider,* September 8, 2016.

Hill, John. "Of Ducks and Decorated Sheds: A Review of I Am a Monument." *Architect,* July 31, 2009.

Ketcham, Diane. "About Long Island; A Cherished Roadside Symbol of the Region." *New York Times,* July 30, 1995.

Mallett, Kate. "Longaberger empties famous basket building." *Newark Advocate,* July 8, 2016.

Trex, Ethan. "10 Buildings Shaped Like What They Sell." *Mental Floss* (blog), November 16, 2010.

Trufelman, Avery. "302: Lessons from Las Vegas." *99% Invisible* (podcast and MP3 audio), April 9, 2018.

Venturi, Robert, Steven Izenour, and Denise Scott Brown. *Learning from Las Vegas: The Forgotten Symbolism of Architectural Form.* Cambridge, MA: MIT Press, 1977.

안 어울리는 것들의 아름다움: 독특한 건물

Dickinson, Elizabeth Evitts. "Louvre Pyramid: The Folly That Became a Triumph." *Architect,* April 19, 2017.

Jones, Sam. "'What the hell have they done?' Spanish castle restoration mocked." *The Guardian,* March 9, 2016.

Kohlstedt, Kurt. "Legible Cities: Fitting Outstanding Architecture into Everyday Contexts." *99% Invisible* (blog), August 25, 2016.

Loomans, Taz. "Why Fake Vintage Buildings Are a Blow to Architecture, Historic Neighborhoods and the Character of a City." *Blooming Rock* (blog), June 4, 2014.

TheOneInTheHat. "That's the last time we hire TWO architects." Reddit website, December 18, 2011.

Pavka, Evan. "AD Classics. Jewish Museum, Berlin/ Studio Libeskind." *ArchDaily* (blog), November

25, 2010.

Pogrebin, Robin. "British Architect Wins 2007 Pritzker Prize." *New York Times,* March 28, 2007.

"Royal Ontario Museum opens Michael Lee-Chin Crystal Today." Royal Ontario Museum website, June 2, 2007.

Tschumi, Bernard. *Architecture and Disjunction.* Cambridge, MA: MIT Press, 1996.

Yasunaga, Yodai. "Old & New: Can Contemporary and Historical Architecture Exist?" *MKThink* (blog), August 1, 2014.

17장 옛 도시가 남겨준 것들

간단하게 과거로 돌아가기: 이교도의 대문

Downson, Thomas. "Three Ingenious Achaeological 'Re-Constructions.'" *Archaeology Travel* (blog), accessed October 2, 2019.

Kirsch, Jonathan. *God Against the Gods: The History of the War Between Monotheism and Polytheism.* New York: Viking, 2004.

Norris, Shawn T. "Carnuntum—A City of Emperors." Rome Across Europe website, October 4, 2015.

뉴욕 시민들의 후회: 펜실베이니아역

"About LPC." The New York Landmarks Preservation Commission website, accessed October 15, 2019.

"Action Group for Better Architecture in New York." The New York Preservation Archive Project website, accessed October 2, 2019.

Heppermann, Ann. "147: Penn Station Sucks." *99% Invisible* (podcast and MP3 audio), January 6, 2015.

Jonnes, Jill. *Conquering Gotham: Building Penn Station and Its Tunnels.* New York: Penguin Books, 2008.

Muschamp, Herbert. "Architecture View; In This Dream Station Future and Past Collide." *New York Times,* June 20, 1993.

Penn Central Transportation Co. v. New York City, 438 U.S. 104 (1978).

Quintana, Mariela. "What Are NYC Air Rights All About?" *StreetEasy* (blog), October 12, 2015.

Williams, Keith. "What Is That Spot on the Ceiling of Grand Central Terminal?" *New York Times,* June 7, 2018.

어디까지 복원해야 할까: 스털링성 대전당

"Bright look for ancient castle." *BBC News— Scotland,* October 19, 1999.

Bryson, Bill. *At Home: A Short History of Private Life.* New York: Anchor Books, 2011.

Mars, Roman. "178: The Great Restoration." *99% Invisible* (podcast and MP3 audio), August 25, 2015.

"Restoration work has turned the golden great hall into white elephant, claim townsfolk Stirling effort under fire." *Herald Scotland,* April 21, 1999.

"Stirling Castle: Castle Wynd, Stirling, FK8 1EJ." Historic Environment Scotland website, accessed November 28, 2019.

"Stirling Castle Timeline." Stirling Castle website, accessed October 11, 2019.

Talbot, Margaret. "The Myth of Whiteness in Classical Sculpture." *The New Yorker,* October 29, 2018.

복원인가 날조인가: 바르샤바 구도심

Drozdowska, Amy, and Dave McGuire. "72: New Old Town." *99% Invisible* (podcast and MP3 audio), February 5, 2013.

Gliński, Mikołaj. "How Warsaw Came Close to Never Being Rebuilt." *Culture.pl* (blog), February 3, 2015.

McCouat, Philip. "Bernardo Bellotto and the Reconstruction of Warsaw." *Journal of Art in Society,* 2015.

Mersom, Daryl. "Story of cities #28: how postwar Warsaw was rebuilt using 18th century paintings." *The Guardian,* May 11, 2018.

"Trakt Królewski." Zabytki w Warszawie website, accessed October 29, 2019.

Zarecor, Kimberly E. "Architecture in Eastern Europe and the Former Soviet Union." In *A Critical History of Contemporary Architecture, 1960–2010,* edited by Elie G. Haddad and David Rifkind. Farnham, UK: Ashgate Publishing, 2014.

사라진 멋진 생태계: 콜로세움

Cooper, Paul. "Rome's Colosseum Was Once a Wild, Tangled Garden." *The Atlantic,* December 5, 2017.

Dickens, Charles. *Pictures from Italy.* London: Bradbury & Evans, 1846.

FitzGerald, Emmett. "289: Mini-Stories: Volume 3: The Green Colosseum." *99% Invisible* (podcast and MP3 audio), December 19, 2017.

"Issues Relevant to U.S. Foreign Diplomacy: Unification of Italian States." Office of the Historian website, accessed January 5, 2020.

Poe, Edgar A. "The Coliseum." In *The Works of Edgar Allan Poe, The Raven Edition,* vol. 5. New

York: P. F. Collier and Son, 1903.

버려진 장소의 매력: 수트로배스 페허

"A History of the Sutro Pleasure Grounds and Merrie Way Stands." Sonoma State University website.

Martini, John A. *Sutro's Glass Palace: The Story of Sutro Baths.* Bodega Bay, CA: Hole in the Head Press, 2013.

Sutro Baths. Directed by James H. White. San Francisco: Edison Manufacturing Company, 1897.

"Sutro Baths History." National Park Service website, updated February 28, 2015.

Trufelman, Avery. "112: Young Ruin." *99% Invisible* (podcast and MP3 audio), April 29, 2014.

자연이 우리를 과거로 안내하다: 채츠워스하우스

Cooper, Paul M. M. "The Mysterious Landscapes of Heat-Scorched Britain." *New York Times,* August 15, 2018.

Dockrill, Peter. "Brutal Heat in the UK Is Revealing Hidden Footprints of Historic Civilisations." Scient Alert website, July 11, 2018.

"Hidden landscapes the heatwave is revealing." *BBC News,* July 25, 2018.

"UK heatwave exposes ancient Chatsworth House gardens." *BBC News,* July 25, 2018.

Victor, Daniel. "Drought and Drone Reveal 'Once-in-a-Lifetime' Signs of Ancient Henge in Ireland." *New York Times,* July 13, 2018.

옛 건물들을 우아하게 보내주는 방법: 해체기술

Brasor, Philip, and Masako Tsubuku. "Japan's 30-year building shelf-life is not quite true." *Japan Times,* March 31, 2014.

"High-Tech Demolition Systems for High-rises." *Web Japan—Trends in Japan* (blog), March 2013.

"The Kajima Cut and Take Down Method." Kajima Corporation website, accessed October 23, 2019.

Kohlstedt, Kurt. "Earth Defense: Shaking Buildings in the World's Largest Earthquake Simulator." *99% Invisible* (blog), March 20, 2017.

Nuwer, Rachel. "This Japanese Shrine Has Been Torn Down and Rebuilt Every 20 Years for the Past Millennium." *Smithsonian,* October 4, 2013.

Townsend, Alastair. "Testing Buildings to Destruction." *Alatown* (blog), February 19, 2015.

"Why Japanese houses have such limited lifespans." *The Economist,* March 15, 2018.

5부 더 멀리에서 보기

18장 도시의 경계

도시의 중심을 찾으려는 이유: 원점표지석

"Cuba's Famous Diamond Stolen from Capital." *The Barrier Miner,* March 27, 1946.

Grout, James. "Milliarium Aureum." Encyclopedia Romana website, accessed October 20, 2019.

Kohlstedt, Kurt. "Point Zero: Circling the Globe with Central City 'Zero Stones.'" *99% Invisible* (blog), August 11, 2016.

"Nuestra Señora de Luján, Patrona de la República Argentina." Agencia Informativa Católica Argentina website, accessed October 20, 2019.

Rubenstein, Steve. "SF marks the very middle of town, more or less." SFGate website, June 8, 2016.

Saperstein, Susan. "Sutro's Triumph of Light Statue." *Guidelines Newsletter,* accessed October 20, 2019.

Weingroff, Richard F. "Zero Milestone—Washington, DC." National Highway Administration website, June 27, 2017.

길 위에서 만나는 역사박물관: 도시 경계석

"Boundary Stones of the District of Columbia." Boundary Stones website.

Manaugh, Geoff. "Boundary Stones and Capital Magic." *BLDGBLOG,* May 20, 2017.

Records of the Columbia Historical Society of Washington, D.C. Vol. 10. Washington, DC: Historical Society of Washington, DC, 1907.

St. Onge, Tim. "Modest Monuments: The District of Columbia Boundary Stones." *Geography and Map Division of the Library of Congress* (blog), May 17, 2017.

Vitka, William. "Quest to save DC's 1st federal monuments: Boundary stones." *Washington Times,* April 15, 2018.

세계화의 산물: 표준시

Bartky, Ian R. *Selling the True Time: Nineteenth-century Timekeeping in America.* Redwood City, CA: Stanford University Press, 2000.

Dinsmore's American Railroad and Steam Navigation Guide and Route-Book. New York: Dinsmore & Co., 1800.

Myers, Joseph. "History of legal time in Britain." Polyomino website.

Powell, Alvin. "America's first time zone." *Harvard Gazette,* November 10, 2011.

"Railroads create the first time zones." The History Channel website, updated July 17, 2019.

Reed, Robert Carroll. *Train Wrecks: A Pictorial History of Accidents on the Main Line.* Prineville, OR: Bonanza Books, 1982.

"Russia Turns Clocks Back to 'Winter' Time." Sputnik News website, October 26, 2014.

"Time Standardization." The Linda Hall Library Transcontinental Railroad website, accessed October 20, 2019.

"Uniform Time." US Department of Transportation website, updated February 13, 2015.

"Why Do We Have Time Zones?" Time and Date website.

확장과 연결의 역사: 고속도로

"Futurama: 'Magic City of Progress.'" The New York Public Library's website, accessed October 20, 2019.

Hirst, AR. "Marking and Mapping the Wisconsin Trunk Line Highway System." *Good Roads: Devoted to the Construction and Maintenance of Roads and Streets* 55, no. 2 (1919).

"History and Significance of US Route 66." National Park Service's website, accessed December 26, 2019.

Lawson, Wayne. "The Woman Who Saved New York City from Superhighway Hell." *Vanity Fair,* April 14, 2017.

Pfeiffer, David A. "Ike's Interstates at 50." *Prologue Magazine* 38, no. 2 (2006).

Weingroff, Richard F. "From Names to Numbers: The Origins of the U.S. Numbered Highway System." Federal Highway Administration website, updated June 27, 2017.

19장 계획된 도시
거대한 땅을 나누는 방법: 미국 대륙

California Land Title Association's Claims Awareness Committee. "Filling the Holes in a 'Swiss Cheese Parcel': Correcting Flawed Metes & Bounds Descriptions." Wendel Rosen website, March 7, 2018.

Corner, James. *Taking Measures Across the American Landscape.* New Haven, CT: Yale University Press, 1996.

Delpeut, Peter. *Gerco de Ruijter: Grid Corrections.* Rotterdam: nai010 publishers, 2019.

Knight, Paul. "A History of the American Grid in 4 Minutes." *The Great American Grid* (blog), January 9, 2012.

Land Ordinance of 1785. May 20, 1785.

Manaugh, Geoff. "Mysterious Detour While Driving? It Could Be Due to the Curvature of the Earth." *Travel + Leisure,* December 10, 2015.

임자 없는 땅의 운명: 오클라호마

Anderson, Sam. *Boom Town: The Fantastical Saga of Oklahoma City, Its Chaotic Founding, Its Apocalyptic Weather, Its Purloined Basketball Team, and the Dream of Becoming a World-class Metropolis.* New York: Crown Publishing Group, 2018.

Blackburn, Bob L. "Unassigned Lands." Encyclopedia of Oklahoma History and Culture website, accessed October 20, 2019.

Mars, Roman. "325: The Worst Way to Start a City." *99% Invisible* (podcast and MP3 audio), October 16, 2018.

"Removal of Tribes to Oklahoma." Oklahoma Historical Society website, accessed February 5, 2020.

종교가 건설한 도시: 솔트레이크시티

Dagenais, Travis. "Why city blocks work." *Harvard Gazette,* January 9, 2017.

Dalrymple II, Jim. "Urban designers in Salt Lake City praise innovations of the 'Mormon Grid.'" *Salt Lake Tribune,* June 13, 2013.

"Granary Row: Shipping Container Pop-up Market Jump-Starts Industrial Neighborhood in Salt Lake City." *Inhabitat* (blog), August 31, 2013.

Greenspan, Sam. "240: Plat of Zion." *99% Invisible* (podcast and MP3 audio), December 12, 2016.

Speck, Jeff. *Walkable City: How Downtown Can Save America, One Step at a Time.* New York: North Point Press, 2013.

Williams, Frederick G. "Revised Plat of the City of Zion, circa Early August 1833." The Joseph Smith Papers website, accessed October 20, 2019.

아마추어 도시계획가가 꿈꾼 유토피아: 바르셀로나

Bausells, Marta. "Superblocks to the rescue: Barcelona's plan to give streets back to residents." *The Guardian,* May 17, 2016.

De Decker, Kris. "The solar envelope: how to heat and cool cities without fossil fuels." Low-Tech Magazine website, accessed January 20, 2020.

Roberts, David. "Barcelona's radical plan to take back streets from cars." Vox website, updated May 26, 2019.

Soria y Puig, Arturo. "Ildefonso Cerdà's general theory of 'Urbanización.'" *The Town Planning Review* 66, no. 1 (1995).

Southworth, Michael, and Eran Ben-Joseph. *Streets and the Shaping of Towns and Cities.* Washington, DC: Island Press, 2013.

"The Urban Mobility Plan of Barcelona." The Urban Ecology Agency of Barcelona website, accessed September 22, 2019.

"The Visionary Urban Design of the Eixample District, Barcelona." *Latitude 41* (blog), January 10, 2019.

도로를 보면 역사가 보인다: 디트로이트

"8 Mile Road is eight miles from where?" Michigan Radio website, October 4, 2014.

Detroit's Pattern of Growth. Directed by Robert J. Goodman and Gordon W. Draper. Detroit: Wayne State University Audio-Visual Utilization Center, 1965.

"The Explorers: Antoine Laumet dit de la Lamothe Cadillac 1694–1701." Canadian Museum of History website, accessed October 20, 2019.

Sewek, Paul. "Woodward Plan Part II: Dawn of the Radial City." *Detroit Urbanism* (blog), April 25, 2016.

20장 도시언어학
버스타라임스섬의 원대한 꿈: 비공식 지명

"Busta Rhymes Island." Wikipedia entry, accessed January 6, 2020.

Cole, Sean. "105: One Man Is an Island." *99% Invisible* (podcast and MP3 audio), March 11, 2014.

"House Approves Renaming Cape Kennedy." *Daytona Beach Morning Journal,* May 19, 1973.

Reed, James. "Sound off." *Boston Globe,* March 13, 2009.

"U.S. Board on Geographic Names." United States Geological Survey website, accessed October 28, 2019.

젠트리피케이션의 전조: 동네 별명

Carroll, Ruaidhri. "How Did London's Soho Get Its Name?" *Culture Trip* (blog), updated June 7, 2018.

"Graduate Hospital." Visit Philadelphia website, accessed October 12, 2019.

"Hell's Hundred Acres." *New York History Walks* (blog), March 14, 2012.

Mahdawi, Arwa. "Neighbourhood rebranding: wanna meet in LoHo, CanDo or GoCaGa?" *The Guardian,* January 15, 2015.

Nigro, Carmen. "A Helluva Town: The Origins of New York's Hellish Place Names." *New York Public Library—NYC Neighbors* (blog), April 22, 2011.

NOBENeighborhood.com (website). Inaccessible.

South Park, episode 3, season 19, "The City Part of Town." Directed by Trey Parker, aired September 30, 2015, on Comedy Central.

Trufelman, Avery. "204: The SoHo Effect." *99% Invisible* (podcast and MP3 audio), March 15, 2016.

Zaltzman, Helen. "32: Soho." *The Allusionist* (podcast and MP3 audio), March 18, 2016.

13층이 아니라 M층: 누락된 숫자

"How Many Floors Does the 51-Floor Rio Have?" *Las Vegas Blog,* May 1, 2012.

Kohlstedt, Kurt. "Floor M: Avoiding Unlucky Numbers Amounts to Design by Omission." *99% Invisible* (blog), April 4, 2016.

Lee, Jeff. "New Vancouver tower Burrard Place caters to luxury buyers." *Vancouver Sun,* October 7, 2015.

Mitra, Anusuya. "Lucky Numbers and Unlucky Numbers in China." *China Highlights* (blog), updated September 27, 2019.

"Superstitious Chinese Willing to Pay for Lucky Address: Vancouver Study." *Huffington Post,* March 26, 2014.

Wells, Nick. "Days of Vancouver developers skipping 'unlucky' floor numbers are numbered." *CTV News,* November 5, 2015.

애글로 마을 소송 사건: 가짜 마을

"Errors on Road Maps." Petrol Maps website, 2006. Inaccessible.

Green, John. *Paper Towns.* New York: Dutton Books, 2008.

Krulwich, Robert. "An Imaginary Town Becomes Real, Then Not. True Story." *Krulwich Wonders* (NPR), March 18, 2014.

Youssef, Sharif. "242: Mini-Stories: Volume 2: Fictitious Entry by Sharif." *99% Invisible* (podcast and MP3 audio), December 19, 2017.

Zaltzman, Helen. "7: Mountweazel." *The Allusionist* (podcast and MP3 audio), March 25, 2015.

없는데 있는 곳: 널 아일랜드

Hill, Kashmir. "How an internet mapping glitch turned a random Kansas farm into a digital hell."

Splinter (blog), April 10, 2016.

St. Onge, Tim. "The Geographical Oddity of Null Island." *Geography and Map Division of the Library of Congress* (blog), April 22, 2016.

"Station 13010—Soul." National Ocean and Atmospheric Administration's National Data Buoy Center website, accessed January 20, 2020.

스트리트와 애비뉴의 차이: 도로명

Edwards, Phil, and Gina Barton. "How streets, roads, and avenues are different." Vox website, November 14, 2016.

Kelly, Andrea. "'Stravenue': Is it unique to Tucson?" *Road Runner* blog at Tucson.com, March 3, 2008.

"Most Common U.S. Street Names." National League of Cities website.

"Official USPS Abbreviations." United States Postal Service website, accessed January 14, 2020.

Rudd, Damien. *Sad Topographies.* London: Simon & Schuster, 2017.

이름의 힘: 이름 없는 공간

Coreil-Allen, Graham. "The Typology of New Public Sites." Graham Projects website, 2010.

Greenspan, Sam. "60: Names vs the Nothing." *99% Invisible* (podcast and MP3 audio), August 6, 2012.

"What Is the Gore Area in Driving?" Legal Beagle website, updated October 14, 2019.

21장 인간이 만든 자연

망자들의 도시: 공동묘지

Branch, John. "The Town of Colma, Where San Francisco's Dead Live." *New York Times,* February 5, 2016.

"Colma History: The City of Souls." City of Colma website, accessed January 20, 2020.

Cranz, Galen. "Urban Parks of the Past and Future." Project for Public Spaces website, December 31, 2008.

Eggener, Keith. *Cemeteries.* New York: W. W. Norton & Company, 2010.

Greenfield, Rebecca. "Our First Public Parks: The Forgotten History of Cemeteries." *The Atlantic,* March 16, 2011.

Trufelman, Avery. "258: The Modern Necropolis." *99% Invisible* (podcast and MP3 audio), May 9, 2017.

재생 그 이상의 것: 철로 공원

"About the Greenway." Midtown Greenway Coalition website, accessed October 20, 2019.

Berg, Madeline. "The History of 'Death Avenue.'" *The High Line* (blog), October 22, 2015.

Beveridge, Charles E. "Frederick Law Olmsted Sr.: Landscape Architect, Author, Conservationist (1822–1903)." National Association for Olmsted Parks website, accessed February 1, 2020.

Bilis, Madeline. "The History Behind Boston's Treasured Emerald Necklace." *Boston Magazine,* May 15, 2018.

"Garden Bridge should be scrapped, Hodge review finds." *BBC News,* April 7, 2017.

Hynes, Sasha Khlyavich. "The Story Behind the High Line." Center for Active Design website, accessed October 20, 2019.

"Lowline: About/Project." The Lowline website, accessed October 20, 2019.

National Trails System Act Amendments of 1983, Pub. L. No. 98-11, 97 Stat. 42 (1983).

Rogers, SA. "Rail to Trail: 12 U.S. Park Projects Reclaiming Urban Infrastructure." *WebUrbanist* (blog), October 9, 2017.

미국에 야자수가 많은 이유: 가로수

Carroll, Rory. "Los Angeles' legendary palm trees are dying—and few will be replaced." *The Guardian,* September 29, 2017.

Dümpelmann, Sonja. "Not so long ago, cities were starved for trees. That inspired a fight against urban warming." *PBS NewsHour,* January 25, 2019.

Farmer, Jared. *Trees in Paradise: A California History.* New York: W. W. Norton Company, 2013.

Greenspan, Sam. "155: Palm Reading." *99% Invisible* (podcast and MP3 audio), March 3, 2015.

Pinkerton, James. "Palm tree poachers plaguing the Valley." *Houston Chronicle,* May 30, 2004.

Schulz, Bailey. "Campus evergreens sprayed with fox urine to prevent theft." *Daily Nebraskan,* October 8, 2015.

지속 가능한 정원을 위하여: 잔디밭

Barnard, Cornell. "Bay Area homeowners turn to paint to cover brown lawns." *ABC7 News,* June 1, 2015.

"Boys mow lawn to keep elderly Texas woman out of jail." *CBS News,* June 12, 2015.

Downing, Andrew Jackson. *The Architecture of Country Houses.* New York: Dover Publications, 1969.

Gimme Green. Directed by Isaac Brown and Eric Flagg. Yulee, FL: Jellyfish Smack Productions, 2006.

"Gov. Jerry Brown Issues Calls for Mandatory 25 Percent Water Reduction with No End in Sight for Drought." *CBS SF,* April 1, 2015.

"Grand Prairie man goes to jail for overgrown lawn." *WFAA 8 News,* April 6, 2015.

Greenspan, Sam. "177: Lawn Order." *99% Invisible* (podcast and MP3 audio), August 18, 2015.

"More Lawns Than Irrigated Corn." NASA Earth Observatory website, November 8, 2005.

Pollan, Michael. "Why Mow? The Case Against Lawns." *New York Times,* May 28, 1989.

Robbins, Paul. *Lawn People: How Grasses, Weeds, and Chemicals Make Us Who We Are.* Philadelphia: Temple University Press, 2007.

Vogt, Benjamin. "Our Gardens Are at the Center of Vanishing Bees and Butterflies—and in Saving Nature." *Medium* (blog), February 4, 2019.

Wilson, Kirby. "Dunedin fined a man $30,000 for tall grass. Now the city is foreclosing on his home." *Tampa Bay Times,* May 9, 2019.

"Xeriscaping." National Geographic Resource Library website, accessed October 20, 2019.

현대식 바빌론의 공중정원: 수직 숲 빌딩

Capps, Kriston. "Are 'Treescrapers' the Future of Dense Urban Living?" *CityLab* (blog), November 16, 2015.

De Chant, Tim. "Can We Please Stop Drawing Trees on Top of Skyscrapers?" *ArchDaily* (blog), March 21, 2013.

Kohlstedt, Kurt. "Parisian Treescraper: Vertical Mixed-Use Planter Will Also Have Room for People." *99% Invisible* (blog), November 27, 2017.

Kohlstedt, Kurt. "Renderings vs. Reality: The Improbable Rise of Tree-Covered Skyscrapers." *99% Invisible* (blog), April 11, 2016.

"La Forêt Blanche and Balcon sur Paris win the Marne Europe—Villiers sur Marne competition." Stefano Boeri Architetti website, October 20, 2017.

"Nanjing Vertical Forest." Stefano Boeri Architetti website, accessed October 28, 2019.

Onniboni, Luca. "Vertical Forest in Milan—Boeri Studio." *Archiobjects* (blog), accessed October 20, 2019.

Sun, Yitan, and Jianshi Wu. "New York Horizon." Conceptual urban design, winner of the eVolo Skyscraper Award, 2016.

"Vertical Forest." Stefano Boeri Architetti website, accessed October 28, 2019.

22장 시냇스로프

도시라는 야생을 살아가는 존재들: 다람쥐

Benson, Etienne. "The Urbanization of the Eastern Gray Squirrel in the United States." *Journal of American History* 100, no. 3 (2013): 691–710.

Carrington, Damian. "Return of pine martens could save Britain's red squirrels, say scientists." *The Guardian,* March 7, 2018.

"Central Park Squirrel Census—2019 Report." The Squirrel Census website, accessed October 28, 2019.

Gilpin, Kenneth N. "Stray Squirrel Shuts Down Nasdaq System." *New York Times,* December 10, 1987.

Greig, Emma. "Analysis: Do Bird Feeders Help or Hurt Birds?" The Cornell Lab of Ornithology's All About Birds website, January 11, 2017.

Ingraham, Christopher. "A terrifying and hilarious map of squirrel attacks on the U.S. power grid." *Washington Post,* January 12, 2016.

Metcalfe, John. "The Forgotten History of How Cities Almost Killed the Common Squirrel." *CityLab* (blog), December 20, 2013.

Schwalje, Kaitlyn. "352: Uptown Squirrel." *99% Invisible* (podcast and MP3 audio), April 30, 2019.

Sundseth, Kerstin. *Invasive Alien Species: A European Union Response.* Luxembourg: Publications Office of the European Union, 2017.

Zuylen-Wood, Simon van. "Philly Was the First City in America to Have Squirrels." *Philadelphia Magazine,* December 12, 2013.

유령 시냇물에 다시 햇빛을: 물고기

Bliss, Laura. "The Hidden Health Dangers of Buried Urban Rivers." *CityLab* (blog), August 5, 2015.

Chan, Sewell. "Fishing Under the City." *New York Times Empire Zone* (blog), May 16, 2007.

Gasnick, Jack. "Manhattan Reminiscence: Fishing in 2d Ave." *New York Times,* Letters to the Editor, August 22, 1971.

Kadinsky, Sergey. "Sunfish Pond, Manhattan." *Hidden Waters Blog,* May 11, 2016

"A lively subterranean riverlet." *Urbablurb* (blog), May 18, 2014.

Manaugh, Geoff. "Deep in the basement of an ancient tenement on Second Avenue in the heart of midtown New York City, I was fishing." *BLDGBLOG,* May 5, 2008.

O'Donnell, Bryan. "'Ghost Streams' Sound Supernatural, but Their Impact on Your Health Is Very Real." *Popular Science,* February 5, 2019.

인간이 탄생시킨 하늘을 나는 쥐: 비둘기

Bryce, Emma. "Why Are There So Many Pigeons?" Live Science website, October 27, 2018.

Clayton, Indya. "Spikes on branches of tree in Oxford to stop bird droppings on parked cars." *Oxford Mail*, April 24, 2019.

Johnson, Nathanael. *Unseen City: The Majesty of Pigeons, the Discreet Charm of Snails & Other Wonders of the Urban Wilderness*. New York: Rodale Books, 2016.

Mars, Roman. "210: Unseen City: Wonders of the Urban Wilderness." *99% Invisible* (podcast and MP3 audio), April 26, 2016.

Primm, Arallyn. "A History of the Pigeon." *Mental Floss* (blog), February 3, 2014.

쓰레기통 판다와의 전쟁: 라쿤

Bowler, Jacinta. "Raccoons Have Passed an Ancient Intelligence Test by Knocking It Over." Science Alert website, October 23, 2017.

Dempsey, Amy. "Toronto built a better green bin and—oops—maybe a smarter raccoon." *Toronto Star*, August 30, 2018.

Hsu, Jeremy. "Why Raccoons Didn't Cut It as Lab Rats." Live Science website, September 15, 2010.

Kohlstedt, Kurt. "MPR Raccoon: Exploring the Urban Architecture Behind an Antisocial Climber." *99% Invisible* (blog), June 15, 2018.

Main, Douglas. "Raccoons are spreading across Earth—and climate change could help." National Geographic website, July 29, 2019.

Mingle, Katie. "330: Raccoon Resistance." *99% Invisible* (podcast and MP3 audio), November 27, 2018.

Nelson, Tim. "Social climber: Raccoon scales St. Paul skyscraper, captures internet." *MPR News*, June 12, 2018.

Pettit, Michael. "Raccoon intelligence at the borderlands of science." *Monitor on Psychology* 41, no. 10 (2010): 26.

비인간종을 위한 기간시설: 야생동물 회랑

"Adult Upstream Passage on the West Coast." NOAA Fisheries website, updated September 27, 2019.

"European Green Belt Initiative." European Green Belt website, accessed January 28, 2020.

FitzGerald, Emmett. "197: Fish Cannon." *99% Invisible* (podcast and MP3 audio), January 26, 2016.

Groves, Martha. "Caltrans proposes wildlife overpass on 101 Freeway." *Los Angeles Times*, September 2, 2015.

McKenna, Phil. "Life in the Death Zone." PBS NOVA website, February 18, 2015.

Montgomery, David. *King of Fish: The Thousand-Year Run of Salmon*. New York: Basic Books, 2004.

Rogers, SA. "Urban Rewilding: Reverse-Engineering Cities to Save Nature—and Ourselves." *WebUrbanist* (blog), August 6, 2018.

"Wildlife Corridors." New South Wales Department of Environment and Conservation website, August 2004.

6부 인간과 도시

23장 보이지 않는 규제

금지를 금지한다: 스케이트보더들

Bracali, Anthony. "Thanks, Le Corbusier (. . . from the skateboarders)." AnthonyBracali.com (website). Inaccessible.

Madej, Patricia. "LOVE Park reopens after renovations." *Philadelphia Inquirer*, May 30, 2018

McQuade, Dan. "A Farewell: LOVE Park, Skateboard Mecca." *Philadelphia Magazine*, February 12, 2016.

Norton, Andrew. "71: In and Out of LOVE." *99% Invisible* (podcast and MP3 audio), January 23, 2013.

"Philly mayor shows love to skateboarders, lifts ban in Love Park." *The Morning Call* (Allentown, PA), February 10, 2016.

Rafkin, Louise. "Sea Life Skate Stoppers." *New York Times*, December 3, 2011.

"Rob Dyrdek/DC Shoes Foundation Skate Plaza." City of Kettering Recreation Department website, accessed October 1, 2019.

암묵적 추방: 보도 스파이크

Halliday, Josh. "Tesco to remove anti-homeless spikes from Regent Street store after protests." *The Guardian*, June 12, 2014.

Jackson, Lee. "Urine Deflectors in Fleet Street." *The Cat's Meat Shop* (blog), July 23, 2013.

McAteer, Oliver. "'Anti-homeless' spikes are 'ugly, self-defeating and stupid', says Boris Johnson." *Metro* (UK), June 9, 2014.

Nelson, Sara C. "Anti-Homeless Spikes Outside Tesco Vandalised with Concrete." *Huffington Post*, June 12, 2014.

"On Human Exuviae and Soil Holes." *The Farmer's Magazine* 10 (1809).

"Residents of Hamburg's St Pauli nightclub district use pee-repellent paint against public urination."

Australian Broadcasting Corporation website, March 5, 2015.

Rogers, SA. "Hostile Urbanism: 22 Intentionally Inhospitable Examples of Defensive Design." *WebUrbanist* (blog), January 1, 2018.

완벽한 방해물: 캠던 벤치

Andersen, Ted. "What happened to SF's controversial 'sit-lie' ordinance?" SFGate website, October 18, 2018.

Bastide, Danielle de la. "The Sinister Story Behind the Design of McDonald's Chairs." *Loaded* (blog), August 12, 2016.

"Great Queen Street, Camden." Factory Furniture website, accessed October 28, 2019.

Kohlstedt, Kurt. "Hostile Architecture: 'Design Crimes' Campaign Gets Bars Removed from Benches." *99% Invisible* (blog), February 9, 2018.

Mars, Roman. "219: Unpleasant Design & Hostile Urban Architecture." *99% Invisible* (podcast and MP3 audio), August 5, 2016.

Norman, Nils. "Defensive Architecture." Dismal Garden website, accessed October 3, 2019.

Savić, Selena, and Gordan Savičić, eds. *Unpleasant Design*. Berlin: GLORIA Publishing, 2013.

Swain, Frank. "Designing the Perfect Anti-Object." *Medium* (blog), December 5, 2013.

불편할 만큼 밝게: 조명

"Blue streetlights believed to prevent suicides, street crime." *Seattle Times—Yomiuri Shimbun*, December 11, 2008.

"Crime statistics for Buchanan Street/streets with blue street lighting in Glasgow before/after they were installed and the recent situation." What Do They Know website, updated January 18, 2011.

Heathcote, Edwin. "Architecture: how street lights have illuminated city life." *Financial Times*, March 13, 2015.

"History of Street Lighting." History of Lighting website, accessed October 15, 2019.

Jacobs, Jane. *The Death and Life of Great American Cities*. New York: Random House, 1961.

Mikkelson, David. "Blue Streetlight Crime Reduction." Snopes Fact Check website, May 2015.

"Pink Cardiff street lights plan 'to deter Asbo yobs.'" *BBC News—Wales*, March 5, 2012.

Roberts, Warren. "Images of Popular Violence in the French Revolution: Evidence for the Historian?" American Historical Review website, accessed October 29, 2019.

Schivelbusch, Wolfgang. "The Policing of Street Lighting." *Yale French Studies*, no. 73, Everyday Life (1987): 61–74.

특정 집단을 몰아내는 방법: 소음 발생 장치

Campbell, Sarah. "Now crime gadget can annoy us all." *BBC News*, December 2, 2008.

Conan, Neal. "Mosquito Targets Teens with Audio Repellent." *Talk of the Nation* (NPR), September 1, 2010.

"EU rejects bid to ban Mosquito." *The Herald* (Plymouth, UK), September 14, 2008.

Lawton, B. W. "Damage to human hearing by airborne sound of very high frequency or ultrasonic frequency." An Institute of Sound and Vibration Research report for the UK's Health and Safety Executive, 2001.

Lyall, Sarah. "What's the Buzz? Rowdy Teenagers Don't Want to Hear It." *New York Times*, November 29, 2005.

Ng, David. "Classical music still effective at dispersing loitering teens." *Los Angeles Times*, April 4, 2011.

고가도로 밑에 자전거 거치대가 있는 이유: 위장 시설물

Groover, Heidi. "Seattle Uses Bike Racks to Discourage Homeless Camping." *The Stranger: Slog* (blog), December 19, 2017.

Kohlstedt, Kurt. "Unpleasant Design in Disguise: Bike Racks & Boulders as Defensive Urbanism." *99% Invisible* (blog), February 5, 2018.

Mark, Julian. "Defensive boulders arrive at a cleared SF homeless encampment." Mission Local website, December 20, 2017.

Monahan, Rachel. "Oregon Officials Deter Portland Homeless Campers with a Million Dollars' Worth of Boulders." *Willamette Week*, June 19, 2019.

Smith, Joseph. "Anti-homeless sprinklers installed by Bristol tanning salon could be 'a death sentence' for rough sleepers." Bristol Live website, January 30, 2018.

24장 아래로부터의 변화

일부러 눈에 띄지 않게: 게릴라 표지판 1

Aaron, Brad. "Refused by His City, Man Jailed for Painting a Crosswalk." *Streetsblog NYC*, February 7, 2008.

Ankrom, Richard. "Freeway Signs: The installation

of guide signs on the 110 Pasadena freeway."
Ankrom website, accessed October 19, 2019.

Bednar, Adam. "Hampden's DIY Crosswalks." *Patch* (blog), February 1, 2012.

Burchyns, Tony. "Police: Vallejo man arrested for spray-painting crosswalk." *Vallejo Times-Herald,* May 31, 2013.

California Manual on Uniform Traffic Control Devices. Caltrans website, updated March 29, 2019.

Noe, Rain. "The Efficient Passenger Project vs. the MTA: Is Good Signage a Bad Idea?" *Core77* (blog), February 12, 2014.

Stephens, Craig. "Richard Ankrom's Freeway Art: Caltrans Buys into the Prank." *LA Weekly,* December 30, 2009.

Weinberg, David. "288: Guerrilla Public Service Redux." *99% Invisible* (podcast and MP3 audio), December 12, 2017.

일부러 눈에 띄게: 게릴라 표지판 2

Badger, Emily. "Raleigh's Guerrilla Wayfinding Signs Deemed Illegal." *CityLab* (blog), February 27, 2012.

Lydon, Mike, and Anthony Garcia. *Tactical Urbanism: Short-term Action for Long-term Change.* Washington, DC: Island Press, 2015.

"Matt Tomasulo—From Pedestrian Campaigns to Pop-Ups, This 'Civic Instigator' Makes His Mark." *Next City* (blog), March 25, 2015.

Rogers, SA. "Guerrilla Wayfinding: User-Powered Signs Aid Exploration." *WebUrbanist* (blog), September 30, 2013.

Stinson, Liz. "A Redesigned Parking Sign So Simple That You'll Never Get Towed." *Wired,* July 15, 2014.

Sylianteng, Nikki. "Parking Sign Redesign." NikkiSylianTeng.com, accessed October 28, 2019.

불법도 합법도 아닌: 소화전 개방

"Busy Street Deluged; A Little Boy's Prank; He Loosened the Hydrant on a Fifth Avenue Corner." *New York Times,* May 17, 1904.

"City H.E.A.T. Campaign Warns of Dangers of Illegally Opening Fire Hydrants." NYC Department of Environmental Protection website, July 26, 2019.

"Department of Environmental Protection Launches 2014 Summer Fire Hydrant Abuse Prevention Campaign." NYC Department of Environmental Protection website, July 23, 2014.

Fernandez, Manny. "Cracking the Locks on Relief." *New York Times,* August 6, 2010.

Kohn, Edward P. *Hot Time in the Old Town: The Great Heat Wave of 1896 and the Making of Theodore Roosevelt.* New York: Basic Books, 2011.

Nosowitz, Dan. "New Yorkers Have Been Illicitly Cracking Open Fire Hydrants for Centuries." *Atlas Obscura* (blog), July 30, 2015.

시민 대 시민의 싸움: 바위 전쟁

Baskin, Danielle (@djbaskin). "Some neighbors pooled together $2000 to dump 24 boulders into the sidewalk as a form of 'anti-homeless decoration.' The city won't remove them, so I put their rocks on the Craigslist free section." Twitter, September 26, 2019.

Cabanatuan, Michael, Phil Matier, and Kevin Fagan. "Anti-tent boulders trucked away from SF neighborhood—may be replaced by bigger ones." *San Francisco Chronicle,* September 30, 2019.

Nielsen, Katie. "'Boulder Battle' in Response to Homeless Crisis Continues on San Francisco Street." *CBS SF,* September 29, 2019.

Nielsen, Katie (@KatieKPIX). "SF native Wesley House writes 'and in the end the love you take is equal to the love you make' on the sidewalk near Clinton Park where neighbors put boulders on the sidewalk to prevent encampments. It's an ongoing neighborhood battle that now involves SF Public Works." Twitter, September 29, 2019.

Ockerman, Emma. "Some San Franciscans Are Trying to Get Rid of Homeless People with Boulders. Here's How That's Going." VICE website, September 30, 2019.

스스로 구하라: 교차로 부처님

Buddha of Oakland. Video by Oakland North posted on Vimeo, October 24, 2014.

Judge, Phoebe, and Lauren Spohrer. "119: He's Still Neutral." *Criminal* (podcast and MP3 audio), August 19, 2019.

Lewis, Craig. "The 'Buddha of Oakland' Transforms California Neighborhood." *The Buddhist Next Door* (blog), December 20, 2017.

Silber, Julie. "How a cynic, Vietnamese immigrants, and the Buddha cleaned up a neighborhood." *Crosscurrents* (KALW), November 6, 2014.

25장
그렇게 도시는 인간과 함께 진화한다
한 활동가가 남긴 가장 큰 유산: 경사로

Dawson, Victoria. "Ed Roberts' Wheelchair Records a Story of Obstacles Overcome." *Smithsonian,* March 13, 2015.

@DREAMdisability. "Ed Roberts and the Legacy of the Rolling Quads." *Medium* (blog), January 29, 2018.

Gorney, Cynthia. "308: Curb Cuts." *99% Invisible* (podcast and MP3 audio), May 22, 2018.

Iman, Asata. "'We Shall Not Be Moved': The 504 Sit-in for Disability Civil Rights." Disability Rights Education & Defense Fund website, June 1, 1997.

Ward, Stephanie Francis. "Disability rights movement's legislative impact sprang from on-campus activism." ABA Journal website, January 1, 2018.

"What Is the Americans with Disabilities Act (ADA)?" ADA National Network website.

Worthington, Danika. "Meet the disabled activists from Denver who changed a nation." *Denver Post,* July 5, 2017.

도심을 다시 사람에게로:
차 없는 거리

Alcindor, Yamiche. "A Day Without the Detriments of Driving." *Washington Post,* September 22, 2009.

"Bird Cages." YARD & Company website, accessed February 4, 2020.

Crawford, J. H. "The car century was a mistake. It's time to move on." *Washington Post,* February 29, 2016.

Dixon, Laura. "How Bogotá's Cycling Superhighway Shaped a Generation." *CityLab* (blog), October 2, 2018.

Ellison, Stephen, and Terry McSweeney. "Two Cyclists Killed in Separate Hit-and-Runs in San Francisco: Police." NBC Bay Area website, June 22, 2016.

Fucoloro, Tom. "New York guerrilla bike lane painters hope city takes cue from Seattle." *Seattle Bike Blog,* September 26, 2013.

Goodyear, Sarah. "Are Guerrilla Bike Lanes a Good Idea?" *CityLab* (blog), September 25, 3013.

Hernández, Javier C. "Car-Free Streets, a Colombian Export, Inspire Debate." *New York Times,* June 24, 2008.

Jenkins, Mark. "How a Colombian Cycling Tradition Changed the World." *Bicycling* (blog), August 17, 2015.

Metcalfe, John. "San Francisco Makes a Guerrilla Bike Lane Permanent." *CityLab* (blog), October 12, 2016.

SF Transformation (@SFMTrA). "We've transformed two sections of bike lanes at JFK and Kezar in Golden Gate Park. #DemandMore." Twitter, posted September 11, 2016.

SFMTA San Francisco Municipal Transportation Agency. "We always look for opportunities to more comfortably separate bike lanes from motor traffic using low-cost measures like plastic 'safe-hit' posts." Facebook post, October 8, 2016.

Willsher, Kim. "Paris divided: two-mile highway by Seine goes car-free for six months." *The Guardian,* September 9, 2016.

도시 개조 프로젝트의 이면:
파클릿

Bialick, Aaron. "In Park(ing) Day's Seventh Year, Parklets Now a San Francisco Institution." *Streetsblog San Francisco,* September 20, 2012.

"Case Study: Pavement to Parks; San Francisco, USA." Global Designing Cities Initiative website, accessed October 19, 2019.

Douglas, Gordon C. C. *The Help-Yourself City: Legitimacy and Inequality in DIY Urbanism.* Oxford, UK: Oxford University Press, 2018.

Kimmelman, Michael. "Paved, but Still Alive." *New York Times,* January 6, 2012.

Marohn, Charles. "Iterating the Neighborhood: The Big Returns of Small Investments." Strong Towns website, October 3, 2019.

Mars, Roman. "372: The Help-Yourself City." *99% Invisible* (podcast and MP3 audio), September 30, 2019.

Rogers, SA. "Free of Parking: Cities Have a Lot to Gain from Recycling Car-Centric Space." *99% Invisible* (blog), March 1, 2019.

Schneider, Benjamin. "How Park(ing) Day Went Global." *CityLab* (blog), September 15, 2017.

Spector, Nancy. "Gordon Matta-Clark: Reality Properties: Fake Estates, Little Alley Block 2497, Lot 42." Guggenheim Museum website, accessed October 19, 2019.

Veltri, Bridget. "San Francisco's Weird and Wonderful Parklets." The Bold Italic website, September 23, 2016.

녹색 시민 불복종: 과실 가로수

Broverman, Neal. "See Scott, One of LA's Guerrilla Gardeners, in Action." *Curbed—Los Angeles* (blog), July 12, 2010.

Dotan, Hamutal. "Not Far from the Tree, Very Close to Home." *Torontoist* (blog), November 3, 2009.

"History of the Community Garden Movement."
New York City Department of Parks &
Recreation website, accessed February 4, 2020.

"How to Make Moss Graffiti: An Organic Art Form."
Sproutable website, accessed October 19, 2019.

Kelley, Michael B. "Crazy Invention Lets Gardeners
Plant Seeds with a Shotgun." *Business Insider,*
December 17, 2013.

"Manual." *Guerrilla Grafters* (blog), accessed
October 29, 2019.

Marshall, Joanna. "Remembering Liz Christy on
Earth Day." The Local East Village website, April
22, 2013.

Range. "Flower Grenades: For Peaceful Eco-
Terrorists." *Technabob* (blog), July 24, 2011.

Robinson, Joe. "Guerrilla gardener movement takes
root in L.A. area." *Los Angeles Times,* September
16, 2014.

Rogers, SA. "Hack Your City: 12 Creative DIY
Urbanism Interventions." *WebUrbanist* (blog),
March 12, 2014.

Shavelson, Lonny. "Guerrilla Grafters Bring
Forbidden Fruit Back to City Trees." *The Salt*
(NPR blog), April 7, 2012.

Wilson, Kendra. "DIY: Make Your Own Wildflower
Seed Bombs." *Gardenista* (blog), May 16, 2019.

변화가 변화를 만든다: 넥다운

"Dirt paths on Drillfield to be paved." *Virginia Tech
Daily* (blog), August 5, 2014.

"Earls Court Project Application 1: The 21st
Century High Street." Royal Borough of
Kensington and Chelsea website, June 2011.

Geeting, Jon. "Readers: Brave the snow and send
us your sneckdown photos." WHYY website,
January 26, 2015.

Jennings, James. "Headlines: 'Sneckdown' Post Leads
to Real Changes on East Passyunk Avenue."
Philadelphia Magazine, May 11, 2015.

Kohlstedt, Kurt. "Least Resistance: How Desire
Paths Can Lead to Better Design." *99% Invisible*
(blog), January 25, 2016.

Kohlstedt, Kurt. "Undriven Snow: Activists Trace
Winter Car Routes to Reshape City Streets." *99%
Invisible* (blog), January 29, 2018.

Kohlstedt, Kurt. "Leafy Neckdowns: Cornstarch,
Water & Leaves Reshape Unsafe Intersection."
99% Invisible (blog), December 8, 2017.

Lydon, Mike, and Anthony Garcia. *Tactical
Urbanism: Short-term Action for Long-term
Change.* Washington, DC: Island Press, 2015.

Malone, Erin, and Christian Crumlish. "Pave the
Cowpaths." *Designing Social Interfaces* (blog),
accessed October 19, 2019.

Mesline, David. "Last week I got together with some
neighbors and we temporarily re-designed
a dangerous intersection near our homes."
Facebook post, November 29, 2017.

Sasko, Claire. "How Snowstorms Help Philadelphia
Redesign Its Streets." *Philadelphia Magazine,*
March 10, 2018.

Schmitt, Angie. "The Summer Heat Can't Melt This
Famous Philly 'Sneckdown'—It's Here to Stay."
Streetsblog USA, August 14, 2017.

Walker, Alissa. "'Desire Lines' Are the Real Future
of Urban Transit." *The Daily Grid* (blog), April
22, 2014.

맺음말

99% Invisible (podcast and blog), https://99pi.org,
accessed 2010–2020.

도시의 보이지 않는 99%

초판 1쇄 발행 2021년 10월 13일
초판 4쇄 발행 2022년 8월 24일

지은이 | 로먼 마스, 커트 콜스테트
옮긴이 | 강동혁
발행인 | 김형보
편집 | 최윤경, 강태영, 이경란, 임재희, 곽성우
마케팅 | 이연실, 이다영
디자인 | 송은비
경영지원 | 최윤영

발행처 | 어크로스출판그룹(주)
출판신고 | 2018년 12월 20일 제 2018-000339호
주소 | 서울시 마포구 양화로10길 50 마이빌딩 3층
전화 | 070-4808-0660(편집) 070-8724-5877(영업)
팩스 | 02-6085-7676
이메일 | across@acrossbook.com

한국어판 출판권 ⓒ 어크로스출판그룹(주) 2021

ISBN 979-11-6774-005-2 (03300)

만드는 사람들
편집 | 이경란
교정교열 | 하선정
디자인 | 송은비